建筑法概论

第二版

李 峻 编著

中国建筑工业出版社

图书在版编目（CIP）数据

建筑法概论/李峻编著．—2版．—北京：中国建筑工业出版社，2007
ISBN 978-7-112-09730-2

Ⅰ.建… Ⅱ.李… Ⅲ.建筑法-中国-高等学校-教材
Ⅳ.D922.297

中国版本图书馆CIP数据核字（2007）第170257号

责任编辑：徐 纺 邓 卫
责任设计：董建平
责任校对：安 东 王 爽

建 筑 法 概 论
第二版
李 峻 编著

*

中国建筑工业出版社出版、发行（北京西郊百万庄）
各地新华书店、建筑书店经销
北京密云红光制版公司制版
北京同文印刷有限责任公司印刷

*

开本：787×1092毫米 1/16 印张：23¼ 字数：566千字
2008年2月第二版 2008年2月第三次印刷
印数：6001—9000册 定价：45.00元
ISBN 978-7-112-09730-2
（16394）

版权所有 翻印必究
如有印装质量问题，可寄本社退换
（邮政编码100037）

此 书

献给母校复旦大学

献给尊敬的王建云老师

前 言

自 1998 年 3 月 1 日《建筑法》实施以来已近 10 年。在这期间先后颁布实施了《招标投标法》、《建设工程质量管理条例》、《建设工程安全生产管理条例》、《建设工程勘察设计管理条例》、《最高人民法院关于审理建设工程施工合同纠纷案件适用法律问题的解释》、《建设工程价款结算管理办法》等，形成了一个比较完整的建筑法律体系。这对促进建筑业的健康发展，惩处各种违法行为，规范建筑市场行为，起到了积极的作用。

本书以《建筑法》为主线，结合有关建筑法律、法规和行为规范，对建筑法律制度作了较为全面的论述性介绍。从建设项目预备立项、正式立项、招标投标、勘察、设计、施工、监理、竣工验收、保修期等，对建设工程价款的计算标准，对建设工程的索赔与反索赔，对国外《建筑法》、《建筑师法》等，都作了比较详细的介绍。

本书主要作为高校本科教材。《建筑法》开课已有 9 年，受到越来越多建筑学专业学生的欢迎。其次，本书也会对建筑行业的人士、法官、律师带来帮助。

深深感谢中国建筑工业出版社的编辑，为本书的顺利出版做了大量的工作；深深感谢女儿为本书的打印、校对、排版付出的辛勤劳动。

由于作者水平有限，书中不妥之处，诚请广大读者批评指正。

目　　录

第一章　建筑法绪论 …………………………………………………… 1
　第一节　建筑法和建筑法律关系 ……………………………………… 1
　第二节　建筑法的制定 ………………………………………………… 2
　第三节　建筑立法的历史 ……………………………………………… 5
　第四节　建筑法的制定和建筑法律体系 ……………………………… 7
第二章　建筑法总则 …………………………………………………… 11
　第一节　《建筑法》的立法目的 ……………………………………… 11
　第二节　《建筑法》适用范围和调整对象 …………………………… 15
　第三节　建筑工程质量和安全 ………………………………………… 17
　第四节　建筑业的基本政策 …………………………………………… 20
　第五节　依法从事建筑活动，维护社会和他人的合法权益 ………… 22
　第六节　建筑活动实行统一监督管理体制 …………………………… 24
第三章　建设工程项目立项与审批 …………………………………… 26
　第一节　建设程序 ……………………………………………………… 26
　第二节　工程立项 ……………………………………………………… 27
　第三节　建设项目的环境影响评价 …………………………………… 31
　第四节　办理有关建设项目选址、用地和规划的手续 ……………… 31
第四章　建筑许可 ……………………………………………………… 35
　第一节　建筑许可概述 ………………………………………………… 35
　第二节　建筑工程施工许可 …………………………………………… 36
　第三节　从业资格 ……………………………………………………… 42
　第四节　城市房屋拆迁程序 …………………………………………… 55
第五章　国内建设工程招标与投标 …………………………………… 58
　第一节　招标与投标立法概述 ………………………………………… 58
　第二节　招标的法律制度 ……………………………………………… 61
　第三节　编制和发售招标文件 ………………………………………… 65
　第四节　投标 …………………………………………………………… 68
　第五节　开标 …………………………………………………………… 73
　第六节　评标与中标 …………………………………………………… 75
第六章　国际建设工程招标与投标 …………………………………… 78
　第一节　国际工程招标、投标的性质和特点 ………………………… 78
　第二节　国际工程招标与投标方式 …………………………………… 79
　第三节　国际工程项目的招标广告与资格预审 ……………………… 81

第四节	招标文件	83
第五节	投标报价	86
第六节	开标	87
第七节	评标	88
第八节	协商与中标	89
第七章	**建设工程合同**	92
第一节	建设工程合同的订立	92
第二节	建设工程合同的担保	95
第八章	**建设工程勘察设计合同**	100
第一节	《条例》概述	100
第二节	资质资格管理	103
第三节	建设工程勘察设计发包与承包	105
第四节	建设工程勘察设计文件的编制与实施	109
第九章	**建设设计合同的订立与设计责任保险**	113
第一节	建筑设计合同概述	113
第二节	建设工程设计合同的订立	114
第三节	建设工程设计责任保险	118
第四节	建设工程设计责任保险的基本内容	121
第十章	**建设工程施工合同**	126
第一节	《建设工程施工合同文本》简介	126
第二节	工程质量	132
第三节	合同价款与支付	135
第十一章	**建筑工程监理**	140
第一节	概述	140
第二节	建设监理的实施	142
第十二章	**建设工程安全生产管理**	149
第一节	概述	149
第二节	建设单位的安全责任	150
第三节	勘察、设计、工程监理及其他有关单位的安全责任	154
第四节	施工单位的安全责任	158
第五节	监督管理	172
第六节	生产安全事故报告和调查处理	176
第十三章	**建设工程质量管理的法律制度**	179
第一节	概述	179
第二节	总则的主要内容	180
第三节	建设工程质量保修	183
第四节	罚则	186
第十四章	**建设工程质量控制**	188
第一节	工程质量	188

第二节	项目设计阶段质量控制	191
第三节	项目施工阶段的质量控制	194
第四节	施工过程的质量控制	198
第五节	领导人责任制、项目法人制和终身负责制	200

第十五章 建筑工程的竣工验收、保修与结算程序 … 202
第一节 概述 … 202
第二节 建设项目竣工验收的类型 … 202
第三节 竣工验收的条件 … 203
第四节 竣工验收的依据和程序 … 205
第五节 建设工程竣工验收资料的移交 … 207
第六节 竣工结算 … 210

第十六章 建设工程施工合同司法的解释 … 213
第一节 概述 … 213
第二节 建设施工合同的解除和责任 … 216
第三节 建设工程竣工期限和工程款结算 … 218

第十七章 建筑工程的法律责任 … 226
第一节 建筑法律责任概述 … 226
第二节 建筑法律责任的表现形式和处罚机关 … 227

第十八章 国内建设工程的索赔与反索赔 … 237
第一节 索赔的概念和它的起因 … 237
第二节 索赔的作用和事实及法律依据 … 239
第三节 索赔管理和索赔准备 … 240
第四节 工期索赔与费用索赔 … 243
第五节 索赔的解决方式 … 246

第十九章 国际建设工程的索赔与反索赔 … 249
第一节 索赔概述 … 249
第二节 索赔的纠纷与解决办法 … 249
第三节 索赔的种类 … 252
第四节 反索赔 … 258

第二十章 国外建筑法制度 … 261
第一节 美国建筑法律 … 261
第二节 英国建筑法律 … 265
第三节 德国建筑法 … 268

第二十一章 德意志联邦共和国建筑师法 … 276
第一节 联邦建筑师联合会（BAK） … 276
第二节 各州建筑师法 … 277
第三节 巴伐利亚州建筑师联合会与建筑师制度 … 281

第二十二章 法国建筑师法 … 287
第一节 建筑师法 … 287

第二节　建筑师的业务活动 288
　　第三节　建筑师职业道德条例 289
　　第四节　建筑师守则 293
第二十三章　美国建筑师法 297
　　第一节　全美建筑注册委员会协议会（NCARB） 297
　　第二节　加利福尼亚州建筑师执照制度 298
　　第三节　纽约州建筑师执照制度 299
第二十四章　英国建筑师（注册）法 303
　　第一节　概要 303
　　第二节　英国皇家建筑师学会（RIBA） 308
　　第三节　建筑师纲纪的维护 309
附录：法律、法规、规章 313
　　附录A　中华人民共和国建筑法 313
　　附录B　中华人民共和国招标投标法 321
　　附录C　中华人民共和国合同法（第16章） 329
　　附录D　建设工程质量管理条例 331
　　附录E　建设工程安全生产管理条例 340
　　附录F　建设工程勘察设计管理条例 350
　　附录G　最高人民法院关于审理建设工程施工合同纠纷案件适用法律
　　　　　　问题的解释 355
　　附录H　建设工程价款结算暂行办法 358
参考文献 364

第一章 建筑法绪论

第一节 建筑法和建筑法律关系

一、建筑

建筑，狭义仅为建筑物和构筑物的统称。建筑学的简称，又是房屋的同义词。供人们生活、生产、研习或观赏以及为培育动植物等各种活动所需要的房屋或场所。称作学科时，主要是指研究建筑理论原理和建筑设计方法等。广义包括各类土木工程，如桥梁、道路、铁路和隧道等，又指建筑或土木工程的建造活动。人们又将建筑作了进一步的分类，如根据建筑物的用途不同，又产生了民用建筑，工业建筑，园林建筑和农业生产性建筑等概念，由此可见建筑一词在不同情况下它的内涵大小是不同的。

二、建筑法

建筑法也有广义和狭义之分。广义的建筑法是指调整建筑领域中政府部门、企事业单位、其他经济组织和个人相互之间所发生的诸种社会关系的法律规范的总称。狭义的建筑法则仅指《中华人民共和国建筑法》（下称《建筑法》）。

本书所指的建筑法如无特别指明为《建筑法》的，均指广义的建筑法。

三、建筑法律关系

（一）建筑法律关系的概念

建筑法律关系系指由《建筑法》所确认和调整的，具有相关权利、义务内容的社会经济关系。

任何法律关系都以相应的法律规范的存在为前提。由于法律规范所调整的社会关系不同，因而形成了内容和性质各不相同的法律关系，而建筑法律关系则是《建筑法》与建筑领域中各种活动发生联系的途径，《建筑法》通过建筑法律关系来实现其调整相关社会关系的目的。

（二）建筑法律关系的构成

1. 建筑法律关系的主体

建筑法律关系的主体是指在建筑法律关系中享受权利或者承担义务的当事人。它包括政府相关部门、业主、承包方以及相关中介组织。其中业主可以是房地产开发公司，也可以是工厂、学校、医院，还可以是个人或各级政府委托的资产管理部门。在我国建筑市场上一般被称之为建设单位或甲方。由于这些建设单位最终得到的是建筑产品的所有权，所以我们根据国际惯例，将建筑工程的发包主体称之为业主。

承包方是指有一定生产能力、机械装备、流动资金，具有承包工程建设任务的营业资格，在建筑市场中能够按照业主的要求，提供不同形态的建筑产品，并最终得到相应的工程价款的建筑企业。按照生产的主要形式，承包方可分为勘察设计单位、建筑设计单位、监理单位、建筑施工单位、混凝土构配件和非标准预制件等生产厂家、商品混凝土供应站、建筑机械租赁单位，以及专门提供建筑劳务的企业等。按照承包的方式，还可以分为总承包企业和专业承包企业。在我国工程建设中，一般称为建筑企业或乙方，在国际工程承包中习惯称为承包商。

2. 建筑法律关系的客体

建筑法律关系的客体是指建筑法律关系主体的权利和义务所指向的对象。既包括有形的产品——建筑物，也包括无形的产品——各种服务。客体凝聚着承包方的劳动，业主则以投入资金的方式取得它的使用价值。在不同的生产交易阶段，建筑产品又表现为不同的形态：可以是中介服务组织提供的咨询报告、咨询意见或其他服务；可以是勘察设计单位提供的设计方案、设计图纸和勘察报告；可以是生产厂家提供的混凝土构件、非标准预制件等产品；也可以是由施工企业提供的，一般也是最终的产品，即各种各样的建筑物、构筑物。

3. 建筑法律关系的内容

建筑法律关系的内容是指建筑法律关系的主体对他方享有的权利和承担的义务，这种内容是由相关法律或合同确定的。如开发权、所有权、经营权等权利，以及保证施工质量的经济义务和法律责任，均为建筑法律关系的内容。

根据建筑法律关系主体地位的不同，其权利义务关系表现为两种不同的情况：一是基于主体双方地位平等基础上的对等的权利义务关系，如工程发包方与承包方之间，各方享有的权利和承担的义务是对等的；二是在主体双方地位不平等基础上产生的不对等的权利义务关系，如政府相关部门对建设单位或施工企业依法进行的监督和管理活动所形成的法律关系。我国《建筑法》中大部分的规定均指向建筑法律关系的内容。

4. 中介组织

中介组织是指具有相应的专业服务资质，在建筑市场中受承包方、发包方或政府管理机构的委托，对工程建设进行估算测量、咨询代理、建设监理等高智能服务，并取得服务费用的咨询服务机构和其他建设专业中介服务组织。在市场经济运行中，中介组织作为政府、市场和企业之间联系的纽带，具有政府行政管理不可替代的作用。而发达的市场中介组织又是市场体系成熟和市场经济发达的重要表现。

第二节 建筑法的制定

《建筑法》的制定主要是指建筑立法程序和建筑立法工作。建筑立法是指国家立法机关在制定、修改《建筑法》的活动中所必须遵循的法律程序和方法。这项工作的权限专属国家立法机关。建筑立法工作是指从事建筑法律法规的草拟、清理、汇编及与此有关的调查研究、收集资料、征求意见等活动，是为立法服务的各项活动。建筑立法工作是建筑立法的基础工作。

一、建筑立法体系

（一）建筑法律

建筑法律是建筑法律体系的最高层次，具有最高法律效力。建筑法律一般是对建筑管理活动的宏观规定，大多侧重于对政府机关、社会团体、企事业单位的组织、职能、权利、义务等，以及建筑产品生产的组织管理和生产的基本程序进行规定。它一般由议会制定或由议会授权政府建设主管部门制定，最后由议会审议通过。如美国的《统一建筑管理法规》等，英国的《建筑法》、《住宅法》、《健康安全法》等，德国的《建筑法》、《建筑产品法》、《建筑价格法》等，日本的《建筑业法》、《建筑基准法》等。

在我国，建筑法律的立法机构是全国人民代表大会及其常务委员会。

我国的建筑法律的主要内容包括：国家关于建筑方面的基本方针、政策，涉及全国建筑领域的带根本性、长远和重大的问题，以及建筑市场管理的基本规范。

（二）建筑行政法规

建筑行政法规是建筑法律制度中的第二层次。建筑行政法规一般是对法律条款的进一步细化，以便于法律的实施。它依据法律中的某些授权条款，由政府建设主管部门制定，或由政府建设主管部门委托专业人士组织（学会）或行业协会制定，并经议会审议通过。一般情况下，政府建设主管部门中设有专门的法规管理部门，专门负责编制或组织编制有关的法规。如英国建设部下设的建筑法规司，根据《建筑法》的授权条款制定了《建筑条例》，根据《健康安全法》的授权条款制定了《建筑设计与管理条例》、《公众安全条例》；日本建设省根据《建筑业法》的授权条款制定了《建筑业实施令》等。

在我国，建筑行政法规是由国务院根据法律、法规和管理全国建筑行政工作的需要而制定的，主要包括行业的规范和涉及建筑领域重大方针、政策或者重大问题的试行规定。凡涉及部委之间、地方政府之间、部门之间或涉外行政问题，也由国务院制定的建筑行政法规加以调整和规范。

（三）建筑部门规章

国务院各部、委有权根据法律、行政法规发布建筑行政规章，其中综合性规章主要由建设部发布。一方面建筑规章将法律、行政法规的规定进一步具体化，以便于其更好地贯彻执行；另一方面建筑规章作为法律、法规的补充，为有关政府部门的行为提供依据。部门规章对全国有关行政管理部门具有约束力，但其效力低于行政法规。

（四）地方性建筑法规

省、直辖市的人民代表大会及其常委会在不同宪法、法律、行政法规相抵触的前提下，可以制定地方性建筑法规报全国人大常委会和国务院备案；民族自治地方的人民代表大会有权依据当地民族的政治、经济和文化的特点，制定相关自治条例，但应报全国人大常委会批准后生效。

地方性法规在其所管辖的行政区域内具有法律效力，而建筑活动具有很强的地域性。我国的地方性法规，一般采用"条例"、"规则"、"规定"、"办法"等名称。

（五）地方性建筑规章

各省、自治区、直辖市人民政府及省、自治区人民政府所在地（包括经国务院批准的较大的市）的人民政府，有权根据法律、行政法规制定地方性规章。地方性建筑规章在其行政区域内具有法律效力，但其法律效力低于地方法规。

二、建筑立法程序

建筑立法程序是指国家立法机关在制定、修改、废止建筑法律法规的活动中所必须遵循的法律步骤和方法。其中既包括国家法律、法规的制定程序，也包括部门规章和地方规章的制定程序。

（一）建筑法律的立法程序

建筑法律的立法程序是指全国人大及其常务委员会，在制定法律过程中所必须遵循的程序。

有关建筑法律的立法程序，一般分为四个阶段：

1. 立法草案的提出；
2. 法律草案的审议；
3. 法律草案的表决；
4. 法律的公布与生效。

（二）建筑行政法规的制定程序

行政法规的制定程序是指国务院依法制定、修改、废止行政法规所遵循的法定步骤和方法。根据宪法和法律，根据1987年4月21日国务院批准颁布的《行政法规制定程序暂行条例》，国务院制定建筑行政法规的程序一般分为以下几个阶段：

1. 编制规划。分五年规划和年度规划，具有指导性。先由国务院有关部门提出建议，经国务院法制局综合平衡，拟订草案，报国务院批准。

2. 起草行政法文件。列入规划需要制定的行政法规，由有关部门起草。当重要的主要内容与几个部门有关联时，由国务院法制局或者主要部门负责，组成有关部门参加的起草小组。

3. 行政法规的审查。完成行政法规的起草工作后，由起草部门的主要负责人签署，呈送国务院审批。同时应附有草案说明和有关材料。国务院法制局审查后，写出审查结果的报告，再经国务院常委会议审议或者总理审批，决定是否通过或批准。

4. 行政法规的发布。由总理签署国务院令发布，或者经国务院批准，由有关部门发布。国务院制定行政法规或者条例，颁布实施时须报全国人大常委会备案。

（三）建设部规章制定程序

根据法律和国务院的行政法规、决定、命令，各部、各委员会可在本部门的权限内，发布命令、指示和规章。目前我国还没有这方面统一的规定。建设部于1998年9月27日公布了《建设部立法工作程序和分工的规定》，规定了以下程序：

1. 成立起草小组；
2. 调查研究，收集和编译国内外有关政策、法规、案例等资料；
3. 草拟规定条文及说明，送有关部门征求意见；
4. 召开专家论证会，进一步修改，形成送审稿；
5. 送审稿由起草司（局、厅）主要负责人签署，政策法规司审核后，经主管副部长同意，提交建设部部务会议审议；
6. 在部务会议上，由起草部门规章的司（局、厅）主要负责人作关于送审稿的说明，政策法规司作关于送审稿的审查报告；

7. 经部务会议通过，发布部门规章，由部长签署建设部令发布。

第三节 建筑立法的历史

一、初步建立阶段（1949～1952年）

新中国的建筑立法工作，经历几次曲折反复，一般可划分为以下几个阶段。新中国成立初期，建筑立法基本是空白，当时面临国民经济恢复和大规模经济建设的需要，建筑活动成为最重要的国民经济活动之一。为确保其顺利进行，国家开始着手进行建筑立法工作。1950的2月，政务院发布了《关于决算制度、预算审核、投资的施工计划和货币管理的决定》，规定了必须先设计后施工的工作程序，这是中国政府最早颁布的有关建筑业生产经营的法规性文件。1951年3月，政务院财经委员会发布了《基本建设工作程序暂行办法》，后来经过试行和补充，修订为《基本建设工作暂行办法》，于1952年1月由政务院财经委员会主任陈云签署命令颁布。这是中国第一部全面的、纲领性的建设管理法规，在此后的40年中一直作为中国建设管理的基本依据，为建筑立法工作奠定了基础。其中要求中央各主管部门根据需要和可能，逐步成立独立的设计公司及建筑安装公司，负责基本建设的调查设计及建筑安装工作；要求施工时采取合同制（在合同中规定任务，明确责任，保证质量，确定费用及完成期限）与经济核算；规定了根据批准的设计任务书进行设计，先设计后施工的建设程序；另外，对设计、施工、财务供应和资金监督、竣工验收等工作所必须遵循的规程、制度的基本要求都作了具体规定。

二、初步完善阶段（1953～1957年）

1953年，中国进入第一个五年计划时期，开始了以156项重点工程为骨干的大规模的建设活动。建筑工程部在1952年成立后，吸收了苏联在工程建设上的经验，于1953年3月颁发了《包工试行办法（草案）》，于1954年6～7月，又相继颁布了《关于试行包工包料的指示》、《建筑安装工程包工暂行办法》。1954年11月，国家建设委员会成立后，系统地编制和颁布了一系列勘察设计、施工、竣工验收技术规范和操作规程，制定了各项建筑工程、建材产品的定额和标准，为进一步强化建筑业的管理奠定了基础。1955年，156项重点工程进入紧张施工阶段，国家建设委员会和建筑工程部等相继颁发了一系列重要的建筑法规，进一步完善了建筑立法工作，主要有：《工业、民用建筑设计和预算编制暂行办法》、《基本建设工程交工和动用暂行办法》、《标准建筑工程公司组织编制草案》、《建筑机械管理办法》、《建筑安装工程总承包与分承包试行办法（草案）》、《建筑安装企业财务成本责任制暂行办法》等。1956年4月，国家建设委员会颁布了《1956年建筑安装工程统一施工定额》。同年5月，国务院常务会议通过了《关于加强和发展工业的决定》、《关于加强设计工作的决定》、《关于加强新工业区和新工业城市建设工作中几个问题的决定》。这三个决定，科学地总结了"一五"期间的建设经验，明确规定了建筑业发展的方向、任务和实施步骤。

三、第一次曲折发展阶段（1958～1960年）

1958年"大跃进"开始，在"解放思想、破除迷信"的口号下，进行了改革规章制度的工作。由于过去在制定章程、办法时缺乏经验，有些制度规定得过细、过死，不大符合实际和不利于调动职工的积极性，因此进行改革是必要的。但由于当时受"左"的思想影响，不加分析地把许多必要的规章制度"革"掉了，已建立起来的比较完整的建筑法规受到了严重的冲击。当时有关工程质量和安全作业方面的规章制度共81种，废除了38种，即使保留下来的也未能认真执行，甚至连勘察设计程序、设计制图标准、图纸审核等最基本的技术制度都未能执行，以致工程质量事故和伤亡事故大幅度上升。国家领导部门及时觉察到了这一问题，于1958年12月在杭州召开了全国基本建设工程质量现场会议，陈云在会上作了重要讲话，提出了第一批必须恢复和建立的规章制度目录，并于会后专门组织力量检查前一时期规章制度的改革情况。这一时期还集中力量抓了设计、施工的标准定额及规章制度的修订工作。1959年，陆续颁发了《关于工程质量事故和安全措施的意见》、《关于加强施工管理的几项规定》等生产管理制度。

四、进一步恢复与完善阶段（1961～1965年）

从1961年开始，我国对国民经济实行"调整、巩固、充实、提高"的方针。同年9月，建筑工程部相应地制定了《关于贯彻执行〈国营工业企业工作条例〉（草案）的规划》，对于施工企业领导制度、质量安全、技术工艺、生产、财务、劳动工资、班组建设等多方面工作做了具体规定。1962年，建筑工程部颁发了《建筑安装企业工作条例（草案）》（即"施工管理一百条"），进一步充实完善了建筑立法工作。在此期间，国务院。以及国家建设委员会、建筑工程部等部门还制定了一系列有关建设程序、设计、施工、现场管理、机械设备管理、建筑标准定额、财务资金及技术责任等方面的制度。

五、第二次曲折发展（1966～1976年）

1966年"文化大革命"开始以后，建筑立法遭到了第二次严重破坏。原有的一些合理的规章制度被说成是"关、卡、压"或是"条条框框"，被全盘否定。"边勘察、边设计、边施工、边投产"现象普遍存在，工程质量事故和安全事故大量发生，工程成本大幅度上升，工程效益显著下降。为了扭转这种混乱状况，1972年初，国务院批准国家计委、国家建委、财政部《关于加强基本建设管理的几项意见》，重新肯定了以前有关建设程序和设计、预算、资金、物资等管理的一些规定。同年5月，国家基本建设委员会在湖北襄阳召开了质量与安全施工现场会议，决定对《施工验收规范》、《工程质量标准》、《施工操作规程》等进行修订并执行。1973年又对建设取费、竣工验收作了规定。1975年，邓小平重新主持中央工作后，建筑立法有所加强，主要制定了有关建设包干、调度、环境等方面的规定。

六、恢复、完善与发展阶段（1977～1983年）

粉碎"四人帮"以后，为全面恢复建设秩序，1977～1978年，国家建委等部门颁发了一系列关于建设程序、安全施工、工程质量等规定。1979年，国家建工总局成立后又制定了许多关于勘察设计、施工、建筑科研、劳动工资、对外承包等方面的法规文件。1980年，国家建委等五部门颁发了《关于扩大国营施工企业经营管理自主权有关问题的暂行规定》，恢复了2.5%的法定利润。1981年，国家建委等四部门颁发了《关于施工企业推行经济责任制的若干决定》。1982年，城乡建设环境保护部成立后，也颁布了一些关于建筑施工安全技术和劳动管理的文件。1983年，建设部召开了全国建筑工作会议，制定了建筑业改革大纲，并相继颁布了若干关于工程质量、建筑设计、科技和各类建筑企业综合管理的规定，颁布了《关于建筑安装工程招标试行办法》。但在1984年之前的建筑立法基本上是单一的，缺乏全面系统的考虑。

七、体系化、规范化和科学化的新时期（1984~1994年）

1984年，建设部提出了建筑领域系统改革的纲领性文件——《发展建筑业纲要》，同年9月国务院颁发了《关于改革建筑业和基本建设管理体制若干问题的暂行规定》。这两个文件，是建筑业全面改革的纲领性文件，也为建筑业立法工作走向体系化的道路奠定了基础。此后，随着建筑业改革的深化，有关部门相继颁布了关于建筑投资、城市规划、城乡建设、建设勘察、建筑设计、建筑市场、建设监理、招标投标、施工企业资质管理、施工企业组织与经营机制、建筑财务成本、工程质量、建筑材料设备、城市公用事业管理、建筑环境保护及城市房地产管理、征地拆迁等一系列法规。

在建筑法规体系的内容向全面系统方向发展的同时，建筑立法程序及体系也开始走上规范化和科学化的轨道。在立法程序上，1987年国务院颁布了《行政法规制定程序暂行条例》，1988年建设部颁发了《建设部立法工作程序和分工的规定》，这就基本上把建筑业立法工作纳入了规范化科学化的轨道。在法规体系上，我国已形成建筑法律、行政法规、部门规章和地方法规相结合的法规体系。在目前条件下，我国建筑业管理基本上是以建筑法律和行政法规为基础和指导，以建筑业部门规章为操作手段，以地方法规为补充的管理体系。其中建筑部门规章量多面广而且具体。

八、《中华人民共和国建筑法》颁布和实施

1997年11月1日，第八届全国人民代表大会常务委员会第二十八次会议通过了《中华人民共和国建筑法》。同日，国家主席江泽民签发第91号主席令公布《建筑法》，并自1998年3月1日起施行。《建筑法》是我国建筑业的基本法律，是建筑法律体系的基础。《建筑法》的制定是我国建筑法发展史上的里程碑，标志着我国建筑法律体系的渐趋完善。

《建筑法》为确保工程质量和安全提供了法律武器，对加强建筑活动的监督管理，维护建筑市场程序，整顿建筑市场，使我国建筑业朝着健康有序的市场发展，起着积极的推动作用和保证作用。

第四节　建筑法的制定和建筑法律体系

一、我国《建筑法》立法情况简介

《建筑法》于1997年11月1日第八届全国人民代表大会常务委员会第28次会议通

过,1998年3月1日起施行,共8章85条,该法的制定从起草到公布大致经历了三个阶段:

(一)第一阶段:建设部起草

1. 早在1984年,原城乡建设环境保护部就成立了《建筑法》起草小组;1994年1月完成初稿。在此期间,该法的内容先后作了多次大的调整和修改。

2. 1994年初,建设部成立了《建筑法》起草领导小组,在全国各地进行调研工作,先后听取了全国30个省、自治区、直辖市以及国务院有关部门的意见,多次召开专家讨论会,数易其稿⋯⋯1995年4月10～26日,建设部组织中国建设法规考察团一行6人,赴美国纽约、华盛顿、西雅图、旧金山、洛杉矶等大城市进行考察,了解美国的建筑法规体系、美国的工程建设许可、美国建筑市场的运行方式、工程质量、安全管理、监督与检查等。

3. 1996年1月18日～2月1日,建设部组织6人赴中国香港考察,同时还借鉴日本、中国台湾地区的建筑法等。

4. 1994年12月31日,建设部将《建筑法》的送审稿,报国务院审议。

(二)第二阶段:国务院审查

国务院法制局征求国家计委、劳动部等33个国务院有关部门和25个地方人民政府的意见,并组织人员去海南、福建、上海等地调研,国务院多次召开由有关部门负责人和专家参加的论证会,对《建筑法》送审稿进行修改。1996年8月13日,经国务院常委会议论通过。1996年8月17日,提请全国人大常务委员会审议。

(三)第三阶段:全国人大常委会审议通过

全国人大常委会法工委对草案进行了修改,并组织人员到广东、上海等地进行实地调查⋯⋯1997年10月27日,第八届全国人大常委会第28次会议再次审议、修改、讨论、论证⋯⋯1997年11月1日,该法获得通过。

(四)《建筑法》立法的意义

《建筑法》是建国以来第一部规范建筑活动的大法,填补了我国建筑立法史上的空白。《建筑法》的颁布,使我国的建筑活动有了统一的规定,也使行政法规、地方法规和规章有了重要的法律依据。《建筑法》的颁布实施,结束了我国工程建设领域无法可依的历史。

二、《合同法》公布实施

1999年3月15日,第九届全国人大第2次会议审议通过《合同法》,1999年10月1日起实施。该法第16章"建设工程合同"共计19条,对总包、分包、转包、监理、工程质量等作了专门规定。

三、《城市规划法》

1989年12月26日第七届全国人大常委会第11次会议审议通过《城市规划法》,1990年4月1日起施行。共6章46条。

四、《注册建筑师条例》

1995年9月23日,国务院第184号令发布《注册建筑师条例》,共6章37条。

1996年7月1日,建设部发布《注册建筑师条例实施细则》,共5章47条。

以上全国人大常委颁布实施的建筑法律,国务院颁布实施的行政法规,以及建设部发布的规章,基本形成了我国的建筑法律体系。

五、《加强基础设施工程质量管理》的实施

1999年2月25日,国务院办公厅发出通知《加强基础设施工程质量管理》,强调工程质量、领导人的责任制和相关人员的责任。

(一)工程质量领导责任制

对基础设施项目工程质量,实行行业主管部门、主管地区行政领导责任人制度。中央项目的工程质量,由国务院有关行业主管部门的行政领导人负责;地方项目的工程质量,按照项目所属关系,分别由各级地方政府行政领导人负责。

项目工程质量的行政领导责任人,项目法定代表人,勘察设计、施工、监理等单位的法定代表人,要按各自的职责对其经手的工程质量负终身责任。

如果发生重大工程质量事故,除追究单位和当事人的直接责任外,还要追究相关行政领导人在项目审批、执行建设程序、干部任用和工程建设监理管理等方面失职的领导责任。

(二)项目法人责任制

基础设施项目,除军事工程等特殊情况外,都要按政企分开的原则组成项目法人,实行项目法人责任制。

1. 明确责任。

2. 防止腐败(一般情况下,指挥部、筹建部没有诉讼主体资格)。工程建设指挥部的临时机构已经成为职务犯罪"重灾区",运作管理不规范,决策随意性大,权利缺乏有效监控与制约。

(三)建设工程质量终身责任制

建设工程质量终身责任制是指建设、施工、勘察、监理等单位的法定代表人,要按各自的职责对其经手的工程质量负终身责任。如果发生重大工程质量事故,不管调到哪里去工作,担任什么职务,都要追究相应的行政和法律责任。

六、《招标投标法》、《工程建设项目施工招标投标办法》及《工程建设项目勘察设计招标投标办法》

(一)《招标投标法》

1999年8月30日,《招标投标法》经第九届全国人大常委会第11次会议审议通过,2000年1月1日起施行,共6章68条。《招标投标法》的颁布施行,对于规范招投标活动,保护国家利益、社会经济效益和招投标活动当事人的合法权益,提高经济效益,保证项目质量有重要意义。

我国是从20世纪80年代初开始逐步实行招投标制度的,先后在利用国外贷款、机电设备进口、建设工程发包、科研课题分配、出口商品配额分配等领域推行。

(二)《工程建设项目施工招标投标办法》

2003年3月8日,国家发展计划委员会、建设部、铁道部、交通部、信息产业部、水利部、中国民用航空总局令第 30 号公布《工程建设项目施工招标投标办法》，对工程建设项目施工招标投标作出了具体的规定，该《办法》根据《招标投标法》制定，2003 年 5 月 1 日起施行，共 92 条。

（三）《工程建设项目勘察设计招标投标办法》

2003 年 6 月 12 日，国家发展和改革委员会、建设部、铁道部、交通部、信息产业部、水利部、中国民用航空总局、国家广播电影电视总局令第 2 号公布《工程建设项目勘察设计招标投标办法》，2003 年 8 月 1 日起施行，共 60 条。该《办法》根据《招标投标法》制定，对规范工程建设项目勘察设计招标投标活动，提高投资效益，保证工程质量起到了积极作用。

七、"二委""五部"联合制定了《评标委员会和评标方法暂行规定》

国家计委、国家经贸委、建设部、铁道部、交通部、信息产业部、水利部联合制定了《评标委员会和评标方法暂行规定》，于 2001 年 7 月 5 日起实行。该《规定》是《招标投标法》的配套规章，共 7 章 62 条。《规定》明确规定以下几个基本原则：

（一）确立了评标委员会的回避制度；
（二）对投标文件的实质性响应作出了明确界定；
（三）明确了低于成本报价竞争的认定标准；
（四）严格规定了中标人的确定条件；
（五）对评标活动当事人的法律责任作了具体的规定。

八、《建设工程质量管理条例》

2000 年 1 月 30 日，国务院第 279 号令发布实施，共 9 章 82 条。

该《条例》第一条便明确，其制定的依据是《建筑法》，是《建筑法》颁布实施后制定的第一部配套的行政法规，也是建国 50 年来第一部建设工程质量条例。它和今后还要陆续出台的一系列有关法律、法规、规章、规范性文件等一起，将与大法有机地组合成我国建筑业的法规体系。

另外，《条例》的发布施行，对于强化政府质量监督，规范建设工程各方主体的质量责任和义务，维护建筑市场秩序，全面提高建设工程质量，具有重要意义。

九、《建设工程安全生产管理条例》

2003 年 11 月 24 日国务院令第 393 号发布，自 2004 年 2 月 1 日起施行。该《条例》根据《建筑法》、《安全生产法》制定，对加强建设工程安全生产监督管理，保障人民群众生命和财产安全，作出了强制性的规定。该《条例》对安全生产管理方针、建设工程安全生产的责任主体及鼓励安全生产科学技术研究和推进安全生产科学管理等作出了规定。

第二章 建筑法总则

《中华人民共和国建筑法》（以下简称《建筑法》）共8章85条。主要内容包括：总则、建筑许可、建筑工程发包与承包、建筑工程监理、建筑安全生产管理、建筑工程质量管理、法律责任和附则。其中，总则是《建筑法》概括性、纲领性、原则性的规定。这些规定一般是一部法律的核心内容，总则的规定对其他章节具有指导作用。执法机关在处理具体案件时，如果总则以后的章节没有具体规定，就应当根据总则规定的原则来处理。但是，当总则以后的其他章节有特别规定时，应当执行特别规定。

由于《建筑法》中具体权利性、义务性条款所涉内容在本章以后8章中将有详细介绍，本章重点介绍《建筑法》总则部分所规定的内容。

《建筑法》总则共有六条，主要包括以下内容：

1. 《建筑法》的立法目的。《建筑法》的立法目的为：加强对建筑活动的监督管理，维护建筑市场秩序，保证建筑工程的质量和安全，促进建筑业健康发展。

2. 《建筑法》的适用范围。《建筑法》的适用范围为：地域范围在中华人民共和国境内；适用的行为包括建筑活动以及对该活动的监督管理，即适用于各类房屋建筑及其附属设施的建造和与其配套的线路、管道、设备的安装活动和对上述活动的监督管理。

3. 《建筑法》的基本原则。《建筑法》的基本原则为：确保建筑工程质量与安全原则，守法原则，不得损害社会公共利益原则，合法权益受法律保护原则。

4. 《建筑法》的基本政策。《建筑法》关于建筑业的基本政策为：国家扶持建筑业的发展，支持建筑科学技术研究，提高房屋建筑设计水平，鼓励节约能源和保护环境，提倡采用先进技术、先进设备、先进工艺、新型建筑材料和现代管理方式。

5. 建筑行政监督管理体制。《建筑法》规定的建筑行政监督管理为：国务院建设行政主管部门对全国的建筑活动实施统一监督管理。

第一节 《建筑法》的立法目的

任何一项法律制度或者政策性措施的出台，都为着一定的目的而进行。《建筑法》的立法也不例外。根据《建筑法》规定，制定《建筑法》的主要目的在于：

一、加强对建筑活动的监督管理

建筑活动是一个由多方主体参加的活动。没有统一的建筑活动行为规则和基本的活动程序，没有对建筑活动各方主体的管理和监督，建筑活动就是无序的。长期以来，由于受传统计划经济的影响，特别是缺乏应有的法律规范，建筑活动中出现了一些亟待解决的问题。比如：参与建筑活动的主体的行为不规范，发包方不按规定程序办事，不报道、不招标或者在招标中压级压价；有的发包单位或者工作人员将本应由一家或者少数几家承包即可完成的建筑工程人为地肢解发包，获取不正当利益；有的承包单位将承包的工程层层转包，牟取暴利；有的低资质或者无资质证书的承包单位通过"挂靠"，承包超出自身施工能力的建筑工程等。上述现象不仅扰乱了建筑市场秩序，还诱发了一些收受贿赂的不法行为。制定《建筑法》，就是要从根本上解决建筑市场存在的诸多问题，确立与社会主义市场经济相适应的建筑市场管理制度，以维护建筑市场的秩序。

建筑业长期受计划经济的束缚和影响，在推进体制转轨和经济增长方式转变的过程中，原有的那些管理体制、制度、手段已经不能适应建筑市场的需要，因此出现了管理上的一些混乱和漏洞。实践证明，没有健全的法制、严格的管理，市场经济是不完善的；没有监督制约机制的管理，是不完善的管理体系；没有依法治理的建筑活动体系，势必会出现混乱和漏洞。目前建筑市场监督制约机制还不尽完善，主要表现为以下三个方面的问题：

（一）建筑活动管理体制混乱，建筑市场监督机制不健全，尚未形成规范管理与监督制约相结合的管理体系。具体表现在：

1. 政企不分，多头管理。

从某种意义上讲，目前政府职能部门多头直接管理企业和政企不分的管理方式，乃是建筑市场不规范现象产生的根源之一。对于建设工程项目的管理，既有地方政府的区域管理，又有行业主管部门的条线管理和事业机关的专项管理。这种多管齐下进行"轮番轰炸"的做法，一方面致使施工企业叫苦不迭，无所适从；另一方面，由于省、市、区县和相关部门之间的管理界限不明，易于造成漏管现象。

2. 职能分割，管理掣肘。

目前，建筑行业主管部门之间的职能以及同政府综合管理部门之间的职能关系，既无合理界定，又成分割状态，以致管理职责不明，交叉重叠，掣肘不断。例如合同管理，在招标管理的程序中是重要的一关。切实抓好合同管理，确保合同双方履行义务，可以防范许多漏洞。但是，目前对合同的管理十分薄弱，一旦中标完成，似乎合同管理就此结束，从中标到施工竣工之间的合同管理成为"真空"地带，致使有些业主采用合同的补充条款来否定原来的合同，有的另签第二个合同来否定原来的合同。对于这种违规行为的查处，应是工商管理部门的职能，但该部门并不掌握实情；建设管理部门知情但又限于权限，只能作罢；又如质量管理、监理不到位等，一旦发生重大事故，上至省市领导，下至基层领导，纷纷"驾到"，召开现场会、调查会。管理部门在此仅仅充当裁判，单纯追究施工企业的责任，而建设单位的工程主管部门则悠闲自得。这些情况说明，行业管理亟待理顺。

3. 官员干预，超越管理。

当前，部分领导干部为显示其"为官一任，造就一方"的政绩，兴建"首长工程"、"献礼工程"，既不执行工程建设的法定程序，又不遵循工程建设的客观规律。这种急功近利、好大喜功的领导作风，不仅对工程本身造成危害，浪费严重，而且导致严重事故；部分领导干部条块割据的意识较浓，在他们的权限或者管理范围内，我行我素，搞"诸侯经济"；部分官员不按照建设工程的规律办事，不按照自然规律办事，造成一个人的功绩，三代人的苦难。

（二）主体规范不严，未能有效制约和纠正业主的不正当行为。

1. 没有把握不同投资主体的定位，对业主缺乏刚性约束。

面对市场经济,建筑工程投资主体已逐步形成多元化的格局。但由于没有及时区别不同的投资主体,作出相应进入市场的规范,就容易引发业主行为不规范、资质不合格等诸多问题。从公有制为投资主体的情况来看,一是作为国家建设投资主体的各级政府,仍以投资者与施工企业管理者的双重身份进行运作,因而无法承担发包方所应当承担的义务和责任,造成游离于市场主体之外,自然也谈不上什么行业约束;二是作为国有企业、事业单位或者集体企业单位的投资主体,由于不是真正的利益主体,工程建设的效益、质量对他们难以起到制约作用,以致一些单位的领导和管理干部片面追求个人和小团体利益,利用工程发包权,为所欲为,滋生各种不正之风和腐败行为,扰乱了市场的正常秩序;三是作为房地产开发商的投资主体,为达到高额赢利的目的,千方百计地逃避行业主管部门的监督管理,以致工程质量低劣,侵害了住宅购买者和使用者权益。

2. 没有管住承包方的"二级市场"。

近年来,全国已普遍实行对工程承发包的一级市场进行招标的管理制度,尽管不完善,但起到了管理约束的作用。而目前对于工程发包的"二级市场"是毫无制约的,导致了工程项目层层分包,层层转包,最后的承包商连业主是谁都不知道。

3. 没有管住市场主体资质。

建筑施工企业资质证书,作为衡量一个企业能否进入建筑市场或进入何等建筑领域参与竞争和承揽工程的通行证,是以一个企业施工能力和市场信誉为其保障的无形资产。目前,我国建筑行业的从业人员已达 3400 万人,其中国有企业不足五分之一。由过去的农村"泥水匠"改行而逐渐崭露头角的建筑包工头已突破 20 万之众,在不少工程的施工第一线,农民工占到了 80% 以上。

严峻的现实,无情的竞争,对于我国"僧多粥少"矛盾本来就突出的建筑市场来说,拥有较高等级的资质和良好的社会信誉无疑成为争夺市场、寻求生存之路的"杀手锏"。然而,由于发端于 1985 年的我国建筑市场招标机制长期缺乏与之配套的完善的规章约束,加之部分掌握国家或地方企业的当权者受到利益的驱动而借承包之名大捞"好处",导致了背离市场公平竞争的招标靠"议"、承包认"钱"、中介有"债"、转包"提成"等不良现象的产生。于是出现了"一级企业中标、二级企业进场、三级企业管理、包工头施工"等"挂靠承包"招揽工程的不正当竞争现象。

部分不具备相应资质等级的企业或公司,为寻找"靠山",谋求办事方便,采取诸如私借、租用等手段和形式,把自己挂靠于具有一定资质等级的企业或公司名下,使自己摇身一变成为拥有资质等级的企业或公司,以达到有权承揽或越级承包各类建筑工程项目的目的。这一类不正当竞争行为,通常要以给付一定的"好处费"或管理费为条件。

(三)监督惩治不力,尚未有效遏制住经济犯罪案件上升的势头。

综观古今中外,腐败皆是权力运作失控、失衡所致,建筑市场也不例外。在市场经济的条件下,对权力的监督制约是否有效,直接关系到建筑市场的兴衰和事业的成败。当前的问题主要包括:

1. 管理体制和制约机制滞后,为犯罪提供了可趁之机。

随着改革的不断深入,建筑企业逐步推进项目法人管理,公司将责任、权力下放。项目经理等基层领导的权力倍增,而监督制约跟不上,以致工程分发包可以由项目经理一锤定音。工程费用的增加、施工队伍的选择和转发包等则由建设单位领导一人或少数几个人说了算。再加上管理缺乏透明度，对工程缺乏严格的监督审核，以致漏洞百出，造成建设工程领域违法违纪案件逐年递增。这几年的经济案件中，涉及承发包的案件占据了较大的比重。

2. 地方和部门的本位主义、保护主义，构成了查处违纪行为的重大障碍。

有些地方和部门的领导，为了本地区、本部门的利益，在建设工程出了问题或严重事故以后，不是积极配合主管部门和司法机关进行调查处理，而是四处活动，出面求情，使大事化小、小事化了。而建设管理、审计部门则碍于情面，对一些未经报建、未进行招标的工程和"既无资金，又无设计图纸、施工许可证"的"三无"工程、高估冒算工程、偷工减料工程，往往只开出整改通知书，处以几千、几万元不等的罚款了事。

二、维护建筑市场秩序

1993年3月29日，第八届全国人民代表大会第一次会议通过了《中华人民共和国宪法修正案》，确定了"国家实行社会主义市场经济"。党的十四大确定了建设社会主义市场经济体制的目标，提出要以建立健全市场法律、发展生产要素市场为重点，逐步建立比较完善的市场体系，加强市场管理，维护市场秩序。建筑市场作为社会主义市场经济的组成部门，需要确立与社会主义市场经济相适应的新的市场管理制度。制定《建筑法》就是要从根本上解决建筑市场的混乱状况，确立与社会主义市场经济相适应的建筑市场管理制度，以维护建筑市场的秩序。

这里所讲的建筑市场指房屋建筑市场，目前该市场存在问题比较多。比如：建筑施工企业无证或越级承包建筑工程；承包企业将建筑工程层层转包、层层分包；工程承包中行贿受贿；招投标走过场，泄露标底，垫资带资问题严重；肢解建筑工程；地方建筑行政主管部门对施工资质审批不严，乱发资质证书等。这些问题的存在直接影响到建筑市场的正常秩序，造成建筑市场的混乱。制定《建筑法》的另一个目的，就是通过建筑立法使得建筑市场的秩序得以维护。维护建筑市场秩序，主要包括两个方面：一个方面是维持现有合法、合理的建筑市场秩序，对属于建筑市场合法的行为依法予以保护，合法的行为得到了保护，正常的市场秩序就能得到维护；另一个方面是清除和打击建筑市场不规范的行为，将不规范的行为在建筑市场清除掉，正常的市场秩序才能得到充分的发展与维护。

三、保证建筑工程的质量和安全

通过建筑立法所要达到的第三个目的，是通过建筑立法使得建筑工程的质量和安全得以保证。保证建筑工程的质量和安全，是指建筑市场的监督管理者和建筑市场的参与者必须根据国家的建筑工程质量和安全标准，以及相关规范等来约束自己的行为。只有其行为符合有关建筑工程质量和安全标准，建筑工程的质量和安全才能得到保证。

建筑工程的质量和安全是建筑工程的核心内容，百年大计质量为本。建筑工程的质量和安全，也是建筑活动的两大永恒主题。无论是过去还是将来，只要有建筑活动存在，就有建筑工程的质量和安全问题。

改革开放以来，国民经济进入了一个持续增长的新时期，建筑业也随之获得迅猛的发展。但由于人们思想中受到"大干快上"的影响，片面地追求数量和速度，对建筑工程的质量和安全重视不够等原因，致使建筑工程的质量和安全出现了不少问题。在建筑工程质量方面，近几年相继发生了一些重大质量事故，加之长期以来存在的渗、漏、堵、空、裂等工程质量问题，严重侵害了消费者的合法权益，在社会上造成了不良影响。在建筑安全生产方面，建筑安全生产事故频发，每年在施工过程中死亡的人数在全国仅次于矿山，位于第二，对此却未能引起全社会应有的重视。

《建筑法》以切实保证建筑工程的质量和安全为主要目的之一，作出了以下一些重要的规定：一是要求建筑活动应当确保建筑工程的质量和安全，符合国家的建筑工程安全标准；二是建筑工程的质量和安全应当贯穿建筑活动的全过程，进行全过程的监督管理；三是建筑活动的各个阶段、各个环节，比如设计、施工、竣工验收等阶段，都要保证质量和安全；四是明确了建筑活动各有关方面在保证建筑工程质量和安全中的责任等。

四、促进建筑业健康发展

这是通过建筑立法所要达到的第四个目的，也是最终目的。建筑业是国民经济的重要物质生产部门，是国家重要支柱产业之一。据统计，"八五"期间，我国全社会固定资产投资预计完成6.16万亿元，其中建筑业完成3.82万亿元，占同期固定资产投资总额的62%。建筑活动已经成为国家重要的经济活动之一，建筑活动的管理水平、效果、效益，直接影响到我国固定资产投资的效果和效益，从而影响到国民经济的健康发展。所以，国家通过制定和实施《建筑法》，对建筑活动进行监督管理，维护建筑市场秩序，保证建筑工程的质量和安全，最终使得建筑业适应社会主义市场经济发展的要求，得以合理有序地向前发展。

第二节 《建筑法》适用范围和调整对象

一、法律适用范围

法律的适用范围是指法律的效力范围，即法律在多大地域内、对什么人以及对哪些行为有效，是解决"管什么"、"是什么"的问题的。两者之间有机结合、密不可分，构建了法律的整体框架。建筑法在适用范围和调整对象上有一个发展、演变的过程。关于《建筑法》的调整范围问题，在立法过程中存在着较大的意见分歧，主要有：

1. 主张调整范围应当覆盖工程项目的投资、筹划、可行性论证、立项审批、勘察设计、施工建设、竣工验收和工程保修这一全过程的活动，以保证建设程序的统一，故建议将法名定为"建设法"。

2. 主张应当重点规范建筑市场的行为，培育建筑市场体系，故建议将法名定为"建筑市场法"。

3. 主张应当主要规范建筑行业的行为，重在建筑业企业的资质管理，明确行为规范等，认为如果把建筑活动作为调整对象，勘察设计必然要包括其中，这不合适。因为设计在国民经济行业分类中作为第三产业，已经与建筑业分开了。如果把设计作为建筑活动，则把设计行业肢解了。鉴于设计活动与建筑活动的性质不同，建议将法名定为"建筑业法"。

4. 主张将调整范围确定为"从工程立项之后开始，对建筑活动的市场准入、工程发包与承包、勘察设计、施工、竣工验收直至交付使用等各个环节所发生的各种法律关系加以规范，故建议将法名定为"建筑法"。

5. 主张将法名定为"房屋建筑法"，认为目前建筑业中存在的主要问题是房屋建筑质量问题。

综合分析上述情况之后认为："建设法"从工程项目投资、筹划、立项审批开始，范围过宽，难以处理与正在制定的"投资法"之间的关系，并与已经施行的《中华人民共和国城市规划法》和《中华人民共和国土地管理法》等在内容上相互交叉；"建筑市场法"仅仅规范建筑市场行为；"建筑业法"重在建筑业企业的资质管理等，范围过窄，无法涵盖建筑安全、工程质量等当前建筑活动中存在的突出问题，难以适应现实需要；而"建筑法"从工程立项之后开始，对建筑活动的市场准入、工程发包与承包、勘察设计、施工、竣工验收直至交付使用等各个环节所发生的各种法律关系加以规范，规范建筑市场，突出建筑安全和工程质量两个重点，既有利于解决当前建筑活动中存在的突出问题，又可妥善处理与相邻法律的关系。同时，考虑到建筑业中房屋质量是个关键问题，本法应重点规范房屋建筑行为。故将法的调整范围确定为工程立项之后的各个环节的建筑活动，即《建筑法》规定的"在中华人民共和国境内从事建筑活动，实施对建筑活动的监督管理，应当遵守本法。"

二、建筑活动

建筑活动主要是指各种建筑工程的土建和安装，通常称"建安活动"。根据《建筑法》第2条第2款规定："本法所称建筑活动，是指各类房屋建筑及其附属设施的建造和与其配套的线路、管道、设备的安装活动。"它包括两个方面的内容：一个方面是各类房屋建筑及其附属设施的建筑活动。这里的各类房屋是一个广义的概念，包括居住房屋（即一般的民用住宅）、公共场所的房屋（办公楼、医院、学校、车站和体育场的看台等建筑物）和工业用房。其附属设施，是指与房屋有必然联系的依附于房屋存在的一些构筑物，比如供水、供暖设施。另一个方面是与房屋建筑配套的线路、管道、设备的安装活动。比如水暖管道、电线、防火设备等。

《建筑法》中所说的建筑活动包括以下内容：

1. 《建筑法》所讲建筑活动包括房屋建筑的装修活动。

《建筑法》第49条中对于装修作了规定，其中指出：涉及建筑主体和承重结构变动的装修工程，建设单位应当在施工前委托原设计单位或者具有相应资质条件的设计单位提出设计方案；没有设计方案的不得施工。从1978年至今，全国共发生502起严重的倒塌事故，由于设计原因造成的事故占85%。同时设计浪费现象也比较普遍，所以要加强对设计环节的管理。

2. 《建筑法》所讲建筑活动不包括装饰活动。

《建筑法》所讲建筑活动不包括装饰活动，主要考虑到该项活动涉及范围广大，牵涉到千家万户，且这一活动有些属于当事人自己决定的事情，建筑行政主管部门没有必要对其进行监督管理。另外，如何进行管理，由哪个部门进行管理，有关政府机关之间还存在一定的争论，这也不完全是法律所能解决的问题。

3. 《建筑法》所讲建筑活动不是建设活动，不包括建设活动的全过程，只包括建设活动的一部分，即建造与安装的过程。

为什么只局限于建造与安装而不包括其他活动呢？这主要考虑到其他相关问题正在立法过程中，比如对于设计活动，有关部门正在起草设计法；对于投资问题，有关部门正在制定投资法。但是，如果这类相关问题与建造、安装密切相关，本法也适当作了规定。比如对于设计活动，就规定了从事设计活动必须具备一定的资质条件，设计应当保证工程的安全性能，设计的质量必须符合国家有关工程安全标准的要求，设计单位要对设计的质量负责，设计单位对于设计的选材不得指定生产厂家与供应商，设计单位如有违法设计应承担法律责任等。

4. 关于建筑活动，《建筑法》和其他法律有特别规定的还应执行特别规定。

根据《建筑法》第83条的规定，省、自治区、直辖市人民政府确定的小型房屋建筑工程的建筑活动不直接适用《建筑法》，而是参照适用。依法核定作为文物保护的纪念建筑物和古建筑等的修缮，依照文物保护的有关法律规定执行。抢险救灾及其他临时性房屋建筑和农民自建低层住宅的建筑活动，不适用《建筑法》。根据《建筑法》第84条的规定，军用房屋建筑工程建筑活动的具体管理办法，由国务院和中央军事委员会依据《建筑法》制定。

5. 建筑活动的内在统一性以及建筑市场的统一原则。

在整个建筑领域，房屋建筑、交通工程、水利工程、矿山工程、化工工程等各类工程，虽有各自的专业特点，但又有其内在的统一性。主要体现在：（1）都具有建筑工程固定、建筑队伍流动、建筑类别复杂、建设条件多变、建设周期长、人财物消耗大等共同特点，与其他行业明显不同；（2）都具有生产交易统一性的共同特点，即生产活动与交易行为交织在一起；（3）其建筑生产过程具有统一性，必须经过设计、施工、竣工验收、交付使用、保修等程序。建筑业作为国民经济的重要物质生产部门，不是由单一的房屋建造活动构成的，还包括交通、水利、邮电、化工等专业工程的建筑活动。

第三节 建筑工程质量和安全

《建筑法》第3条规定："建筑活动应当确保建筑工程质量和安全，符合国家的建筑工程安全标准。"本条是关于确保建筑工程质量和安全符合国家建筑安全标准的规定。

建筑工程质量是指国家规定合同约定的对建筑工程的适用、安全、经济、美观等各项要求的总和。建筑活动确保建筑工程质量，就是确保建筑工程的适用、安全、经济、美观等各项要求。建筑工程的安全是指建筑工程中涉及的人身安全和财产安全。

（一）做好勘察设计，确保工程质量

工程勘察是指为工程建设的规划、设计、施工、运营及综合治理等而对地形及水文等要素进行的测绘、勘探、测试及综合评定，提供可行性评价与建设所需要的勘察成果资料，并进行岩土工程设计、处理和监测的活动。在工程建设过程中，勘察设计、施工安装与材料设备的生产供应是主要环节，而勘察设计又是其中的一个关键环节。设计是建筑工程的灵魂，而工程勘察是各项基本建设工程的第一道工程。勘察设计前期工程做得好坏，直接关系到工程的质量。

（二）做好建筑工程设计，确保工程质量

工程以设计为主导，这是一条客观规律。这是因为工程建设是程序性、系统性很强的物质资料生产过程，而设计工作像一条主线贯穿始终，牵动着每个环节。首先，通过设计，可以从技术上、经济上对拟建项目进行详细研究和预算，从而具体确定建设工程的方案，保证建设计划的落实。工程项目的建址，各项建筑和设施的总平面布置和运行状况，以及每一个建筑物的具体建筑方案、结构方案及室内设备和装修情况等等，都是通过设计来确定的。其次，设计工作应该渗透到工程建设的各个阶段。工程建设的实践证明，如果重视设计工作，从计划任务书的编制，建址选择直到工艺路线的确定，设备选型和施工等一系列工作，都让设计部门参加，设计质量就好，建设周期就短，投资效果就好，就能保证工程质量。

（三）做好建设监理，确保工程质量

为了适应建筑业社会化大生产的需要，适应改革开放和与国际惯例接轨的要求，我国于1988年提出了建设监理制度。同年，建设部在中央批准下发出了《关于开展建设监理工作的通知》，制定了《关于开展建设监理试点工作的若干意见》文件，为监理试点工作的开展提供了依据。1993年4月，中国建设监理协会在北京成立。该协会的主要任务是协助和配合政府有关部门，在全国范围内组织全行业的技术交流、专业培训、咨询活动，把好建设质量关。至此，建设监理工作在全国展开。

建设监理涉及项目前期与项目的实施阶段。当前我国着重于项目设计阶段、招投标阶段、施工阶段和竣工验收以及项目投入使用后的保修阶段的监理工作，具体落实顾问、参谋和监督等管理方面的职责。建设监理工作直接关系到建设工程质量，只有严格履行建设监理职责，才能确保建设工程质量。

（四）严格执行工程建设标准化，确保工程质量

1. 工程建设标准化的定义和特点

工程建设标准化是指特定机构，依据国家标准化法规及有关工程建设的法律法规，制定、发布和实施与建设工程有关的标准，以获得最佳秩序和社会效益的行为。工程建设标准化具有以下特点：

（1）工程建设标准化是由特定的主管机构执行的。标准化工作是发展社会主义市场经济，促进技术进步，改进产品质量，提高社会经济效益，维护国家和公民利益的重要工作。国务院标准化行政主管部门统一管理全国的标准化工作，国务院有关行政主管部门分工管理本部门、本行业的标准化工作；省、自治区、直辖市标准行政主管部门统一管理本行政区域的标准化工作；省、自治区、直辖市政府有关行政主管部门分工管理本行政区域内本部门、本行业的标准化工作；市、县标准化行政主管部门和有关行政主管部门，按照省、自治区、直辖市政府规定的各自职责，管理本行政区域内的标准化工作。

（2）工程建设标准化是依法进行的。工程建设标准化是一种法律行为，国家对工程建设标准的制定、发布和组织实施，有着严格的法律规定，而这些法律规定又是依据国家标准化法规及有关工程建设的法律、行政法规制定的。

（3）工程建设标准化是制定、发布和实施工程建设标准的统一体。工程建设标准化不是一种单纯的行为，而是一系列相关行为的统一体，是一项系统工程。它包括工程建设有关标准的制定、发布和实施等各个过程，每个过程都有其特定的内容和执行程序，只有把各个过程有机地统一起来，才能构成完整的工程建设标准化。缺少任何一个环节，工程建

设标准化都无法完成。

（4）工程建设标准化的目的是追求最佳秩序和社会效益。工程建设标准化的目的是通过对工程建设有关标准的制定，规范工程建设行为，维护工程建设秩序，确保工程建设行为具有良好的经济效益和社会效益。

2.《标准化法》对工程建设标准的管理

1988年12月，国家颁布了《中华人民共和国标准化法》，1989年4月1日起施行。1990年4月，国务院根据《标准化法》的有关规定发布并施行了《中华人民共和国标准化法实施条例》。它对工程化建设标准的对象、标准化工作的任务、标准化的管理体制、标准的制定与实施及违反标准应负的法律责任等问题作出了规定。

（1）工程化建设标准的对象。《标准化法》规定"对建设工程的设计、施工方法和安全要求"需要统一的技术要求，应当制定标准；对有关工程建设的"技术术语、符号、代号和制图方法"需要统一的技术要求，应当制定标准。

（2）工程建设标准的性质。《标准化法》将标准按其性质分为强制性标准和推荐性标准。保障人体健康、生命财产安全的标准和法律、行政法规规定的强制执行的标准是强制性标准，其他标准是推荐性标准。工程建设的质量，关系到国家、集体、个人的财产安全，关系到建设者、所有者和使用者的人体健康安全。所以有关人体健康，人身财产安全的工程建设标准是工程建设中重要的基础标准、技术标准。《标准化法》对强制性标准的规定，充分体现了工程建设的这一显著特点。

3. 标准的一般规定

（1）工程建设国家标准。工程建设国家标准是指在全国范围内需要统一的技术要求。工程建设国家标准由国务院工程建设行政主管部门审批，经国务院标准化行政主管部门统一编号后，由国务院工程建设行政主管部门和国务院标准化行政主管部门联合发布。

工程建设国家标准分为强制性标准和推荐性标准。工程建设勘察、规划、设计、施工（包括安装）及验收等通用的综合标准和重要的通用质量标准，工程建设通用的有关安全、卫生和环境保护的标准，工程建设重要的通用术语、符号、代号、量与单位、建设制图方法标准，工程建设重要的通用试验、检验和评定方法等标准，工程建设重要的通用信息技术标准，国家需要控制的其他工程建设的通用标准，属于强制性标准。强制性标准以外的标准是推荐性标准。

（2）工程建设的行业标准。工程建设行业标准是指在工程建设活动中没有国家标准而需要在全国某个行业范围内统一的技术要求。工程建设行业标准由国务院有关行政主管部门审批、编号和发布。其中，两个以上部门共同制定的行业标准，由有关的行政主管部门联合审批发布，并由其主编部门负责编号。行业标准发布后，报国务院工程建设行政主管部门备案。

（3）工程建设地方标准。工程建设地方标准是指在工程建设活动中没有工程建设国家标准、行业标准而需要根据当地的气候、地质、资源、环境等条件，在省、自治区、直辖市范围内统一的技术要求。工程建设地方标准的制定方法，由省、自治区、直辖市人民政府规定。工程建设地方标准应当报国务院工程建设行政主管部门和国务院标准化行政主管部门备案。

（4）工程建设企业标准。工程建设企业标准是指在工程建设活动中没有工程建设国家标准、行业标准和地方标准而又需要在企业单位（包括勘察、设计单位）内部统一的技术要求。对于已有工程建设国家标准、行业标准或者地方标准的，国家鼓励企业单位制定严于工程建设国家标准、行业标准或者地方标准的工程建设企业标准，在企业内部适用。工程建设企业标准由企业单位组织制定，并按国务院有关行政主管部门或省、自治区、直辖市人民政府的规定备案。

第四节　建筑业的基本政策

建筑业是国民经济的支柱产业之一，它的发展可以带动其他行业的发展，并对国家增加积累、增加收入起到积极的作用。建筑业在我国还处在起步和发展阶段，《建筑法》规定了国家扶持建筑业发展的基本政策。扶持建筑业的发展是指国家采取优惠措施，引导和规范人们从事建筑活动等。

（一）建筑行业在国民经济中具有的地位与作用，决定了国家必须支持和扶持建筑业的发展。建筑业在国民经济中的地位和作用主要表现在以下几个方面：

1. 建筑业的产值和国民收入在国民经济中占有较大比重。1956年建筑业创造的国民收入占国民收入总值的6.24%，在国民经济五大物质生产部门中位居第四；1992年建筑业创造的定额国民收入占国民收入总值的10.7%，在国民经济五大物质生产部门中位居第三，仅次于工业、农业，超过了商业和运输业的总和。1993年，建筑业完成净产值2054亿元，占到国民收入总值的8.2%。目前，建筑业已被国家产业政策列入重点扶持发展的四大产业之一，在促进我国经济发展的过程中，发挥着不可低估的作用。

2. 建筑业生产的建筑产品，为国民经济和国家建设的发展以及人民生活的改善提供了重要的物质技术基础。

3. 建筑业的发展带动了相关产业的发展和繁荣。建筑业能够带动建材、冶金、化工、石油、森林、机械、电子、轻工、仪表等50多个工业部门的发展。

4. 建筑业容纳了大量就业人员，为缓解我国就业压力作出了贡献。目前，我国建筑业劳动大军已达3400多万人，成为主要的就业部门。

5. 建筑业的生产有效地改善了工作和生活环境，满足了人民日益提高的物质文化生活需要。

6. 建筑业可以吸收大量的消费资金。

（二）目前我国建筑业的科技水平偏低，管理水平还不能适应建筑业发展的需要。

1. 我国建筑业队伍素质不高，技术水平、文化水平、操作技能都比较低。建筑行业的从业人员已达3400多万人，其中国有企业不足五分之一。由过去的农村"泥水匠"改行而逐渐崭露头角的建筑包工头已突破30万，在不少工程的施工第一线，农民工占到了80%以上。相当多的从业人员没有经过严格的知识技能培训，缺乏基本知识。企业的人才素质、组织管理能力都比较低，使企业的管理能力大大下降。

2. 我国的建筑工业化水平低、手工作业多、混合作业多、现场用工量大，与发达国家的差距相当大。

3. 我国企业的技术装备水平低，原材料质量差，与国际先进设备、先进工艺、新型建筑材料之间的差距甚远。

（三）鼓励建筑科学技术研究，加大科学研究投入，培养和引进先进技术人才，大力推广建筑技术。

1. 重视建筑的节能设计，优先采用节能材料、设备，淘汰能耗高的建筑设备产品。

2. 积极采用新型建材，重视节能建筑材料产品的开发。

3. 对节能产品、节能试点建筑给予税收优惠和贷款支持，大力推广和宣传，达到提高建筑功能，改善生活环境的目的。提倡采用先进技术、先进设备、先进工艺、新型建筑材料和现代管理方式，引进国外先进的建筑生产和安全技术，提高建筑业的高科技含量。充分发挥科技人员的积极性，加强建筑业职工的文化教育和安全、质量技术培训等等。

（四）节约能源，保护环境，走可持续发展道路。

1. 鼓励节约能源的政策。节能是国家发展经济的一项长远的战略方针。能源是指煤炭、原油、天然气、电力、焦炭、煤气、热力、成品油、液化石油气、生物和其他直接或者通过加工、转换而取得有用能的各种资源。能源问题是当今世界面临的重大问题之一，也是我国面临的重大问题之一。能源是国民经济发展的物质基础，从长期供需预测看，供需矛盾比较突出，必须节约能源。为了节约能源，提高能源利用效率和经济效益，保护环境，保障国民经济和社会发展，满足人民生活需求，我国专门制定了《中华人民共和国节约能源法》（1997年11月1日由第八届全国人大常委会第28次会议审议通过，自1998年1月1日起施行）。建筑业是利用能源的行业之一，也需要节约能源。因此，《建筑法》在第4条中规定了鼓励节约能源的政策。

2. 建筑节能措施。节能是指加强节能管理，采取技术上可行、经济上合理以及环境和社会可以承受的措施，减少从能源生产到消费过程中各个环节的损失和浪费，更加有效、合理地利用能源。关于建筑方面的节能，《节约能源法》和《中国节能技术政策大纲》（国家计委、国家经贸委、国家科委于1996年5月13日发布）作出以下具体规定：

（1）固定资产投资工程项目的可行性研究报告，应当包括合理用能的专题论证；固定资产投资工程项目的设计和建设，应当符合合理用能标准和节能设计规范，达不到合理用能标准和节能设计规范要求的项目，依法审批的机关不得批准建设，项目建成后达不到合理使用标准和节能设计规范要求的，不予验收。

（2）建筑物的设计和建造应当依照有关法律、行政法规的规定，采用节能型的建筑结构、材料、器具和产品，提高保温隔热性能，减少采暖、制冷、照明的能耗。

3. 相关鼓励政策。《节约能源法》规定：国家鼓励节能科学技术的研究和推广，加强节能宣传和教育，普及节能科学知识，增强全民的节能意识；各级人民政府对在节能或者节能科学技术研究、推广中有显著成绩的单位和个人给予奖励；在国务院和省、自治区、直辖市人民政府安排的科学研究资金中应当安排节能资金，用于先进节能技术研究等。

4. 保护环境的政策。环境保护是我国的一项基本国策。环境是指影响人类生存和发展的各种天然的和经过人工改造的自然因素的总体，包括大气、水、海洋、土地、矿藏、森林、草原、野生生物、自然遗迹、人文遗迹、自然保护区、风景名胜区、城市和乡村等。保护环境就是保护以上所述环境。环境是人类赖以生存的条件，人类生存条件的变化会直接影响到人类的生产与生活。保护环境就是保护我们人类自己，保护和改善生活环境与生态环境，必须防治污染和其他公害，保障人体健康。我国将保护环境确定为一项基本国策。

关于保护环境措施，《建筑法》和《环境保护法》及其相关法律均有规定。例如《建筑法》规定：建筑施工企业应当遵守有关环境保护和安全生产的法律、法规的规定，采取措施控制和处理施工现场的各种粉尘、废气、固体废物以及噪声、振动对环境的污染和危害；建筑施工应当文明施工，不准影响和破坏周围环境，建筑企业施工不得"扰民"。

第五节 依法从事建筑活动，维护社会和他人的合法权益

一、从事建筑活动应当遵守法律和法规

这是建筑法规定的一项基本原则，即建筑活动守法原则。从事建筑活动的单位和个人必须遵守国家的法律法规。根据本法规定，需要遵守本法的单位和个人主要包括：从事建筑工程勘察设计的单位和个人；从事建筑工程监理的单位和个人；从事建筑工程施工的单位和个人。以上单位和个人不得损害社会公共利益和他人的合法权益。

（一）从事建筑勘察设计的单位和个人，应当遵守勘察设计法规

工程勘察设计法规是指调整工程勘察设计活动中所产生的各种社会关系的法律规范的总称。工程勘察设计法规包括国家制定颁布的所有工程勘察设计方面的法律规范，涉及范围广、内容多，不仅包括关于工程勘察设计的专门法规，而且包括其他法规中有关工程勘察设计方面的法律规范。

工程勘察设计法规主要调整以下三个方面的内容：

1. 勘察设计管理机关与建设单位和勘察设计单位之间，因编制、审批、执行勘察设计文件资料而发生的审批管理；
2. 因工程建设的实施，发生于建设单位与勘察设计单位之间的经济合同关系；
3. 因各种技术规定，制度和操作规程，发生于勘察设计单位内部的计划管理、技术管理、质量管理以及各种形式的经济责任制等内部管理关系。

在工程建设过程中，勘察设计、施工安装与材料设备和生产供应是主要环节，而勘察设计又是其中的关键环节。勘察设计在整个建设程序中占有十分重要的地位，勘察设计的单位和个人必须严格遵守法律规定。

工程勘察设计法规是编制设计文件的依据，设计任务书是编制设计文件的主要依据。任务书的编制要按有关规定执行，其深度应能满足开展设计的要求。设计单位必须积极参加计划任务书的编制，建设地址的选择，建设规划和试验研究等方面的设计前期工作。

（二）从事建筑监理的单位和个人，应当遵守建筑监理的法规

建筑工程监理是20世纪80年代中后期随着我国建设管理体制的改革，参照国际惯例，在我国建设领域推行的一项科学的管理制度，是在总结我国几十年工程建设经验教训之后开创的建设管理体制的一条新路。

1989年7月，建设部颁布了《建设监理暂行规定》，这是建筑监理工作的第一个规范性文件。同时开展监理培训，为监理工作的进一步推行做组织上的准备。1995年12月，建设部、国家计委印发了《工程建设监理规定》。从1996年开始，在全国推行建设工程监

理制度。参照国际惯例，建设具有中国特色的建设监理制度，不仅是建立和完善社会主义市场经济的需要，同时也是开拓国际建筑市场，进入国际经济大循环的需要。

1. 建设监理单位资质管理的制度化

建设监理单位的管理水平高低，将直接关系到建设监理制度的建立与实施。1991年12月7日，建设部常务会议讨论并通过《工程建设监理单位资质管理试行办法》（以下简称《试行办法》），该《试行办法》第二、三条分别明确了工程建设监理、监理单位及监理单位资质的概念和范围。该《试行办法》还规定了对工程建设监理单位的资质实行分级管理。

2. 实行监理工程师注册制度

《监理工程师资格考试和注册试行办法》（以下简称《办法》），作为与《建设监理暂行规定》、《工程建设监理单位资质管理办法》相配套的规章之一，其制定与发布实施对于提高我国监理工程师的素质，推进建设监理事业的发展，有着极其重要的意义。该《办法》第二条规定："本办法所称监理工程师系岗位职务，是指经全国统一考试合格并经注册取得《监理工程师岗位证书》的工程建设监理人员。"这就是说，经全国统一考试合格只是成为监理工程师的一个前提条件，同时还应在建设监理岗位上工作，才能申请注册，经过注册，取得《监理工程师岗位证书》，就成为监理工程师。有了监理工程师证，才能从事建设监理工作。

（三）从事建筑工程施工的单位和个人，应当遵守建设工程施工法规和规章制度

建筑施工法规包括国家制定颁布的所有建筑施工法律规范，不仅包括建筑施工法规，而且还包括其他法规中有关建筑施工的法律规范。

建筑施工法规的调整对象是建筑施工活动中发生的各种社会关系，这种社会关系，人们往往简称为建筑施工关系。建筑施工关系具有以下一些特征：

1. 建筑施工关系是因建造工程而在生产领域内产生的一种社会关系。建筑施工关系的各方面都是围绕着缩短工期、提高质量、降低消耗、增加盈利的共同目标，完成施工对象的生产任务。

2. 建筑施工关系是一种反映社会主义市场经济关系的社会关系。重要的建设工程都应纳入国家计划和地方政府计划，并取得获得批准的计划任务书以后，才能成立建筑施工关系。

3. 建筑施工关系是一种多方协作相结合的社会关系。现在，在施工中普遍实行了各种形式的承包责任制。

二、任何单位和个人都不得妨碍和阻挠依法进行的建筑活动

这是本法规定的又一个基本原则，即合法权益法律保护的原则。制定法律不仅要求人们遵守法律和惩治违法行为，而且还要保护每个市场主体的合法权益不受侵犯。法律只有打击违法行为，保护合法行为，才会起到其应有的作用。《建筑法》规定了"任何单位和个人都不得妨碍和阻挠依法进行的建筑活动"原则，就是要求有关单位和个人，特别是手中掌握行政权力的单位和个人都要尊重依法进行建筑活动的单位和个人的合法权益，不得进行干扰。如果非法干扰，依法从事建筑活动的单位和个人可以予以拒绝。

第六节　建筑活动实行统一监督管理体制

《建筑法》确定的建筑活动管理体制，是与法的调整范围密切相关的。国务院提请全国人大常委会审议的《建筑法》草案规定的建筑活动管理体制为："国务院建设行政主管部门对全国的建筑活动实施统一监督管理。国务院有关专业部门按照国务院规定的职责分工，负责对本专业建筑活动的监督管理。"本法对县级以上地方的建筑活动管理体制也作了相应的规定。

一、建筑活动的监督管理

建筑活动的监督管理是指国家建设行政主管部门依据法律、行政法规规定的职权代表国家对建筑活动进行的监督和管理行为。建筑活动的监督管理具有以下几个特点：

（一）建筑活动监督管理具有权威性。这种监督管理体现的是国家意志，是由建设行政主管部门代表国家依法行使的职责，任何单位和个人都应当服从这种监督管理。

（二）建筑活动监督管理具有强制性。这种监督由国家强制力作为保证，任何单位和个人不服从这种监督管理，都将受到法律的制裁。

（三）建筑活动监督管理具有综合性。这种监督管理不局限于建筑活动的某一个方面，而是贯彻于建筑活动的全过程；不局限于某一个单方主体，而是适用于建设单位、勘察设计单位和建筑施工单位以及工程监督单位等各方主体。

二、建筑行政监督管理机关

建筑行政监督管理机关是指对全国建筑活动进行监督管理的主要机关。《建筑法》第6条规定，对全国建筑活动进行监督管理的主管机关为国务院建设行政主管部门，目前指建设部。《建筑法》没有直接规定为建设部而只规定了国务院建设行政主管部门，主要有两点考虑：一是目前我国有关立法主管部门的规定均没有直接点出具体的部门，只是作出原则性的规定；二是我国正处于政治经济体制改革的时期，具体的管理部门的名称或具体职能可能有所改变。但是，不管体制如何改变，建筑活动的监督机关是存在的。所以，《建筑法》对此作了灵活性、原则性的规定。

三、建筑行业监督管理的统一性

国家对于某一方面的管理应当具有一定的集体性和国家行政管理上的统一性，否则会造成管理上的混乱，使得被执行的对象无所适从。所以《建筑法》规定，国务院建设行政主管部门对全国的建筑活动实施统一的监督管理。当然，《建筑法》所讲统一监督管理不是绝对的，而是相对的，对于特别的建筑工程应当执行特殊的规定。比如，《建筑法》第83条规定：省、自治区、直辖市人民政府确定的小型房屋建筑工程的建筑活动，参照《建筑法》执行；依法核定作为文物保护的纪念建筑物和古建筑等的修缮，依照文物保护的有关法律规定执行；抢险救灾及其他临时性房屋建筑和农民自建低层住宅的建筑活动，不适用《建筑法》。根据第84条的规定，军用房屋工程建筑活动的具体管理办法，由国务院、中央军事委员会依据《建筑法》制定。

四、建筑活动管理方面的主要职责

（一）研究制订工程建设、城市建设、乡镇建设、建筑业的方针、政策、法规以及相关的发展战略、改革方案和中长期规划，并指导实施。

（二）组织制订工程建设实施阶段的国家标准，全国统一定额和部管行业的标准定额，并与国家质量监督检验总局联合发布国家标准；组织制订建设项目可行性研究经济评价方法的经济参数、建设标准、投资估算指标、建设工期定额、建设用地指标和工程造价管理制度。

（三）制订工程建设设计和施工招标投标法规；指导与监督有关设计、施工的招投标活动，综合管理工程监理工作；指导和规范建筑市场。

（四）负责工程勘察设计、建筑安装的行业管理；监督检查工程质量及施工安全；制定建筑业技术进步、质量管理、安全施工等制度标准并监督执行。

（五）负责建筑企业的资质管理，制订建筑安装、建筑装修、建筑制品等企业的资格管理办法并监督执行。

（六）开拓国际建筑市场，走国际建筑市场竞争之路，发展对外工程承包和劳务合作。

（七）依法查处建筑市场中各种违法行为，加大执法力度，依法规范建筑市场行为。

至于地方建设行政主管部门的职责，法律中没有明文规定。这主要考虑到目前全国各省、自治区、直辖市都对地方建设行政主管的职责作出了明确规定，其职责仍按地方的规定执行，这符合我国的国情。

第三章 建设工程项目立项与审批

第一节 建 设 程 序

建设程序是指从项目的投资意向和投资机会选择、项目决策、设计、施工到竣工验收、交付使用的整个过程，是工程建设客观规律的反映，反映了建设项目发展的内部联系和过程，是不可随意改变的。如图3-1所示。

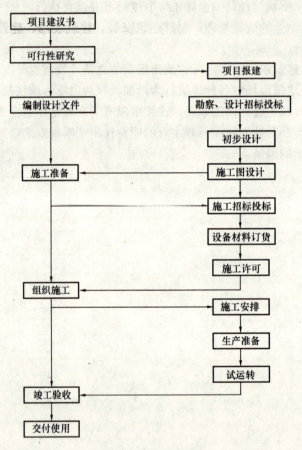

图3-1 建设程序示意

建设程序可分为如下几个主要阶段：

1. 立项决策阶段

项目建议书批准后是预备立项，可行性研究报告被批准且国家计委将项目列入国家计划后是正式立项。

2. 设计及准备阶段

此阶段包括勘察设计、规划设计和建筑设计。

3. 落实施工单位进场施工阶段
4. 落实监理阶段
5. 竣工验收和交付使用阶段

竣工验收包括：阶段验收、隐蔽工程验收、单体工程交付验收和竣工验收。

第二节　工　程　立　项

一、项目建议书

（一）项目建议书的概念

项目建议书是要求建设某一具体项目的建议文件，是基本建设程序中最初阶段的工作，是投资决策前对拟建项目的轮廓设想。项目建议书的作用是对一个拟建项目的初步说明，论述其建设的必要性、条件的可行性，以及获利或产生效益的可能性，供建设管理部门选择并确定是否进行下一步工作。项目建议书主要从宏观上衡量项目建设的必要性，评估其是否符合国家的长远方针和产业政策。

（二）项目建议书的主要内容

1. 项目提出的背景。
2. 项目提出的依据，特别是政策依据。
3. 项目实施的基础和有利条件。
4. 项目实施可能受到的制约因素以及改变制约因素的措施。
5. 项目的初步投资估算。
6. 项目资金来源及筹措办法。
7. 项目的社会效益预估。
8. 项目的经济效益预估。
9. 项目产品的销路及推销途径。
10. 项目的原料供应。
11. 项目的建造工期及投产预计时间。
12. 项目的发展远景。
13. 项目的选址。
14. 项目的规模。

20世纪80年代初期，国家规定项目建议书经批准后方可进行可行性研究。项目建议书不是项目的最终决策。有些部门在提出项目建议书之前还增加了初步可行性研究工作。

项目建议书编制完成后，应按照建设总规模和限额划分的审批权限规定报批。按现行的规定，凡属大中型或限额以上的项目建议书，首先要报送行业归口主管部门，同时抄送国家发改委。凡行业归口主管部门初审未通过的项目，国家发改委不予审批。凡属小型和限额以下项目的项目建议书，按项目隶属关系由部门或地方发改委审批。

二、项目建议书的作用

（一）项目建议书是国家选择建设项目的依据，项目建议书批准后即为预备立项。

（二）批准预备立项的工程可进一步开展可行性研究。

（三）涉及利用外资的项目，只有在批准预备立项后方可对外开展工作。

凡要求进行可行性研究的建设项目，不附可行性研究报告及审批意见的，不得审批设计任务书。

凡需要政府投资的项目，必须报政府有关部门审批。凡以自有资金和自筹资金从事生产性建设，且能够自行解决建设和生产条件的建设单位，在国家规定的审批权限内可自主决定立项，但是必须遵照国家的产业政策和行业地区的发展规划，并报政府有关部门备案。政府有关部门应当根据登记注册的会计师事务所或者审计事务所的验资证明，出具认可该建设单位自主立项的文件。

报批项目要求立项时必须提交项目建议书、可行性研究报告、地质勘察报告、选址意见书及设计任务书等基础资料。如果要求立项报告未获批准，业主可向审批部门陈述理由，提出修改意见或申请撤销该项目。政府有关部门在审批文件中承诺安排建设条件和生产条件的，应按时负责安排和落实。超出审批文件承诺范围的，由项目业主自行负责解决。

项目立项批准且投资计划下达后，大中型建设项目的建设单位必须向工程所在地的省、市、自治区人民政府建设行政主管部门或其委托的机构办理报建手续；其他建设项目按国家和地方的有关规定向相应的建设行政主管部门申请办理报建手续。报建申请书应当包括下列主要内容：工程名称、建设地点、投资规模、当年投资额、资金来源、工程规模、开竣工日期、发包条件、招标方式及工程筹建情况等。

三、可行性研究

项目可行性研究是在项目建议书获得国家计划部门、有关主管部门或业务归口部门审定批准后必须进行的工作，是工程建设项目投资决策进行技术经济分析论证的一种科学方法和工程立项前必须完成的前期工作之一。可行性研究是项目决策和设计任务书的依据，是筹集资金时向银行申请贷款的依据，同时也是主管部门商谈合同、签订协议的基础。项目设计、设备订货及施工准备等前期工作都必须在可行性研究的基础上进行修正和完善。如果拟建项目中需要采用新技术、新设备或新工艺，可行性研究中都必须提出建议。另外，环保部门在审查项目对环境造成的影响时，也必须认真审核可行性研究报告，并据此决定是否予以批准。由此可见，项目可行性研究是项目决策的重要依据。项目能否获得批准，建设单位能否获得贷款，在很大程度上取决于项目可行性研究报告是否具有充分的说服力。

无论是工业项目还是民用建筑项目，其可行性研究工作都必须包括以下 5 个步骤：

（一）筹划准备

筹划准备阶段主要包括咨询设计公司根据其与建设单位签订的合同协议要求，获取项目建议书及有关项目背景和指示性文件，弄清委托人的目的、意见、要求和有关制约条件，明确研究的具体内容，制订工作计划，并收集与项目有关的基础资料、基本参数、指标、须遵循的规范及标准等。

（二）调查研究

调查研究主要是通过对市场和资源进行实地调查并对相关的经济技术指标进行研究，

以便进一步明确拟建项目的必要性和可能性。市场调查主要是查明和预测社会对产品的需求量、销售价格态势及产品和价格的竞争能力，从而确定产品方案和经济规模；资源调查应着重对原材料、能源、选址、工艺技术、劳动力、建材、运输条件、辅助基础设施、外部环境和条件等方面作实地考察。调查研究阶段还应对项目建成后的组织管理及有关人员的培训计划等方面作出分析并提出意见。

（三）方案比较与择优

根据项目建议书的要求和调查研究的结果，确定若干种技术方案和建设方案，然后结合客观情况和主观要求对各种方案进行反复论证和综合比较，会同建设单位确定选择方案的基本原则和必须遵循的标准，对各种方案进行择优汰劣，进而选出最佳方案。然后，再进一步对被选中的最佳方案技术可行性论证，从而确定生产经济规模、工艺流程、设备选型、组织机构和人员配备等建设方案。

（四）财务分析

在完成项目的必要性和可能性研究，并对技术可行性进行论证后，还应对所选定的最佳方案进行详细的财务预测、经济效益分析和国民经济评价；对项目的建设投资、生产成本及销售利润等进行盈利性分析，计算投资利润和贷款偿还能力；还要进行费用效益分析和敏感性分析研究，论证项目在经济上的合理性，提出资金筹集建议并制订项目实施的总进度计划。

（五）编制可行性研究报告

在完成上述分析和论证后，如果确认项目的确具有必要性、可能性且在技术上可行，则应着手编制可行性研究报告，提出结论性意见和重要措施建议。

编制项目可行性研究报告必须认真负责，要实事求是、客观公正地反映情况。提出的数据要确实可靠，不可带有任何倾向性，更不能迎合建设单位，为使项目获得批准而蓄意编造数据，或例行公事敷衍应付。项目可行性研究的具体工作程序见图3-2。

四、立项审批

（一）立项审批必须按要求程序进行。

根据原国家计委计资［1983］116号文件要求，计划部门首先要对项目建议书进行审批并将其纳入各级部门的前期工作计划，然后下达计划，或由有关部门、建设单位委托设计或咨询单位进行可行性研究，要求其提交可行性研究报告。

大中型建设项目的可行性研究报告由各主管部、各省、自治区、直辖市或各全国性的工业公司负责预审，报国家发改委审批，或由国家发改委委托有关单位审批。重大项目和特殊项目的可行性研究报告，由国家发改委会同有关部门预审，报国务院审批。小型项目的可行性研究报告，按隶属关系由各主管部、各省、自治区、直辖市或各全国性专业公司审批。

（二）要求进行可行性研究的建设项目，不附可行性研究报告及审批意见的，不得审批设计任务书。

项目可行性研究报告及所附文件必须提交预审。预审主持单位认为有必要时，可委托有关方面提出咨询意见。负责可行性研究的单位必须与咨询单位密切合作，提供必要的资料、情况和数据。预审单位需组织有关设计、科研机构、企业及有关方面的专家参加，广

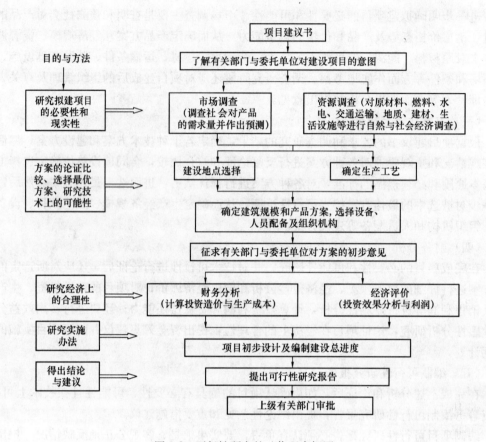

图 3-2 可行性研究的工作程序框图

泛听取意见，对可行性研究报告提出预审意见。经过预审，如发现可行性研究报告有原则性错误或者发现可行性研究的基础依据或社会环境条件有重大变化，必须由原编制单位进行修改，再提交预审单位复审。

（三）可行性研究报告应由编制单位的行政、技术、经济负责人签字，并对该报告的质量负责。

预审单位应对预审结论负责，最后审批单位对审批意见负责。一旦发现有弄虚作假的情况，要追究有关负责人的责任。凡需要政府投资的项目，必须报政府有关部门审批；以自有资金从事生产性建设，且能够自行解决建设和生产条件的建设单位，在国家规定的审批权限内可自主决定立项，但必须遵照国家的产业政策和行业地区的发展规划，且必须报政府有关部门备案。政府有关部门应当根据登记注册的会计师事务所或者审计事务所的验资证明，出具认可该建设单位自主立项的文件。报批项目时必须提交项目建议书、可行性研究报告、地质勘察报告、选址报告及设计任务书等基础资料。

项目批准后，业主如果认为无法按审批部门要求的内容执行，可通过主要投资人向审批部门陈述理由，提出修改意见或申请撤销该项目；业主未提出撤销申请的，则视为同意政府部门的意见，由业主自行承担责任。政府有关部门在审批文件中承诺安排有关建设条件和生产条件的，应按时负责安排和落实。超出政府审批文件承诺范围的，由项目业主自行负责解决。

（四）办理报建手续。

项目批准且投资计划下达后，大中型建设项目的建设单位必须向工程所在地的省、自治区、直辖市人民政府建设行政主管部门或其授权的机构办理报建手续，其他建设项目按国家和地方的有关规定向相应的建设行政主管部门申请办理报建手续。报建申请书应包括下列主要内容：工程名称、建设地点、投资规模、当年投资额、资金来源、工程规模、开工竣工日期、发包条件及工程筹建情况等。

可行性研究是指运用各种科学成果和手段，对建设项目的技术、工程、经济、社会和外部协作条件的必要性、可行性和合理性进行全面论证分析，对多种方案进行比较，推荐最佳方案，为决策提供科学依据。

第三节　建设项目的环境影响评价

环境影响评价管理程序见图3-3。

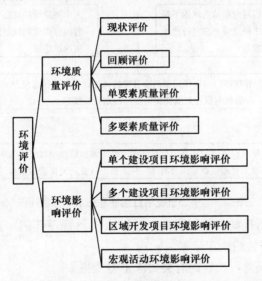

图 3-3　环境影响评价管理程序

第四节　办理有关建设项目选址、用地和规划的手续

一、工程建设项目的前期工作

工程建设项目的前期工作，从投资机会研究和初步可行性研究开始，经过《项目建议书》批准的预备立项，到《可行性研究报告》批准的立项。其中在《项目建议书》批准以后，要向规划管理部门办理《建设项目选址意见书》；在《可行性研究报告》批准以后，要向规划管理部门办理《建设用地规划许可证》；接着要向土地管理部门办理《建设用地批准书》；最后在办理开发手续前还要向规划管理部门办理《建设工程规划许可证》。

在项目的前期工作中，必须严格遵守自1990年4月1日起施行的《中华人民共和国城市规划法》；1998年8月29日通过修订后重新颁发，自1999年1月1日起施行的《中华人民共和国土地管理法》。因为《城市规划法》是为确定城市的规模和发展方向，实现城市的经济和社会发展目标，合理制定城市规划方案和进行城市建设，适应社会主义现代化建设的需要而制定的；《土地管理法》是为了加强土地管理，维护土地的社会主义公有制，保护、开发土地资源，合理利用土地，切实保护耕地，促进社会经济的可持续发展，根据宪法制定的。

二、建设项目选址意见书

申请建设项目选址意见书工作程序见图3-4。应遵守的事项如下：

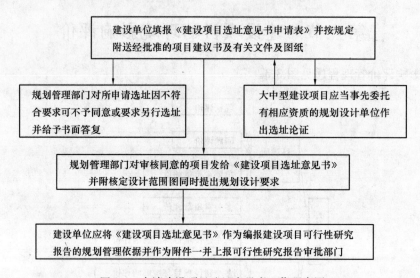

图3-4　申请建设项目选址意见书工作程序图

1. 所含附件及附图是城市规划区内，经城市规划管理部门审查，作为建设单位编报建设项目可行性研究报告的法定依据。

2. 未经核查机关同意，核定的有关要求不得变更。

3. 建设单位在取得建设项目选址意见书后六个月，建设项目可行性研究报告未获批准又未申请延期，建设项目选址意见书即行失效。

除上述要求外，建设项目选址还应符合《城市规划法》中的有关要求，对涉及环保、消防、卫生防疫、交通等有关方面的管理要求的，必须事先征求相关管理部门的意见。

向省、自治区、直辖市规划部门报送《建筑工程规划设计要求申请书》和《建筑工程设计方案送审单》时，送审单位即建议单位应当遵守以下事项：

1. 规划管理部门核发的建设项目选址意见书或建筑工程规划设计要求通知单。

2. 建设基地的地形图一份（向测绘院晒印，比例1∶500或1∶1000），并应在地图上表示拟建工程的基地范围及工程位置（在地形图上加盖规划部门业务专用印章，称为规划用地红线图）。

3. 建筑设计方案图（总平面图，平、立、剖面图）两套，需加盖设计单位的公章或初步设计出图章。

三、申请建设用地规划许可证

《城市规划法》第 31 条规定:"在城市规划区内进行建设需要申请用地的,必须持国家批准建设项目的有关文件,向城市规划行政主管部门申请地点,由城市规划行政主管部门核定其用地位置和界限,提供规划设计条件,核发建设用地规划许可证。建设单位或者个人在取得建设用地规划许可证后,方可向县以上地方人民政府土地管理部门申请用地……"该法第 39 条又规定:"在城市规划区内,未取得建设用地规划许可证而取得建设用地批准文件、占用土地的,批准文件无效,占用的土地由县级以上人民政府责令收回。"核发《建设用地规划证可证》的目的在于确保土地利用符合城市规划,维护建设单位按照规划使用土地的合法权益,为土地管理部门在城市规划区内行使权属管理职能提供必要的法律依据。

申请《建设用地规划许可证》的工作程序如图 3-5 所示,需办理以下手续:

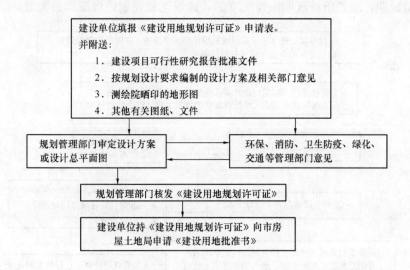

图 3-5 申请《建设用地规划许可证》的工作程序图

1. 如属新建单位需要使用土地的,原址扩建需要使用本单位以外的土地或者需要改变本单位土地使用性质的,应按下列程序办理:
(1) 申请《建设项目选地意见书》;
(2) 送审建筑设计方案;
(3) 申请建设用地规划许可证。

2. 如属省、自治区、直辖市组织综合开发统一征地的建设工程,建设单位应按下列程序办理:
(1) 编制地区详细规划,并按规定报经规划局(厅)审批;
(2) 凭批准的地区开发建设计划的安排和开发范围,申请建设用地规划许可证。

3. 如属国有土地使用权出让、转让地块的建设工程,应按下列程序办理:
(1) 申请核定设计范围和规划设计要求;
(2) 在签订土地使用有偿出让合同后,申请建设用地规划许可证。

四、申请建设工程（建筑）规划许可证

《城市规划法》第 32 条规定："在城市规划区内新建、扩建和改建建筑物、构筑物、道路、管线和其他工程设施，必须持有关批准文件向城市规划行政主管部门提出申请，由城市规划行政主管部门根据城市规划提出的规划设计要求，核发建设工程规划许可证，建设单位或者个人在取得建设工程规划许可证件和其他有关批准文件后，方可申请办理开工手续"。《建设工程规划许可证》是有关建设工程符合城市规划要求的法律凭证，确认了有关建设活动的合法地位，保证有关建设单位和个人的合法权益。申请建设工程（建筑）规划许可证工作程序如图 3-6 所示。

建设单位在领取《建设工程规划许可证》时，应注意下列事项：

1. 属于应缴纳建筑工程执照费的工程，应凭缴费单据领取《建设工程规划许可证》。
2. 建设单位在取得《建设工程规划许可证》后，应在六个月内申请开工，逾期未开工又未申请延期，或者申请延期未经批准的，建设工程规划许可证即行失效。

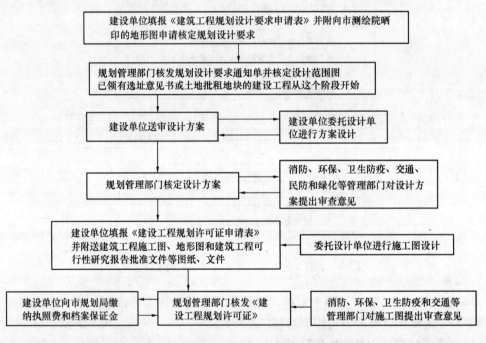

图 3-6　申请建设工程（建筑）规划许可证工作程序图

第四章 建筑许可

第一节 建筑许可概述

一、建筑许可的概念和特点

（一）建筑许可的概念

许可是指行政机关根据个人、组织的申请，依法准许个人、组织从事某种活动的行政行为，通常是以授予书面证书的形式赋予个人、组织某种权利能力或确认其具备某种资格。

建筑许可是指经过建设行政主管部门或者其他有关行政主管部门的准许，变更和终止公民、法人和其他组织从事建筑活动的具体行政行为。建筑许可的表现形式为施工许可证、批准证件（开工报告）、资质证书、执业资格证书等。本章主要介绍建筑施工许可和从业许可。

建筑工程施工许可主要包括：一是建筑工程开工前须经过施工许可（施工许可证或者批准文件）；二是申请领取施工许可证的条件；三是领取施工许可证必须按期开工；四是中止施工须报告发证机关。

从业许可包括以下几个方面：一是建筑施工企业、勘察单位、设计单位和工程监理单位应具备的条件；二是建筑施工企业、勘察单位、设计单位和工程监理单位在许可范围内从事建筑活动；三是专业技术人员从事建筑活动应依法取得执业资格证书。

根据《建筑法》的规定，建筑许可包括三种制度：建筑工程施工许可制度、从事建筑活动单位资质制度、个人资格制度。

1. 建筑工程施工许可制度是指建设行政主管部门根据建设单位的申请，依法对建筑工程是否具备施工条件进行审查，准许符合条件者开始施工并颁发施工许可证的一种制度。

2. 从事建筑活动的单位资质制度是指建设行政主管部门对从事建筑活动的建筑施工企业、勘察单位、设计单位和工程监理单位的人员素质、管理水平、资金数量、业务能力等进行审查，以确定其承担任务的范围，并颁发相应的资质证书的一种制度。

3. 从事建筑活动的个人资格制度是指建设行政主管部门及有关部门对从事建筑活动的专业技术人员，依法进行考试和注册，并颁发执业资格证书的一种制度。

（二）建筑许可的特点

建筑许可主要有以下五个方面的特点：

1. 建筑许可行为的主体是建设行政主管部门，而不是其他行政机关，也不是其他公民、法人或组织。

2. 建筑许可是为了对建筑工程的开工和从事建筑活动的单位和个人资格实施行政

管理。

3. 许可的反面是禁止，对一般人禁止的行为，对特定人解除禁止就是许可。建筑工程开工和从事建筑活动，只有在符合特定条件的情况下才可以进行。否则，就有可能对国家、社会或公民造成危害。

4. 建筑许可是依据建设单位或从事建筑活动的单位和个人的申请而作出的行政行为。申请是许可的必要条件，也就是说没有申请，就没有许可。

5. 建筑许可的事项与条件必须依据法律法规的规定进行，不能随意设置。

二、实行建筑许可制度的意义

建筑许可制度是各国普遍采用的对建筑活动进行管理的一项重要制度。实行建筑许可的重要意义是：

（一）实行建筑许可制度有利于国家对基本建设进行宏观调控，对从事建筑活动的单位和人员进行总量控制。

建筑许可制度是市场经济发展的产物。在计划经济条件下，主要是依靠计划和行政命令对基本建设进行管理。在市场经济条件下，为了控制和调节竞争，加强宏观调控，就需要建立和完善建筑许可制度。我国基本建设规模多次盲目扩大，其中一个重要原因就是建筑工程资金不足盲目上马，申领施工许可证的一个重要条件是建设资金已经落实。对建设资金不落实的建筑工程，不准开工。这样，有利于国家对基本建设规模的膨胀进行有效控制。建设行政主管部门从宏观上、总量上调节和控制基本建设队伍，这是国家进行资源配置的有效手段。

（二）实行建筑许可制度有利于规范建筑市场，保证建筑工程质量和建筑安全生产，维护社会经济秩序。

实行建筑工程施工安全许可，既可以监督建设单位尽快建成拟建项目，防止闲置土地，影响公众利益，又能保证建设项目开工后能顺利进行，避免由于不具备条件盲目上马，给参与建设的各方造成不必要的损失。实行从事建筑活动的单位资质制度和个人资格制度，一方面确立了建筑市场准入制度，不具备条件者不得进入建筑市场，有利于规范建筑市场；另一方面有利于确保从事建筑活动的单位和人员的素质，提高建筑工程质量。

（三）实行建筑许可制度，有利于保护建设单位、从事建筑活动的单位和个人的合法权益。

施工许可证、资质证书和执业资格证书在本质上是国家法律确认的一种证书，取得这些证书，就意味着得到了国家法律上的承认，取得了法律保障，任何人都不得侵犯证书持有者的合法权益。

第二节　建筑工程施工许可

一、施工许可证的申请时间与范围

（一）施工许可证的申请时间

《建筑法》第 7 条规定，施工许可证应在建筑工程开工前申请领取。

设立和实施建筑工程施工许可证制度的目的，是通过对建筑工程施工所应具备的基本条件进行审查，以避免不具备条件的建筑工程盲目开工而给相关当事人造成损失和社会财富的浪费，保证建筑工程开工后的顺利建设。这是一种事前控制制度。

建筑工程的新建、改建、扩建应当按立项批准、勘察设计、施工安装、竣工验收、交付使用的程序进行。施工安装阶段又可分为施工准备和组织施工两个阶段。建筑工程施工许可证应当在施工准备工作基本就绪之后，组织施工之前申请领取。

（二）施工许可证的申请范围

《建筑法》第7条规定："建筑工程开工前，建设单位应当按照国家有关规定向工程所在地县级以上人民政府建设行政主管部门申请领取施工许可证，但是，国务院建设行政主管部门确定的限额以下的小型工程除外。"目前，国务院建设行政主管部门对限额以下的小型工程尚未确定，国务院对开工报告亦未作出明确规定，这些需要在将来制定《建筑法》的配套法规时具体加以规定。

根据《建筑法》第7条的规定，除国务院建设行政主管部门确定的限额以下的小型工程，以及按照国务院规定的权限和程序批准开工报告的建筑工程外，均应申请领取施工许可证；未领取施工许可证，不得开工。

从以上规定可以看出，并不是所有的建筑工程都必须申领施工许可证，而只是对投资较大、结构复杂的工程才领取施工许可证。限定领取施工许可证的建筑工程范围，一是考虑我国国情，突出管理重点；二是避免与开工报告重复审查、重复审批。

（三）施工许可证的申请程序

对需要领取施工许可证的建筑工程，由建设单位填写有关表格，提供规定的材料，按规定的方式向有审批权的建设行政主管部门提出申请。

建设单位，是指建设项目的投资者，建设项目由政府投资的，建设单位为该建设项目的管理或使用单位。建设单位既可以是法人，也可以是自然人。做好各项施工准备工作，是建设单位应尽的义务。因此，施工许可证的申领，应当由建设单位来承担，而不应是施工单位或其他单位。

施工许可证申领的具体程序，目前国家尚无统一的明确规定，各地的做法也不尽相同。为了加强施工许可证的管理，国务院或国务院建设行政主管部门应尽快对此做出统一规定。

（四）施工许可证的审批权限

施工许可证制度是工程建设管理的一项基本制度。各级建设行政主管部门是工程建设与建筑业的主管部门。因此，施工许可证的核发和管理是建设行政主管部门的一项重要职责。

施工许可证的审批权限是否明确，直接影响到行政效率和建设单位的合法权益。因此，它是一个十分复杂而又重要的问题，因此《建筑法》规定："建筑工程开工前，建设单位应当按照国家有关规定向工程所在地县级以上人民政府建设行政主管部门申请领取施工许可证。"

1. 施工许可证由工程所在地的建设行政主管部门审批。建筑工程具有不可移动性，施工各项准备工作必须在工程所在地进行，由工程所在地建设行政主管部门审批施工许可证，便于了解情况，提高办事效率。

2. 施工许可证由县级以上人民政府建设行政主管部门审批。乡、镇人民政府无权审批施工许可证。

3. 施工许可证具体由哪一级建设行政主管部门审批由国家规定。

由于我国对建筑工程的管理是按照投资额的大小和投资来源的不同等，采取不同的管理方法，因此施工许可证的审批权限也比较复杂，本条仅作了原则规定。这里的县级以上人民政府建设行政主管部门，包括国务院建设行政主管部门、省级人民政府的建设行政主管部门、地市级人民政府的建设行政主管部门和县级人民政府的建设行政主管部门。这里的建设行政主管部门有四级，到底应向哪一级建设行政主管部门申请，这就应当按照国家有关规定，特别是国务院建设行政主管部门规定的情形申请。

二、申请领取施工许可证，应当具备的条件

建设行政主管部门颁发施工许可证，是建设行政主管部门应建设单位的请求，作出准许申请人从事工程开工活动的书面处理决定的具体行政行为。施工许可证是建设单位能够从事建筑工程开工活动的法律凭证，取得了许可证，也就享有了建筑工程开工的权利。施工许可证关系到公民、法人或者其他组织的合法权益问题，因此申请领取施工许可证的条件及颁发时间，必须由法律明确加以规定。健全和完善施工许可证制度，必须从法律上增强施工许可证的公开程度，包括明确申请施工许可证的条件及审批时间等。

申请领取施工许可证条件的确定，是为了保证建筑工程开工后组织施工能够顺利进行。依照本条规定，申请领取施工许可证，应当具备下列条件：

（一）已经办理该建筑工程用地批准手续。

根据《城市房地产管理法》、《土地管理法》的规定，建设单位取得建筑工程用地土地使用权，可以通过两种方式即出让和划拨。

（二）在城市规划区的建筑工程，已经取得规划许可证。

根据《城市规划法》的规定，规划许可证包括建设用地规划许可证和建设工程规划许可证。

（三）房屋拆迁，其拆迁进度符合施工要求。

这里的拆迁一般是指房屋拆迁。房屋拆迁是指根据城市规划和国家专项工程的迁建计划以及当地政府的用地文件，拆除和迁移建设用地范围内的房屋及其附属物，并由拆迁人对原房屋及其附属物的所有人或使用人进行补偿和安置的行为。对在城市旧区进行建筑工程的新建、改建、扩建，拆迁是施工准备的一项重要任务。对成片进行综合开发的，应根据建筑工程建设计划，在满足施工要求的前提下，分期分批进行拆迁。拆迁必须按计划和施工进度要求进行，过早过迟都会造成损失和浪费。

（四）已经确定建筑施工企业。

建筑工程的施工必须由具备相应资质的建筑施工企业来承担。在建筑工程开工前，建设单位必须确定承包该建筑工程的建筑施工企业。建设单位确定建筑施工企业应当通过公开招标、邀请招标、投标方式，公平、公正进行开标、评标、决标，择优选定建筑施工企业，依法签订建筑工程承包合同，明确双方的责任、权利和义务。

（五）有满足施工需要的施工图纸及技术资料。

施工图纸是实现建筑工程的最根本的技术文件，是施工的依据。这就要求设计单位按

工程的施工顺序和施工进度，安排好施工图纸的配套交付计划，保证满足施工的需要。建筑工程一般按两个阶段进行设计，即初步设计和施工图设计。初步设计是对批准的项目建议书或可行性研究报告所提出的内容，进行概略的计算，作出初步的规定。初步设计应当具有规定的内容，满足以下深度要求：设计方案的比选和确定；主要设备材料定货；土地征用；基建投资的控制；施工图设计的编制；施工组织设计的编制；施工准备和生产准备等。施工图设计是在初步设计的基础上，将设计的工程加以形象化。施工图设计图纸一般包括：施工总平面图、房屋建筑施工平面图和剖面图、安装施工详图、各种专门工程的施工图、非标准设备加工详图以及设备和各类材料明细表等。施工图设计的深度应能满足设备材料的安排和非标准设备的制作、施工图预算的编制、施工等要求。在建筑工程开工前，建筑施工企业要认真做好施工图纸的自审和会审工作，要领会设计意图，掌握技术要求，以便精心施工。

技术资料是建筑工程施工的重要前提条件。掌握客观、准确、全面的技术资料，是建筑工程质量和安全的重要保证，因此，在建筑工程开工前，必须要有满足施工需要的技术资料。技术资料包括地形、地质、水文、气象等自然条件资料和主要原材料、燃料来源，水电供应和运输条件等技术经济条件资料。技术资料可以通过勘察、调查等方式取得。

（六）有保证工程质量和安全的具体措施。

保证工程质量和安全的具体措施是施工组织设计的一项重要内容。施工组织设计的编制是施工准备工作的中心环节，其编制的好坏直接影响建筑工程质量和建筑安全生产，影响组织施工能否顺利进行。因此，施工组织设计必须在建筑工程开工前编制完毕。施工组织设计主要内容包括：工程任务情况；施工总方案、主要施工方法、工程施工进度计划、主要单位工程综合进度计划和施工力量、机械及部署；施工组织技术措施，包括工程质量、安全防护以及环境污染防护等各种措施；施工总平面布置图；总包和分包的分工范围及交叉施工等。施工组织设计由建筑施工企业负责编制，按照其隶属关系及工程的性质、规模、技术繁简程度实行分级审批。

（七）建设资金已经落实。

建设资金的落实是建筑工程开工后顺利实施的关键。近年来，一些建设单位无视国家固定资产投资的宏观调控和自身的经济实力，违反工程建设程序，在建设资金不落实或资金不足的情况下，盲目上新建设项目，强行要求建筑施工企业带资承包工程和垫款施工，转嫁投资缺口，造成拖欠工程款额急剧增加，这不仅干扰了国家对固定资产投资的宏观调控和工程建设的正常进行，严重影响了投资效益的提高，也加重了建筑施工企业生产经营的困难。因此，在建筑工程开工前，建设资金必须足额落实。计划、财政、审计等部门应严格审查建设项目开工前和年度计划中的资金来源，由银行出具资金到位证明。对建设资金不落实或资金不足的建筑工程，建设行政主管部门不予颁发施工许可证。

（八）法律、行政法规规定的其他条件。

这是指单行法律、行政法规对施工许可证申领条件的特别规定。由于建筑工程的施工活动本身复杂，各类建筑工程的施工方法、技术要求等不同，申请领取施工许可证的条件也有其复杂性和诸多不同的特点，很难用列举的方式把这些条件都包容进去。况且，对建筑活动的管理正在不断完善，施工许可证的申领条件也会发生变化。法律、行政法规可以根据实践的需要，完善施工许可证申领条件。为了保证施工许可证申领的统一性和权威性，本项规定只能由全国人大及其常委会制定的法律和国务院制定的行政法规，才可以增加施工许可证的其他条件，其他法规如部门规章、地方性法规、规章均不得规定增加施工许可证的申领条件。

上述八个方面的条件，是建设单位申领施工许可证所必须具备的必要条件，缺一不可。

三、施工许可证的有效条件和延期的限制

根据《建筑法》第9条规定，施工许可证的有效条件和延期的限制包括以下几个方面：

1. 建设单位应当自领取施工许可证之日起3个月内开工。

领取施工许可证之日，是指建设行政主管部门将施工许可证交给建设单位之日。建设单位应当自领取施工许可证之日起3个月内开工，这是一项义务性规定，目的是保证施工许可的有效性，有利于发证机关的监督。

2. 建设单位因客观原因可以延期，但不得无故拖延开工。

这里的客观原因一般是指："三通一平"（通水、通电、通道路、场地平整）没有完成，材料、构件、必要的施工设备等没有按计划进场。

3. 延期最多是两次，每次期限均为3个月。

延期必须有原因，原因应当是合理的，比如法律上规定的不可抗力的原因就是合理的原因。建设单位申请延期是其权利，但是延期申请是否能够获得批准，这是由建设行政主管部门审查认定后，根据情况作出决定。建设行政主管部门认为合理、合法，就可以批准延期；不合理、不合法，就不批准延期。延期最多为两次，每次为3个月，延期最长为6个月。再加上领取施工许可证之日起3个月内开工时间，建设单位开工期限最长时间为9个月。超过9个月，该许可证即自行废止。

4. 施工许可证自行废止的两种情况

（1）3个月内不开工，又不向发证机关申请延期。

（2）超过延期期限。

建筑工程自颁发施工许可证之日起，不论何种原因，均须在9个月内开工，否则施工许可证自行废止。施工许可证废止后，建设单位须按规定重新领取施工许可证方可开工。明确规定施工许可证的有效期限，可以督促建设单位及时开工，保证组织施工的顺利进行，有利于加强对建筑施工活动的监督管理，保护参与施工活动各方的合法权益，提高投资效益，维护施工许可证的严肃性。

四、中止施工和恢复施工

中止施工是指建筑工程开工后，在施工过程中，因特殊情况的发生而中途停止施工的一种行为。中止施工的时间一般都较长，恢复施工的日期难以在中止时确定。

中止施工的原因一般比较复杂，《建筑法》未作具体明确规定。在建筑施工过程中，造成中止施工的特殊情况主要有：

1. 地震、洪水等法律规定的不可抗力事件；
2. 宏观调控，压缩基建规模或项目，停建缓建建筑工程；

3. 建设单位资金不到位等。

中止施工后，建设单位应做好两方面的工作：

1. 向有关建设行政主管部门报告中止施工的原因、施工现状等。该报告应当在中止施工之日起一个月内完成。

2. 按照规定做好建筑工程的维护管理工作。根据1988年9月14日建设部发出的《关于认真做好停建缓建工程善后工作的通知》的要求，建筑工程的维护管理工作主要有以下几个方面：第一，对于中止施工的工程，建设单位与施工单位应确定合理的停工部位。未完成合理停工部位之前，建设单位应要求施工单位完成好确定的停工部位。第二，建设单位与施工单位应提出善后处理的具体方案。方案要明确双方的职责，确定各自的义务，提出明确的中止施工日期。第三，建设单位要与施工单位共同做好中止施工建筑工程的现场安全、防火、防盗等项目工作，并保管好工程技术档案资料。

恢复施工是指建筑工程中止施工后，造成中断施工的情况消除，继续进行施工的一种行为。恢复施工时，中止施工不满一年的，建设单位应当向该建筑工程颁发施工许可证的建设行政主管部门报告恢复施工的有关情况；中止施工满一年的，建筑工程恢复施工前，建设单位应当报发证机关检验施工许可证。建设行政主管部门对中止施工满一年的建筑工程进行审查，是否仍具备施工条件。符合条件的，应允许恢复施工，施工许可证继续有效；对不符合条件的，不许恢复施工，施工许可证收回，待条件具备后，建设单位重新申领施工许可证。

对中止施工、恢复施工作出明确规定，有利于建设行政主管部门掌握在建建筑工程的基本情况，加强对建筑施工的监督管理，有利于保证建筑工程的质量和搞好建筑安全生产。

五、建筑工程开工报告

开工报告制度在1982年以前由原国家建委开始实行，1982年以后由国家计委继续实行。1984年国家计委发布了《关于简化基本建设项目审批手续的通知》，把国家计委管辖的基本建设管理程序由5项减为2项，即项目建议书和设计任务书，并只局限在基本建设大中型建设项目上。1988年以后，又恢复了开工报告制度。开工报告审查的内容主要包括：

1. 资金到位情况；

2. 投资项目市场预测；

3. 设计图纸是否满足施工要求；

4. 现场条件是否具备"三通一平"等要求。

开工报告的管理，包括取得开工报告的建筑工程不能按期开工或中止施工应及时报告的情况，以及开工报告有效期限的管理。

开工报告管理的具体内容包括：

1. 按照国务院有关规定批准开工报告的建筑工程，因特殊情况的发生不能按照开工报告规定的期限开工的，建设单位应当尽快向批准该开工报告的机关报告情况。

2. 按照国务院有关规定批准开工报告的建筑工程，已经按照开工报告规定的期限开始施工，在施工过程中因特殊情况的发生而中途停止施工的，建设单位应当尽快向批准该开工报告的机关报告中止施工的有关情况,包括中止施工的原因、建筑工程的维护管理等。

3. 因特殊情况不能按照开工报告规定期限开工,时间超过6个月的,开工报告自行失效,建设单位应当按照国务院有关规定重新向批准开工报告的机关申请办理开工报告的批准手续。

对开工报告的有效期限作出规定,一是开工报告已经批准,说明该建筑工程已经具备开工条件,建设单位应按规定期限开工,提高办事效率和建设工程的投资效益。二是开工报告的批准是根据该建筑工程当时的施工准备情况做出的,随着时间推迟,开工条件可能发生变化。因此,对已超过开工报告规定期限仍未开工的建筑工程,需要重新审查其开工条件,这样有利于开工后组织施工的顺利进行,保证建筑工程质量和建筑安全生产。三是开工报告的审批是一种政府许可制度,开工报告批准后,建设单位按照开工报告规定期限开工是其应尽的义务,不得随意改变。明确规定开工报告有效期限,这也是为了维护政府的权威性和政府行政许可行为的严肃性。

第三节 从业资格

一、从业单位的条件

建筑活动不同于一般的经济活动,从业单位条件的高低直接影响建筑工程质量和建筑安全生产。因此,从事建筑活动的单位必须符合严格的资质条件。根据《建筑法》第12条规定,从事建筑活动的建筑施工企业、勘察单位、设计单位和工程监理单位应当具备以下四个方面的条件:

(一)有符合国家规定的注册资本。

注册资本反映的是企业法人的财产权,也是判断企业经济实力的依据之一。从事经营活动的企业组织,都必须具备基本的责任能力,能够承担与其经营活动相适应的财产义务,这既是法律权利与义务,利益与风险相一致原则的反映,也是保护债权人利益的需要。因此,建筑施工企业、勘察单位、设计单位和工程监理单位的注册资本必须适应从事建筑活动的需要,不得低于最低限额。注册资本由国家规定,既可以由全国人大及其常委会通过制定法律来规定,也可以由国务院或国务院建设行政主管部门通过制定行政法规、部门规章等来规定。例如:建设部发布的《建筑业企业资质等级标准》,对从事建筑活动的建筑业企业注册资本的最低限额作出了规定。工业与民用建筑工程施工企业注册资本不得少于下列最低限额:一级企业资本金3000万元,生产经营用固定资产原值2000万元;二级企业资本金1500万元,生产经营用固定资产原值1000万元;三级企业资本金500万元,生产经营用固定资产原值300万元。

建设部制定的《工程建设监理单位资质管理试行办法》对工程监理单位注册资本的最低限额作出了明确规定。工程监理单位注册资本不得少于下列最低限额:甲级监理单位100万元;乙级监理单位50万元;丙级监理单位10万元。

(二)有与其从事的建筑活动相适应的具有法定执业资格的专业技术人员。

建筑活动是一种专业性、技术性很强的活动。因此,从事建筑活动的建筑施工企业、勘察单位、设计单位和工程监理单位必须有足够的专业技术人员，而且要有经济、会计、统计等管理人员。设计单位不仅要有建筑师，还需要有结构、水、电、暖通等方面的工程师。建筑活动是一种涉及到公民生命和财产安全的一种特殊活动。从事建筑活动的专业技术人员必须有法定执业资格，这种法定执业资格必须依法通过考试和注册才能取得。例如，工程设计图纸必须由注册建筑师签字才能生效。

（三）有从事相关建筑活动所应有的技术装备。

建筑活动具有专业性、技术性强的特点，没有相应的技术装备无法进行。如从事建筑施工活动，必须有相应的施工机械设备与质量检验测试手段；从事勘察设计活动，必须有相应的勘察仪具设备和设计机具仪器。因此，从事建筑活动的建筑施工企业、勘察单位、设计单位和工程监理单位必须有从事相关建筑活动所应有的技术装备，没有相应技术装备的单位，不得从事建筑活动。

（四）法律、行政法规规定的其他条件。

建筑施工企业、勘察单位、设计单位和工程监理单位除了应具备从事建筑活动所必须的注册资本、专业技术人员和技术装备外，还须具备从事经营活动所应具备的其他条件。如按照《公司法》规定，设立从事建筑活动的有限责任公司和股份有限公司，股东或发起人必须符合法定人数；股东或发起人共同制定公司章程（股份有限公司的章程还须经创立大会通过）；有公司名称，建立符合要求的组织机构；有固定的生产经营场所和必要的生产经营条件，等等。

二、建筑施工企业的资质审查

《建筑法》第13条对从事建筑活动的建筑施工企业、勘察单位、设计单位和工程监理单位进行资质审查作出了明确规定，从法律上确定了从业单位资质审查制度。

（一）资质审查的定义

资质审查是指从事建筑活动的建筑施工企业、勘察单位、设计单位和工程监理单位，均须经过建设行政主管部门对其拥有的注册资本、专业技术人员、技术装置和已完成的建筑工程业绩、管理水平等进行审查，以确定其承担任务的范围，发给相应的资质证书，并须在其资质等级许可的范围内从事建筑活动。

资质审查制度是根据建筑活动的特点确立的一项重要的从业资格许可制度。建筑活动不同于工业生产活动，建筑活动耗资巨大，建设周期较长，生产场地移动，生产条件艰苦，社会影响广泛，与人民生命财产关系密切。因此，对从事建筑活动的单位，国家必须实行严格的从业许可制度。这也是目前世界上不少国家和地区所采取的通行做法。如日本、韩国、我国台湾地区等制定的建筑法均明确规定了这一制度。日本规定，以总包、分包或其他方式承揽并完成建筑工程业务的建筑业经营者，除承包政府规定的限额以下的小型工程外，必须经过其营业所在地的都道府县知事许可；拟在两个以上的都道府县区域内设立营业所的，须经建设大臣许可。申请许可者，其负责人和营业所的专职管理人员必须具有高等院校相关专业毕业以上的学历，并有法律规定年限以上的从事相关建筑活动的实践经验；有与其从事的建筑活动相适应的充足财产基础或银行信用，以及具备法律规定的其他条件。

（二）建筑施工企业的资质审查

1995年10月6日，建设部发布的《建筑业企业资质管理规定》和《建筑业企业资质等级标准》，对建筑施工企业的资质等级、资质标准、申请与审批、业务范围等作出了明确规定。

1. 资质等级与资质标准

工程施工总承包企业资质等级分为特级、一级、二级、三级，施工承包企业资质等级分为一、二、三、四级。专项分包企业的管理办法由省、自治区、直辖市人民政府建设行政主管部门制定。

工业与民用建筑施工企业的资质标准如下：

（1）一级企业

1）企业近10年承担过下列建设项目两项以上的建筑施工，工程质量合格。

①大型工业建设项目；

②单位工程建筑面积25000m^2以上的建筑工程；

③25层以上或单跨30m跨度以上的建筑工程。

2）企业经理具有10年以上从事施工管理工作的经历。

3）企业有职称的工程、经济、会计统计等人员不少于350人，其中具有工程系列职称的人员不少于200人；工程系列职称的人员中，具有中、高级职称的人员不少于50人。

4）企业具有一级资质的项目经理不少于10人。

5）企业资本金3000万元以上，生产经营用固定资产原值2000万元以上。

6）企业具有相应的施工机械设备与质量检验测试手段。

7）企业年完成建筑业总产值12000万元以上，建筑业增加值3000万元以上。

（2）二级企业

1）企业近10年承担过下列建设项目两项以上的建筑施工，工程质量合格。

①中型工业建设项目；

②单位工程建筑面积10000m^2以上的建筑工程；

③15层以上或单跨21m跨度以上的建筑工程。

2）企业经理具有8年以上从事施工管理工作的经历。

3）企业有职称的工程、经济、会计、统计等人员不少于150人，其中具有工程系列职称的人员不少于80人；工程系列职称的人员中，具有中、高级职称的人员不少于20人。

4）企业具有二级资质以上的项目经理不少于10人。

5）企业资本金1500万元以上，生产经营用固定资产原值1000万元以上。

6）企业具有相应的施工机械设备与质量检验测试手段。

7）企业年完成建筑业总产值6000万元以上，建筑业增加值1500万元以上。

2. 申请与审批

已经设立的建筑业企业申请资质，需提供下列资料：建筑业企业资质申请表；企业法人营业执照；企业章程，企业法定代表人和企业技术、财务、经营负责人的任职文件、职称证件；企业所有工程技术经济人员（含项目经理）的职称（资格）证件及关键岗位从业人员职业资格证明书；企业的生产统计和财务决算年报表；企业的验资证明；企业完成的代表工程及质量、安全评定资料；其他需要出具的有关证件。新设立建筑业企业，应当先由资质管理部门对其进行资质预审，然后到工商行政管理部门办理登记注册，取得企业法人营业执照后，再到资质管理部门办理资质审批手续。资质预审时，需提交的资料有：建筑业企业资质申请表；企业章程；企业法定代表人和企业技术、财务、经营负责人的任职文件、职称证件；企业所有工程技术、经济人员（含项目经理）的职称（资格）证件，及关键岗位从业人员职业资格证书；企业的验资证明；其他需要出具的有关证件。工程施工总承包企业和施工承包企业的资质实行分级审批。特级、一级企业由建设部审批。二级以下企业由省、自治区、直辖市人民政府建设行政主管部门审批；直属于国务院有关部门的，由有关部门审批。经审查合格的建筑业企业，由资质管理部门颁发《建筑业企业资质证书》。

3. 承包工程范围

一级企业可承担各种类型工业与民用建设项目的建筑施工。二级企业可承担30层以下、30m跨度以下的建筑物，高度100m以下的构筑物的建筑施工。

（三）勘察设计单位的资质审查

1991年7月22日，建设部发布的《工程勘察和工程设计单位资格管理办法》，对工程勘察单位、工程设计单位的资质等级与标准、申请与审批、业务范围等作出了明确规定。

1. 资质等级与资质标准

工程勘察单位和工程设计单位的资质等级各分为甲、乙、丙、丁四级。

工程勘察单位和工程设计单位的资质标准制定原则如下：

甲级：技术力量雄厚，专业配备齐全，有同时承担过两项复杂地质条件工程项目勘察任务或者两项大型项目设计任务的技术骨干；具有本行业的技术专长和计算机软件开发的能力；独立承担过本行业两项以上大型复杂地质条件工程项目的勘察或者两项大型项目的设计任务，并已建成投产，取得了好的效果；在近五年内有两项以上的工程获得过全国或者省、部级优秀工程勘察、优秀工程设计奖；参加过国家和部门、地方工程建设标准规范的编制工作；建立了一套有效的全面质量管理体系；有比较先进、齐全的技术装备和固定的工作场所；社会信誉好。

乙级：技术力量强，专业配备齐全，有同时承担两项比较复杂地质条件工程项目勘察任务或者中型项目设计任务的技术骨干；有相应的技术特长，能够利用国内外本行业的软件，做出比较先进的勘察、设计成果；独立承担过本行业两项以上中型较复杂地质条件工程项目的勘察或者两项中型项目的设计任务，并已建成投产，取得了好的效果；近五年内有一项以上的工程获得过省、部级优秀工程勘察、优秀工程设计奖；建立了一套有效的全面质量管理体系；有相应配套的技术装备和固定的工作场所；社会信誉好。

2. 申请与审批

申请证书的单位，须填写申请报表，其办理程序是：（1）申请甲、乙级证书的单位，按照隶属关系报国务院主管部门或者省、自治区、直辖市主管勘察设计工作的部门进行初审；然后由初审部门送所申请行业归口管理的国务院主管部门，经行业管理部门组织专家审查，并签署意见后，报全国工程勘察设计资格审定委员会审定。对于审定合格的单位，由建设部颁发资格证书。（2）申请丙、丁级证书的单位，其申请表统一送单位所在地的市一级人民政府建设行政主管部门审查，经审查后上报省、自治区、直辖市工程勘察设计资格审定委员会审定。对于审定合格的单位，由各省、自治区、直辖市主管勘察设计工作的部门颁发资格证书，并将取得证书单位的名单抄送建设部和国务院有关行业主管部门备案。

工程勘察、设计单位的资格，实行国家和地方两级审批制度。甲、乙级单位的资格，由全国工程勘察设计资格审定委员会审批，其办事机构设在建设部。其中乙级单位的资格在全国工程勘察设计资格审定委员会宏观控制的数量范围内，由国务院有关行业主管部门或地方省级工程勘察设计资格审定委员会审批，并颁发建设部统一盖章的证书；丙、丁级单位的资格，由各省、自治区、直辖市工程勘察设计资格审定委员会审批，其办事机构设在各省、自治区、直辖市人民政府授权的综合管理勘察设计工作的行政主管部门。

3. 业务范围

持有甲级证书的单位，可以在全国范围内承担证书规定的行业大、中、小型工程建设项目（包括项目内相应的生产必要配套工程和设施）的工程勘察或者工程设计任务。持有乙级证书的单位，可以在本省、自治区、直辖市范围内承担证书规定的行业中、小型工程建设项目的工程勘察或者工程设计任务。需要跨省、自治区、直辖市承担任务的，需经项目所在地的省、自治区、直辖市勘察设计主管部门批准。

（四）建筑工程设计单位资质审查

1. 甲级建筑工程设计等级的资质标准

建筑工程设计单位资质等级分为甲、乙、丙三级。

（1）甲级建筑工程设计单位

1）单位经批准成立并从事建筑设计业务达8年以上，独立承担过不少于5项、工程等级为一级或特级的建筑工程项目的设计，并已建成，质量优良。

2）单位有较高的社会信誉。

3）单位中专职固定的技术人员总数不少于75人，且工种齐全，其中技术骨干比例不低于1/3，骨干中建筑结构专业各不少于6人。

4）近五年获省、部级及其以上级别的优秀建筑工程设计奖不少于2项。

5）有健全的技术、经营管理制度和全面质量管理体系并已达标验收取得合格证书。

6）达到建设部规定的甲级设计单位技术装备及应用水平现阶段考核标准。

（2）乙级建筑工程设计单位

1）单位成立以来独立承担过不少于3项、工程等级为二级或二级以上公共建筑的项目设计，并已建成，质量优良，单位有较好的信誉。

2）单位专职固定的技术人员总数不少于35人，且工种齐全、级配合理，其中技术骨干人数不少于12人，骨干中建筑、结构专业各4人。

3）曾获得过省、部级优秀建筑工程设计奖。

4）有较健全的技术、经营管理制度和全面质量管理体系并已达标取得验收合格证书。

5）达到建设部规定的乙级设计单位技术装备及应用水平现阶段考核标准。

说明：甲级、乙级单位技术骨干系指具有高级职称或从事专业设计实践15年以上、独立主持过3项工程等级一、二级或以上项目设计总负责人。

2. 申请与审批

申请证书的单位，须填写申请报表，其办理程序是：

申请甲、乙级证书的单位，按照隶属关系报国务院主管部门或者省、自治区、直辖市主管勘察设计工作的部门进行初审；然后由初审部门送所申请行业归口管理的国务院主管部门，经行业管理部门组织专家审查，并签署意见后，报全国工程勘察设计资格审定委员会审定。对于审定合格的单位，由建设部颁发资格证书。

（五）工程监理单位的资质审查

1992年1月18日，建设部以部令形式发布的《工程建设监理单位资质管理试行办法》，对工程监理单位的资质等级与标准、申请与审批、业务范围等作出了明确规定。

1. 资质等级与资质标准

工程监理单位的资质等级分为甲级、乙级、丙级。

监理单位的资质标准如下：

(1) 甲级

1) 由取得监理工程师资格证书的在职高级工程师、高级建筑师或者高级经济师作单位负责人，或者由取得监理工程师资格证书的在职高级工程师、高级建筑师作技术负责人。

2) 取得监理工程师资格证书的工程技术与管理人员不少于50人，且专业配套，其中高级工程师和高级建筑师不少于10人，高级经济师不少于3人。

3) 注册资金不少于100万元。

4) 一般应当监理过5个一等一般工业与民用建设项目或者2个一等工业、交通建设项目。

(2) 乙级

1) 由取得监理工程师资格证书的在职高级工程师、高级建筑师或者高级经济师作单位负责人，或者由取得监理工程师资格证书的在职高级工程师、高级建筑师作技术负责人。

2) 取得监理工程师资格证书的工程技术与管理人员不少于30人，且专业配套，其中高级工程师和高级建筑师不少于5人，高级经济师不少于2人。

3) 注册资金不少于50万元。

4) 一般应当监理过5个二等一般工业与民用建设项目或者2个二等工业、交通建设项目。

2. 申请与审批

监理单位自领取营业执照之日起两年内暂不核定资质等级；满两年后向资质管理部门申请核定资质等级。申请核定资质等级时需提交的材料有：定级申请书、《监理申请批准书》和《营业执照》副本；法定代表人与技术负责人的有关证件；《监理业务手册》；其他有关证明文件。

3. 业务范围

甲级监理单位可以跨地区、跨部门监理一、二、三等的工程，乙级监理单位只能监理本地区、本部门二、三等的工程。

4. 资质管理与监督

(1) 监理单位资质等级的核查

监理单位的资质等级三年核定一次。对于不符合原定资质等级标准的单位，由原资质管理部门予以降级。

资质管理部门对资质升级申请材料进行审查核定，经审查符合升级标准的，发给相应的《资质等级证书》，同时收回原《资质等级证书》。

监理单位必须在核定的监理范围内从事监理活动，不得擅自越级承接建设监理业务。

已定级的监理单位在定级后不满3年的期限内，其实际资质已达到上一资质等级标准的，可以申请承担上一资质等级规定的监理业务，但必须由具有相应权限的资质管理部门根据其资质条件、实际业绩和监理需要予以审批。

（2）监理单位的证书管理

监理单位承担工程监理业务时，应当持《监理申请批准书》或者《监理许可证书》、《资质等级证书》以及《监理业务手册》，向监理工程所在地的省、自治区、直辖市人民政府建设行政主管部门备案。

三、专业技术人员执业资格

（一）执业资格制度

执业资格制度是指具备一定专业学历、资力的从事建筑活动的专业技术人员，通过考试和注册确定其执业的技术资格，获得相应建筑工程文件签字权的一种制度。

《建筑法》第14条对从事建筑活动的专业技术人员实行执业资格制度作出了明确规定。对从事建筑活动的专业技术人员实行执业资格制度非常必要，是我国建筑工程管理体制改革的需要。实行专业技术人员执业资格制度有利于保证建筑工程由具有相应资格的专业技术人员主持完成设计、施工、监理任务。实行执业资格制度是我国建筑工程领域与国际接轨，适应对外改革开放的需要。当前，世界大多数发达国家对从事涉及公众生命和财产安全的建筑活动的专业技术人员都制定了严格的执业资格制度，如美国、英国、日本、加拿大等国。随着我国对外开放的不断扩大，我国的专业技术人员走向世界，其他国家和地区的专业技术人员希望进入中国建筑市场，建筑专业技术人员执业资格制度有利于对等互相承认和管理。

另外，实行执业资格制度是加速人才培养，提高专业技术人员业务水平和队伍素质的需要。执业资格制度有一套严格的考试、注册办法和继续教育的要求，这种激励机制有利于促进建筑工程质量，专业技术人员水平和从业能力的不断提高。

（二）注册建筑师执业资格

1995年9月23日，国务院发布了《中华人民共和国注册建筑师条例》。1996年7月1日，建设部发布的《中华人民共和国注册建筑师条例实施细则》，对注册建筑师执业资格作了具体规定，该细则于同年10月1日起施行。

1. 注册建筑师的概念

注册建筑师是指依法取得注册建筑师证书并从事房屋建筑设计及相关业务的人员。

我国的注册建筑师分为两级，即一级注册建筑师和二级注册建筑师。一级注册建筑师是指经一级注册建筑师考试合格并注册的人员；二级注册建筑师是指经二级注册建筑师考试合格并注册的人员。两级注册建筑师在考试条件、注册条件及执业范围等方面均有所区别。我国之所以设置两级注册建筑师，是从国际水准和我国的实际情况规定的。首先，我国的一级注册建筑师注册标准不低于目前发达国家现行注册标准。坚持高标准，其意义在于我国实施注册制度以后，为国际间相互承认注册资格和相互开放设计市场做准备，最终实现与国际惯例接轨。其次，考虑到我国建筑设计市场的现实情况。我国基本建设规模逐年扩大，对设计人员的需求不断增加，建筑学专业毕业生较少，高水平设计人员还比较少，为使注册建筑师的数量与建筑设计任务大体相适应，设二级注册建筑师完成建筑面积较小、结构比较简单的建筑设计工作。

2. 注册建筑师的管理体制

我国的注册建筑师管理体制分为中央和地方两级，是在建设行政主管部门领导和监督下的专门委员会负责制。

在中央，设立全国注册建筑师管理委员会，负责全国注册建筑师考试与注册具体管理工作。全国注册建筑师管理委员会由国务院建设行政主管部门、人事行政主管部门、其他有关行政主管部门的代表和建筑设计专家组成。

在地方，设立省、自治区、直辖市注册建筑师管理委员会，负责本行政区域内的注册建筑师的管理工作。省、自治区、直辖市注册建筑师管理委员会由省、自治区、直辖市建设行政主管部门、人事行政主管部门、其他有关行政主管部门的代表和建筑设计专家组成。

在我国实行专门委员会负责制的注册建筑师管理体制，是根据国际习惯和我国的现实情况确定的。目前，世界各国注册建筑师管理体制大体有两种方式：一种是由政府主管部门实行宏观领导监督，具体事务授权给专门机构负责，如美国；另一种是由注册建筑师完全实行职业自我管理，如英国。我国设计体制改革正在逐步深化和不断完善，建筑设计行业又具有综合性，加强政府的宏观调控和领导监督职能是十分必要的。因此，我国目前注册建筑师管理体制实行在政府领导下的专门委员会负责制，既符合大多数国家对注册建筑师管理的习惯，也符合我国的现实情况。

3. 注册建筑师的考试

（1）考试的级别、时间和方式

注册建筑师考试分为一级注册建筑师考试和二级注册建筑师考试两级。我国的注册建筑师分为两级，因此其考试也分为两级。两种考试在标准、内容、参加考试的条件等方面均有所不同。

注册建筑师考试一般每年举行一次。在特别情况下，也可以每半年或每两年举行一次。

注册建筑师的考试实行全国统一考试制度。由全国注册建筑师管理委员会统一组织、统一命题，在同一时间内在全国同时进行。

（2）申请考试的条件

申请参加注册建筑师考试者，必须符合国家规定的教育标准和职业实践要求。

1）申请一级注册建筑师考试的条件

符合下列条件之一者，可申请参加一级注册建筑师考试：

①已取得建筑学硕士以上学位或者相近专业工学博士学位，并从事建筑设计或者相关业务2年以上的；

②取得建筑学学士学位或者相近专业工学硕士学位，并从事建筑设计或者相关业务3

年以上的；

③具有建筑学专业大学本科毕业并从事建筑设计或者相关业务5年以上的，或者具有建筑学相近专业大学本科毕业学历并从事建筑设计或者相关业务7年以上的；

④取得高级工程师技术职称并从事建筑设计或者相关业务3年以上的，或者取得工程师技术职称并从事建筑设计或者相关业务5年以上的；

⑤不具具有前四项规定的条件，但设计成绩突出，经全国注册建筑师管理委员会认定达到前四项的专业水平的。

2）申请二级注册建筑师考试的条件

符合下列条件之一者，可以申请参加二级注册建筑师考试：

①具有建筑学或者相近专业大学本科毕业以上学历，从事建筑设计或者相关业务2年以上的；

②具有建筑设计技术专业或者相近专业大学毕业以上学历，并从事建筑设计或者相关业务3年以上的；

③具有建筑设计技术专业4年制中专毕业学历，并从事建筑设计或者相关业务5年以上的；

④具有建筑设计技术相近专业中专毕业学历，并从事建筑设计或者相关业务7年以上的；

⑤取得助理工程师以上技术职称，并从事建筑设计或者相关业务3年以上的。

3）考试合格证书的颁发

一级注册建筑师考试合格者，由全国注册建筑师管理委员会核发《一级注册建筑师考试合格证书》。二级注册建筑师考试合格者，由省、自治区、直辖市注册建筑师管理委员会核发《二级注册建筑师考试合格证书》。《注册建筑师考试合格证书》式样由国务院建设行政主管部门统一制定。

4. 注册建筑师的注册

（1）注册的条件

经注册建筑师考试合格，取得注册建筑师资格，除《注册建筑师条例》第13条规定的不予注册的情形外，均可注册。

不予注册的情形有：

1）不具备完全民事行为能力的；

2）因受刑事处罚，自刑罚执行完毕之日起至申请注册之日止不满5年的；

3）因在建筑设计或者相关业务中犯有错误受行政处罚或者撤职以上行政处分，自处罚、处分决定之日起至申请注册之日止不满2年的；

4）受吊销注册建筑师证书的行政处罚，自处罚决定之日起至申请注册之日止不满5年的；

5）有国务院规定不予注册的其他情形的。

（2）注册的申请程序与机构

注册建筑师的申请注册采取个人注册与单位注册统一办理手续相结合的程序。即申请注册建筑师注册，由申请注册者向注册建筑师管理委员会提出申请，由聘用的设计单位统一办理注册手续。申请者能否注册决定于其是否具备注册的条件，设计单位无权决定。经注册建筑师管理委员会审查合格后，予以注册，并发给相应等级的注册建筑师注册证明。

一级注册建筑师的注册机构是全国注册建筑师管理委员会。二级注册建筑师的注册机构是省、自治区、直辖市注册建筑师管理委员会。

（3）注册的监督和管理

国务院建设行政主管部门对注册建筑师管理委员会的注册是否符合法律规定进行监督，发现注册不符合法律规定的，应当通知有关的注册建筑师管理委员会撤销注册。

注册建筑师每两年注册一次。已经注册的注册建筑师需继续注册时，应在注册有效期终止日前30日内向注册建筑师管理委员会提出注册申请。

已取得注册建筑师证书的人员，注册后有下列情形之一的，由准予注册的全国注册建筑师管理委员会或者省、自治区、直辖市注册建筑师管理委员会撤销，收回注册建筑师证书：

1) 完全丧失民事行为能力的；
2) 受刑事处罚的；
3) 因在建筑设计或者相关业务中犯有错误，受到行政处罚或者撤职以上行政处分的；
4) 自行停止注册建筑师业务满2年的。

被撤销注册的人员可以依照规定重新注册。

5. 注册建筑师的执业

（1）注册建筑师的执业范围

注册建筑师的执业范围包括：建筑设计、建筑设计技术咨询、建筑物调查与鉴定、对本人主持设计的项目进行施工指导和监督以及国务院建设行政主管部门规定的其他业务。

一级注册建筑师的业务范围与二级注册建筑师的业务范围有所不同。一级注册建筑师业务范围不受建筑规模和工程复杂程度的限制，二级注册建筑师的业务范围限定在国家规定的建筑规模和工程复杂程度范围内。

（2）执业的机构、业务的承担及收费

注册建筑师执行业务，应当加入建筑设计单位。注册建筑师执行业务应由设计单位统一接受委托并指派。注册建筑师不得私自承接业务。

注册建筑师执行业务，应当由设计单位统一收费。注册建筑师不得私自收费。

（3）注册建筑师的权利和义务

注册建筑师的权利有：1) 专有名称权。注册建筑师有权以注册建筑师的名义执行注册建筑师业务。非注册建筑师不得以注册建筑师的名义执行注册建筑师业务。二级注册建筑师不得以一级注册建筑师的名义执行业务，也不得超越国家规定的二级注册建筑师的执业范围执行业务。2) 设计文件签字权。国家规定的一定跨度和高度以上的房屋建筑，应当由注册建筑师主持设计并在设计文件上签字。3) 独立设计权。任何单位和个人修改注册建筑师的设计图纸，应当征得该注册建筑师同意；但是，因特殊情况不能征得该注册建筑师同意的除外。

注册建筑师的义务有：1) 遵守法律、法规和职业道德，维护社会公共利益；2) 保证建筑设计的质量，并在其负责的设计图纸上签字；3) 保守在执业中知悉的单位和个人的秘密；4) 不得同时受聘于两个以上建筑设计单位执行业务；5) 不能准许他人以本人名义执行业务。

（4）注册建筑师的责任

设计质量造成的经济损失，首先由设计单位承担赔偿责任再由设计单位对签字的注册建筑师根据其责任大小，进行追偿。

四、监理工程师执业资格

2005年12月31日，建设部发布部令第147号《注册监理工程师管理规定》对监理工程师的执业资格作出了规定，该规定自2006年4月1日起施行。

（一）监理工程师的概念

监理工程师系岗位职务，是指经全国统一考试合格并经注册取得《监理工程师岗位证书》的工程建设监理人员。经全国统一考试合格只是成为监理工程师的一个前提条件；同时还应在建设监理岗位上工作，才能申请注册；经过注册，取得《监理工程师岗位证书》，就成为监理工程师。不从事监理工作，就不再具有监理工程师岗位职务。

监理工程师按专业设置岗位，一般设置建筑、土建结构、工程测量、工程地质、给水排水、采暖通风、电气、通讯、城市燃气、工程机械及设备安装、焊接工艺、建筑经济等岗位。目前，我国还没有设计监理工程师。国际上很多发达国家已建立设计监理工程师。

监理工程师一经政府注册确认，即意味着具有相应于岗位责任的签字权，监理单位任命的工程项目总监理工程师具有对外签字权。

（二）监理工程师的管理机构及职责

1. 主管部门

建设部为全国监理工程师注册管理机关，统一归口管理全国监理工程师的注册管理工作。

省、自治区、直辖市人民政府建设行政主管部门以及国务院各部门为本行政区域内地方或本部门直属工程建设监理单位监理工程师的注册机关，在国务院建设行政部门归口管理下，具体管理并承办本行政区域或本部门内监理工程师的注册工作。

2. 资格考试委员会

全国监理工程师资格考试委员会，是由国务院建筑行政主管部门和国务院有关部门的有关工程建设、人事行政管理专家组成的非常设机构。其任务主要有以下几项：

（1）制定统一的监理工程师资格考试大纲和有关要求；

（2）确定考试命题，提出考试合格的标准；

（3）监督、指导地方、部门监理工程师资格考试工作，审查、确认其考试是否有效；

（4）向全国监理工程师注册管理机关书面报告监理工程师资格考试情况。

3. 监理工程师资格考试

监理工程师资格考试，在全国监理工程师资格考试委员会的统一组织指导下进行，原则上每两年进行一次。

参加监理工程师资格考试者，必须具备两项条件：

（1）具有高级专业技术职称或取得中级专业技术职称后具有3年以上工程设计或施工管理实践经验；

（2）在全国监理工程师注册管理机关认定的培训单位经过监理业务培训，并取得培训结业证书。

参加监理工程师资格考试者，由所在单位向本地区或本部门监理工程师资格考试委员会提出书面申请，经审查批准后，方可参加考试。

经监理工程师资格考试合格者，由监理工程师注册机关核发《监理工程师资格证书》。《监理工程师资格证书》的持有者，自领取证书起，5年内未经注册，其证书失效。

1995年底以前，对少数具有高级技术职称和三年监理实践经验、年龄在55岁以上、工作能力较强的监理人员，经地区、部门监理工程师注册机关推荐，全国监理工程师考试委员会审查，全国监理工程师注册管理机关批准，可免予考试，取得《监理工程师资格证书》。

4. 监理工程师注册

注册，是取得《监理工程师资格证书》的人员以监理工程师的名义，从事工程建设监理业务的必要程序。取得《监理工程师资格证书》，并同时具备以下三个条件的人员，可以由拟聘用申请者的工程建设监理单位统一向本地区或本部门的监理工程师注册机关提出申请：

（1）热爱中华人民共和国，拥护社会主义制度，遵纪守法，遵守监理工程师职业道德；

（2）身体健康，胜任工程建设的现场监理工作；

（3）不是国家行政机关的现职人员。

监理工程师注册机关收到申请后，对符合条件的，再根据全国监理注册管理机关批准的计划，择优予以注册，颁发《监理工程师岗位证书》，并报全国监理工程师注册管理机关备案。监理工程师注册机关每五年要对《监理工程师岗位证书》持有者复查一次。对不符合条件的，注销注册，收回《监理工程师岗位证书》。

已经取得《监理工程师资格证书》，但未经注册的人员，不得以监理工程师的名义从事工程建设监理业务。已经注册的监理工程师，不得以个人名义私自承接工程建设监理业务。国家行政机关现职工作人员，不得申请监理工程师注册。

五、注册结构工程师执业资格

1997年9月1日，建设部、人事部联合发布的《注册结构工程师执业资格制度暂行规定》，对注册结构工程师的执业资格作出了规定。

（一）注册结构工程师概念

注册结构工程师是指取得中华人民共和国注册结构工程师执业资格证书和注册证书，从事房屋结构、桥梁结构及塔架结构等工程设计及相关业务的专业技术人员。注册结构工程师分为一级注册结构工程师和二级注册结构工程师。

1. 有下列情形之一的，不予注册：

（1）不具备完全民事行为能力的；

（2）因受刑事处罚，自处罚完毕之日起至申请注册之日止不满5年的；

（3）因在结构工程设计或相关业务中犯有错误，受到行政处罚或者撤职以上行政处分，自处罚、处分决定之日起申请注册之日止不满2年的；

(4) 受吊销注册结构工程师注册证书处罚，自处罚决定之日至申请注册之日止不满 5 年的；

(5) 建设部和国务院有关部门规定不予注册的其他情形的。

对准予注册的申请人，分别由全国注册结构工程师管理委员会和省、自治区、直辖市注册结构工程师管理委员会核发注册结构工程师注册证书。

注册结构工程师注册有效期为 2 年，有效期届满需要继续注册的，应当在期满前 30 日内提出办理注册手续。

2. 注册结构工程师注册后，有下列情形之一的，由全国或省、自治区、直辖市注册结构工程师管理委员会撤销注册，收回注册证书：

(1) 完全丧失民事行为能力的；

(2) 受刑事处罚的；

(3) 因在工程设计或者相关业务中造成工程事故，受到行政处罚或者撤职以上行政处分的；

(4) 自行停止注册结构工程师业务满 2 年的。

被撤销注册的当事人对撤销注册有异议，可以自接到撤销注册通知之日起 15 日内，向建设部或省、自治区、直辖市人民政府建设行政主管部门申请复议。

(二) 注册结构工程师的执业

注册结构工程师的执业范围包括：结构工程设计；结构工程设计技术咨询；建筑物、构筑物、工程设施等调查和鉴定；对本人主持设计的项目进行施工指导和监督；建设部和国务院有关部门规定的其他业务。

一级注册结构工程师的执业范围不受工程规模及工程复杂程度的限制，二级注册结构工程师执业范围受到限制。

注册结构工程师执行业务，应当加入一个勘察设计单位，由勘察设计单位统一接受业务并统一收费。

因结构设计质量造成的经济损失，由勘察设计单位承担赔偿责任；勘察设计单位有权向签字的注册结构工程师追偿。

(三) 注册结构工程师的权利和义务

1. 注册结构工程师的权利有：

(1) 名称专有权。注册结构工程师有权以注册结构工程师的名义执行注册结构工程师业务。非注册结构工程师不得以注册结构工程师的名义执行注册结构工程师业务。

(2) 结构工程设计主持权。国家规定的一定跨度、高度等以上的结构工程设计，应当由注册结构工程师主持设计。

(3) 独立设计权。任何单位和个人修改注册结构工程师的设计图纸，应当征得该注册结构工程师同意；但是因特殊情况不能征得该注册结构工程师同意的除外。

2. 注册结构工程师应当履行下列义务：

(1) 遵守法律、法规和职业道德，维护社会公众利益；

(2) 保证工程设计的质量，并在其负责的设计图纸上签字盖章；

(3) 保守在执业中知悉的单位和个人的秘密；

(4) 不得同时受聘于两个以上勘察设计单位执行业务；

(5) 不得准许他人以本人名义执行业务;
(6) 按规定接受必要的继续教育,定期进行业务和法规培训。

第四节 城市房屋拆迁程序

2001年6月13日,国务院令第305号公布《城市房屋拆迁管理条例》共40条,2001年11月1日起施行。拆迁房屋必须获得行政许可的规定,即拆迁房屋的单位取得房屋拆迁许可证后,方可实施拆迁。通过拆迁行政许可确认该建设项目是合法的、拆迁计划和拆迁方案是可行且合理、拆迁补偿安置资金已到位。

一、申请领取房屋拆迁许可证的,应当向房屋所在地的市、县人民政府房屋拆迁管理部门提交下列资料:

(1) 建设项目批准文件;
(2) 建设用地规划许可证;
(3) 国有土地使用权批准文件;
(4) 拆迁计划和拆迁方案;
(5) 办理存款业务的金融机构出具的拆迁补偿安置资金证明。

市、县人民政府房屋拆迁管理部门应当自收到申请之日起30日内,对申请事项进行审查;经审查,对符合条件的,颁发房屋拆迁许可证。

1. 建设项目批准文件。指政府计划部门对建设项目的立项批准文件。

2. 建设用地规划许可证。指建设单位在向土地管理部门申请征用、划拨土地前,经城市规划行政主管部门确认建设项目位置和范围符合城市规划的法定凭证。

3. 国有土地使用权批准文件。根据《土地管理法》和《土地管理法实施条例》,具体建设项目需要占用土地利用总体规划确定的城市建设用地范围内的国有建设用地的,其办理手续是:建设项目可行性研究论证时,由土地行政主管部门对建设用地有关事项进行审查,提出建设用地预审报告;建设单位持建设项目的有关批准文件,向市、县人民政府土地行政主管部门提出建设用地申请,经土地行政主管部门审查,报市、县人民政府批准;供地方案经批准后,由市、县人民政府向建设单位颁发建设用地批准书,有偿使用的,签订国有土地有偿使用合同,划拨使用的,核发国有土地划拨决定书;土地使用者应当依法申请土地登记,核发国有土地使用权证书。

4. 拆迁计划和拆迁方案。它反映拆迁人打算如何对被拆迁人实施拆迁补偿安置以及计划在多长时间内完成拆迁的情况。拆迁计划和拆迁方案应包括确切的拆迁范围,拆迁范围内房屋的基本情况,拆迁的实施步骤,拆迁的各项补偿费、补助费匡算、拆迁资金落实情况,安置用房和周转用房的准备情况,拟自行拆迁还是委托拆迁,拟委托拆迁及被委托拆除房屋的企业资格、资质条件,规划批准拟保留的绿地,建筑的保护措施以及拆迁的开始时间和结束时间等。

5. 办理存款业务的金融机构出具的拆迁补偿安置资金证明。证明拆迁补偿安置资金已经存入有关办理存款业务的金融机构,这些资金将全部用于房屋拆迁的补偿安置,不得挪作他用。

二、房屋拆迁许可证载明事项应予以公布

房屋拆迁管理部门在发放房屋拆迁许可证的同时，应当将房屋拆迁许可证中载明的拆迁人、拆迁范围、拆迁期限等事项，以房屋拆迁公告的形式公布。公布房屋拆迁公告与发放房屋拆迁许可证同时进行。

修改后《条例》强调在发放房屋拆迁许可证的同时，房屋拆迁管理部门应当予以公布。这说明，房屋拆迁管理部门在作出同意拆迁申请并发放房屋拆迁许可证的同时，有责任立即向拆迁范围内的被拆迁人宣布拆迁人的拆迁申请已经获得批准，将拆迁决定向被拆迁人公告。

三、拆迁人应当在拆迁许可证确定的拆迁范围内实施拆迁

拆迁人应当在房屋拆迁许可证确定的拆迁范围和拆迁期限内，实施房屋拆迁。需要延长拆迁期限的，拆迁人应当在拆迁期限届满 15 日前，向房屋拆迁管理部门提出延期拆迁申请，房屋拆迁管理部门应当自收到延期拆迁申请之日起 10 日内给予答复。

四、拆迁人可以自行拆迁，也可委托具有拆迁资格的单位进行拆迁

房屋拆迁管理部门不得作为拆迁人，不得接受拆迁委托。自行拆迁是指为了某项目建设需要建设单位申请领取到房屋拆迁许可证后成为拆迁人，亲自实施拆迁工作，拆迁工作一般包括对被拆迁人进行拆迁动员，组织签订和实施补偿安置协议，组织拆除房屋及其附属物等。委托拆迁就是拆迁人自己不承担拆迁工作，而是把拆迁工作委托给具有拆迁资格的单位去承担。

五、拆迁人委托拆迁的，应当向被委托的拆迁单位出具委托书，并订立拆迁委托合同。拆迁人应当自拆迁委托合同订立之日起 15 日内，报房屋拆迁管理部门备案。被委托的拆迁单位不得转让拆迁业务

（一）拆迁人与被拆迁人应当依照本条例的规定，就补偿方式和补偿金额、安置用房面积和安置地点、搬迁过渡方式和过渡期限等事项，订立拆迁补偿安置协议。

拆迁租赁房屋的，拆迁人应当与被拆迁人、房屋承担人订立拆迁补偿安置协议。

（二）房屋拆迁管理部门代管的房屋需要拆迁的，拆迁补偿安置协议必须经公证机关公证，并办理证据保全。

（三）拆迁补偿安置协议订立后，被拆迁人或者房屋承租人在搬迁期限内拒绝搬迁的，拆迁人可以依法向仲裁委员会申请仲裁，也可以依法向法院起诉。

（四）拆迁人与被拆迁人或者拆迁人与被拆迁人、房屋承租人达不成拆迁补偿安置协议的，经当事人申请，由房屋拆迁管理部门裁决。房屋拆迁管理部门是被拆迁人的，由同级人民政府裁决，裁决应当自收到申请之日起 30 日内作出。

当事人对裁决不服的，可以自裁决书送达之日起 3 个月内向法院起诉，拆迁人依照本条例规定已对被拆迁人给予货币补偿或者提供拆迁安置用房、周转用房的，诉讼期间不停止拆迁的执行。

（五）被拆迁人或者房屋承租人在裁决规定的搬迁期限内未搬迁的，由房屋所在地的

市、县人民政府责成有关部门强制拆迁，或者由房屋拆迁管理部门依法申请人民法院强制拆迁。

实施强制拆迁前，拆迁人应当就被拆除房屋的有关事项，向公证机关办理证据保全。

（六）拆迁补偿的方式可以实行货币补偿，也可以实行房屋产权调换。

（七）货币补偿的金额，根据被拆迁房屋的区位、用途、建筑面积等因素，以房地产市场评估价格确定。具体办法由省、自治区、直辖市人民政府制定。

第五章 国内建设工程招标与投标

第一节 招标与投标立法概述

一、国内招标投标法立法概况

我国20世纪80年代以前，基本建设和采购任务由主管部门采用指令性计划，企业的经营活动由主管部门安排，不存在招投标活动。1980年10月，国务院在《关于开展和保护社会主义竞争的暂行规定》中首次提出，改革现行经济管理体制，进一步开展社会主义竞争。1983年6月7日，城乡建设环境保护部发布了《建筑安装工程招标投标试行办法》，这是我国第一个对招投标作出比较详尽规定的办法。

（一）20世纪80年代初，我国首先在建设工程领域推行招标投标制度

最初招标投标制度是从"机电设备"、科研项目领域进行招标投标的，然后在建设领域推广。1996年，在建设领域全国推行招标投标制度；自2000年开始，在建设领域强制推行招标投标制度。期间，在上海、天津、河北、江苏、青海、辽宁等地，陆续发展一批建设工程招标代理机构。

（二）利用国际金融组织和外国政府贷款项目

目前，我国利用的国际金融组织和外国政府贷款主要有世界银行贷款、亚洲开发银行贷款、日本海外经济协助基金贷款等。1998年，我国利用国际金融组织贷款30亿美元，利用外国政府贷款29.5亿美元。按照贷款方的要求，利用这些贷款的项目一般均采用国际或国内竞争招标（少数情况例外）。我国外经贸系统成立了约20家国际招标公司，专门从事这些项目的招标代理业务。

（三）《招标投标法》的立法简要过程

1994年6月开始工作；1998年在全国征求意见，数易其稿，草拟了招标投标法送审稿；1999年3月17日，经国务院第15次常务会议讨论通过。

1999年4月，提交九届全国人大常委会第九次会议进行初次审议；1999年6月8日，对招标投标法（草案）进行了逐条审议。同年8月11日、18日又召开会议，对草案再次进行了审议；1999年8月30日，正式表决通过了《招标投标法》。建设领域制定的最好的法律深得人心，只有1人投了弃权票。

二、国外招标投标概况

（一）招标投标法律制度，最早起源于英国，产生于资本主义社会

当初，政府为了用好纳税人的钱，本着对公众负责的精神，政府和公用事业部门有义务保证其采购行为合理、有效，保证其采购行为公开、透明，在这种背景下，招标投标便应运而生。

(二) 招标投标法律制度在美国得到了发展

美国在1861年制定的一项法案要求每一项采购至少要有三个投标人。1868年国会通过"公开开标和公开授予合同"的法律程度。政府部门和其他公共机构采购商品和服务部门必须做到"物有所值"。

法国、比利时、瑞士、韩国、新加坡相继制定了《政府采购法案》。我国《政府采购法》2003年1月1日实施，共有88条。

三、招标投标的概念和特征

(一) 招标投标的概念

招标投标是在市场条件下进行大宗货物的买卖、工程建设项目的发包与承包，以及服务项目的采购与提供时，所采用的一种交易方式。招标与投标是相互对应的一对概念。招标，是指招标人对货物、工程和服务事先公布采购的条件和要求，以一定的方式邀请不特定对象或者一定数量的自然人、法人或者其他组织投标，而招标人按照公开规定的程序和条件确定中标人的行为。投标，是指投标人响应招标人的要求参加投标竞争的行为。

从合同法意义上讲，招标是指招标人采取招标公告，以投标邀请书的形式，向法人或者其他组织发出要约邀请，以吸引其投标的意思表示。

投标是一种法律上的要约行为，是指投标人按照投标人提出的要求和条件，在规定的期限内向投标人发出的包括合同主要条款的意思表示。

(二) 招标投标的基本特征

1. 招标投标具有公开性。这是招标投标最主要的特征。招标投标的公开性主要是指招标投标的程序公开、结果公开。招标机构要将招标投标的程序向所有投标人公开，使招标投标活动接受公开的监督。

2. 招标投标具有严密的组织性和程序的规范性。招标投标是一种有组织的商业交易，或者是订立合同的一种特殊方式。由于招标投标项目所涉及的标的数额往往非常巨大，对于招标人和投标人而言，招标投标的程序也就非常重要。招标投标程序一般由招标人依法事先拟定，不能随意改变，招标投标活动当事人必须按照规定的条件和程序进行招标投标活动。

3. 投标的一次性。在招标投标活动中，投标人只对应邀进行一次性报价，以合理的价格定标。标书在投标后一般不得随意撤回或者修改。

4. 招标投标的公平性。这种公平性主要是针对投标人而言的，任何有能力、有条件的投标人均可以在招标公告和招标邀请书发出后参加投标，在招标规则面前，各投标人具有平等的竞争机会。当然，招标人和评标委员会要平等、公正地对待每一个投标人，不得有任何歧视行为或不平等行为。

四、招标投标法的立法目的和宗旨

根据《招标投标法》第1条规定，立法目的包括以下四个方面：

(一) 规范招标投标活动

本法主要通过以下几方面对招标投标活动予以规范：

1. 明确规定了必须进行招标的范围；

2. 招标投标活动应当遵循公开、公平、公正和诚实信用的原则，并在招标投标活动具体程序的规范中贯彻这些原则；

3. 对招标投标活动的行政监督管理作出规定；

4. 招标方式的规定；

5. 招标代理机构的规定；

6. 招标投标程序的具体规定；

7. 关于法律责任的规定。

制定与实施招标投标法的主要目的就是要通过以上有关规定对招标投标活动予以规范，使招标投标活动有法可依，纳入依法进行的轨道。

（二）保护国家利益、社会公共利益和招标投标活动当事人的合法权益

依照《招标投标法》第3条的规定：

1. 大型基础设施、公用事业等关系社会公共利益、公共安全的项目；

2. 全部或者部分使用国有资金投资或者国家融资的项目；

3. 使用国际组织或者外国政府贷款、援助资金的项目；

4. 法律和国务院规定的项目等达到规定的规模标准，应当依法进行招标。

上述有的项目事关财政资金的支出管理，通过招标投标展开公开竞争，使财政资金的使用商业化，降低采购成本，增加财政资金使用的透明度。由此可见，实行招标投标对保护国家利益和社会公共利益是非常有益的。

招标投标活动当事人应当按照法律规定的程序开展活动，只有这样，各自的合法权益才能得到维护。如招标人采用公开招标方式的，应当按照规定发布招标公告；对潜在投标人进行资格审查的，不得以不合理的条件限制或者排斥潜在投标人，不得对潜在投标人实行歧视待遇；招标人要依法编制招标文件；对投标人编制投标文件所需要的合理时间应当确定。投标人编制的投标文件应当对招标文件提出的要求和条件作出实质性响应；投标人应当按照规定递交投标文件；投标人不得相互串通投标报价，也不得与招标人串通投标，损害国家利益、社会公共利益或者他人的合法权益。

（三）提高经济效益

在市场经济的运行过程中，一切行为的根本出发点是获得更大的经济效益。经济效益，是指经济活动中投入和产出的关系，即劳动耗费或者资金占用与劳动成果相互比较的关系。从投入的角度看，同样的劳动成果，耗费的劳动资金占用少，经济效益就高；反之，经济效益就低。经济效益的提高，意味着劳动时间的节约，用同样的劳动耗费或者资金占用，创造和实现尽可能多的社会必要产品，提高经济效益是招标投标活动追求的基本目标之一。

《招标投标法》对招标投标的原则、程序作了明确规定，以求达到提高经济效益的目标。

（四）保证项目质量

在招标投标活动运行过程中，招标人实行招标采购的目的是要通过招标投标程序，选择最恰当的投标人而与之订立项目承包合同。招标人希望对项目投入最少的资金且中标人能够保质保量地完成项目承包任务。质量上的要求在工程建设领域尤其重要。一项不合格、质量低劣的工程项目，它所带来的后果常常是不堪设想的，甚至会造成人民生命、财

产的重大损失。造成工程建设事故的原因是多方面的，其中重要的原因是没有按照规定进行招标或者根本没有进行招标。制定本法的目的之一，是对我国境内的招标投标活动进行调整，以达到保证项目质量的目的。

五、招标投标活动应当遵循的原则及行政监督

（一）招标投标活动应当遵循的原则

《招标投标法》第5条规定："招标投标活动应当遵循公开、公平、公正和诚实信用原则。"各原则都包含着丰富的内涵，反映了招标投标活动的本质特征。

1. 公开，是指招标投标的程序应有透明度。如招标人将招标信息于众，招标程序公开，中标结果公开。

2. 公平，是指招标人和投标人的权利义务是平等的。当事人双方是平等的民事法律关系主体，享受对等的权利，承担相应的义务。

3. 公正，是指所有的投标人在招标投标活动中享有平等的权利。不得对投标人实行歧视待遇。

4. 诚实信用，是民事活动的基本准则。无论是投标人和招标人都应诚实守信，以善意的方式履行其义务。特别是投标人，必须要具有相应的资质、业绩等，有符合招标文件要求的能力，不得以欺骗或虚假手段投标。

为真正落实上述原则，《招标投标法》第6条规定："依法必须进行招标的项目，其招标投标活动不受地区或者部门的限制。任何单位和个人不得违法限制或者排斥本地区、本系统以外的法人或者其他组织参加投标，不得以任何方式非法干涉招标投标活动。"

（二）招标投标活动的行政监督管理

我国目前招标投标活动是按行业分为基本建设项目、进口机电设备、机械成套设备、科研项目、建筑项目等进行的，没有统一的监督部门。而且有关部门的职权划分随着政府机构改革的深化，还可能有所调整，《招标投标法》第7条对这一问题作了原则规定："对招标投标活动的行政监督及有关部门的具体职权划分，由国务院规定。"

第二节　招标的法律制度

一、招标程序

招标程序从广义上讲，包括招标前的准备、招标公告、资格预审、编制发售招标文件，以及开标、评标与中标等程序。本节招标程序只包括招标公告、资格预审、编制发售招标文件等程序。至于其他有关程序如开标、评标与中标，将在其他章节中详述。

（一）招标公告

招标公告，依照《招标投标法》的规定，是指采用公开招标方式的招标人（包括招标代理机构），向所有潜在的投标人发出的一种广泛的通告。招标公告是以完全公开的形式，通过大众化的有关传播媒介没有保留地向公众发出，这样招标人通过发布招标公告，使所有潜在投标人都具有公平的投标竞争的机会。

（二）《招标投标法》关于招标公告的传播媒介的规定

《招标投标法》第 16 条 1 款规定："招标人采用公开招标方式的，应当发布招标公告。依法必须进行招标项目的招标公告，应当通过国家指定的报刊、信息网络或者其他媒介发布招标公告。"招标信息在我国一般通过三大类传播媒介进行公告：

1. 报刊，包括报纸、杂志等。这是招标采购信息传统的发布方式，在实践中依然应用得非常广泛。国际上招标公告通常通过以下渠道进行：官方公报、本国报纸、外国报纸、技术性期刊、行业刊物等。如《世界采购指南》规定，在竞争性招标中，及时通知投标机会很重要。对于那些包括国际竞争性投标的项目，要求借款人准备并向银行提交一份书面采购总报告，银行将安排把公告刊登在联合国发展商业报上。中国台湾《政府采购法》规定，机关办理公开招标，应当将招标公告刊登在"政府采购公报"上。

2. 信息网络。近些年来，随着计算机技术迅速发展，世界上已经采用因特网服务站的方式进行国际招标采购。如美国的政府采购中专门采用了计算机征求意见系统；英国政府有 GIS 政府信息服务系统，其中包括政府采购的规定、程序和信息服务等。信息网络作为招标公告的传播媒介，具有覆盖面广、及时性强、信息量不受限制、方式灵活、可以随时存查、上网后可随时获取信息、转发灵活、成本低等传统媒介不可比拟的优势。在我国指定的信息网络服务站点，也有可能成为信息发布的主流。目前，国家发展计划委员会有关部门已经组织建立中国采购信息与招标网。该网站于 1998 年 3 月筹建，1998 年 6 月开始试运行，1998 年 10 月正式开放服务。该网站开通服务后，开始接收国内外申请入网的企事业单位为网员。一些国际机构也将与该网站开展合作和信息对接关系。

3. 其他媒介。其他媒介是指除了报刊、信息网络以外的其他媒介形式，如广播。随着经济的发展，出现了新的招标公告的传播媒介，也包括在"其他媒介"当中。依法必须进行招标项目的招标公告的传播媒介，应当通过国家指定。这是《招标投标法》明确规定的。

（三）投标邀请书

投标邀请书，依照《招标投标法》的规定，是指采用邀请招标方式的招标人，向三个以上具备承担招标项目能力的、资信良好的、特定的法人或者其他组织发出的投标邀请通知。

（四）招标公告和投标邀请书的事项

1. 招标公告和投标邀请书的事项的含义及国外的有关规定

招标公告和投标邀请书的事项，也就是招标公告和投标邀请书的内容。招标公告和投标邀请书基本上具有相同的事项。招标公告和投标邀请书应当简明地说明招标的情况，目的是在于要充分引起潜在投标人的兴趣。招标公告的主要内容包括：

（1）招标项目名称和项目情况介绍；

（2）招标开始时间和投标截止时间；

（3）招标方式；

（4）投标书的发售办法；

（5）招标机构或者联系机构的名称、地址。

《示范法》规定，投标邀请书应至少包含以下资料：

（1）采购实体的名称和地址；

（2）所需供应货物的质量、数量和交货地点，或者需要进行工程的性质和地点，或者

需要采购的服务的性质和提供地点;

(3) 希望或者要求供应货物的时间或者工程竣工的时间或者提供服务的时间表;

(4) 将用以评审供应承包商的资格的标准和程序;

(5) 获取招标文件的办法和地点;

(6) 采购实体对招标文件收取的任何费用;

(7) 支付招标文件费用的货币和方式;

(8) 招标文件所用的语言;

(9) 提交投标书的地点和截止日期。

《世行采购指南》规定,招标公告应当包括以下内容:借款人的名称,贷款金额的用途,国际竞争性招标采购的范围以及借款人负责采购的单位名称和地址。如果明确的话,还应当说明资格预审文件或者招标文件的预定日期。

2. 《招标投标法》关于招标公告和投标邀请书的事项的规定

《投标投标法》第16条规定:"投标公告应当载明招标人的名称和地址、招标项目的性质、数量、实施地点和时间以及获取招标文件的办法等事项。"因此,招标公告和投标邀请书的内容包括以下事项:

(1) 招标人的名称和地址。招标人是依照《招标投标法》规定提出招标项目、进行招标的法人或者其他组织。

(2) 招标项目的性质。这是指该招标项目属于什么类型和属于什么专业的问题。

(3) 招标项目的数量。

(4) 招标项目的实施地点。这是指什么地方实施该招标项目,也就是招标项目的位置。

(5) 招标项目的实施时间。这是指招标项目何时开始实施。

(6) 获取招标文件的办法。这里包括在什么地方、什么时间获取招标文件和招标文件需要支付的费用等问题。

招标文件的售价不应当定得太高,致使潜在招标人不敢问津,从而妨碍了竞争。收费的目的是为了确保仅使真正有兴趣的潜在投标者取得该文件并补偿复制和邮寄成本,而不是收回准备招标文件的费用或者作为创收手段。

二、资格预审

进行发布招标公告或者发出投标邀请书程序后,招标人可以进入资格预审程序。《招标投标法》第18条规定:"招标人可以根据招标项目本身的要求,在招标公告或者投标邀请书中,要求潜在投标人提供有关资质证明文件和业绩情况,并对潜在招标人进行资格审查;国家对投标人的资格条件有规定的,依照其规定。招标人不得以不合理的条件选择或者排斥潜在投标人,不得对潜在投标人实行歧视待遇。"该条实质上是规定了招标程序中的资格预审程序。资格审查程序不仅包括资格预审,还包括资格复审和资格后审程序。这些程序在国外的招标活动中应用十分广泛。

1. 资格预审,是指招标人在招标开始之前或者开始初期,由招标人对申请参加投标的潜在投标人进行资质条件、业绩、信誉、技术、资金等多方面的情况进行的资格审查。合格后的潜在投标人,才可以参加投标。国家对投标人的资格条件有规定的,应当依照其规定。资格预审的目的在于在招标过程的早期,对资格条件不适合履行合同的供应商或者承包商予以剔除。一般来说,对于大中型建设项目、"交钥匙"项目的资格预审程序是必不可少的。诸如专为用户设计和施工合同或者管理承包合同等,对投标商进行资格预审是必要的。

2. 资格预审的意义。资格预审是招标程序的前期工作,资格预审在招标活动中具有重要的意义:

(1) 招标人可以通过资格预审程序了解潜在投标人的资信状况。在招标投标以外的其他贸易方式中,经济活动的当事人一般只有两方,对于对方的资信状况比较容易了解。但在招标活动中,招标人面对的潜在投标人可能是几个、十几个、几十个甚至更多,要想对他们的资格状况通过一一直接调查的方法进行了解,既不现实,也不可能。在这种情况下,资格预审便是招标人可采用的最好方法,即招标人要求潜在投标人主动申报各自的状况,根据投标人资质条件、业绩等了解潜在投标人的信用以决定是否让其参加投标。

(2) 资格预审可以降低招标人的招标成本,提高招标工作的效率。招标人采购招标方式的目的是为了节约采购资金。在招标投标活动中的各个环节也都应当贯彻节约采购资金的原则。在招标公告发出后,预备参加投标的潜在投标人,既可能包括有能力承担招标项目的投标人,也可能包括许多不具备履行合同能力的人要进行投标。如果招标人对所有投标人都允许投标,则招标的工作量势必会增大,招标的成本也会增大。而经过资格预审程序,招标人对想参加的潜在投标人进行预审,对不可能中标的投标人进行筛选,把有资格参加投标的投标人控制在一个合理的范围内,既有利于选择到合适的投标人,也节省了招标成本。对大型和复杂的招标采购项目更是如此。

(3) 通过资格预审,招标人可以了解到潜在的投标人对项目的招标有多大兴趣。如果潜在投标人的兴趣大大低于招标人的预料,招标人可以修改招标条款,以吸引更多的投标人参加竞争。

三、资格预审的程序

资格预审主要包括以下几个程序:一是资格预审公告;二是编制、发出文件;三是对投标人资格的审查和确定合格招标人名单。

(一) 资格预审公告

资格预审公告,是指招标人向潜在投标人发出的参加资格预审的广泛邀请。从我国的情况看,就建设项目招标而言,可以考虑招标人在一家全国或者国际发生的杂志或者报纸上,发表邀请资格预审的公告。这样的公告在可以购买资格预审文件前一周内至少刊登两次。

资格预审公告的内容至少应当包括下述内容:招标人的名称和地址;招标项目名称;招标项目的数量和规模;交货期或者交工期;发售资格预审文件的时间;地点以及发放的办法及文件的售价;提交申请书的地点和截止时间以及评价申请书的时间表,资格预审文件送交地点、送交的份数以及使用的文字等。

资格预审公告后,招标人向申请参加资格预审的申请人发放或者出售资格审查文件。

1. 资格预审文件的内容。资格审查是对潜在投标人的生产经营能力、技术水平及资信能力、财务状况的调查。资格预审的内容包括两大部分,即基本资格审查和专业资格审查。

基本资格审是指申请人的合法地位和信誉等进行的审查。包括以下几个方面：

（1）申请人的名称、地址、电话、电传、注册国家及地址；

（2）申请人等级、注册资金、所属公司或者集团、附属公司、联营公司等；

（3）与本合同有关的主要负责人的姓名、职务及本项目授权代表；

（4）公司组织机构情况，专业人员、担任技术和行政职务人员的人数等。

专业资格审是指对已经具备基本资格的申请人履行拟定招标采购项目的能力的审查。包括以下几个方面：

（1）经验和以往承担类似合同的业绩；

（2）为履行合同所配备的人员状况；

（3）为履行合同任务配备的机械、设备以及施工方案等情况；

（4）财务状况，如申请人资产负债表、损益表、现金流量表等。

2. 编制资格预审文件。一个国家或者组织通常会对资格预审文件的格式和内容进行统一制定，制定标准的资格预审文件范本。资格预审文件可以由招标人编写，也可以委托由招标代理机构编写。总之，资格预审文件编制的要求是简明扼要、清晰、真实地证明潜在投标人的能力。资格预审文件一般应当包括资格预审的说明和资格预审表格两部分。

（二）对潜在投标人资格的审查和评定

招标人在规定的时间内，按照资格预审文件中规定的标准和方法，对提交资格预审申请书的潜在投标人资格进行审查。剔除不合格的申请人，只有经过资格预审合格的潜在投标人才有权继续参加投标。

四、资格复审和资格后审

资格复审是为了使招标人能够确定投标人在资格预审时提交的资格材料是否仍然有效和准确。《示范法》对资格复审作了规定，如《示范法》规定，如果发现供应商和承包商有不轨行为，比如做假账、违约或者作弊，采购机构可以中止或者取消供应商或承包商的资格。

资格后审是确定中标人后，对中标人是否有能力履行合同义务进行的进一步审查。《示范法》对资格后审都作了规定，如《示范法》规定，不管是否进行了资格预审过程，采购实体可以要求中标的投标商进一步证明其资格。

第三节　编制和发售招标文件

《招标投标法》第19条规定："招标人应当根据招标项目的特点和需要编制招标文件。招标文件应当包括招标项目的技术要求、对投标人资格审查的标准、投标报价要求和评标标准等所有实质性要求和条件以及拟签订合同的主要条款。国家对招标项目的技术、标准有规定的，招标人应当按照其规定在招标文件中提出相应要求。招标项目需要划分标段、确定工期的，招标人应当合理划分标段、确定工期，并在招标文件中载明。"该条规定主要涉及编制招标文件的有关基本问题。

一、招标文件的作用

（一）招标文件是投标人准备投标文件和参加投标的依据

招标文件从合同法律性质上讲属于要约邀请。但是，这个要约邀请必须以招标文件规定的交易条件为基础。招标文件中规定了招标项目的技术要求、投标报价要求和评标标准等所有实质性要求，条件及注意事项、投标文件填写的格式。投标人如果不按照招标文件的要求进行投标，其投标势必会被招标人拒绝。当然，投标人在招标文件要求提交投标文件的截止时间前，可以补充、修改已提交的投标文件，但是该类行为是受到严格限制。

（二）招标文件是招标活动当事人的行为准则和评标的重要依据

招标投标活动当事人主要是指招标人、投标人和招标代理机构。招标文件中对招标程序作了完整的规定，如每一个环节怎样执行，还明确规定了招标项目的技术要求、投标要求和评标标准等所有实质性要求和条件等。投标人进行投标，就说明投标人愿意接受招标文件的各项要求。招标人还应当按照招标文件的规定公开、公平、公正和诚实信用地进行投标活动。

（三）招标文件是招标人和投标人订立合同基础

招标文件不仅包括招标项目的技术要求、投标报价要求和评标标准等所有实质性要求和条件，还包括拟签订合同的主要条款。招标文件在很多情况下实质上是一份"合同"。而中标的投标文件应当对招标文件的实质性要求和条件作出响应，依照《招标投标法》的规定，招标人应当自中标通知书发出之日起 30 日内，按照招标文件规定，招标人与中标人的签订书面合同。

二、招标文件的内容

招标文件可以分为以下几大部分内容：第一部分是对投标人的要求，包括招标公告、投标人须知、标准规格或者工程技术规范、合同条件等；第二部分是对投标文件格式的要求，包括投标人填写的报价单、投标书、授权书和投标保证金等格式；第三部分是对中标人的要求，包括履约担保、合同或者协议书等内容。下面摘要叙述。

1. 招标公告和投标须知。招标公告的内容前文已经阐述。由招标人根据情况决定是否将其附在招标文件之首，应当写明招标人对投标人的所有实质性要求和条件。

投标须知要写明资金来源及对投标人的资格要求。投标须知的内容是告知投标人在投标过程中应当遵守的各项规定和投标人在制作投标书和投标时应当注意的问题。投标须知旨在引起招标人在对招标文件必需的关注，避免疏忽和错误。

2. 招标项目说明。其主要是介绍招标项目的情况及合同的有关情况，如项目的数量、规模、用途，合同的名称、范围、数量、合同对项目的需求等。通过上述情况的介绍，使投标人对招标项目有一个整体的了解。

3. 资金来源。即资金是属于自有资金、财政拨款还是源于直接融资或者间接融资等。如招标项目的资金来源于贷款，应当在招标文件中描述本项目资金的筹措情况，以及贷款方对招标项目的特别要求。资金来源也可以写进招标项目说明中。

4. 对投标人的资格要求。

5. 招标文件的目录。在投标须知中列上招标文件目录，是为了使投标人在收到文件后仔细核对文件内容，文件格式、条款和说明。该项目应强调由于投标人检查疏忽而遗漏的文件，招标人不承担责任。投标人没有按照招标文件的要求制作投标文件进行投标的，其投标将被拒绝。

6. 招标文件的澄清或者修改。《招标投标法》第23条明确规定："招标人对已发出的招标文件进行必要的澄清或者修改的，应当在招标文件要求提交投标文件截止时间至少15日前，以书面形式通知所有招标文件收受人。该澄清或者修改的内容为招标文件的组成部分。"这样规定的目的是要规定一套办法，使招标文件的澄清和修改得以促进招标程序有效、公平和顺利地进行。为了使招标人能够满足其招标需要，招标人拥有修改招标文件的权利是必要的，也是符合招标投标活动基本原则的。

7. 投标书格式。规定投标人应当提交的投标文件的种类、格式、份数，并规定投标人应当编制投标书套数。

8. 投标语言。特别是国际性招标中，对投标语言作出规定更是必要。

9. 投标报价和货币的规定。投标报价是投标人说明报价的形式。投标人报价包括单价、总值和投标总价。在招标文件中还应当向投标人说明投标价格是否可以调整。在投标货币方面，要求投标人标明投标价的币种及金额。在支付货币方面，或者全部由招标人规定支付货币，或者由投标人选择一定百分比支付货币。同时，应当写明兑换率。

10. 投标文件。这里主要是规定投标人制作的投标书应当包括的文件。包括投标书格式，投标保证金，报价单，资格证明文件、工程项目还有工程量清单等。

11. 投标保证金。投标保证金属于投标文件中可以规定的内容的重要组成部分。投标保证金，是指投标人向招标人出具的，以一定金额表示的投标责任担保，投标人对投标被接受后对其投标书中规定的责任不得撤销或者反悔。否则，招标人对投标的保证金予以没收。从国外通行的做法看，投标保证金的数额一般为投标价的2%左右。

12. 投标截止时间。《招标投标法》第24条规定："招标人应当确定投标人编制投标文件所需要的合理时间；但是，依法必须进行招标的项目，自招标文件开始发出之日起至投标人提交投标文件截止之日止，最短不得少于20日。"投标人获得投标文件后，需要按照招标文件的要求编制投标文件，这需要花费一定的时间，从招标投标活动应当遵循的基本原则出发，招标人应当在招标文件中确定投标人编制投标文件所需要的合理时间。具体的"合理时间"是多长，由招标人根据招标项目的具体性质来确定。但是，对于依法必须进行招标的项目，自招标文件开始发出之日起至投标人提交投标文件截止之日止，最短不得少于20日。这是法律的强制性规定，招标人必须遵守。

三、招标文件的发售

招标文件一般按照套数发售。向投标人供应招标文件套数的多少，可以根据招标项目的复杂程度等来确定。对于大型或者结构复杂的建设工程，招标文件篇幅较大，招标人根据文件的不同性质，分为若干卷册。比如，可以将一套招标文件分为商务方面、合同方面和技术方面三卷。招标文件的价格一般等于编制、印刷的成本。招标文件的定价要合理，载入有关招标文件的收费规定目的是，使采购实体能够收回印刷和寄发这些文件的成本，同时又必须避免收费过高，从而阻碍有资格的供应商或者承包商参与投标。投标人要负担投标的所有费用，购买招标文件及其他有关文件费用不予退还。

四、其他有关问题

（一）招标文件不得标明特定的生产者供应商以及倾向或者排斥潜在投标人

《招标招标法》第 20 条规定："招标文件不得要求或者标明特定的生产供应者以及含有倾向或者排斥潜在招标人的其他内容。"招标文件不应当要求或者标明特定的生产者供应商，否则不符合招标投标活动的基本原则，会失去了竞争的公平性。对编制含有倾向或者排斥潜在投标人的内容的招标文件的行为应当禁止。

（二）现场踏勘

《招标招标法》第 21 条规定："招标人根据招标项目的具体情况，可以组织潜在投标人的踏勘项目现场。"招标人应当组织投标人进行现场踏勘，现场踏勘的目的在于使投标人了解工程场地周围环境情况，以获取有用的信息并据此作出关于投标策略和投标价格的决定。为了便于投标人提出问题得到相应的解答，现场踏勘一般安排在投标预备会前一两天。投标人在现场踏勘中如有疑问，应当在投标预备会前，以书面形式向招标人提出。招标人应当向投标人介绍有关现场的以下情况：

1. 施工现场是否达到招标文件规定的条件；
2. 施工现场的地理位置和地形，地貌；
3. 施工现场的地质、地下水位、水文等情况；
4. 施工现场气候条件，如气温、污水排放、生活用电、通信等；
5. 现场环境，如交通、饮水、污水、排放、生活用电、通信等。
6. 工程在施工现场中的位置；
7. 临时用地、临时设施搭建等。

（三）招标人的保密义务

《招标投标法》第 22 条规定："招标人不得向他人透露已获取招标文件的潜在投标人的名称、数量以及可能影响公平竞争的有关招标投标的其他情况。招标人设有标底的，标底必须保密。"该条主要是对招标人的有关保密义务作出规定。

招标投标活动中有关保密工作很重要。招标人不得向他人透露已获取招标文件的潜在投标人的名称、数量。招标人既可能会向潜在投标人透露，也可能会向除潜在投标人以外的其他人透露。招标人不仅对已获取招标文件的潜在投标人的名称、数量不得透露，对可能影响公平竞争的有关招标投标的其他情况也不得透露。

第四节 投 标

一、投标的概念

投标是在市场经济条件下进行大宗货物的买卖、工程建设项目的承包，以及服务项目的采购与提供时，所采用的一种交易方式。

招标投标的交易方式是市场经济的产物，采用这种交易方式，须具备两个基本条件：一是要有能够开展公平竞争的市场经济进行机制。二是必须能在招标采购项目的买方市场，对采购项目能够形成卖方多家竞争的局面，买方属于主导地位，有条件以招标方式从多家竞争者中择优选择中标者。

二、投标人及其投标资格

（一）投标人的概念

《招标投标法》第25条规定，"投标人是响应投标、参加投标竞争的法人或者其他组织。依法招标的科研项目允许个人参加投标的，投标的个人适用本法有关投标人的规定。"响应招标，主要是指投标人应当对招标人在招标文件中提出的实质性要求和条件作出响应。投标人限制在法人和其他组织、个人。

投标的主体为：

1. 法人。根据《民法通则》第36条的规定，法人是最具有民事权利能力和民事行为能力，依法独立享有民事权利和承担民事义务的组织。

2. 其他经济组织。即经合法成立，有一定的组织机构和财产，但又不具备法人资格的组织。

3. 个人。即《民法通则》所讲的自然人（公民）。依照《招标投标法》第25条第2款的规定，个人作为投标人，只限于科研项目的招标。

（二）投标人的资格要求

《招标投标法》第26条规定："投标人应当具备承担招标项目的能力；国家有关规定对投标人资格条件或者招标文件对投标人资格条件有规定的，投标人应当具备规定的资格条件。"

1. 投标人应当具备承担招标项目的能力。就建筑企业来讲，这种能力主要体现在不同的资质等级的认定上。

2. 招标人可以在招标文件中对投标人的资格条件作出规定，国家对投标人的资格条件有规定的，依照其规定。

三、投标前的有关准备工作

对投标人来说，投标前的准备工作十分重要，其对投标人能否顺利中标有着直接的影响。投标前，投标人需要做好可行性研究，因为参加投标往往需要耗费大量的金钱和时间，而这些代价都需要由投标人来承担。投标人在投标前首先对其投标成功的可能性和投标将遇到的风险进行可行性研究是十分重要的。如果经过可行性确定发现竞争者众多，且自己的优势有限，获得中标的机会渺茫，可以考虑放弃投标。反之，如果前景看好，胜算较大，则应当积极准备参加投标。在投标中尤其在国际投标中，投标前的准备工作更加复杂。

（一）调查研究，收集投标信息和资料

调查研究主要是对投标和中标后履行合同有影响的各种客观因素、业主和管理工程师的资信以及工程项目的具体情况等进行深入细致的了解和分析。需要收集的投标信息和资料主要包括以下方面的内容：

1. 法律规定。投标人首先应当了解在招标投标活动中涉及的有关法律。除招标投标法律理所当然应当知晓外，还应当了解与承包合同有关的建筑法、劳动法、税法、金融法、外汇管理法、合同法以及经济纠纷解决的程序。

2. 对业主资信、履约能力调查。

3. 市场情况，包括建筑材料、施工机械设备、燃料、动力等调查。

4. 工程项目情况调查，包括工程性质、规模、发包范围；工程的技术规模和对材料性能及工人技术水平的要求；总工期及分批竣工交付使用的要求；工程所在地区的气象和水文资料；施工场地的地形、土质、地下水位、交通运输、给排水、供电、通信条件等情况；工程项目的资金来源；对购买器材和雇佣工人有无限制条件；工程价款的支付方式、外汇所占比率。

（二）建立投标小组

投标班子的人员要经过特别选拔。投标的工作人员主要有市场营销、工程、科研、生产、施工、采购、财务等各方面的人员组成。他们的主要任务是根据招标文件中提出的每项要求进行广泛的询价，对工程量清单中列举的工程量对照图纸进行严格的询价，对合同条件进行认真研究。生产方面负责有关材料的加工、组装、检验、试验等工作；施工方面负责施工工艺、技术、进度、材料、劳动力等；采购方面按照招标项目所需要的设备、材料的产地、规格、性能及不同的价格进行了解，并提出设备部分的初步报价建议；总经济师保证各项基本任务的顺利完成，实事求是地提供数据；投标的工作人员在合同方面负责分析招标人发出的招标文件，招标合同的结构与要求，综合本单位的方针，确定完善的投标条件和合同结构，要负责解释合同条款中的文字和每一条款所承担的风险、责任。投标班子的人员还包括投标的决策人员。投标的决策人员可以组成投标决策委员会，由分管经营的副总经理及有关部门的负责人组成。

（三）准备资格预审材料

投标单位应准备营业执照副本、企业资质证明、企业业绩等进行资格预审。

（四）开具投标保函

投标保证金是指投标人向招标人出具的，以一定金额表示的投标责任担保。投标保证金的出具形式有多种，通常的做法有交付现金、支票、银行汇票、银行保函、不可撤销信用证以及由保险公司或者担保公司出具投标保证书等。

（五）现场踏勘

现场踏勘是投标人在报价前不可缺少的工作。投标人提出的报价单一般被认为是现场勘察的基础上编制提出的。现场勘察既是投标人的权利，又是投标人的责任，因而投标人在报价之前必须认真地进行现场踏勘，全面、仔细地调查了解工地及有关情况。

四、投标订价

（一）投标订价

投标价格的制定是整个投标的关键，投标价格的高低直接关系到投标的成败。另外，投标价格对中标后的经营情况也有很大影响，必须引起足够的重视。投标人首先要核算投标各项成本，据此再制定投标报价。

总成本由各单项成本构成，这些成本可以分为直接成本、间接成本。现以工程招标项目为例摘要阐述如下：

（1）工程成本。可按照专业工程分项分类计算单价，对单项工程估算工程量，如混凝土工程等，再对每个单项所消耗的人工、材料、设备等因素的价格进行分析，进而得出单项工程造价和总工程量价格。

(2) 产品生产成本。

(3) 包装费。

(4) 运输费。如海上运输费、装卸费、运输代理费、运输损耗费等。

(5) 运输保险费。如果需要办理保险，应当按照所要投保的保险公司费率水平对此费用进行计算。

(6) 工资。承包工程中工人的工资也是工程的成本。

(7) 投标费。包括购买招标文件的费用、保函手续费。

(8) 有关税额。如个人所得税、公司所得税、印花税等。

(9) 施工保险费。包括工程保险、人身意外保险等。

(10) 经营管理费。包括业务费（如驻地工程师费等）、临时设施费（如工程承包人的管理办公用房、仓库和水电费等）。

(11) 贷款利息。投标人筹集项目资金的渠道之一是贷款，投标人为此应支付利息，因此，利息也是间接成本的一部分。

(12) 不可预见成本。不可预见成本是指对未来履行合同，可能发生的风险损失核算成一定金额打入成本考虑。如价格上涨、经济损失等应当计入不可预见成本。

(二) 投标报价

1. 一般说来，投标报价由核算准确的成本和适当的利润构成。具体的利润比例是多少并不是一个定量。在不同的投标项目、不同的投资环境中，不同的投标人会制定不同的投标利润，以保证达到的目的是在中标的基础上获得尽可能大的利润。投标人利润的获得受到多种因素的影响，投标人获得利润的多少又决定了投标人投标报价。

2. 竞争者人数影响报价的确定。投标人报价时不仅需要计算中标概率、未来收益，还必须将投标人的数量作为一个重要因素考虑在内。一般情况下，在商业竞争中，参加的人数越多，竞争就越激烈，投标竞争也是这样。投标人中标的机会，随着投标人数量的增加而减少。投标人要注意在不同的情况下调整自己对未来收益的期望值。为了保证在不同人数的竞争中永久保持尽可能好的未来收益，投标人要注意根据情况，综合判断，调整自己的报价，使其尽可能在每次投标中都实现自己的愿望。

3. 确定报价。综合考虑了影响报价的因素，便要确定报价。有些专家建议，制定报价应当按照下列步骤进行：一是调查可能参加投标的竞争者的情况，从已经掌握的资料数据中分析其他竞争者的数量及特点，并予以分类。二是从上述分类中，找出有代表性和特殊性的竞争者。三是对有代表性的竞争者可能报出的标价及其中标的可能性进行分析和预测，尤其注意那些可能报低价的竞争者。四是分析本企业使用不同报价时出现中标的可能性。五是按照最佳利润找出一个适中的报价。需要说明的是，投标人在制定报价时应当把握全面情况，要有面临实际复杂情况的心理准备。

五、联合体共同投标

(一) 联合体共同投标的概念和特征

1. 联合体共同投标的概念

《招标投标法》第 31 条第 1 款规定："两个以上法人或者其他组织可以组成一个联合

体,以一个投标人的身份共同投标。"由此可见,联合体投标,是指由两个以上的法人或者其他组织共同组成非法人的联合体,以该联合体的名义即一个投标人的身份共同投标的投标组织方式。

2. 联合体共同投标的特征

联合体共同投标具有以下基本特征:

(1) 该联合体的主体包括两个以上的法人或者其他组织。该联合体既可以由两个以上的法人组成,也可以由两个以上的其他组织而不包括法人组成或者该联合体中既包括法人也包括其他组织。

(2) 该联合体的各组成单位通过签订共同投标协议来约束彼此的行为。联合体各方应当签订共同投标协议,明确约定各方拟承担的工作和责任。

(3) 联合体是为了进行投标及中标后履行合同而组织起来的一个临时性的非法人组织。

(4) 该联合体以一个投标人的身份共同投标。联合体中标的,联合体各方应当共同与招标人签订合同,就中标项目向招标人承担连带责任。

(二) 联合体各方均应当具备承担招标项目的相应能力

《招标投标法》第31条第2款规定:"联合体各方均应当具备承担招标项目的相应能力;国家有关规定或者招标文件以投标人资格条件有规定的,联合体各方均应当具备规定的相应资格条件。由同一专业的单位组成的联合体,按照资质等级较低的单位确定资质等级。"

在实践中,由不同资质等级的各方组成联合体共同投标的情形是很普遍的。而共同投标的联合是以一个投标人的身份共同投标的。这里便涉及一个问题,即对同一专业的单位组成的联合体的资质水平怎样进行认定?针对这个问题,《招标投标法》有明确规定:由同一专业的单位组成的联合体,按照资质等级较低的单位确定资质等级。

(三) 共同投标的联合体内部各方的权利、义务和责任

《招标投标法》第31条第3款规定:"联合体各方应当签订共同投标协议,明确约定各方拟承担的工作和责任,并将共同投标协议连同投标文件一并提交招标人。联合体中标的,联合体各方应当共同与招标人签订合同,就中标项目招标人承担连带责任。"该条规定了共同投标的联合体内部各方的责任、权利和义务的有关内容。

依照《招标投标法》的规定,联合体共同投标中标的,即该联合体作为中标人确定后,招标人应当向中标人发出中标通知书。中标通知书对招标人和中标的联合体具有法律效力。中标通知书发出后,招标人改变中标结果的,或者联合体放弃中标项目的,应当承担法律责任。招标人应当自中标通知书发出之日起30日内,按照招标文件和联合体的投标文件订立书面合同。需要强调的是,联合体各方应当共同与招标人签订合同。招标人和联合体不得再另行签订背离合同实质性内容的其他协议。联合体各方向招标人承担连带责任。

(四) 招标人不得强制投标人组成联合体共同投标

《招标投标法》第31条第4款规定:"招标人不得强制投标人组成联合体共同投标,不得限制投标人之间的竞争。"投标人之应当是出于自愿的,只有这样在共同投标过程中和以后的执行合同方面投标人之间才能很好地协作、配合。招标人有时为了使自己所属的

单位获得项目，便强制投标人共同联合体投标，这是不允许的。招标人限制投标人之间的竞争是违反《招标投标法》规定的招标投标活动基本原则的行为，对其他投标人是不公平的，对招标人的此类行为应当予以禁止。

六、《招标投标法》规定的招标人不得从事的行为

（一）投标人不得相互串通投标或者与招标人串通投标

《招标投标法》第32条第1款规定："投标人不得相互串通投标报价，不得排挤其他投标人的公平竞争，损害招标人或者其他投标人的合法权益"。第2款规定："投标人不得与招标人串通投标，损害国家利益、社会公共利益或者他人的合法权益。"这两款明确规定了投标人之间、投标人与招标人之间不得串通投标。1992年9月2日，第八届全国人民代表大会常务委员会第三次会议，通过并于1993年12月1日实施的《反不正当竞争法》中也有相关规定。该法第15条规定："投标者不得串通投标，抬高标价或者压低标价。投标者和招标者不得互相勾结，以排挤对手的公平竞争。"《反不正当竞争法》这样规定是因为考虑到招标投标是一种竞争性极强的交易方式，招标投标活动优胜劣汰的竞争性正是其优越性和生命力之所在，如果招标投标活动当事人通过串通招标投标的不正当手段，排斥其他投标人的正当竞争，则会使招标投标的效应丧失，而构成不正当竞争行为。《招标投标法》对串通投标行为再次作出禁止性规定。

（二）招标人不得以行贿的手段谋取中标

《招标投标法》第32条第3款规定："禁止投标人以向招标人或者评委会成员行贿的手段谋取中标。"投标人以行贿的手段谋取中标是违背招标投标活动基本原则的行为。对投标人以行贿谋取中标的行为，应当依照《招标投标法》的规定追究其法律责任。

（三）投标人不得以低于成本的报价竞标和骗取中标

《招标投标法》第33条规定："投标人不得以低于成本的报价竞标，也不得以他人名义投标或者以其他方式弄虚作假，骗取中标。"

1. 投标人以低于成本的报价竞标，其目的主要是为了排挤竞争对手。投标者企图通过低于成本的价格，满足招标人的最低价中标的目的以争取中标，从而达到占领市场和扩大市场份额的目的。现实中也存在投标人故意以低于成本的报价中标，中标后偷工减料，或者降低项目档次，或者中途向招标人提出涨价，否则以停工相威胁。因此，投标人以低于成本的报价竞标的竞争手段是不允许的。

2. 投标人也不得以他人名义投标或者以其他方式弄虚作假，骗取中标。《招标投标法》在这里只所以这样规定，是因为现实中这种现象是存在的。

第五节 开 标

一、开标的时间和地点

《招标投标法》第34条规定："开标应当在招标文件确定的提交投标文件截止时间的同一时间公开进行；开标地点应当为招标文件中预先确定的地点。"

1. 开标的时间。开标也称为揭标，是指招标人将所有投标人的报价启封揭晓。这首

先便涉及到一个非常重要的问题，即开标的时间。《招标投标法》为了避免出现对其他投标人造成不公行为，在该法中明确规定：开标应当在招标文件确定的提交投标文件截止时间的同一时间公开进行。公开，是指所有的投标人公开投标文件，其行为完全是在投标人及有关方面的监督下公开进行。

《招标投标法》规定开标时间的目的是：

（1）规定开标时间应当在提供给每一个投标人的招标文件中事先确定，使每一投标人都事先知道开标的准确时间，以便届时参加，确保开标过程的公开、透明。

（2）将开标规定为提交投标文件截止时间的同一时间，是为了防止招标人或者投标人利用提交投标文件的截止时间以后与开标时间之前的一段时间间隔做手脚，进行暗箱操作。若要变更开标日期和地点，招标单位应当提前三天通知投标企业和有关单位。

开标方式也由招标单位选择，目前主要有以下几种方式：

（1）开硬标。由招标单位召集投标单位，并邀请项目主管部门、建设行政主管部门、贷款银行等有关部门参加，当众启封标书，宣布各投标单位的标函，经短时间议标后，当场宣布中标单位。

（2）开软标。招标单位在受到投标单位的标函后，经审查择优选择标价合理，质量、工期符合工程要求的投标单位中标。宣布中标时，召集投标单位开会，当众宣读第一、二、三标的投标单位中标，并申明第一、二、三标都有可能成为中标单位，且讲明名次排列的理由，第一、二、三标都有可能成为承包单位。

2. 开标的地点。开标的地点，是指在什么地点开标，也就是开标的场所。招标人应当在招标文件中对开标地点作出明确、具体的规定，以便投标人等按照招标文件规定的开标时间到达开标地点。这是招标人进行招标的最基本的要求，也是招标人的一项义务。

二、开标程序

（一）招标人主持开标

《招标投标法》第35条规定："开标由招标人主持，邀请所有投标人参加。"这样规定增加了投标程序的透明度，它使投标人得以了解招标投标法律是否得到遵守，有助于使人们相信不会任意作出不当决定。

招标人委托招标代理机构办理招标事宜的，可以由招标代理机构按照委托招标合同的约定负责主持开标事宜。

招标人主持开标，应当严格按照法定程序和投标文件载明的规定执行。例如：应当按照规定的时间公布开标；核对出席开标的投标人身份和出席人数；安排投标人或其代表检查投标文件和出席人数；安排投标人或其代表检查投标文件密封情况后指定工作人员监督拆封；组织唱标、记录；维护开标活动的正常秩序等。

（二）开标参加人

在开标时，除招标人外，所有投标人、评标委员会委员和其他有关单位的代表应邀出席开标会。不管是否被邀请，投标人或者他们的代表都有权出席开标会。

根据《招标投标法》第36条规定，开标按照下列法定程序进行：

1. 检查投标文件的密封情况;
2. 工作人员当众拆封;
3. 宣读投标人名称、投标价格和投标文件的其他内容;
4. 以招标文件为依据进行评标。

根据《建设工程招标暂行规定》第22条规定,投标单位寄送的投标文件有下列情况之一的,即为废标:
(1) 投标文件未密封;
(2) 无单位或法定代表人或法定代表人委托的代理人的印鉴;
(3) 未按规定的格式填写,内容不全或字迹模糊不清;
(4) 逾期送达;
(5) 投标单位未参加开标会议。

开标时应当当众予以拆封,不能遗漏,否则就构成对投标人的不公正对待。开标后,任何人不得再更改投标文件的报价或其他内容。

第六节 评标与中标

一、评标

评标是对投标单位报送的投标资料进行审查、评比和分析,以便最终确定中标人的过程。评标工作要贯彻公正平等、经济合理和技术先进的原则。

评标是招标投标活动中十分重要的阶段,评标是否真正做到公平、公正,决定着整个招标投标是否公平和公正;评标的质量决定着能否从众多投标竞争者中选出最能满足招标项目各项要求的中标者。

(一) 评标委员会的组成

《招标投标法》第37条规定:"评标由招标人依法组建的评标委员会负责。依法必须进行招标的项目,其评标委员会由招标人的代表和有关技术、经济等方面的专家组成,成员人数为5人以上单数,其中技术、经济等方面的专家不得少于成员总数的2/3。前款专家应当从事相关领域工作满8年并具有高级职称或者具有同等专业水平,由招标人从国务院有关部门或者省、自治区、直辖市人民政府有关部门提供的专家名册或者招标代理机构的专家库内相关专业的专家名单中确定;一般招标项目可以采取随机抽取方式,特殊招标项目可以由招标人直接确定。与投标人有利害关系的人不得进入相关项目的评标委员会;已经进入的应当更换。评标委员会成员的名单在中标结果确定前应当保密。"该条对评标机构的职责、组成、回避和保密等问题作了具体规定。

(二) 评标委员会的目标和设立

1. 评标委员会的目标。评标委员会目标是依照《招标投标法》的规定,使招标过程、公平和有效地进行,增强公众对招标过程的信心,保护所有招标活动参与者的合法权益。

2. 评标委员会的设立。评标由招标人建立的专门的评标人承担。评标委员会由招标人和招标代理机构的代表以及受聘或者应邀参加该委员会的技术、经济、法律等方面的专家组成，其中技术、经济等方面的专家不得少于成员总数的 2/3。评标委员会成员人数应保持奇数，而且不得少于 5 人。

3. 评标委员会的技术、经济等方面的专家应当符合以下条件：
（1）应当从事相关领域工作满 8 年；
（2）必须具有高级职称或者具有同等专业水平；
（3）对招标采购方面具有相应的法律知识，并有参加招标投标活动的实践经验；
（4）具有良好的职业道德，能够认真、公正地履行职责。

上述专家由招标人从国务院有关部门或者省、自治区、直辖市人民政府有关部门提供的专家名册或者招标代理机构的专家库内选取。

4. 下列人员没有资格参加评标委员会：
（1）任何与招标人或者投标人有利害关系的人；
（2）任何因在招标或者有关过程中营私舞弊正受处分的人或者有刑事犯罪的人。

二、评标的保密性和独立性

《招标投标法》第 38 条规定："招标人应当采取必要的措施，保证评标在严格保密的情况下进行。任何单位和个人不得非法干预、影响评标的过程和结果。"该条主要规定了评标的保密性和独立性。

招标投标活动应当遵循公开、公平、公正和诚实信用的原则。招标投标活动的程序应当严格按照法律规定进行，投标者的竞争机会均等，招标人在招标投标活动中向投标人披露的信息量应当是一样的。评标的目的是根据招标文件中确定的标准和方法，对每个投标人的投标文件进行评价和比较，以评出最低投标价的投标人。依照《招标投标法》的规定，评标委员会应当按照招标文件确定评标标准和方法，对投标文件进行评审和比较；设有标底的，应当参考标底。评标委员会评标后，应当向招标人提出书面报告，并推荐合格的中标候选人。招标人也可以授权评标委员会直接确定中标人。

三、投标文件的澄清和说明

《招标投标法》第 39 条规定："评标委员会可以要求投标人对投标文件中含义不明确的内容作必要的澄清或者说明，但是澄清或者说明不得超出投标文件的范围或者改变投标文件的实质性内容。"该条对投标文件的澄清和说明问题进行了规定。

1. 评标委员会要求投标人对投标文件的相关内容作出澄清或者说明，其目的是有利于评标委员会对投标文件的审查、评审和比较。在评标的过程中，可能会有必要要求投标人对他们投标文件中不明确的地方做一些说明。

2. 评标委员会可以要求投票人对投标文件中含义不明确的内容作必要的澄清或者说明，但这些澄清或者说明是限制在一定范围内的。首先，澄清或者说明不得超出投标文件的范围。其次，澄清或者说明不得改变投标文件的实质性内容。如在工程建设招标项目中，评标委员会可以要求投标人补充报价计算细节资料，特别是对某些报价过高的子项工程单价分析表及技术方案建议提供进一步说明；或者补充其选用设备的技术数据，说明书等。评标委员会在约见投标人澄清或者说明问题时，不准讨论标价的增减和变更等实质性问题。

四、中标

（一）中标的条件

《招标投标法》第 41 条规定："中标人的投标应当符合下列条件之一：

1. 能够最大限度地满足招标文件中规定的各项综合评标标准；

2. 能够满足招标文件的实质性要求，并且经评审的投标价格最低，但是投标价格低于成本的除外。"该条规定的是中标人的投标应当符合的条件。

（二）发出中标通知书

1. 中标单位一经确定，不准变更。

2. 自开标到中标的期限，小型工程不超过 10 天，大型工程不超过 30 天，特殊工程可以适当延长。

中标单位应当自中标通知书发出之日起 30 日内，与招标单位以招标文件和中标内容为依据，签订书面的承包合同；不能签订合同的，经双方协商，由责任方赔偿对方经济损失。属于中标单位责任的，除赔偿对方损失外，还取消该工程的中标资格。

3. 对未中标的单位，由招标单位收回招标文件，退回押金，支付给投标人编制投标书补偿金。

4. 遇有全部投标均为无效时，而复核标底正确无误，即属招标失败。招标失败后，依法必须进行招标的项目建设单位，应当依照《招标投标法》再次招标。

五、评标委员会成员应遵守的准则

（一）客观、公正地履行职务；

（二）禁止非法接触；

（三）保密义务。

第六章 国际建设工程招标与投标

第一节 国际工程招标、投标的性质和特点

国际工程的承包是以工程建设为对象的具有跨国经济技术特征的商务活动，这种活动常常包括技术转移或转让、设备甚至各类建筑材料出口，是以建筑业为主的各类工业参与国际竞争、获取利润的主要形式。国际工程的承包是一种跨国境的商业行为。一项工程的筹资、咨询、设计、招标、发包、签约、工程的实施、物资采购、工程监理、竣工后的运营、试用期、保修期的维修都是在国际范围进行的。

在国际工程承包市场上，工程项目种类繁多，但是它们都遵循同一程序。首先，业主对项目提出设想，然后由建筑师对项目作出设计，最后承包商按照规范和图纸进行施工。

国际招标与投标是一种国际上普遍应用的、有组织的市场交易行为，是国际贸易中一种商品、技术和劳务的买卖方法。它的基本程序是：首先由采购单位发出招标通知，说明拟采购的商品或建设项目的交易条件，邀请供应商或承包商在指定的期限内提出报价；然后，招标单位再对所报价进行综合分析和全面比较，选择其中提出最有条件的投标人作为中标人，与之签订合同。

国际工程的发包承包与国内工程的发包承包相比，有其独特的特征：

一、国际工程承包是跨国经营，是一项高额创汇的综合输出

国际工程承包是一项遍及全球的商业活动，参与活动的公司众多，竞争角逐激烈。工程内容丰实，门类多样，包括能源、交通、水利、工业厂房、矿山设施、房屋、建筑、市政工程、技术产业等多种领域；有土木建筑、设备安装、设计、监理、咨询、施工和经营等多种方式。

众所周知，建筑业能够带动其他行业的发展。国际工程承包以技术、管理为龙头，带动设备、材料和劳务的出口输出，推动相关行业的发展，是一项创汇潜力较大的综合输出。发达国家的对外工程承包主要是带动技术、先进的管理、成套设备、建筑材料的输出；而发展中国家的对外承包工程主要是劳务输出，在一定程度上有助于解决本国的就业问题。

二、国际工程承包是一项可变因素多、风险大的项目

国际工程承包除了一般工程中存在的风险，如自然灾害和恶劣的地质条件等不以人的主观意志为转移的自然风险外，国际工程承包还处在变幻莫测的世界政治经济环境中，面临难以评估预测的各种风险，如政治风险、货币风险和合同风险。

1. 政治风险。国际工程承包一般与项目所在国的政局状况密切相连。例如1990年8月2日，伊拉克占领科威特，招致西方世界的经济制裁和以美国为首的多国部队的毁灭性

打击，在伊拉克和科威特的各国承包商只能放弃经营了多年的事业。1999年3月24日，以美国为首的北约多国部队对主权国家南斯拉夫联盟的野蛮轰炸，造成建筑业投资者的巨大损失。又例如某国的军事政变导致内战，造成投资者和承包商的巨大损失。

2. 货币风险。由于通货膨胀，导致外汇比价变动，这就是货币风险。国际工程承包多以美元和当地货币计价。近年来，美元对西方国家货币的比价都大幅度贬值。有些国家的货币在两三年内竟贬值近一倍，甚至更多。例如美元对日元、马克的比值在近5年间贬值一倍甚至更多。这种急落直下的货币贬值造成许多承包商的巨额损失，甚至使承包公司破产倒闭。

3. 建筑周期长，环境错综复杂。通常情况下，小型工程从开标、投标、中标、签约直至合同履行完毕，再加上一半的维修期，最少也得2年左右；中等工程通常延续3～5年，而大型工程则长达6～8年；特大型工程周期在10年以上。

由于承包工程的内容复杂，工序繁多，涉及领域广泛，实施难度大，承包商常常面临很多难题，如资金周转期长、款额支付缓慢、材料供应常有脱节、清关手续繁琐等。就工程内容而言，承包工程尤其是大型工业设施和房屋建筑通常都包括错综复杂的许多环节，多项目、多工种、多工序，而且彼此常常互相干扰。由于是国际工程承包，在一个工地上常常是众多来自不同国家的施工公司，各自分包一项或若干项工程，有些是总包商自己选定的分包商，而另有一些则是业主指定的分包商。总包商常常要花很大的精力去协调彼此之间错综复杂的关系，既要同业主、监理工程师保持融洽的工作关系，又要同各分包商妥善协调，特别是同被业主指定的分包商更要谨慎相处。否则，可能得罪业主招来麻烦。

国际工程项目从清理现场到"交钥匙"这一漫长的过程中，不仅要考虑生产组织、投资控制、质量控制、进度控制、资金回收，还会涉及到国际贸易、金融、税收、国际法等一系列经济工作。如果是"交钥匙"工程，还要考虑前期的咨询计划和后期的试运转，国际工程承包是一项多种因素的系统工程。

第二节 国际工程招标与投标方式

国际工程的招标普遍采用公开招标的办法，挑选理想的投标企业中标，它不仅适用于工程项目施工承发包，也适用于可行性研究、设计、监理、设备和材料采购、技术服务等项目。在国际工程承包市场上，招标归纳起来有四种方式：国际公开招标，国际邀请招标，两阶段招标，议标。

一、国际公开招标

国际公开招标系指在国际范围内，采用公平竞争方式，决标时按事先规定的原则，公开、公平、公正地对所有具备要求资格的投标商一视同仁，根据其投标报价及判标的所有依据，如工期要求、可兑换外汇比例、投标商的人力、财力和物力及其拟用于工程的设备等因素，进行判标、决标。采用这种方式可以最大限度地挑起竞争，形成买方市场，使招标人有最充分的挑选余地，取得最有利的成交条件。采用国际公开招标，业主可以在国际市场上找到最有利于自己的承包商，无论在价格和质量方面，还是在工期及施工技术方面都可以满足自己的要求。

经过初步审查，资格预审合格者，均可购买招标文件，参加投标竞争。这种招标方式对业主承包来讲都是公平的，业主有较大的选择范围，承包商有平等的竞争机会。

公开招标方式常用于世界银行（World Bank）、亚洲开发银行（Asian Development Bank）或其他国际财团（International Consortium）贷款筹资的项目，以及项目所在国政府投资的大型项目、联合国经济援助项目，两国或两国以上合资的工程项目、跨越国际的国际工程如非洲公路，超级现代规模的工程如拉芒什海峡的海底隧道、日本的海底工程，或者业主希望实行公开招标的项目。

二、国际邀请招标

国际邀请招标是一种有限竞争招标，较之国际性招标，它有其局限性，即投标人选有一定的限制。业主根据经验和自己掌握的情况，一般选择5~10家承包商，至少不得少于3家，并向他们发出邀请。这种招标方式较为简单、省时。通过这种方式，业主可以选择经验丰富、信誉可靠、有经济实力、有技术能力的承包商完成自己的工程项目，但也有可能把一些经验丰富、业绩卓著的承包商拒之门外。

采用邀请招标方式时，一般不在报刊上刊登广告，由招标人在征得世界银行或其他项目资助机构的同意后对某些承包商发出邀请。经过对应邀人进行资格预审后，再通过其提出报价，递交投标书。

国际邀请招标方式通常适用以下一些情况：特殊工程的特殊要求，专业性很强的石油化工项目，由于工期紧迫或保密性要求或其他原因不宜公开招标等。

三、两阶段招标

两阶段招标是无限竞争性招标和有限性招标相结合的一种招标方式，通常的做法是：先通过公开招标，进行资格预审和技术方案比较，经过开标、评标，淘汰不合格者，然后合格的承包商投标报价，再从中选择业主认为合乎理想的投标者与之签订合同。第一阶段按公开招标方式进行招标，一般不涉及报价问题，称为非价格竞争。第二阶段才进入关键性的价格竞争。经过开标评价之后，再邀请其中报价较低或最有资格的3~5家承包商进行第二次报价。

两阶段招标方式往往应用于以下情况：招标工程内容尚处于发展过程中，需在第一阶段招标中博取众议进行评价，选出最新最优方案，然后在第二阶段中邀请被选中方案的投标人进行详细报价。另外，在某些新型的大型项目的承发包之前，招标人对此项目的建造方式尚未最后确定，这时可以在第一阶段招标中向投标人提出要求，就其最擅长的建造方式进行报价，或者按其建造方案报价。经过评价，选出其中最佳方案的投标人再进行第二阶段的按具体方案详细报价。

四、议标

议标亦称非竞争性招标。这种招标方式的做法是：业主邀请一家承包商直接进行合同谈判，只是在某些工程项目的造价过低，不值得组织招标，或由于其专业为某一家或几家垄断，或属于政府协议工程等情况下，才采取议标方式。

议标给承包商带来较多好处：首先，承包商不用出具投标保函。议标承包商无须在一定的期限内对其报价负责；其次，议标毕竟竞争性小，竞争对手不多，因而缔约的可能性较大。议标对发包单位也有好处：发包单位不受任何约束，可以按其要求选择合作对象，尤其是当发包单位同时与多家议标时，可以充分利用议标的承包商担心其他对手抢标、成交心切的心理弱点迫使其降价或降低其他要求条件，从而达到理想的成交目的。

同招标一样，参与议标而未当选的承包商任何时候都不得以任何理由要求报销其为议标项目而做出的开支。即使发包单位接受了某议标承包商的报价，但如果上级主管部门拒不批准并且同另一家报价更高的承包商缔约，被拒绝的承包商也无权索取赔偿。

议标通常是在以下情况采用，例如：

1. 执行政府协议缔结承包合同。
2. 属于研究、试验或实验及有待完善的项目承包合同。
3. 出于紧急情况或紧迫需求的项目。
4. 秘密工程。
5. 属于国防需要的工程。

第三节 国际工程项目的招标广告与资格预审

按照国际惯例，项目业主首先要选择一个设计与监理的咨询顾问。然后，咨询顾问协助业主或者业主全权委托顾问进行工程施工的招标投标。咨询顾问选定后，工程项目进入了招标选择施工承包商的阶段。无论对业主还是对承包商来讲都是投资者，故招标投标对双方投资回报具有重要影响。

一、国际工程项目施工竞争性招标广告

（一）国际竞争性招标广告的发布方式

1. 在官方报纸的广告栏或在有权威的报纸或刊物上登载，如国际上著名的《华尔街日报》、《承包商》（美国承包商联合会出版）、《建筑导报》及《工程新闻》等。如果发包的工程是由联合国的金融机构（如世界银行）资助的，则必须登载在联合国的《开发论坛》商业版上。
2. 由招标机构向驻地的外国使馆发出通知，再由其向其国内报告。
3. 由招标机构向该国驻外使馆发出通知，再由其公布或在报刊上发表消息。
4. 由招标机构在其办公处布告栏张贴。

招标广告一般在开标前一至三个月发布，一般最长不超过六个月发出，广告的格式可用告示或信函。通常情况下，招标广告对工程仅作简单介绍，要求投标人参照广告上规定的介绍技术要求的辅助文件，即技术说明书及图纸等，但广告上必须写明：

1. 业主的名称；
2. 招标人应承担的工程范围的简要说明；
3. 标的工程的现场位置；
4. 项目的主要部分预定进展日期；
5. 购取招标细则和投标格式书的地点和时间；
6. 招标文件的价格；

7. 投标书寄送地点和截止日期;
8. 开标地点及时间;
9. 投标保证金的金额;
10. 项目的资金来源;
11. 要求投标商提交的有关其资格和能力的证明材料等。

(二) 资格预审

承包人能否参与投标,其先决条件是看其是否具备投标资格。工程的承发包不同于普通商品交易,无论从成交的价款方面,还是从承包内容方面都比普通商品交易复杂得多。因此,招标人在决定投标人之前,必须对投标人的资格、信誉等方面进行认真的审查,以防止受骗或出现不可收拾的局面。

招标人对投标人的资格审查通常采取两种方法:即招标前预审和招标后后审,有些国家还规定在开标后,正式选标前再复审一次。

资格预审是业主对投标人的财务状况、技术能力等方面事先进行一次审查,以确保参加投标的单位均系有承包能力的承包商。一项大型国际工程,报名申请投标的承包公司常常有数十家,多者达一百多家。业主通过资格预审先筛掉一批,从而为正式选标工作创造了方便条件。

资格预审的基本目的是为业主提供必要的情报资料以便其对承包商进行合理的挑选。资格预审主要是从法律、技术及资金等方面对承包商的资格进行审查。具体地说就是审查承包商的财务能力、机械设备条件、技术水平、施工经验、工程信誉及法律资格等方面的有关情况。

(三) 资格预审通告

资格预审的第一项工作是发出预审通告。通常情况下,业主都是通过新闻广告渠道或官方报纸的广告栏发出资格预审通告,通告中明确告知发包单位名称、项目工程的实施地点、工程内容及招标范围简要说明、计划开工和竣工日期、资金来源、发送资格预审文件的地点和时间、预审文件费用金额、要求送审的材料内容、寄送方式和截止日期以及投标认可申请的递交方式等。

按照国际惯例,资格预审应在投标开始之日前至少45天,大型项目至少90天,发布通告。

(四) 资格预审的基本内容

资格预审首先要求参加预审的承包商必须符合规定的条件。不同的国家有不同的要求,即便同一个国家,对于不同的发包项目所要求的基本条件也是不一样的。有些国家要求外国承包商在当地有正式注册的代理人,而有些国家则明文禁止使用中间人;有些招标项目对承包商有国别和等级要求,而有些招标项目则不分本国和外国、大公司和小公司。

资格预审材料归纳起来有如下事项:

1. 项目位置地点的介绍
2. 应完成工作质量和数量的概述
3. 时间表:通知投标的时间、给予拟订投标的时间、计划开工日期和计划竣工日期。
4. 关于合同要求事项的一般说明

例如:财务条件、保证书、关于投标人的责任。

5. 现场情况

例如:地理位置及进入的道路、气候、地质、水文、电力和材料的供应等。

6. 资格预审须知

希望取得邀请对上述工程投标的承包人,应提供下列资料和情况:

(1) 公司概况,其内容包括如下:

1) 公司名称、国别、注册地址、电话、传真、电传。

2) 管理部门。董事会成员的姓名和职务。

3) 公司的机构。总办事处的名称和地址、业务专长、员工人数、资本金、子公司、组建的年份。

4) 财务。近三年来的资本周转和赢利概况、开户银行、会计师和审计师。

5) 公司简史。

6) 产品和服务项目。

7) 施工机械设备。

(2) 经过验证无误的有关公司章程和细则文件的副本。

(3) 财务状况证明,包括经证明属实的最近的资产负债表。

(4) 技术资格证件。技术条件、技术人员简介。

(5) 投标人工程业绩。

(6) 有关法律方面的文件等。

只有提供上述资料情况以后,被认为满意合格的承包人和联合经营人,才能被邀请参加对本工程的投标。

二、资格预审的评审方法

承包商在看到招标单位发布的资格预审通知后,应立即去指定地点申请参加资格预审,并购取资格预审文件。资格预审文件原则上要求承包商当面购买,有优先条件或政府协议中有规定的承包商,可以用挂号信方式向资格预审办公室寄去投标人的认可申请,并汇去所需款额以购取资格预审文件。

项目发包人有权根据自己的要求确定评审投标资格的方法,评审工作通常由业主组织的资格预审委员会单方面不公开进行,该委员会有权决定淘汰其认为不合格的承包商,并无须告知淘汰理由。在国际工程承包实践中比较广泛地采用两步评审的方法。第一步,先审查参审投标人的法律资格,研究其提交的法律文件是否合乎要求,向有关部门了解该承包商是否履行了纳税、守法、缴纳强制保险金等义务,了解其是否属于被禁止投标的公司之列。第二步,从投标公司的财务能力,技术资格和施工经验等方面对其进行资格评审。

第四节 招 标 文 件

招标文件是招标人与投标人交流信息的主要手段,也是投标人准备投标及招标人进行评标的基础。准备招标文件不应匆忙,应委托有丰富经验的人员认真编制,招标单位通常聘请负责工程详细设计的咨询人员完成这项工作。

招标文件一般包括：投标者须知；投标书及附件，协议书，投标保证书；合同条件；附件格式；工程量清单；技术规范、图纸及设计资料附件等。

投标者须知是指导投标单位如何正确进行投标的文件，根据联合国工业发展组织推荐的范本，投标者须知应包括下列基本条款：

（一）招标

在取得招标文件以后，参与投标的企业，应将承包该招标工程的报价一式几份密封，于规定的期限之前交给业主，邮寄和当面送达均可。标书正本应标明"正本"字样；副本应标明"副本，仅供参考"字样。在任何情况下，副本均不具有任何法律上的效力。如果正本与副本有不符之处，应以正本的文本为准。在业主招标文件规定的招标截止以后收到的投标书，一概不予考虑。

（二）合同条件

合同条件是国际工程招标文件的主要组成部分，其目的在于使投标时明确其在中标后的权利、义务和责任。

合同条件与投标书一起通常都由业主委托咨询公司编写，采用什么样的合同条件，也由业主和咨询公司决定。

（三）向投标者解释招标文件

投标人如发现工程说明书、图纸、合同条件或其他招标文件中有任何不符或遗漏，或感到意图或意义含糊不清时，应在投标以前及时以书面形式提请工程师予以解释、澄清或更正。

业主或工程师可以在开标日期以前发出招标文件的补遗，以修订、修正或更改招标文件的任何部分。每一补遗应发给已投标的每一招标者，这些补遗副本均应纳入投标书的正本，并成为标书的正式组成部分。

（四）投标书的编制和提交

投标书的正本应以投标人名义正式签署，投标人对标书及其补遗必须全部认真填写，所有空白栏都须用墨水笔或打字清楚填好；如果添字、改字或删字都应由签署人一一应签名或盖章。

工程量清单和单价表中每一项的单价与金额，都应妥善填在相应栏目内，并在每页末尾写明合计金额，在最后一项写明总计金额。

每一投标书应详细填写投标人营业地址及负责人常用签名或印章，并注明日期。合作承包的投标书应列出每一个合伙人的全名及地址，并以合作承包关系的名义签署，然后由其授权代表或代表这一集团的各方代表签字。

每一投标书必须具备本《须知》所规定的各个项目才被视作是完整的投标书，投标书应亲手递交、当面换取书面收据，或者挂号邮寄，但必须在规定的收标时间内寄到。投标书应装在密封的套封内，写清楚业主的地址。

投标人将其标书密封递交之后，可以将标书撤回或予以修改或更正，招标单位不收取费用；但这种撤回或改动必须在规定的开标时间之前（一般在 48 小时以前）以书面或电报、电传向工程师提出。任何口头或电话请求均不予考虑。经过书面或电报、电传提请修改或更正的标书正本，将被认为是投标人提交的正式标书的组成部分，与正式标书有同等效力。任何投标人不得在规定的开标时间后撤回其标书，除非该标书自开标之日起，在某日以内未被接受。

（五）业主拒绝标书的权利

业主可以拒绝任何不符合《投标人须知》要求的标书。

在上述原则的适应性不受限制的条件下，业主不承担接受最低标价的标书或任何其他标书的义务。无论标书是否由最低的报价者递来，业主明确地保留拒绝任何一个或所有投标的绝对权利，包括拒绝被认为对业主有利的某一投标或投标中某一部分的权利。

（六）投标保证书

所有的投标报价都必须附有一份经业主认可的银行出具的投标保函或一张指定向业主支付的投标保证金支票。

未中标者的投标保证书将在对中标者发出接受其投标书的通知后几天内或开标后几天内退还给投标人。

（七）施工现场的勘察

投标者应该在提出投标书以前了解建设项目的施工现场情况，例如：地形、地貌、工程地质和水文地质条件，完成本工程所必须的工作，材料的种类和数量，进入工地的道路和交通运输工具，港口或火车站的装卸设施，可能需要的临时设施，以及可能影响设备运输及安装的情况与承包经营有关的当地法律、法规与条例。投标人应亲自取得一切有关风险、意外事故及其他可能影响其投标报价的各种因素的全部必要资料，投标人应考虑参加勘察施工现场和考察本项目周围环境（包括软环境和硬环境），但考察费用由投标人自行承担。必须指出的是，投标人有责任事先熟悉上述主要情况，并在报价中予以充分考虑。在投标以后，再就有关建设项目所在地环境提出任何调整报价而索取增加付款的要求，将一概不予考虑。

（八）投标的充分条件

投标人应被认为在投标以前已确实查明，对招标工程的投标报价和标价的工程量清单和单价表中所列的费率、价格是正确和充分的，该费率和价格应包括他根据合同所承担的一切义务和为正当建成及经营管理该工程所必需的一切事务的开支，也就是合同价格（投标价格）是按合同文件规定圆满地履行合同的价格。

（九）更改与备选方案

报价表及其任何附件均不得更改，如有任何更改，该项投标书将不予考虑，但下列情况除外：如投标人认为有必要对其投标书提出限制条件或例外情况时，可将此类附加内容作为一个可供业主选择的建议方案，附上详细说明，列举理由及其优点与缺点，随同规定的招标文件一并递交给负责项目招标的工程师。

在任何情况下，投标人都必须完整地填写报价表及其附件。备选的建议方案如果不附填好的报价表，将不予考虑。

（十）投标日期和开标日期的推迟

业主保留推迟投标日期和开标日期的权力，并将向每一个取得招标文件的可能投标者发出有关任何推迟投标日期和开标日期的电报、电传或书面通知。

（十一）保密

投标人必须将招标文件和投标书作为机密文件处理，不允许外泄。招标完成以后，未中标者所购本项目的设计图纸和说明书一律收回。

第五节 投标报价

承包商通过资格预审取得投标资格，即进入投标报价的实质阶段。报价是整个投标工作的核心，它不仅是能否中标的关键，而且对中标后能否盈利和盈利多少，也在很大程度上起着决定性的作用。报价阶段的工作可分为报价准备、报价方案、标书编制三个步骤来进行。

一、报价的准备工作

报价的准备工作可分为两个阶段，即调查决策阶段和报价阶段。

（一）核算工程量

国际工程招标文件中，一般都有工程量清单，报价之前要对工程数量进行校核。校核之前首先要明确工程量的计算方法，也要说明工程量清单是按什么方法计算。国际上通用的工程量计算方法有《建筑工程量计算原则（国际通用）和（英国）建筑工程量标准计算方法（SMM6）》。招标文件中如没有工程量清单，则须根据图纸计算全部工程量。如对计算方法有规定，应按规定的方法计算；如无规定，亦可用国内惯用的方法计算。

（二）编制施工方案和进度计划

施工方案不仅关系到工期，而且对工程成本和报价也有密切联系。一个优良的施工方案，既要采用先进的施工方法，安排合理的工期；又要充分有效地利用机械设备，均衡地安排劳动力和器材进场，以尽可能减少临时设施和资金占用。

施工进度的表示方式，有的招标文件专门规定必须用网络图。如无此规定，也可用传统的条形图。

二、编制报价项目单价表

报价项目单价表是投标报价的基础，它包括工日、材料和设备的基本价格，包括用工定额、材料消耗和机具台班定额的工程定额，以及各种分摊系数都将影响单价。

（一）划分报价项目和分摊费用项目

报价项目就是工程量清单上所列的项目，例如平整场地、土方工程、混凝土工程、钢筋工程等，其具体项目随招标工程内容及招标文件规定的计算方法而异，须按文件要求划分。分摊费用项目不在工程量清单上出现，而是作为报价项目的价格组成因素隐含在每项单价之中。细分可分为投标开支、担保费、代理费、保险费、税金、贷款利息、临时设施费、机械和工具使用费、劳动保险支出费、其他杂项费用以及计划利润等项目。

（二）确定基础单价

1. 人工工资计算。在国外承包工程的工人工资，应按我国出国工人和当地雇佣工人分别确定。

（1）出国工人工资单价的计算。我国出国工人工资单价一般按下列方式计算：

工人日工资＝一名工人出国期间的费用÷（工作年数×年工作日）

（2）国外雇佣工人工资单价的确定。根据我国《国营对外承包企业财务管理试行办法》中关于成本项目划分的规定，在工程所在国雇佣工人的工资，应包括基本工资、加班费、各种津贴等。

2. 材料与设备的价格计算。无论是进口材料设备还是采用当地的，都存在一个从港口或市场到工地的运输与保险价格，必须全部统一换算成运到现场的价格。这就要考虑运费、保险费、港口装卸费、清关的所有费用，还有商检、进口许可证中产生的费用，港口仓储，从港口到现场的装卸、运输、保险费，银行信用证手续费等。

3. 施工机械设备价格计算。施工机械设备占承包商投入的很大比例，究竟如何列入报价，视招标文件而定。在大型水利工程、高速公路项目，承包商不仅要列出设备清单，业主还要在工程开工前验证现场设备与清单是否相符，只有相符才可能支付一定的费用比例。一般来讲，施工机械设备使用费由以下几方面构成：（1）基本折旧费，（2）安装拆卸费，（3）燃料动力费，（4）操作人员费，（5）维护修理费。

第六节 开 标

开标是将所有投标人的投标报价启封揭晓，故也称揭标。按国际惯例，开标时间应为截止投标后的24小时至90天之内。开标由业主招标机构或他全权委托的咨询公司主持，非投标人一般不得出席。目前国际上开标通常有两种方式：公开开标和秘密开标。

一、公开开标

国际惯例的公开开标应遵循下列程序：在有关招标文件规定的日期，全权处理开标的招标委员会人员到达指定地点，由有关工作人员开启标箱，将全部投标封套取出，核对每一封套上的编号。然后招标委员会首席人员拆开每一封套，高声读出投标人的名号、标价、交货或交工时间，并在读出的标价旁边签名。委员会其他成员也要在标明价格的一页上签名。一般来说，投标文件对工程质量、工作量及施工条件早已限制，因此只需高声读出合同价款金额和竣工时间就可以。对于商品采购，只需读出单价。投标人代表应在签到簿上签名以证明其在场。对重大的采购项目，要备有记录，登记读出的投标内容，到场的全体工作人员均需在记录簿上签名。

开标评审委员会评定该投标是否符合条件，对符合条件的投标人发出书面通知，按照前面介绍的程序，当众拆开定价的投标，高声宣读合同价及交货或交工时间。未中标的将有关投标材料退回。

一旦开标，任何投标人均不得修改投标，只能进行不改变投标实质的澄清，招标人可以要求投标人对其投标进行澄清，但不得要求投标人改变其投标的实质内容或报价。

按世界银行模式进行的公开开标大会上只宣读各家投标内容，按标价排出顺序，不宣布中标人。

二、秘密开标

秘密开标程序：招标委员会在无投标人在场的情况下秘密开标，这是与公开开标的最根本区别，其他程序两者大致差不多。

实际上，秘密开标是为业主后来进行委托议标做准备。因为，经过秘密开标后，业主可以选择几家有可能中标的承包商进行分头谈判，以此压彼，引起承包商的再度竞争，以达到压价成交之目的。

第七节 评　　标

一、评标

评标的目的是通过一种可以对符合要求的投标进行有意义的比较，并确定最低评定中标的方法来确定每项投标对投标人的价值。

评标必须与投标文件中规定的条件相一致，除了已经改正运算错误的标价外，还应考虑竣工时间或设备的效率和互换性，有无维修服务和零配件供应，以及提出的施工方法是否可行。只要切实可行，这些因素均应按照投标文件规定的标准货币来表示。评标是中标的基础，决标是招标的最关键阶段。

评标工作通常需要十天或半个月时间，特殊情况下时间还会更长。评标委员会必须遵守评标纪律，坚持公平、公正、准确原则。

二、评标的步骤

（一）文件评审

文件评审是指审查投标文件填写得是否符合要求，有无重大错误，是否提供了保证书。如果不符合规定，可以拒绝。文件评审依据标书的主要内容：

1. 投标书的有效性。根据招标的资格预审和招标邀请有关文件规定，评审投标人是否获得或具备资格，应根据投标文件是否像《投标人须知》中规定的那样是盖有招标委员会印记的原件，是否在规定的截止时间之前递交的投标，是否按招标文件中的规定同时递交了合格的投标保函或保证金。

2. 投标书的完整性。投标书是否包括应递交的所有文件，例如：除最重要的报价单外，是否递交了施工进度计划、施工方案、现金流动计划及主要施工设备清单等，这些对保证业主的经济效益至关重要。

3. 投标书与招标文件的一致性。招标文件明文规定的内容，投标书必须对每一空白栏作出答复，不得有任何修改与附带条件。

4. 报价计算的正确性。分项报价与总合同价是否有计算错误，是否有遗漏或不符要求的增补。经过文件评审，评标人员将已通过的投标书按报价由低到高重新排出名次，然后进行下一步评审。

（二）技术评审

技术评审是指对工程项目的规模和技术要点的实施建议进行审查，评审所建议的设备质量、效率、消耗等经济指标是否达到要求。若设计由投标人完成，则还要审查投标人在设计文件上提出的要求能否适应招标工程的使用需要、投标人建议的施工方案及竣工日期是否可行。

投标人拟提供的设备及建材是否满足设计要求，有些大型工业项目还要求投标人提供设备清单，标明设备名称、型号、制造商、使用年限等。为证明这些，投标人可以提供相应的设备照片。评审投标人在投标文件中技术上的保留与建议。评定这些保留与建议对工程的质量、功能的影响，评定其可行性包括技术可行性和有无价值，从而决定完全或部分地采纳，还是全部予以否定。

（三）商务评审

商务评审是指报价是否合理，能否具有竞争性，提出的条件尤其是外汇比例要求是否可接受，技术服务条件和费用要求及延期付款条件是否优惠等。

商务评审是决标中的决定性环节，它主要从成本、财务与经济角度评价投标的合理性与可靠性，估算投标给不同投标人对业主的经济与财务影响。具体评审以下主要内容：

1. 评审投标人的报价与业主的标底（业主专业人员概算的可以接受的最高报价）进行比较，如发现差异太大，应分析原因以得出其报价的合理性。

2. 评审投标人报价构成的合理性。

3. 评审投标人设备、人工费用的合理性。

4. 分析投标人建筑材料数据是否符合技术规范要求，及其价格的合理性。

5. 投标人的支付要求是否给业主某种优惠，这主要表现在外汇与东道国本币的比例、外汇币种、汇率及延期付款的利息等方面。

6. 评价投标人递交的资金流量表的合理性，所列数据是否符合惯例、是否有依据。

7. 保函是否按投标有关文件要求是可接受的。

8. 评审投标人递交的证明其财务状况和资信度的文件及真实性。

以上文件性、技术性及商业性的评审结果，由招标委员会各方专家综合写出一个《评审报告》，除简述招标过程外，要列出参加投标的投标人总数，在各阶段评审中被淘汰的投标人及名称，重点是评述 1 至 5 名有希望的投标书。最后，招标委员会拿出自己的推荐意见。

三、资格复审与投标的拒绝

对于经过评标和比标选出的中标候选人，还必须进行资格复审。候选人资格预审时的文件是资格复审的基础，复审后的第一中标人确实被认为在履行合同的能力和财源等方面都信得过，可以内定为中标人。如果该候选人在复审后失去资格，其中标便被拒绝，这时可对第二中标候选人进行资格复审，如合格即作为中标人。

根据国际招标惯例，在招标文件中，通常都规定招标人有权拒绝全部投标。一般是在出现下列情况拒绝全部投标：

（一）最低标价大大超过国际市场的平均价格或招标人自己计算出的标底。

（二）全部投标与招标文件的意图和要求不符。

（三）投标商太少，一般不足三家，缺乏竞争性。

（四）中标候选人均不愿降价至标底线。

如果所有的投标均被拒绝，业主方面应考虑修改其招标文件，而后重新招标或议标。

第八节 协 商 与 中 标

协商是招标人进行最后一轮评标的过程，也是承包商为最终夺取投标项目而采取各种对策，进行各种辅助活动的竞争过程。在这个过程中，业主要最终决定承包方案，获得最佳的经济效益；而承包商的主要目标是击败对手，吸引招标人，争取最终中标。

一、协商的必要性

首先，业主为了达到"经济"的目的，在一定的范围内激起了潜在承包商的竞争，形成了一个绝对的买方（业主）市场。业主有很大的主动权，这表现为欲承担工程的承包商太多，经过相当长的招标投标过程，中标人过关斩将，凭其价格为主的整体优势淘汰了其他所有投标人。他以淘汰其他对手改变了自己在交易中的地位——没有竞争对手，业主就没有选择。所以，双方只有谈判才能解决问题。其次，双方还欲通过合同谈判"扩大战果"，具体表现在：

在业主方面，经过层层筛选，虽说总体上可以认可中标人的报价，但可能仍会发现中标人的报价在价格与支付上还欠合理，希望通过谈判予以更正。另外，还必须通过谈判讨论某些局部设计、技术规范或合同条件的变更将对合同价格产生的影响。更主要原因是，中标人在投标书中的某些技术或商务建议是可行的，或者某些其他投标人虽在竞争中失利，但其某些方案或建议于工程有利，业主希望中标人在执行合同中融进他人的方案与建议。这必然导致工程价格的改变，因此谈判是不可避免的。

对承包商来说，谈判是一个机会，通过谈判可以达到以下目的：

1. 进一步澄清标书中含糊不清的东西，进一步充分解释、陈述自己投标致函中的某些保留与建议。

2. 争取改善合同条件，谋求相对公正合理的权益。这在没有其他竞争者的情况下机会要大一些。

3. 利用业主需作某些改变和设备竞争者的机会进行讨价还价，争取更有利的价格。

业主与中标人均清楚，合同一经签订，对双方都有法律的约束力。所以，合同谈判是一个极严肃且可能冗长的过程，因为它将最终决定双方的效益。谈判对承包商来说更重要、更需要策略。这主要因为，绝大部分开发项目在发展中国家，而这些国家的法制程度较差一些，业主在执行国际惯例上有很大的随意性。对业主有利的惯例他们采用，保护投标人或承包商的惯例，则很难实际执行，而常常是以"按项目所在国法律解释"。这是以本国法律法规凌驾于国际惯例准则之上的行为，这样矛盾发生时，承包商几乎无取胜的机会。

二、中标

经过多渠道同时谈判之后，招标人最后选定报价低，且其他诸如外汇比例、延期付款或工期等条件又优惠的，即综合评定价格最低的承包商，或按其内定的方案选定符合要求的投标人做为正式中标人。在招标人和投标人双方都满意的条件下，招标人随即向中标单位发出中标通知书，要求承包商在指定的时间和地点签订协议。

投标人收到业主发出的中标通知书，即为中标。在国际工程招标中，业主始终处在主动地位。开标后，中标候选人只有在业主发出中标通知书，双方签订了合同协议书，承包商的法律地位才算最终确定下来。

接受信函亦称中标函，它同承包商的书面回函都具有构成业主和承包商之间合同的效力。中标函记载合同价格，并应提及履约保证书的递交及正式合同协议的实施。

如果是由世界银行或多边援助机构资助的招标项目,在评价工作结束时,必须拟订一份关于投标评价和比较详细报告,说明确定最低评定投标所依据的理由,呈送世界银行或项目贷款机构的主管部门审批,只有在得到项目贷款机构的赞同批复后,才能正式中标。

世界银行和联合国工业发展组织还要求:合同应授予其投标经评定为最低标价者并在能力和资金方面符合适当标准的投标人,不应把要求该投标人承担说明书中未规定的责任或工作,作为授予合同的一个条件。

评标工作结束后,招标人应向所有未中标的投标人发出通知,告知其投标书未被接受,无须讲明原因。与此同时,招标人还应通知各家未中标的投标人的担保银行,撤销其投标保函。被授予合同的投标人必须在业主发出的中标通知中规定的期限,一般在15~30天内到招标人所在地签订合同。如投标人未按期前来签约,或以某种理由放弃其投标工程,招标单位可以取消其承包权并没收其保函上许诺的保证金。这不仅使投标人在信誉方面受到损害,而且在经济上也受到一定的损失。

第七章 建设工程合同

第一节 建设工程合同的订立

一、建设工程合同的概述

建设工程合同是承包人进行工程建设，发包人支付价款的合同。我国建设领域习惯上把建设工程合同的当事人双方称为发包方和承包方，这与我国《合同法》将他们称为发包人与承包人没有区别。双方当事人应当在合同中明确各自的权利义务，但主要的是承包人进行工程建设，发包人支付工程款。建设工程合同是一种诺成合同，合同订立生效后双方应当严格履行。建设工程合同也是一种双务、有偿合同，当事人双方在合同中都有各自的权利和义务，在享有权利的同时必须履行义务。

我国一直将建设工程合同列为单独的一类重要合同。但考虑到建设工程合同毕竟是从承揽合同中分离出来的，《合同法》规定："建设工程合同中没有规定的，适用承揽合同的有关规定。"

建设工程合同主体一般只能是法人。发包人一般只能是经过批准进行工程项目建设的法人，必须有国家批准建设项目，落实投资计划，承包人则必须具备法人资格，而且应当具备相应的从事勘察设计、施工、监理等资质。无营业执照或无承包资质的单位不能作为建设工程合同的主体，资质等级低的单位不能越级承包建设工程。《合同法》要求，建设工程合同应当采用书面形式。

二、建设工程合同应当采用书面形式

一般认为，合同的形式可分为书面形式、口头形式和其他形式，公证、审批、登记等则是书面合同的特殊形式。书面形式是指合同书、信件和数据电文（包括电报、电传、传真、电子数据交换和电子邮件）等可以有形地表现所载内容的形式。法律要求必须具备一定形式和手续的合同，称为要式合同。法律不要求具备一定形式和手续的合同，称为不要式合同。《合同法》颁布前，我国有关法律对合同形式的要求是以要式为原则的。而《合同法》规定，当事人订立合同，有书面形式、口头形式和其他形式。法律、行政法规规定采用书面形式，应当采用书面形式。当事人约定采用书面形式，应当采用书面形式。建设工程合同是一种重要的合同，因此，《合同法》第270条规定："建设工程合同应当采用书面形式。"

三、无效合同和可变更、可撤销的合同

（一）无效合同

1. 无效合同的概念和合同无效的情形。无效合同是指当事人违反了法律规定的条件

而订立的,国家不承认其效力,法律不给予保护的合同。无效合同从订立之时起就没有法律效力。有下列情形之一的合同无效:

(1) 一方以欺诈、胁迫的手段订立合同,损害国家利益;
(2) 恶意串通,损害国家、集体或第三人利益;
(3) 以合法活动掩盖非法目的;
(4) 损害社会公共利益;
(5) 违反法律、行政法规的强制规定。

2. 合同免责条款的无效
(1) 造成对方人身伤害的;
(2) 因故意或者重大过失造成对方财产损失的。

上述两种免责条款具有一定的社会危害性,双方即使没有合同关系也可追究对方的侵权责任,因此这两种免责条款无效。

3. 无效合同的确认。无效合同的确认权归人民法院或者仲裁机构,其他任何机构均无权确认合同无效。

(二) 可变更、可撤销的合同

1. 可变更、可撤销合同的概念和种类。可变更、可撤销的合同,是指欠缺生效条件,但一方当事人可依照自己的意思使合同的内容变更或者使合同的效力归于消灭的合同。可变更、可撤销的合同不同于无效合同,当事人提出请求是合同被变更、撤销的前提。当事人如果只要求变更,人民法院或者仲裁机构不得撤销其合同。

有下列情形之一的,当事人一方有权请求人民法院或者仲裁机构变更或者撤销其合同:

(1) 因重大误解而订立的;
(2) 在订立合同时显失公平的。

一方以欺诈、胁迫等手段或者乘人之危,使对方在违背真实意愿的情况下订立的合同,受损害方有权请求人民法院或者仲裁机构变更或者撤销。

2. 合同撤销权的消灭。由于可撤销的合同只是涉及当事人意思表示不真实的问题,因此法律对撤销权的行使有一定的限制。有下列情形之一的,撤销权消灭:

(1) 具有撤销权的当事人自知道或者应当知道撤销事由之日起1年内没有行使撤销权;
(2) 具有撤销权的当事人知道撤销事由后,明确表示或者以自己的行为放弃撤销权。

(三) 无效合同和可撤销合同的效力

无效合同或者被撤销的合同自始没有法律约束力。合同部分无效,不影响其他部分效力的,其他部分仍然有效。合同无效、被撤销或者终止的,不影响合同中独立存在的有关解决争议方法的条款的效力。

四、建设工程合同履行的原则

(一) 全面履行的原则

1. 全面履行原则的要求。当事人应当按照约定全面履行自己的义务,即按合同约定的标的、价款、数量、质量、地点、期限、方式等全面履行各自的义务。按照约定履行自己的义务，既包括全面履行义务，也包括正确、适当地履行合同义务。

2. 约定不明确的履行。合同有明确约定的，应当依约定履行。但是，合同约定不明确并不意味着合同无须全面履行，不意味着约定不明确部分可以不履行。

合同生效后，当事人就质量、价款或者报酬、履行地点等内容没有约定或者约定不明的，可以协议补充，不能达成补充协议的，按照合同有关条款或者交易习惯确定。依照《合同法》第62条的规定，如果按照上述办法仍不能确定合同如何履行的，适用下列规定进行履行：

（1）质量要求不明确的，按国家标准、行业标准履行；没有国家标准、行业标准的，按通常标准或者符合合同目的的特定标准履行。

（2）价款或者报酬不明的，按订立合同时履行地的市场价格履行；应当依法执行政府定价或政府指导价的，按规定履行。

（3）履行地点不明确，给付货币的，在接受货币一方所在地履行；交付不动产的，在不动产所在地履行；其他标的，在履行义务一方所在地履行。

（4）履行期限不明确的，债务人可以随时履行，债权人也可以随时要求履行，但应当给对方必要的准备时间。

（5）履行方式不明确的，按照有利于实现合同目的的方式履行。

（6）履行费用的负担不明确的，由履行义务一方承担。

3. 有关合同履行中价格变动问题。合同在履行中既可能是按照市场行情约定价格，也可能执行政府定价或政府指导价。如果是按照市场行情约定价格履行，则市场行情的波动不应影响合同价，合同仍执行原价格。

如果执行政府定价或政府指导价的，在合同约定的交付期限内政府价格调整时，按照交付时的价格计价。逾期交付标的物的，遇价格上涨时按照原价格执行；遇价格下降时，按新价格执行。逾期提取标的物或者逾期付款的，遇价格上涨时，按新价格执行；价格下降时，按原价格执行。

（二）诚实信用原则

当事人应当遵循诚实信用原则，根据合同性质、目的和交易习惯履行通知、协助和保密的义务。当事人首先要保证自己全面履行合同约定的义务，并为对方履行创造条件。当事人双方应关心合同履行情况，发现问题应及时协商解决。一方当事人在履行过程中发生困难，另一方当事人应在法律允许的范围内给予帮助。在合同履行过程中应信守商业道德，保守商业秘密。

五、建设工程合同履行中的抗辩权

抗辩权是指在双务合同的履行中，双方都应履行自己的债权，一方不履行或者有可能不履行时，另一方可以据此拒绝对方的履行要求。

（一）同时履行抗辩权

当事人互负债务，没有先后履行顺序的，应当同时履行。同时履行抗辩包括：一方在对方履行之前有权拒绝其履行要求；一方在对方履行债权不符合约定时，有权拒绝其相应的履行要求。

同时履行抗辩权的适用条件是：

1. 由同一双务合同产生互负的对价给付债务;
2. 合同中未约定履行的顺序;
3. 对方当事人没有履行债务或者没有正确履行债务;
4. 对方的对价给付是可能履行的义务。

(二) 先履行抗辩权

先履行抗辩权包括两种情况:当事人互负债务有先后履行顺序,先履行的一方未履行,后履行一方有权拒绝其履行要求;先履行一方履行债务不符合规定,后履行一方有权拒绝其相应的履行要求。

先履行抗辩权的适用条件为:
1. 由同一双务合同产生互负的对价给付债务;
2. 合同中约定了履行的顺序;
3. 应当先履行的合同当事人没有履行债务或者没有正确履行债务;
4. 应当先履行的对价给付是可能履行的义务。

(三) 不安抗辩权

不安抗辩权是指合同中约定了履行的顺序,合同成立后发生了应当后履行合同一方财务状况恶化的情况,应当先履行合同一方在对方未履行或者提供担保前有权拒绝先为履行。设立不安抗辩权的目的在于预防合同成立后一方情况发生变化而损害合同一方的利益。

应当先履行合同的一方有确切证据证明对方有下列情形之一的,可以中止履行:
1. 经营状况严重恶化;
2. 转移财产、抽逃资金,以逃避债务的;
3. 丧失商业信誉;
4. 有丧失或者可能丧失履行债务能力的其他情形。

当事人中止履行合同,应当及时通知对方。对方提供适当担保时应当恢复履行。中止履行后,对方在合理的期限内未恢复履行能力并且未提供适当担保的,中止履行后,对方在合理的期限内未恢复履行能力并且未提供适当担保的,中止履行一方可以解除合同。当事人没有确切证据就中止履行合同的应承担违约责任。

第二节 建设工程合同的担保

一、担保与担保法的概念

(一) 担保的概念

担保是指当事人根据法律规定或者双方约定,为促使债务人履行债务实现债权人权利的法律制度。担保通常由当事人双方订立担保合同。担保合同是被担保合同的从合同,被担保合同是主合同,主合同无效,从合同也无效。但担保合同另有约定的按照约定。担保活动应当遵循平等、自愿、公平、诚实信用的原则。

(二) 担保法的概念

担保法是指调整因担保关系而产生的债权债务关系的法律规范的总称。为促进资金融通和商品流通，保障债权的实现，1995年6月30日，第八届全国人民代表大会常务委员会第十四次会议通过《担保法》，自1995年10月1日起施行。

我国《担保法》规定的担保方式为保证、抵押、质押、留置和定金。这五种担保方式在建设工程合同中都有可能使用。

二、保证

（一）保证的概念和方式

保证是指保证人和债权人约定，当债务人不履行债务时，保证人按照约定履行债务或者承担责任的行为。保证法律关系至少必须有三方参加，即保证人、被保证人（债务人）和债权人。

保证的方式有两种，即一般保证和连带责任保证。在具体合同中，担保方式由当事人约定，如果当事人没有约定或者约定不明确的，则按照连带责任保证承担保证责任。这是对债权人权利的有效保护。

1. 一般保证是指当事人在保证合同中约定，债务人不能履行债务时，由保证人承担责任的保证。一般保证人在主合同纠纷未经审判或者仲裁，并就债务人财产依法强制执行仍不能履行债务前，对债权人可以拒绝承担担保责任。

2. 连带责任保证是指当事人在保证合同中约定保证人与债务人对债务承担连带责任的保证。连带责任保证的债务人在主合同规定的债务履行期届满没有履行债务的，债权人可以要求债务人履行债务，也可以要求保证人在其保证范围内承担保证责任。

（二）保证人的资格

具有代为清偿债务能力的法人、其他组织或者公民，可以作为保证人。但是，以下组织不能作为保证人：

1. 企业法人的分支机构、职能部门。企业法人的分支机构有法人书面授权的，可以在授权范围内提供保证。
2. 国家机关。经国务院批准为使用外国政府或者国际经济组织贷款进行转贷的除外。
3. 学校、幼儿园、医院等以公益为目的的事业单位、社会团体。

（三）保证责任

保证合同生效后，保证人应当在合同约定的保证范围和保证期间承担保证责任。

保证担保的范围包括主债权及利息、违约金、损害赔偿金及实现债权的费用。保证合同约定不明确的，保证人应当对全部债务承担责任。一般保证的保证人未约定保证期间的，保证期间为主债务履行期届满之日起6个月。

保证期间债权人与债务人协议变更主合同或者债权人许可债务人转让债务的，应当取得保证人的书面同意，否则保证人不再承担保证责任。保证合同另有约定的按照约定。

三、抵押

（一）抵押的概念

抵押是指债务人或者第三人向债权人以不转移占有的方式，提供一定的财产作为抵押物，用以担保债务履行的担保方式。债务人不履行债务时，债权人有权依照法律规定以抵押物折价或者从变卖抵押物的价款中优先受偿。其中债务人或者第三人称为抵押人，债权人称为抵押权人，提供担保的财产为抵押物。

（二）抵押物

1. 抵押物的种类

债务或者第三人提供担保的财产为抵押物。由于抵押物是不转移占有的，因此能够成为抵押物的财产必须具备一定的条件。这类财产轻易不会灭失，且其所有权的转移应当经过一定的程序。下列财产可以作为抵押物：

（1）抵押人所有的房屋和其它地上定着物；

（2）抵押人所有的机器、交通运输工具和其它财产；

（3）抵押人依法有权处置的国有土地使用权、房屋和其它地上定着物；

（4）抵押人依法有权处置的国有土地使用权、房屋和其它财产；

（5）抵押人依法承包并经发包同意抵押的荒山、荒沟、荒丘、荒滩等荒地的土地使用权；

（6）依法可以抵押的其它财产。

2. 不能抵押的财产

（1）土地所有权；

（2）耕地、宅基地、自留地、自留山等集体所有的土地使用权；

（3）学校、幼儿园、医院等以公益为目的的事业单位、社会团体的教育设施、医疗卫生设施和其它社会公益设施；

（4）所有权、使用权不明或者有争议的财产；

（5）依法被查封、扣押、监管的财产；

（6）依法不得抵押的其它财产。

3. 抵押物登记

当事人以土地使用权、城市房地产、林木、航空器、船舶、车辆等财产抵押的，应当办理抵押物登记，抵押合同自登记之日起生效；当事人以其他财产抵押，可以自愿办理抵押物登记，抵押合同自签订之日起生效。当事人未办理抵押登记的，不得对抗第三人。

（三）抵押的效力

抵押担保的范围包括主债权及利息、违约金损害赔偿金和实现抵押权的费用。当事人也可以约定抵押担保的范围。

抵押人有义务妥善保管抵押物并保证其价值。抵押期间，抵押人转让已办理登记的抵押物，应当通知抵押权人告知受让人转让物已经抵押的情况；否则，该转让行为无效。抵押人转让抵押物的价款，应当向抵押权人提前清偿所担保的债权或者向抵押权人约定的第三人提存。超过债权的部分归抵押人所有，不足部分由债务人清偿。转让抵押物的价款不得明显低于其价值。抵押人的行为足以使抵押物价值减少的，抵押权人有权要求抵押人停止其行为。

抵押权与其担保的债权同时存在，抵押权不得与债权分离而单独转让或者作为其它债权的担保。

（四）抵押权的实现

债务履行期届满抵押权人未受清偿的，可以与抵押人协议以抵押物折价或者以拍卖、变卖该抵押所得的价款受偿；协议不成，抵押权人可以向人民法院提起诉讼。抵押物折价或者拍卖、变卖后，其价款超过债权数额的部分归抵押人所有，不足部分由债务人清偿。

四、质押

（一）质押的概念

质押是指债务人或者第三人将其动产或权利移交债权人占有，用以担保债权履行的担保。质押后，当债务人不能履行债务时，债权人依法有权就该动产或权利优先得到清偿。债务人或者第三人为出质人，债权人为质权人，移交的动产或权利为质物。质权是一种约定的担保物权，以转移占有为特征。

（二）质押的分类

1. 动产质押

动产质押是指债务人或者第三人将其动产移交债权人占有，将该动产作为债权的担保。能够用作质押的动产没有限制。

2. 权利质押

权利质押一般是将权利凭证交付质押人的担保。可以质押的权利包括：

（1）汇票、支票、本票、债券、存款单、仓单、提单；

（2）依法可以转让的股份、股票；

（3）依法可以转让的商标专用权、专利权、著作权中的财产权；

（4）依法可以质押的其它权利。

以载明兑现或者提货日期的汇票、支票、本票、债券、存款单、仓单、提单出质的，其兑现或提货日期先于债务履行期的，质权人可以在债务履行期届满前兑现或者提货，并与出质人协议将兑现的价款或者提取的货物用于提前清偿所担保的债权或者向出质人约定的第三人提存。股票出质后不得转让，但经出质人与质权人协商同意的可以转让。出质人转让股票所得的价款应当向质权人提前清偿所担保的债权或者向质权人约定的第三人提存。

（三）质押责任

质押担保的范围包括主债权及利息、违约金、损害赔偿金、质押保管费和实现质权的费用，质押合同另有约定的按照约定。质权人有权收取质物所生的孳息，质押合同另有约定的按照约定。

质物有损坏或者价值明显减少的可能，足以危害质权人权利的，质权人可以要求出质人提供相应的担保。出质人不提供的，质权人可以拍卖质物，并与出质人协议将拍卖或者变卖所得的价款用于提前清偿所担保的债权或者向出质人约定的第三人提存。

质权人负有妥善保管质物的义务。因保管不善致使质物灭失或者毁损的，质权人应当承担民事责任。质权人不能妥善保管质物可能使其灭失或者毁损的，出质人可以要求质权人将质物提存，或者要求提前清偿债权而返还质物。债务履行期届满债务人履行债务，或者出质人提前清偿所担保的债权，质权人应当返还质物。为债务人质押担保的第三人，在质权人实现质权后，有权向债务人追偿。质权与其担保的债权同时存在。

五、留置

（一）留置的概念

留置是指债务人按照合同约定占有对方（债务人）的财产，当债务人不能按照合同约定期限履行债务时，债权人有权依照法律规定留置该财产并享有处置该财产得到优先受偿的权利。留置权以债权人合法占有对方财产为前提；并且债务已经到了履行期。比如在承揽合同中，定作方逾期不领取其定作物的，承揽方有权将该定作物折价、拍卖、变卖，并从中优先受偿。

《担保法》规定，能够留置的财产权限于动产，且只有因保管合同、运输合同、承揽合同发生的债权，债权人才有可能实施留置。

（二）留置权的消灭

留置权因下列原因消灭：

1. 债权消灭；
2. 债务人另行提供担保并被债权人接受。

（三）留置责任

留置担保的范围包括主债权及利息、违约金、损害赔偿金、留置物保管费用和实现留置权的费用。留置担保一般用于因保管合同、运输合同、加工承揽合同发生的债权的担保。

债权人与债务人应当在合同中约定，债权人留置财产后，债务人应当在不少于两个月的期限内履行债务。未约定的，债权人留置债务人的财产后，应当确认两个月以上的期限，通知债务人在该期限内履行债务。债务人逾期不履行的，债权人可以与债务人协议以留置物折价，也可以依法拍卖、变卖留置物。

债权人应妥善保管留置物，因保管不善致使用留置物灭失或者毁损的，留置权人应当承担民事责任。

六、定金

定金是指当事人双方为了保证债务的履行，约定由当事人一方先行支付给对方一定数额的货币作为担保。定金合同要采用书面形式，并在合同中约定交付定金的期限，定金合同从实际交付定金之日起生效。债务人履行债务后，定金应当抵作价款或者收回。给付定金的一方不履行约定的债务的，无权要求返还定金；收受定金的一方不履行约定的债务的，应当双倍返还定金。

第八章 建设工程勘察设计合同

第一节 《条例》概述

《建设工程勘察设计管理条例》（以下简称《条例》）已经于2000年9月20日国务院第31次常务会议通过，于2000年9月25日以中华人民共和国国务院令第293号公布，自公布之日起施行。它的公布与施行，对于加强建设工程勘察、设计活动的管理，保证建设工程勘察、设计质量，保护人民生命和财产安全，具有重要的意义。

一、制定《条例》的必要性

建设工程勘察、设计在我国国民经济建设和社会发展中占有重要的地位和作用。在建设项目确定以前，它为项目决策提供科学依据；在建设项目确定以后，又为建设项目提供实施蓝图。建设工程勘察、设计的质量和水平的高低，对于建设项目的质量和投资效益，起着决定性的作用。勘察设计水平的高低，同时也影响着我国工业现代化水平和技术进步水平；影响着我国资源配置和生态环境建设者的水平；影响着我国城市现代化和人民生活条件的改善与提高。

在近三年的全国建设工程勘察、设计质量检查、抽查中约有10％项目为不合格产品；有的勘察报告与地质情况不符；有的设计结构选型不合理、结构计算失误、承载力不够等。轻者给投资者造成损失，重者楼倒桥垮，给人民生命和财产造成不可挽回的损失。因此，为了加强对建设工程勘察、设计活动的管理，保证建设工程勘察、设计的质量，保护人民生命财产安全，有必要制定《建设工程勘察设计管理条例》。

（一）对建设工程勘察、设计单位、人员的资质与资格的管理

为了保证建设工程勘察、设计的质量，必须加强对从事建设工程勘察、设计的单位或者有关人员的资质、资格的管理。针对实践中出现的无证勘察、设计或者超越等级和范围进行勘察、设计的情况，《条例》对建设工程勘察、设计单位的资质和专业技术人员的资格作了三个方面的规定：

1. 国家对从事建设工程勘察、设计活动的单位，实行资质管理制度。
2. 建设工程勘察、设计的单位，应当在其资质等级许可的范围内承揽建设工程。
3. 国家对从事建设工程勘察、设计活动的专业技术人员，实行执业资格注册管理制度。未经注册的建设工程勘察、设计人员，不得以注册执业人员的名义执行建设工程勘察、设计业务。

（二）建设工程勘察、设计的发包与承包

为了解决实践中存在的建设工程勘察、设计发包与承包不规范的问题，《条例》对发包的方式、设计方案的评标原则、发包方与承包方的责任和义务等作了规定：

1. 建设工程勘察、设计发包实行招标发包和直接发包。

2. 依照《招标投标法》，建设工程勘察、设计必须实行招标的，应当实行招标发包。对于采用特定的专利或者专有技术、建筑艺术造型有特殊要求和国务院规定的其他建设工程的勘察、设计，经有关主管部门批准，可以直接发包。

3. 发包方必须将建设工程勘察、设计业务发包给持有相应建设工程勘察、设计资质证书和与其业务范围相符的建设工程的勘察、设计单位。承包方必须在建设者工程勘察、设计资质证书规定的资质等级和业务范围内承揽建设工程的勘察、设计。建设工程勘察、设计的发包方与承包方应当签订建设工程勘察、设计合同。

4. 建设者工程设计方案评标，应当以投标人的业绩、信誉、设计人员的能力和设计方案的优劣为依据，进行综合评定。

（三）关于建设工程勘察、设计文件的编制与实施

建设工程勘察、设计文件的编制与实施，关系到建设工程的质量和投资效益，对于合理配置资源，确保经济效益、社会效益和环境效益的统一，起着重要的作用。因此，《条例》对建设工程勘察，设计文件编制的依据、要求、修改程序、实施等作了具体规定：

1. 编制建设工程勘察、设计文件，应当依据项目批准文件、城市规划、工程建设强制性标准、国家规定的建设工程勘察、设计深度要求。

2. 编制建设工程勘察文件，应当真实、准确，满足建设工程规划、选址、岩土治理和施工需要。编制方案设计文件，应当满足编制初步设计文件和控制概算的需要。编制初步设计文件应当满足编制施工招标文件、主要设备材料订货和编制施工图设计文件的需要。编制施工图设计文件，应当满足设备材料采购、非标准设备制作和施工的需要，并注明建设工程合理使用年限。

3. 建设单位、施工单位、监理单位不得修改建设工程勘察、设计文件；确需修改建设工程勘察、设计文件的，应当由原建设工程勘察、设计单位负责修改。经原建设工程勘察、设计单位书面同意，建设单位也可以委托其他具有相应资质的建设工程勘察、设计单位修改，修改单位对修改的建设工程勘察、设计文件承担相应责任。施工单位、监理单位发现建设者工程勘察、设计文件不符合工程建设强制性标准、合同约定的质量要求，应当报告建设单位，建设单位有权要求建设工程勘察、设计单位对建设工程勘察、设计文件进行补充、修改。建设工程勘察、设计文件内容需要作重大修改的，建设单位应当报经原审批机关批准后方可修改。

4. 建设工程勘察、设计单位应当在建设工程施工前，向施工单位和监理单位说明建设工程勘察、设计意图，解释建设工程勘察、设计文件。建设工程勘察、设计单位应当及时解决施工中出现的建设工程勘察、设计问题。

（四）关于对建设工程勘察、设计活动的监督管理

为了保证建设工程勘察、设计的质量，保护人民生命和财产安全，政府必须加强对建设者工程勘察、设计的管理。因此，《条例》第五章专门规定了政府有关部门对建设工程质量的监督管理。

1. 国务院建设行政主管部门对全国的建设工程勘察、设计活动实施统一监督管理。县级以上地方人民政府建设行政主管部门对本行政区域内的建设工程勘察、设计活动实施监督管理。县级以上地方人民政府，对本行政区域内的建设工程勘察、设计活动进行监督管理。

2. 建设工程勘察、设计单位在建设工程勘察、设计资质证书规定的业务范围内跨部门、跨地区承揽建设工程勘察、设计业务的，有关地方人民政府及其所属部门不得设置障碍，不得违反国家规定收取任何费用。

二、从事建设工程勘察、设计活动，应当坚持先勘察、后设计、再施工的原则

（一）工程建设的基础程序是保证建设工程质量和投资效益的基础。

我国目前的基础建设程序主要包括以下阶段：项目建议书、可行性研究报告、立项审批、规划审批、勘察、设计、施工、验收和交付。这种基本程序并不是凭空想象出来的，而是根据建设工程的特点和客观需要，在总结以往建设经验的基础上确定的，它是建立正常的建设秩序的需要，是建设项目科学决策、保证投资效益的重要条件，也是建设工程质量的重要保证。

（二）从事建设工程的建设，必须坚持先勘察、后设计、再施工的原则。

根据建设程序的要求，任何建设项目的实施，首先要进行勘察，摸清建设项目所在地的地质地理环境和岩土工程条件，并对其分析、评价，出具勘察报告。具有相应资格的设计人员，根据勘察分析、评价，出具勘察报告，对技术、经济、资源、环境等条件进行综合分析、论证，编制出设计文件。具有相应资质的施工单位才能根据设计文件的要求进行现场施工。这个程序中的每一步是互相关联的有机整体，缺少哪一步或者程序颠倒，都会造成严重恶果。近年来，一些建设单位不顾国家规定的基本程序，搞边勘察、边设计、边施工的"三边"工程，有的甚至不勘察，仅凭设计人员的经验和旁边工程的相关材料进行设计、施工，导致工程质量事故频发，给人民生命和财产造成重大损失。

为了强调建设工程程序的重要性，从事工程建设活动，必须按照勘察、设计、施工的程序逐步进行，这也是保证建设工程勘察、设计质量，进而保证建设工程质量的重要措施之一。违反这个程序，就是违法行为，要承担相应的法律责任。

三、建设工程勘察、设计单位必须依法进行建设工程勘察、设计，严格执行工程建设强制性标准，并对建设工程勘察、设计的质量负责

为了保证建设工程勘察、设计工作的健康发展，保护当事人的合法权益，这就要求政府及有关部门加强对建设工程勘察、设计活动的监督管理。

（一）建设工程勘察、设计单位必须依法进行建设工程勘察、设计，严格执行工程建设强制性标准。

工程建设强制性标准是工程建设技术和经验的总结、积累，特别是有关安全、抗震、消防、卫生和环境保护等方面的强制性标准，必须严格遵照执行。工程建设标准是指对工程建设中各类工程的勘察、规划、设计、施工、安装、验收等需要协调统一的事项所制定的准则和依据。根据《标准化法》及其实施条例的规定，国家标准、行业标准分为强制性标准和推荐性标准。工程建设的质量、安全、卫生标准及国家需要控制的其他工程建设标准。同时还规定：强制性标准必须执行。

（二）建设工程勘察、设计质量是决定工程建设质量的首要环节，它关系到国家财产和人民生命的安全，关系到建设投资的综合效益，也反映一个国家的科技水平和文化水平。

（三）国家鼓励在建设工程勘察、设计活动中采用先进技术、先进工艺、先进设备、新型材料和现代管理方法。

1. 建设工程的勘察、设计是一项技术密集型的工作，要求有先进的科学技术作保障，保证建设工程勘察、设计工作的质量，使勘察、设计工作适应经济的高速发展。

2. 在建设工程勘察、设计活动中要采用现代的管理方法。首先，各级人民政府及其有关部门应当高度重视建设工程勘察、设计工作，加强对建设工程勘察、设计工作的监督管理，制定行之有效的管理制度，努力为建设工程勘察、设计单位创造一个公平，合理的发展环境；其次，建设工程勘察、设计单位重视单位内部的管理，结合勘察、设计体制的改革，不断创新，使先进的生产技术、工艺尽快转化为生产力。

第二节　资质资格管理

建设工程勘察、设计活动不仅专业技术性很强，而且涉及公共利益和公众安全，为了保护建设单位的利益和人民群众的生命财产安全，有必要对从事建设工程勘察、设计活动的单位和人员实行单位资质管理制度和个人执业资格管理制度，禁止不具备专业技术能力的单位和人员从事建设工程勘察、设计活动。

一、国家对从事建设工程勘察、设计活动的单位，实行资质管理制度

国家对从事建设工程勘察、设计活动的单位实行统一的资质管理制度，是我国社会主义市场经济发展的客观要求。这项制度是根据建设工程勘察、设计活动的特点确立的一项重要的从业资格许可制度。建设工程勘察、设计活动不同于一般的经济活动，直接涉及人民生命财产安全和社会公众利益。因此，对从事建设工程勘察、设计活动的单位实行严格的从业许可制度，也是世界上不少国家和地区所采用的做法。建设工程勘察、设计单位资质管理的主要内容包括：资质等级和标准、资质申请和审批、资质监督和管理。

现行的建设工程勘察、设计单位资质分为工程勘察资质、工程设计资质和专项工程设计资质三类。工程勘察资质根据专业范围分为综合类、专业类和勘察劳务类，勘察综合类包括专项和劳务类全部或部分内容，专业类又分为岩土工程、水文地质勘察、工程测量等3个类别；勘察劳务类是指岩土工程治理、工程钻探、凿井等。

上述各类工程勘察、设计单位资质，根据能够承担不同规模、复杂程度的勘察、设计业务和实际需要，划分为甲、乙两个级别或甲、乙、丙三个级别。

建设工程勘察、设计单位资质分级标准的划分依据，主要包括以下四个方面的内容：

1. 有与从事建设工程勘察、设计活动相适应的注册执业人员和其他专业技术人员。
2. 有与从事建设工程勘察、设计活动相适应的能力、技术特长、业绩和信誉。
3. 有与从事建设工程勘察、设计活动相适应的技术装备和工作场所。
4. 有符合国家规定的注册资本。

二、建设工程勘察、设计单位应当在其资质等级许可的范围内承揽建设工程勘察、设计业务

1. 建设工程勘察、设计单位资质等级许可范围是指：《工程勘察证书》、《工程设计证

书》、《专项工程设计证书》。

2. 禁止建设工程勘察、设计单位超越其资质等级许可的范围承揽建设工程勘察、设计业务。《建设工程质量管理条例》第18条也有同样的规定。

3. 禁止建设工程勘察、设计单位以其他建设工程勘察、设计单位的名义承揽建设工程勘察、设计业务。以其他建设工程勘察、设计单位的名义，骗取发包人的信任承揽建设工程勘察、设计业务的行为，这种行为是欺诈行为。《合同法》第52条规定，一方以欺诈的手段订立合同，合同无效。《招标投标法》第33条规定，投标人不得以他人名义投标或者以其他方式弄虚作假，骗取中标。对违反本条规定的行为，《条例》第35条规定了相应的处罚。

4. 禁止建设工程勘察、设计单位允许其他单位或者个人以单位的名义承揽建设工程勘察、设计业务。

三、国家对从事建设工程勘察、设计活动的专业技术人员，实行执业资格注册管理制度。未经注册的建设工程勘察、设计人员，不得以注册执行人员的名义从事建设工程勘察、设计活动

（一）执业资格注册管理制度

执行资格注册管理制度是指对具备一定专业学历、职业实践的从事建设工程勘察、设计活动的专业技术人员，通过考试和注册确定其执业资格，获得相应的执业权、设计权、修改权，并在其负责的建设工程勘察、设计文件上签字的一种制度。

个人执业注册制度也是扩大对外开放和开拓国际市场的需要，对从事建设工程勘察、设计活动的专业技术人员实行执业资格注册管理制度是国际惯例。无论是美国、英国、法国、德国、加拿大等西方发达国家，还是日本、韩国、新加坡等亚洲邻国都实行了注册建筑师和注册工程师制度。如果不实行注册制度，中国建筑师、工程师的水平再高也无法进入国际市场承揽勘察、设计业务。近年来国内不少外商投资项目，被国外的建筑师、工程师所承接，我们无法对其管理。国内的建筑师、工程师只能当配角，这不仅不符合国际交往中的对等原则，也挫伤了广大勘察、设计人员的积极性和创造性。

（二）我国建筑师、工程师注册工作

首先收集国内外有关资料，着重调查了解美国、英国、东南亚等国家的注册体制。1991年拟定了我国实行注册建筑师制度的总体思路。1994年在辽宁省进行了一级注册建筑师试点考试工作，1995年国务院颁发了《注册建筑师条例》（国务院令第184号），同年进行了一级注册建筑师全国统一考试。1996年在江苏、湖北、重庆两省一市进行了注册结构工程师考试试点，1997年建设部、人事部联合颁发了《注册结构工程师执业资格制度暂行规定》（建设［1997］222号），同年进行了一级注册结构师全国统一考试。

（三）建筑师、工程师的个人注册执业制度是保障执业者的素质和服务水平，以适应工程建设的咨询设计者客观公正、科学可靠、独立执业的一项制度。

按照国际惯例和我国法规规定，这项制度主要包括教育、职业、实践、考试、注册、继续教育、执业六个环节。我国注册建筑师分为一级注册建筑师和二级注册建筑师。国家实行注册建筑师全国统一考试制度，凡符合以下条件之一的，可申请参加一级注册建筑师考试（二级注册建筑师略）：

1. 取得建筑学硕士以上学位或者相近专业工学博士学位，并从事建筑设计或者相关业务2年以上的；

2. 取得建筑学学士学位或者相近专业工学硕士学位，并从事建筑设计或者相关业务3年以上的；

3. 具有建筑学专业大学本科毕业学历并从事建筑设计或者相关业务5年以上的，或者具有建筑学相近专业大学本科毕业，并从事建筑设计或者相关业务7年以上的；

4. 取得高级工程师技术职称并从事建筑设计或者相关业务3年以上的，或者取得工程师技术职称并从事建筑设计或者相关业务5年以上的；

5. 不具备前四项规定的条件，但设计成绩突出，经全国注册建筑师管理委员会认定达到前四项规定的专业水平。

四、建设工程勘察、设计注册执行人员和其他专业技术人员只能受聘于一个建设工程勘察、设计单位；未受聘于建设工程勘察、设计单位的，不得从事建设工程的勘察、设计活动

（一）我国对建设工程勘察设计市场实行严格的准入管理制度

持有建设工程勘察、设计资质证书的单位才有资格承接建设工程勘察、设计业务和组织建设工程勘察、设计活动，除此之外其他任何单位和个人都无权承接建设工程勘察、设计业务，无权组织建设工程勘察、设计活动。个人从事建设工程勘察、设计活动必须而且只能受聘于一个建设工程勘察、设计单位，未受聘于一个建设工程勘察、设计单位的，不得从事建设工程勘察、设计活动。建设工程勘察、设计人员的技术水平是评定建设工程勘察、设计单位资格等级的重要条件。

（二）我国实行法人责任与个人责任相结合的工程质量责任制度

《建设工程质量管理条例》第19条规定："勘察、设计单位必须按照工程建设强制性标准进行勘察、设计，并对其勘察、设计的质量负责。注册建筑师、注册结构工程师等注册执业人员应当在设计文件上签字，对设计文件负责。"一旦发生质量事故，首先追究单位的责任，包括法律责任和经济责任，同时追究有关责任人员的相应责任。

第三节 建设工程勘察设计发包与承包

建设工程勘察、设计发包方式分为招标发包和直接发包。《建设工程勘察设计条例》为发包方依法发包，承包方依法承包，管理者依法监督，为维护公开、公平、公正、竞争有序的建设工程勘察、设计市场环境，提供了法律依据。

一、建设工程勘察、设计发包依法实行招标发包或者直接发包

建设工程勘察、设计发包可以采取招标发包、直接发包两种方式，招标发包又分为公开招标、邀请招标。

（一）建设工程勘察、设计招标投标的特点

1. 勘察、设计活动不确定因素多，是一种难以定量的技术性服务，越是大型、技术复杂的建设项目，不确定因素越多。

2. 勘察、设计招标没有标底，评标重在选人、选单位、选取方案，交易价格是次要的、最后考虑的因素。

3. 勘察、设计招标费用高、代价大，提出一个好的设计方案，需要广泛收集资料，现场踏勘，深入分析，精心构思，大量计算，反复论证，优化比选等。

4. 勘察、设计招标往往涉及知识产权保护问题，投标方案凝聚了勘察、设计单位的核心技术和工程经验，是建设工程勘察、设计人员心血的结晶。当投标方案涉及专利或者专有技术，或者招标人、投标人希望吸收、使用他人未中标方案中的某项技术或某个创意时，都涉及知识产权问题。

（二）2000年5月，经国务院批准，国家计委颁发的《工程建设项目招标范围和规模标准规定》（第3号令），明确了建设工程勘察、设计招标发包或者直接发包的范围和规模。

2000年10月，建设部颁发的《建筑工程设计招标投标管理办法》（第82号令），对建筑工程设计招标投标的方式、内容、程序，以及监督管理等作了规定。该办法首次规定建筑工程设计招标可以采取建筑方案设计招标方式，也可以采取概念设计招标方式。方案设计招标是指对投标设计方案的经济、技术、功能和造型等进行评价、比较，选出符合招标文件要求的最优设计方案。概念设计招标是指对投标的设计创意和构思进行评价、比较，选出一个好的设计创意和构思，在此基础上通过与业主的充分交流与沟通，再继续深化设计，做出一个双方都满意的设计方案。概念设计招标可以节约招标成本，提高招标效率，取得事半功倍的效果。该办法明确了对建筑设计招标投标的补偿规定：公开招标的，招标人应当在招标公告中明确是否给予未中标单位经济补偿及补偿金额；邀请招标的，应当给予未中标单位经济补偿，补偿金额应当在招标邀请书中明确；规定了招标人、中标人使用未中标方案的，应当征得提交方案的投标人同意并付给使用费。该办法还规定了招标人应当在中标通知书发出之日起30日内与中标人签订工程设计合同，确需另择设计单位承担施工图设计的，应当在招标公告或招标邀请书中明确。

二、建设工程勘察、设计应当依照《招标投标法》的规定，实行招标发包。建设工程勘察、设计方案评标，应当以投标人的业绩、信誉和勘察、设计人员的能力以及勘察、设计方案的优劣为依据，进行综合评定

（一）建设工程勘察、设计评标标准

经国务院批准，国家计委颁发的第3号令《工程建设项目招标范围和规模标准规定》，规定了工程建设项目招标范围和规模标准。

评标工作是整个招标过程中最敏感、最关键的环节，而评标结果是否公正、合理，又取决于评标标准和评标方法的科学性与合理性。《条例》规定，建设工程勘察、设计评标标准主要由"单位"、"人员"和"方案"三个方面的因素组成。

1. 评标标准中的"单位"，主要包括：单位的资质、经验、业绩和信誉。

2. 评标标准中的"人员"，主要包括：项目负责人、专业负责人、专家和技术骨干，他们的受教育背景、执业经历、工作经验、解决问题的能力、语言与合作能力等。

3. 评标标准中的"方案"，主要包括：对项目的理解和建议；专业工程采用的主要工艺、关键技术的先进性与合理性；建筑工程设计方案的创意与构思，立面造型、使用功

能、与环境的协调性等；其次是设计工作计划和进度安排等。

（二）建设工程勘察设计评价方法

在这介绍综合评价法，应当符合以下三个要求：

1. 公正性。指参加投标的单位创造公平竞争的条件。

2. 适应性。指具体项目合理确定评标标准。建筑工程项目，评标中应当强调设计方案的创意和构思，重在选方案，其次才是选人、选单位。

3. 科学性。指评标所采用的评标标准和评价方法必须清楚、明确、具体、详细。

建设部第 82 号令颁发了《建筑工程设计招标管理办法》不仅对建筑设计招标、投标、开标、评标和中标活动作了规定，而且对中标以后的有关事项也作了非常明确而具体的规定。《办法》第 20 条规定："招标人应当在中标方案确定之日起 7 日内，向中标人发出中标通知，并自中标通知书发出之日起 30 日内与中标人签订工程设计合同。确需另择设计单位承担施工图设计的，应当在招标公告或招标邀请书中明确。"第 24 条规定："招标人、中标人使用未中标方案的，应当取得提交方案的投标人同意并付给使用费。"按照建设部第 82 号令规定：凡招标人确定中标方案后 7 日内不发中标通知书的；凡中标通知书发出后 30 日内不与中标人签订工程设计合同的；凡招标公告或招标邀请书中未注明另择设计单位承担施工图设计，违背中标人意愿强行"买断"中标设计方案的；凡未征得投标人同意，使用（包括部分使用）未中标方案的，都是违法、违规行为，有关主管部门将依法严肃查处，以维护建设工程勘察、设计招标活动的公开、公平和公正。

三、建设工程的勘察、设计，经有关主管部门批准，可以直接发包

（一）法律对直接发包建设工程勘察、设计的规定

《招标投标法》第 66 条规定："涉及国家安全、国家秘密、抢险救灾或者属于利用扶贫资金实行以工代赈、需要使用农民工等特殊情况，不适宜进行招标的项目，按照国家有关规定可以不进行招标。"根据法律规定，凡涉及国家安全、国家秘密和抢险救灾的建设项目，其建设工程勘察、设计业务可以直接发包。

1. "采用特定的专利或者专有技术"的建设项目可以直接发包；

2. "建筑艺术造型有特殊要求"的建设项目可以直接发包；

3. 国务院规定的其他建设工程的勘察、设计。

（二）严格执行国家规定，依法直接发包建设工程勘察、设计

《招标投标法》、《条例》和《工程建设项目招标范围和规模标准规定》，明确规定了招标发包和直接发包的范围要严格执行。依据上述规定，允许直接发包的建设工程勘察、设计任务，还需经过有关主管部门批准。无论是招标发包，还是直接发包，发包人都必须将建设工程勘察、设计任务发包给具有相应建设工程勘察、设计资质、有能力、有业绩和信誉良好的承包人，以保证建设工程勘察、设计的质量和水平。

四、发包方不得将建设工程勘察、设计业务发包给不具有相应勘察、设计资质等级的建设工程勘察、设计单位

工程设计是工程建设的主导环节，在工程建设中起着决定性的作用，设计方案是否先进合理，决定着建设项目的经济效益、社会效益和环境效益。

民用建筑设计如果使用功能不合理，立面造型不协调，就会破坏城市景观，影响人民的生活质量。特别是工程设计文件是否符合结构安全、消防、环保、抗震、节能等国家强制性技术标准的条文，是关系到公共利益和公众安全的关键环节。近年来曾发生四川省綦江县彩虹桥和广东东莞厚街镇赤岭村邻街建筑等多起因为"无证设计"、"挂靠设计"导致的桥垮、楼塌事件，给人民生命财产造成巨大损失。

五、发包方可以将整个建设工程的勘察、设计发包给一个勘察、设计单位；也可以将建设工程的勘察、设计分别发包给几个勘察、设计单位

（一）对于水电、铁道等建设工程勘察、设计合一的单位，可以将勘察和设计业务同时发包给一个勘察设计单位，以减少中间环节，使勘察工作与设计工作有机地结合起来，最大限度地发挥勘察在工程建设中的先行官作用和设计在工程建设中的主导作用。

（二）大型、特大型建设项目，如油田、煤矿、水电站、核电站、钢铁和石油化工联合企业等的建设者工程勘察、设计不是一个单位能够完成的，往往需要几个单位分工负责共同完成。

（三）按照建设项目的不同设计阶段，如初步设计、施工图设计等，分别发包勘察、设计业务。

一个建设项目由几个设计单位共同设计时，必须明确其中一个设计单位为主体设计单位。

六、除建设工程主体部分的勘察、设计外，经发包方书面同意，承包方可以将建设工程其他部分的勘察、设计再分包给其他具有相应资质等级的建设工程勘察、设计单位

（一）依法分包建设工程勘察、设计业务；
（二）分包建设工程勘察、设计业务是科学技术发展和专业化分工的必然趋势；
（三）不得违法分包建设工程勘察、设计业务。

承包人分包建设工程勘察、设计业务是法律、法规允许的，但是必须依法分包。下列情况属于违法分包：

1. 未经发包方书面同意，擅自分包建设工程勘察、设计业务；
2. 将建设工程勘察、设计业务的主体、关键、核心部分分包给其他单位；
3. 将建设工程勘察、设计业务的主体、关键、核心部分转包给其他单位；
4. 分包单位将其分包的建设工程勘察、设计业务再分包给其他单位。

七、建设工程勘察、设计单位不得将所承揽的建设工程勘察、设计转包

承包方不履行合同，将本应自行完成的建设工程勘察、设计业务倒手转让给其他勘察、设计单位，是一种严重的欺诈行为。转包这种违法行为的危害性在于转包方往往压价转包，从中收取好处费，使真正用于建设工程勘察、设计的费用大大降低，以至于影响勘察、设计的质量。转包也破坏了合同关系应有的稳定性和严肃性，承包方转包违背了发包方的意志，损害了发包方的利益，这是法律所不允许的。

第四节 建设工程勘察设计文件的编制与实施

建设工程勘察文件是建设项目规划、选址和设计的重要依据，勘察文件的准确性、科学性极大地影响着建设项目的规划、选址和设计的正确性。建设工程设计是工程建设的灵魂，在建设项目确定以后，工程设计就成为工程建设中最重要、最关键的环节。建设工程设计文件是设备材料采购、非标准设备制作和施工的主要依据。因此有必要通过立法，对建设工程勘察、设计文件编制和实施中的重要问题加以规范。《条例》明确了建设工程勘察、设计单位和勘察、设计师，在勘察、设计文件的编制和实施中享有的权利、应尽的义务和必须承担的责任。

一、编制建设工程勘察、设计文件的依据

（一）项目批准文件

项目批准文件，是指政府有关主管部门批准建设项目成立的项目建议书、可行性研究报告或者其他准予立项文件。对建设工期和实施进度、投资估算和资金筹措、经济效益和社会效益等，进行可行性研究。

按照我国现行的工程建设管理体制，建设项目的立项审批权在国家或地方计划管理部门，一定限额以上项目由国家计委批准立项，限额以下项目由地方计委批准立项，特大型建设项目还要报请国务院批准后才可立项。项目批准文件由上述部门按照管理权限批准颁发。

项目批准文件由建设单位负责提供给建设工程勘察、设计单位，变更项目批准文件也由建设单位负责，对此双方应当在建设工程勘察、设计合同中予以约定。

（二）城市规划

城市规划的作用是确定城市的规模、布局和发展方向，实现城市的经济和社会发展目标，合理进行城市建设，适应社会发展现代化建设的需要。

需要申请用地的，要向城市规划行政主管部门申请，由城市规划行政主管部门核发建设用地规划许可证。新建、扩建和改建的建筑物、构筑物、道路、管线和其他工程设施，必须提出申请，由城市规划行政主管部门根据城市规划提出的规划设计要求，核发建设工程规划许可证件。编制建设工程勘察、设计文件应当以这要求和许可证作为依据，使建设项目符合所在地城市规划的要求。

（三）工程建设强制性标准

我国工程建设标准将工程建设标准分为强制性标准和推荐性标准两类。工程建设强制性标准，是指工程建设标准中直接涉及人民生命财产安全、人身健康、环境保护和其他公众利益，以及提高经济效益和社会效益等方面的要求，在建设工程勘察、设计中必须严格执行的强制性条款。《实施工程建设强制性标准监督规定》（建设部第81号令）规定："国家工程建设标准强制性条文由国务院建设行政主管部门会同国务院有关行政主管部门确定。"《建设工程质量管理条例》第19条规定："勘察、设计单位必须按照工程建设强制性标准勘察、设计，并对其勘察、设计的质量负责"。

（四）国家规定的建设工程勘察、设计深度要求

编制各阶段的建设工程勘察、设计文件应当达到规定的深度要求，建设工程勘察、设计文件的深度要求，由国务院各有关部门组织制订。建筑工程设计应当执行建设部组织制定的《建筑工程设计文件编制深度的规定》（建设［1992］102号）。建设工程勘察、设计文件编制深度的规定，既是编制勘察、设计文件的依据和标准，也是衡量勘察、设计文件质量的依据和标准，勘察、设计单位和勘察、设计人员应当认真执行。建设单位对编制建设工程勘察、设计文件的深度有特殊要求的，应当在合同中约定。

二、设计文件中选用的材料、构配件、设备，应当注明其规格、型号、性能等技术指标，其质量要求必须符合国家规定的标准。除有特殊要求的建筑材料、专用设备和工艺生产线等外，设计单位不得指定生产厂、供应商

（一）《主要设备及材料表》是设计文件的组成部分，设计单位和设计人员在编制设计文件时应当正确选用材料、构配件和设备。

1. 在市场经济条件下，由于经济利益的驱动，有的设计单位的个别设计人员非法接受生产厂、供应商的贿赂或者回扣，在选用材料、构配件和设备时滥用权力，以权谋私。有的与生产厂、供应商签订长期推销材料、构配件和设备协议；有的设计文件中指定材料、构配件和设备的生产厂、供应商；有的甚至在设计文件中指明采用伪劣的或已被淘汰的材料、构配件和设备。

2. 设计单位和设计人员不得在设计文件中指定材料、构配件和设备的生产厂、供应商，并不等于不能选择材料、构配件和设备。设计单位和设计人员完全有权选择材料、构配件和设备，否则就不能充分表达设计意图和满足设计质量的要求，也不能满足招标采购的要求。设计单位和设计人员对材料、构配件和设备的选择权可以通过规定其规格、型号、性能等技术指标来实现，没有必要也不应该指定其生产厂、供应商。

（二）设计单位和设计人员选用材料、构配件和设备时所遵循的原则。

1. 设计选用的材料、构配件和设备的质量必须符合国家规定的标准；

2. 设计应当先选用先进、适用、经济、可靠，符合节能、环保等要求的材料、构配件和设备；

3. 设计不得选用已经明令淘汰的材料、构配件和设备；

4. 设计文件中应当注明材料、构配件和设备的规格、型号、性能等技术指标，但不得指定生产厂、供应商。

（三）设计单位不得指定材料、构配件和设备的生产厂供应商，但是有特殊要求的建筑材料、专用设备和工艺生产线等除外。

通常"特殊要求"是指设计选用产品的性能、规格只有某个工厂能够生产，其他工厂的产品其性能、规格都不能满足设计要求；另一种情况是指因为大型关键设备不确定，相应的设计条件不清楚，而无法继续设计时，须先指定生产厂生产的满足设计要求的设备，才能进行下一步工作。但在通用产品能够保证工程质量的前提下，设计单位不得故意选用特殊产品。

三、建设单位、施工单位、监理单位不得修改建设工程勘察、设计文件；确需修改建设工程勘察、设计文件的，应当由原建设工程勘察、设计单位修改

建设工程勘察、设计文件内容需要作重大修改的，建设单位应当报经原审批机关批准后，方可修改。

（一）建设工程勘察、设计文件是工程建设的依据，对建设工程项目来说，它具有技术法规的性质。

按照"谁勘察，谁负责；谁设计，谁负责"的原则，建设工程勘察、设计文件的修改，应当由原勘察、设计单位进行。未经原勘察、设计单位同意，任何单位或个人都不得修改。这是保证实现设计意图和确保工程质量的前提，也是保证勘察、设计单位履行质量责任的必要条件。

（二）施工单位、监理单位发现建设工程勘察、设计文件不符合工程建设强制性标准、合同约定的质量要求，应当报告建设单位，建设单位有权要求建设工程勘察、设计单位对建设工程勘察、设计文件进行补充、修改。

施工单位的职责是"按图施工"，在发现设计文件有错误时，有及时提出的义务，但没有修改的权利。《建筑法》第58条规定："建筑施工企业必须按照工程设计图纸和施工技术标准施工，不得偷工减料。工程设计的修改由原设计单位负责，建筑施工企业不得擅自修改工程设计。"《建设工程质量管理条例》第28条也作了相应的规定："施工单位必须按照工程设计图纸和施工技术标准施工，不得擅自修改工程设计，不得偷工减料。施工单位在施工过程中发现设计文件和图纸有差错的，应当及时提出意见和建议。"监理单位的职责是代表建设单位在施工质量、建设工期和建设资金使用等方面实施监督，对工程设计的修改有建议权，但没有决定权。

（三）经原建设工程勘察、设计单位书面同意，建设单位也可以委托其他具有相应资质的建设工程勘察、设计单位修改，修改单位对修改的勘察设计文件承担相应责任。

当原建设工程勘察、设计单位因为种种原因不能及时补充、修改勘察、设计文件时，建设单位和原建设工程勘察、设计单位协商同意，可以将补充、修改勘察、设计文件等后期服务工作委托给其他具有相应资质的建设工程勘察、设计单位承担，但三方必须签订书面协议。补充、修改建设工程勘察、设计文件的单位，对修改部分的勘察、设计文件承担质量责任，因修改部分的原因影响到原勘察、设计文件的质量时，还应当承担相应的连带责任。

（四）建设单位通过建设工程勘察、设计单位修改其勘察、设计文件的权利也不是无限的。

凡是经过政府有关主管部门审批，并在项目批准文件中确定的建设规模、产品方案、建设地点投资控制额等重大原则问题，工程勘察、设计单位无权擅自修改，需经原审批机关批准后方可修改，重新报批工作由建设单位负责。

四、建设工程勘察、设计单位应当在建设工程施工前，向施工单位和监理单位说明建设工程勘察、设计意图，解释建设工程勘察、设计文件。建设工程勘察、设计单位应当及时解决施工中出现的勘察、设计问题

（一）建设工程勘察、设计单位在交付勘察、设计文件之后，继续提供相关的后期服务，配合建设单位、施工单位和监理单位的工作，直至建设项目建成投产或交付使用，是勘察、设计单位应尽的职责。

国家计委颁发《基本建设设计工作管理暂行办法》（计设［1983］1477号）规定：

"设计单位应积极配合施工,负责交代设计意图,解释设计文件,及时解决施工中设计文件出现的问题,参加试运转,参加竣工验收、投产,进行总结。对于大中型工业项目和大型复杂的民用工程,应派现场设计代表并参加隐藏工程验收。"

(二)建设工程勘察、设计后期服务。

设计单位在施工阶段提供相关的后期服务,主要指施工开始前的设计交底和施工中解决设计问题两个方面:

1. 设计交底。设计交底的目的是使施工单位和监理单位尽可能地了解设计文件的内容和意图,做好施工准备,施工单位准确地按照设计文件的内容和意图,做好施工准备。施工单位准确地按照设计图纸施工,监理单位正确地依据设计图纸监督施工。通常的做法是在施工开始前,由建设单位主持,设计单位、施工单位和监理单位及有关人员参加,由设计单位的项目设计负责人和有关专业的设计人员说明设计意图,解释设计文件,对有关问题进行答疑和澄清;与会各方就实施设计文件有关的施工技术措施及需要修改设计文件等问题进行会商,做好记录,并形成会议纪要文件。设计单位根据会议纪要对设计文件进行必要的修改和完善,勘察单位必要时也应当派有关人员参加设计交底和会商。

2. 解决施工中出现的设计问题。施工中出现的设计问题,是指在施工中发现设计文件有违反强制性技术标准的问题,或者有达不到合同约定的质量标准问题,以及有错、漏、碰、缺等问题,也包括其他非设计原因需要修改设计文件的问题。设计单位有责任、有义务及时修改设计文件,解决施工中出现的设计问题。

3. 凡因建设工程勘察、设计单位自身原因而导致的勘察、设计问题,建设工程勘察、设计单位要无偿地、及时地予以解决,建设单位不另付勘察、设计费。

4. 建设工程勘察、设计单位承包勘察、设计业务,应当与发包方签订书面建设工程勘察、设计合同。施工阶段的后期服务是建设工程勘察、设计业务的组成部分,因此后期服务的范围、内容、质量、时间和费用等,也应当在《建设工程勘察合同》、《建设工程设计合同》或者《施工阶段技术服务合同》中约定。建设部、国家工商行政管理局印发的《建设工程设计合同》(一)(民用建设工程设计合同)及(二)(专业建设工程设计合同)示范文本(建设〔2000〕50号),分别在"双方责任中规定。"

(三)施工图设计文件未经审查批准的,不得使用。

1. 施工图设计文件由建设单位报送建设行政主管部门,由建设行政主管部门委托有关审查机构进行审查,并提出审查报告。

施工图设计文件审查合格的,由建设行政主管部门批准,并颁发施工图审查批准书,即可交付施工单位施工。施工图设计文件审查不合格的,由审查机构退回建设单位,经原设计单位修改,重新送审。施工图设计文件未经审查或审查不合格的,建设行政主管部门不得签发该项目的施工许可证,也不得交付施工单位施工。

2. 审查收费。施工图设计文件审查实行收费制,其费用由建设单位支付,具体收费标准由省、自治区、直辖市人民政府建设行政主管部门和当地价格管理部门确定。

第九章 建设设计合同的订立与设计责任保险

第一节 建筑设计合同概述

1978年，国家建委颁布了《设计文件的编制和审批办法》。1984年8月，国家计委在《关于简化基本建设项目审批手续的通知》中，对审批权限作了修改。1992年3月，建设部发布了《建筑工程设计文件编制深度的规定》。1992年3月，建设部关于批准《建筑工程设计文件编制深度的规定》的通知。2000年9月25日，中华人民共和国国务院令第293号《建设工程勘察设计管理条例》颁布实施。

一、建设工程合同的概念

《合同法》第269条规定："建设工程合同是承包人进行工程建设，发包人支付价款的合同。"建设工程合同主要包括勘察设计合同、建筑设计合同、施工合同和监理合同。

建设工程承包合同与一般完成工作合同一样为劳务合同、诺成合同、有偿合同、双务合同。根据我国《建筑法》和《合同法》规定，它必须是一种要式合同。改革之前，建筑行业是我国计划经济色彩最为浓厚的领域，建设工程承包合同属计划合同，它是保证国家计划落实的配套手段，但改革开放以后，随着投资体制改革的推进，投资主体和投资渠道日益多元化，投资渠道和建设工程招投标的推广，建设工程交易的市场化程度越来越高，目前建设工程承包合同不再是计划合同。

二、建设工程合同的特征

建设工程合同具有以下法律特征：

1. 合同的主体只能是法人，并且具有一定的资格限制。建设工程的特点决定了其主体必须符合一定资格，发包人只能是被批准建设工程的法人，承包人只能是具有从事勘察、设计、建筑、安装、监理资格的法人。这是由于建设工程合同所要完成的工程投资大、周期长、质量要求严、技术含量高的特点决定的。

2. 合同的标的仅限于基本建设工程。为完成不能构成基本建设的一般工程的建设项目而订立的合同，不属于建设工程合同，而应属于承揽合同。例如，个人为建造个人住房而与其他公民或建筑队订立的合同，就属于承揽合同，而不属于建设工程合同。

3. 国家管理的特殊性。因建设工程合同涉及国家的基本建设规划，同时其标的物不仅具有不可移动性，且需长期存在和发挥效用，事关国计民生，因此，国家对建设工程合同要实行严格的管理和监督。

4. 建设工程合同具有计划性和程序性。因建设工程合同的特殊性及其特殊地位，国家仍然需要对基建项目实行计划控制，这是实现国民经济高速稳定发展的重要措施。所以，建设工程合同仍受国家计划的约束。对于国家的重大工程项目，更应当根据国家规定的程序、国家批准的投资计划和计划任务书签订。

同时，由于基本建设工程建设周期长、质量要求高、涉及面广、各阶段之间的工作互相衔接，因而有一定的严密程序。

5. 建设工程合同为要式合同。建设工程合同应当采取书面形式，这是国家对基本建设监督管理的需要，也是由建设工程合同履行的特点所决定的。建设工程合同应为要式合同，不采用书面形式的建设工程合同不能有效成立。

第二节 建设工程设计合同的订立

一、建设工程设计合同订立的方式

建设工程设计合同的订立首先须遵守国家的相关规定，要有一定的依据。一个工程项目的确定，首先要立项，即由有关业务主管部门和建设单位提出项目建议书，报经有关的计划机关批准。立项后进行可行性研究，编制计划任务书，选定工程地址。只有在计划任务书批准后，才能根据计划任务书签订勘察、设计合同。只有在勘察、设计合同履行后，才能根据批准的初步设计、施工图设计和总概算等签订建设工程合同。

建设工程设计合同的订立，除某些不适宜招标的特殊工程外，均应实行招标投标。招标投标制度，是以招标的表示，使投标竞争者分别提出有利条件，而由招标人选择其中最优者并与其订立合同的一种法律制度。

建设工程的招标投标活动，应当依照《建筑法》、《招标投标法》的规定，遵守公开、公平、公正原则和诚实信用原则。

二、签订建设工程设计合同的原则

订立合同的原则是指贯穿于订立建设工程合同的整个过程，对发承包双方签订合同起指导和规范作用的，双方应当遵守的准则。

（一）合法原则

根据该项原则，订立合同的主体、内容、形式、程序等都要符合法律规定。《合同法》第 7 条规定："当事人订立、履行合同，应当遵守法律、行政法规，尊重社会公德，不得扰乱社会经济秩序，损害社会公共利益。"订立建设工程承包合同唯有遵守法律和行政法规，合同才受国家法律的保护，当事人预期的经济利益目的才有保障。凡是内容不合法的合同，即使是基于合同当事人的真实意思表示，也是无效的。例如，施工单位与建设单位签订合同，承诺全部垫资施工，尽管这是施工单位与建设单位意思表示一致的结果，但因为垫资施工的约定违反了关于建设工程项目不得垫资施工的规定，合同不具有法律约束力。

（二）平等、自愿的原则

平等是指合同要在双方友好协商的基础上订立，任何一方都不得把自己的意志强加于另一方，更不得强迫对方同自己签订合同。所谓自愿，是指订立合同要充分尊重当事人的意愿，订与不订、如何订等，都要取决于当事人的自主决断，任何单位和个人都不得非法干预。

贯彻平等自愿的原则,必须体现发包人与承包人在法律地位上的完全平等。《合同法》第3条、第4条分别规定,"合同当事人的法律地位平等,一方不得将自己的意志强加给另一方","当事人依法享有自愿订立合同的权利,任何单位和个人不得非法干预。"发包人与承包人订立合同是完全平等的,没有大小、高低之分,双方应在互相尊重的基础上进行协商。事实上,如果双方的意思表示不真实,有违其真实意愿,即使合同勉强签订了,也难以履行,当事人预期的经济利益目的也就难以实现。

(三)公平、诚实信用的原则

公平原则是民法的基本原则之一。《民法通则》第4条规定:"民事活动应当遵循自愿、公平、等价有偿、诚实信用的原则。"《合同法》第5条规定,"当事人应当遵循公平原则确定各方的权利和义务。"根据公平原则,民事主体必须按照公平的原则设立、变更或者消灭民事法律关系。在订立建设工程合同中贯彻公平原则,反映了商品交换等价有偿的客观规律和要求。贯彻该原则的最基本要求即是发包人与承包人的合同权利、义务要对等而不能显失公平,要合理分担责任。建设工程承包合同是双务合同,双方都享有合同权利,同时承担相应的义务。

诚实信用原则也是民法的一项基本原则,适用于各种民事权利义务关系。《合同法》第6条规定,"当事人行使权利、履行义务应当遵循诚实信用原则。"

《招标投标法》第5条也规定了诚实信用原则,要求招标投标当事人必须具有诚实、守信、善意的心理状态;要求当事人在招标投标活动中,应当忠于真相,不得欺骗他人,损人利己;要求平衡招标投标活动当事人之间各种利益冲突和矛盾,而且要求平衡当事人的利益与社会利益之间的矛盾与冲突,要求充分尊重他人和社会的利益,不得损害国家利益、社会公共利益或者他人的合法权益。

诚实信用原则的功能,直接有助于维护交易安全。诚实信用原则要重合同、守信用,遵守合同必须严守规则。在法律上,诚实信用原则属于强行性规范,当事人不得以其协议加以排除和规避。

在订立建设工程承包合同中贯彻诚实信用原则,要求当事人首先应当诚实,实事求是向对方介绍自己订立合同的条件、要求和履约能力,充分表达自己的真实意愿,不得有隐瞒、欺诈的成分;其次,在拟定合同条款时,要充分考虑对方的合法利益和实际困难,以善意的方式设定合同权利和义务。

三、要约和承诺

当事人就合同内容协商一致的,合同成立。从合同成立的方式来讲,必须经过要约与承诺两个阶段。要约是订立合同的必经阶段,没有要约就不能形成合同法律关系。《合同法》对要约与承诺作出了详细规定。

(一)要约

要约,是指希望和他人订立合同的意思表示,该意思表示应当符合下列规定:内容具体确定,表明经受要约人承诺,要约人即受该意思表示约束。

在合同关系上,仅有要约还不能订立合同,还要有受要约人的承诺,才能形成合同法律关系。法学理论上一般也都认为,要约是一种意思表示而不是完整的法律行为。

1. 内容具体确定。具体主要包括要约的内容必须具有足以使合同成立的主要条件，如果不能包含合同的主要条款，受要约人就无法承诺。确定是指要约的内容必须是清楚、明确的，不能含糊不清，否则会使受要约人不能理解要约人的真实含义，无法作出承诺。

2. 表明受要约人承诺，要约人即受该意思表示约束。要约人首先要把自己作为合同的一方当事人，信守诺言，表明一旦受要约人发生承诺，就要受要约提出的意思表示约束，证明希望订立合同的诚意。否则，受要约人就会怀疑要约人的诚意，而不与之订立合同。

（二）承诺

《合同法》第 20 条规定："承诺是受要约人同意要约的意思表示"，此为承诺的法定解释。商业贸易中又称承诺为"接盘"。

承诺要取得成立合同的法律效力，必须同时具备以下五个要求：

1. 承诺必须由受约人作出。要约和承诺是一种相对人的行为，只有受约人享有承诺的资格。

2. 承诺必须向要约人作出。受约人承诺的目的在于同要约人这一特定的主体订立合同，若承诺针对要约人以外的第三人作出，便毫无意义。

3. 承诺的内容应当与要约的内容一致，否则，可见为拒约原要约，并构成新要约。

《合同法》第 30 条、第 31 条分别规定："承诺的内容应当与要约的内容一致。受要约人对要约的内容作出实质性变更的，为新要约。有关合同标的、数量、质量、价款或者报酬、履行期限、履行地点和方式、违约责任和解决争议方法等的变更，是对要约内容的实质性变更。""承诺对要约的内容作出非实质性变更的，除要约人及时表示反对或者要约表明承诺不得对要约的内容作出任何变更的以外，该承诺有效，合同的内容以承诺的内容为准。"

承诺应当以明示（作为）的方式作出，缄默或者不作为不能视为承诺。《合同法》第 22 条规定，"承诺应当以通知的方式作出，但根据交易习惯或者要约表明可以通过行为作出承诺的除外。"但对以何种形式作出该通知未作具体规定。理论上一般认为，承诺应当以要约规定的形式作出，如果要约未提出承诺形式的，则应以合理、妥善的形式为宜，如书面形式。

承诺在要约规定的时间内到达要约人时，承诺生效。要约没有规定承诺期限的，如要约是以对话方式作出的，应当即时作出承诺的意思表示，但当事人另有约定的除外；或者，如果要约是以非对话方式作出的，应当在合理期限内到达要约人。

4. 承诺须在要约的有效期间作出。如果要约有存续期间，承诺必须在此期间内作出。如果要约未定有存续期间，对于口头要约，受约人须立即作出承诺；对于书面要约，受约人应在通常情况下能收到承诺后必要的合理期间内承诺。

5. 承诺的方式必须符合要约规定。要约人在要约中对承诺方式提出具体要求的，承诺必须按规定方式作出，否则，承诺不发生效力。

四、建筑设计合同的主要条款

（一）工程设计项目的名称、地点、规模、投资、设计内容及标准

1. 工程项目的名称、地点、规模；

2. 工程特征及附注说明；
3. 工程项目的投资总额；
4. 工程项目的设计内容及标准。

（二）甲方（建设单位）向乙方（承接方）提交的有关资料及文件

（三）乙方向甲方交付的设计文件

（四）设计费用及支付方法

1. 甲、乙双方签订合同生效后7日内，甲方应向乙方预付估算设计费总额的20%（本合同履行后，定金抵作设计费）。

2. 乙方提交初步设计文件后7日内，甲方应即再支付估算设计费总额的30%（不含定金）。

3. 乙方提交全部施工图设计文件后7日内，甲方应向乙方按设计概算结清全部工程设计费。

（五）建设单位的权利和义务

1. 甲方按本合同第三项约定，在规定的时间向乙方提供资料及文件，并对其完整性、正确性及时限负责。

甲方提交上述资料及文件超过规定期限15天以内，乙方按本合同第四项规定交付设计文件时间顺延；超过规定期限15天以上时，乙方有权重新确定提交设计文件的时间。

2. 甲方变更委托设计项目、规模、条件或因提交的资料错误，或对提交资料作较大修改，以致造成乙方设计需返工时，双方除需另行协商签订补充合同、重新明确有关条款外，甲方应按乙方所耗工作量向乙方支付返工费。

3. 在合同履行期间，甲方单方提出解除合同的，乙方未开始设计工作，不退还甲方已付的定金；已开始设计工作的，甲方应根据乙方已进行的实际工作量，不足一半时，按该阶段设计费的一半支付；超过一半时，按该阶段设计费的全部支付。

4. 甲方应按本合同约的金额和时间向乙方支付设计费用，每逾期支付一天，应承担应支付金额2‰的逾期违约金。逾期超过30天以上时，乙方有权暂停履行下阶段工作，并书面通知甲方。甲方上级对设计文件不审批或本合同项目停缓建，甲方均应支付应付的设计费。

5. 甲方要求乙方比合同规定时间提前提交设计文件时，甲方应支付赶工费。

6. 甲方应为乙方派往现场的工作人员提供工作生活及交通等方便条件。

7. 甲方应保护乙方的设计版权，未经乙方同意，甲方对乙方交付的设计文件不得复制或向第三方转让或用于本合同外的项目，如发生以上情况，乙方有权索赔。

（六）设计单位的权利和义务

1. 乙方按本合同约定的内容、时间及份数向甲方交付设计文件。

2. 乙方对设计文件出现的遗漏或错误负责修改或补充。由于乙方设计错误造成工程质量事故损失，乙方除负责采取补救措施外，应免收受损失部分的设计费，并根据损失程度向甲方偿付赔偿金，赔偿金最多与免收的设计费金额相等。

3. 由于乙方自身原因，延误了按本合同约定的设计文件交付时间，每延误一天，应减收该项目应收设计费的2‰。

4. 合同生效后，乙方单方提出解除合同的，乙方应双倍返还定金，还应当按照有关规定赔偿甲方损失。

5. 乙方交付设计文件后,应参加有关部门设计审查会议及根据审查结论负责不超出原定计划任务书范围内的必要调整补充。

6. 乙方不得向第三方扩散、转让甲方提交的产品图纸等技术经济资料。如发生以上情况,甲方有权索赔。

第三节　建设工程设计责任保险

一、建设工程设计责任的概念

建设工程设计责任保险标的的建设工程设计责任是指工程设计单位因设计过失造成事故导致受害人(业主或其他第三人)的人身伤害或财产损失,依法应当由提供设计服务的工程设计单位承担的赔偿责任。其主要特点有:

(一)建设工程设计责任是一种从事工程设计的建筑师责任

从事建筑设计的建筑师、从事土木工程结构设计的结构工程师、从事设备设计的设备工程师等具有以下四个特征:

1. 专业性、技术性强。建筑师是以其工程设计咨询的专门技能和知识,根据建设工程的要求,对建设工程的技术、经济、资源、环境等条件进行综合分析、论证,编制建设工程设计文件的专业技术人员。

2. 要有相应的执业资格。设计文件应当由注册建筑师、注册结构工程师等注册执业人员签字。

3. 建筑师在执业过程中对保证业主的投资效益、确保建设工程质量、保护社会公众人身和财产安全肩负重大责任,因此,应当树立高度的责任感,精心设计,精心管理,保证质量,做到万无一失。

4. 建筑师与当事人有特殊的信赖关系。业主将建设工程设计委托给工程设计单位,就是将建设工程的外形和内在实体的筹划、研究、构思、设计和描绘的任务交给工程设计单位来完成,是对工程设计单位的建筑师的高度信任。因此,建筑师提供的服务不同于一般人提供的服务,应提供注意程度更高的服务,承担高度的注意义务。

(二)建设工程设计责任是一种特殊侵权责任

侵权责任分为一般侵权责任与特殊侵权责任。一般侵权责任是指行为人由于过错侵害他人的财产或人身安全,依法应当承担的民事责任。特殊侵权责任是指行为人基于与自己有关的行为、事件或其他特别的原因致人损害,依照法律特别规定应当承担的民事责任。由于设计原因引发事故致人损害责任是一种特殊侵权责任,其特点在于:

1. 由法律直接规定。《建筑法》第80条规定:"在建筑物的合理使用寿命内,因建筑工程质量不合格受到损害的,有权向责任者要求赔偿。"如果建筑工程质量不合格是由于建设工程设计的原因造成的,工程设计单位就成为责任者,受害人有权要求工程设计单位承担赔偿责任。

2. 以过错推定原则为归责原则。过错推定原则是指只要受害人能够证明所受损害是加害人的行为所致,即推定加害人存在过错并应当承担民事责任。受害人只要证明所受损害是建筑师的设计原因引发事故所致,即推定建筑师存在过错并应当承担赔偿责任。

3. 在举证责任的分配上适用倒置原则。而按照举证责任倒置的要求,提出主张的人不承担举证责任,而由否认侵权事实的对方当事人对其不承担侵权责任的事由,或对其所主张的事由负举证责任。在建设工程设计责任事故处理中,工程设计单位就自己没有过错或存在法定的抗辩事由承担举证责任。

4. 免责事由由法律严格规定。工程设计单位的免责事由通常不超出设计规范的不可抗力、受害人故意、第三人的过错等。

(三)建设工程设计责任是一种过失侵权责任

侵权行为人承担民事责任的要件之一是主观过错。主观过错是行为人通过其实施的侵权行为所表现出来的。故意是指行为人已经预见到自己行为的损害结果,仍然积极追求或者听任该后果的发生。过失是指行为人因未尽合理的注意义务而未能预见损害后果,并致损害后果发生。建设工程设计责任是过失侵权责任,是建筑师因未尽高度注意义务而未能预见损害后果并造成损害结果的发生所应承担的民事责任。

(四)建设工程设计责任是一种与人民群众生命财产密切相关的重大责任

建筑师从事的工程设计工作是工程建设的灵魂,如果建筑师因设计过失而引发事故,将会造成巨大的经济损失和重大的人员伤亡。建筑师的责任重于泰山。

(五)建设工程设计责任是一种复杂性的责任

建设工程质量好坏往往与勘察单位、设计单位、施工单位、监理单位、材料设备生产供应单位、建设单位等均有密切关系,建设工程质量事故的出现往往是多种因素作用的结果。因此,认定建筑师在建设工程质量事故中是否承担责任以及责任的大小,难度是很大的,需要经过周密的调查和科学的鉴定。

二、建设工程设计责任保险

责任保险是指以被保险人依法应当对第三人承担的损害赔偿责任为标的的保险。《保险法》第50条第2款规定:"责任保险是指以被保险人对第三者依法应负的赔偿责任为保险标的的保险。"建设工程设计责任保险是指工程设计单位根据合同的约定,向保险公司支付保险费,保险公司对于工程设计人员因设计过失造成事故,引起受害人(业主或其他第三人)人身伤害或财产损失承担赔偿责任的保险。

建设工程设计责任保险作为责任保险的一种,与财产保险、人身保险相比,具有以下特征:

(一)保险作用不同

虽然保险的作用均是转移风险,但是建设工程设计责任保险转移的是工程设计单位应承担的赔偿风险,而财产保险转移的是利益风险,人身保险转移的是人身风险。

(二)保险标的不同

建设工程设计责任保险标的是工程设计单位的建筑师,因过失而造成受害人的损害赔偿责任;而财产保险标的是有形的财产以及相关利益,人身保险标的是人的生命或身体健康。

(三)保险目的不同

建设工程设计责任保险直接保障被保险人即工程设计单位的利益,间接保障受害人

（业主或其他第三人）的利益；而财产保险的目的是保障被保险自己的财产，人身保险的目的是保障被保险人或其受益人自己的生命或身体健康。

（四）保险事故不同

建设工程设计责任保险的保险事故的成立必须同时具备两个条件：一是被保险人即工程设计单位之外的受害人遭受损害，且依照法律应由被保险人即工程设计单位承担民事赔偿责任；二是受害人受到损害后，向被保险人即工程设计单位提出赔偿的要求；而财产保险的保险事故是财产的损毁或灭失，人身保险的保险事故是人体的伤残、疾病或死亡。

（五）赔偿处理不同

建设工程设计责任保险的赔偿处理非常复杂，表现在：

1. 赔偿处理涉及受害人（业主或其他第三人），对工程质量事故的调查、责任的认定，除了与工程设计单位有关外，还与建设单位、施工单位、材料设备生产供应单位、监理单位有密切关系。

2. 建设工程损失的赔偿，由于数额大、责任认定复杂，当事人之间一般难以通过协商达成一致意见，大多数需要通过诉讼来解决。

3. 由于保险公司代替工程设计单位承担对受害人的赔偿责任，工程设计单位对建设工程设计责任事故的处理态度往往关系到保险公司的利益，为了保护保险公司的合法权益，法律赋予了保险公司有参与处理建设工程设计责任事故的权利。

4. 赔款可以直接支付给受损害的第三者。我国《保险法》第50条第1款规定："保险人对责任保险的被保险人给第三者造成的损害，可以依照法律的规定或者合同的约定，直接向该第三者赔偿保险金。"

三、推行建设工程设计责任保险的必要性

推行建设工程设计责任保险是我国工程建筑设计的一项重大改革。推行建设工程设计责任保险的必要性和迫切性主要体现在：

（一）有利于以最小的成本获得最大的保障，增强工程设计单位的抗风险能力

责任保险承保的是法律风险。随着我国《建筑法》、《合同法》、《安全生产法》、《建设工程质量管理条例》的颁布和实施，我国工程设计单位的法律风险加大，工程设计单位若不通过保险等方式转移风险，则难以承受事故后果。按照1983年国务院颁布的《建设工程勘察设计合同条例》的规定，工程设计单位在因工程设计责任造成的质量事故中只需承担损失部分设计费两倍的赔偿，即只承担约2％左右的工程损失，绝大部分则是由建设单位承担，工程设计风险很小。但是，1997年11月颁布的《建筑法》第73条、第80条以及1999年3月颁布的《合同法》第280条均规定，由于设计原因造成的损失，工程设计单位要全额赔偿。2000年3月，建设部、国家工商行政管理局联合制定的《建设工程设计合同》（示范文本）中有关发包人和设计人约定，由于设计原因造成的损失的赔偿比例规定，因违反公平原则和有关法律规定而不具有法律约束力。

（二）有利于工程设计单位在工程设计招标投标中处于有利地位，有利于提高工程设计单位的市场竞争能力

建设工程设计责任保险具有保护投资者投资安全的功能，在工程设计单位投保建设工程设计责任险后，投资者可以在发生建设工程设计责任事故造成损失时得到经济补偿。投

资者在选择工程设计单位时，对资质等级、人员素质、业绩等条件同等的工程设计单位，会优先选择赔偿能力强者（如已投建设工程设计责任保险）的单位。

（三）有利于保护投资者和第三者的财产和人身安全，完善我国工程风险管理制度

目前，我国正在建立和推行工程风险管理制度，工程设计责任保险是其中的重要内容。

责任保险的特点之一就是在保护投保人利益的同时保护受害人的利益。工程设计单位的资产有限，而建设工程设计的风险大，建设工程设计责任保险是其保护投资者及第三者合法权益的最佳选择。国外投资者在中国的投资项目均要求工程设计单位，必须投保建设工程设计责任保险。随着国内投资者工程风险意识的提高，这种要求也会越来越多。

（四）有利于强化工程设计质量管理，提高工程设计质量

投保时，保险公司通过审查，为信誉好、设计质量可靠、设计水平高的设计单位提供保险；对设计责任事故多、赔付率高的设计单位，提高保险费或拒绝为其承保。投保后，保险公司自己或委托行业协会组织的专家运用处理风险的经验和专门知识，指导工程设计单位加强工程设计质量管理，进行设计审查，发现问题，提出建议，督促工程设计单位及时采取措施消除隐患；同时，还可以从保险费中提取一定比例的工程设计风险防范基金，资助有关机构开展工程设计专题研究。通过上述机制和种种工作，提高工程设计的质量，减少工程设计责任事故的发生或减轻事故损失的程度和影响。

（五）有利于进行设计创优和技术创新，提高工程设计水平

工程设计是新技术、新材料、新工艺转化为现实生产力的桥梁和纽带。有了建设工程设计责任保险，工程设计人员就敢于在工程设计中大胆采用新技术、新材料、新工艺，进行设计创优和技术创新，这样可以避免工程设计中出现不必要的保守和无谓的浪费。

（六）有利于公正、客观地处理工程质量事故，保护工程设计单位的合法权益

工程质量事故一旦发生，其调查和处理一般非常复杂，不仅牵扯工程设计单位的大量精力，而且政府有关部门的处理往往缺乏客观性、公正性。工程设计单位投了建设工程设计责任保险后，若发生工程质量事故，保险公司要直接参与处理，由其聘请有关专家进行事故鉴定，有利于客观地查明工程质量事故的原因，公正地确定工程质量事故的责任，保护工程设计单位的合法权益。

2001年12月11日，中国正式成为世界贸易组织（以下简称WTO）的成员。随着我国加入WTO，建筑设计与建筑市场的开放程度也随之空前提高，已有建设工程设计责任保险的美国、英国、法国、澳大利亚等国家的工程设计单位纷纷进入中国市场。要想与运作规范的国际大公司同台竞技，国内设计公司应按世贸规则和国际惯例进行经营和管理，首先需要运用建设工程设计责任保险来规避风险。

第四节　建设工程设计责任保险的基本内容

一、建设工程设计责任保险的种类

建设工程设计责任保险按其保险标的不同，可以分为综合年度保险、单项工程保险、多项工程保险三种。

（一）综合年度保险是指以工程设计单位1年内完成的全部工程设计项目，可能发生的对受害人的赔偿责任作为保险标的的建设工程设计责任保险。综合年度保险的年累计赔偿限额由工程设计单位根据该年承担的设计项目所遇风险和出险概率来确定，保险期限为1年。

（二）单项工程保险是指以工程设计单位完成的一项工程设计项目，可能发生的对受害人的赔偿责任，作为保险标的的建设工程设计责任保险。单项工程保险的累计赔偿限额，一般与该项目工程的总造价相同，保险期限由工程设计单位与保险公司具体约定。

（三）多项工程保险是指以工程设计单位完成的数项工程设计项目，可能发生的对受害人的赔偿责任，作为保险标的的建设工程设计责任保险。多项工程保险的累计赔偿限额，一般为数个项目工程的总造价之和或数个项目工程的总造价之和的一定比例，保险期限由工程设计单位与保险公司具体约定。

自2000年建设工程设计责任保险制度在深圳、上海、北京试点以来，各地的做法也不相同：有的地方将是否参加建设工程设计责任保险与工程设计单位的资质年检挂钩，不投建设工程设计责任保险的工程单位，资质年检不能通过；有的地方将是否参加建设工程设计责任保险与工程设计投标挂钩，不投建设工程设计责任保险的工程设计单位，不能参加工程设计投标；有的地方规定外地工程设计单位承揽本地工程设计任务，必须要投建设工程设计责任保险。

二、建设工程设计责任保险的适用范围

建设工程设计责任保险的适用范围，又称保险对象，是指依法成立，经工商行政管理部门注册登记，并经国家建设行政主管部门批准取得相应资质证书的工程设计单位。

作为建设工程设计责任保险对象的工程设计单位，应同时具备以下三个条件：

（一）从事土木工程、建筑工程、线路管道和设备安装工程的工程设计

根据我国《建筑法》第2条、第81条的规定，建设工程分为房屋建筑工程和其他专业建筑工程两大类。房屋建筑工程包括住宅、公寓、别墅，工业建筑包括各类工业厂房、仓库。《建筑工程勘察设计管理条例》第2条规定，工程设计是指根据建设工程的要求，对建设工程所需的技术、经济、资源、环境等条件进行综合分析、论证，编制建设工程设计文件的活动。

（二）经国家建设行政主管部门批准取得相应资质证书

根据我国《建筑法》、《建设工程勘察设计管理条例》及《建设工程勘察设计企业资质管理规定》的规定，工程设计单位只有经国家建设行政主管部门批准取得相应的资质证书，方可在许可的范围内从事工程设计活动。工程设计资质分为工程设计综合资质、工程设计行业资质、工程设计专项资质。

（三）保险责任的范围

建设工程设计责任保险的保险责任，一般包括以下四项内容：

1. 工程设计单位对造成建设工程损失、第三者财产损失或人身伤亡依法应承担的赔偿责任；

2. 事先经保险公司书面同意的保险责任事故的鉴定费用；

3. 事先经保险公司书面同意，为解决赔偿纠纷而交给人民法院的诉讼费用等；

4. 发生保险责任事故后，工程设计单位为缩小或减轻依法应承担的赔偿责任所支付的必要的合理的费用。

（四）保险责任的开始时间和结算时间

在建设工程设计责任保险实务中，正确理解建设工程设计的开始时间和完成时间非常重要，直接关系到保险公司的保险责任是否承担。一般来说，建设工程设计的开始时间以《建设工程设计合同》订立的时间为准；建设工程设计的完成时间，应按工程的不同类别分别界定：房屋建筑工程以取得建设行政主管部门核发的《建设工程施工许可证》的时间为准，专业建设工程以有关行政主管部门核发有效许可开发文件的时间为准。

以上时间条件是针对综合年度保险来说的，对于单项工程保险或多项工程保险没有这样的时间条件的限制。

（五）主观与客观条件

保险公司承担的赔偿责任必须是工程设计单位由于设计的过失而造成的损失，依法应由其承担的赔偿责任。应从以下四个方面来理解：

1. 工程设计单位在主观上有过失。过失是指工程设计单位的建筑师，因未尽高度注意义务而未能预见损害后果以致损害结果发生。

2. 工程设计单位在客观上造成损失。这里的损失指建设工程设计责任事故损失。建设工程设计责任事故是指工程设计单位及其建筑师在工程设计活动中，违反建设工程管理法律、行政法规、部门规章和工程建设强制性标准，过失造成受害人财产、人身伤害事故。建设工程设计责任事故可以分为工程质量事故、建筑功能事故、生产能力事故等。工程质量事故是指由于设计原因造成建设工程倒塌、开裂、错位、变形等。建筑功能事故是指由于设计原因造成建设工程隔热、隔声、消防等达不到工程建设强制性标准。生产能力事故是指由于设计原因造成建设工程的生产能力达不到工程设计合同约定的要求。

3. 工程设计的行为与损失结果之间存在因果上的联系。

4. 赔偿责任依法应由工程设计单位来承担。有些赔偿责任虽然以上三个条件均具备，但是法律规定是可以免责的，如不可抗力等，保险公司可以不承担赔偿责任。因此，只有具备以上三个条件，同时依据法律规定应由工程设计单位承担的赔偿责任，保险公司才负责赔偿。

因建筑设计单位的如下违法行为造成的损失、费用保险公司不予赔偿：

1. 工程设计单位因违反国家现行资质管理规定承接工程设计业务而造成的损失、费用，保险公司不负责赔偿。

2. 工程设计单位未根据勘察成果文件进行工程设计而造成的损失、费用，保险公司不负责赔偿。

3. 工程设计单位将工程设计任务转包或未按照国家有关规定分包而造成的损失、费用，保险公司不负责赔偿。

我国《建设工程勘察设计管理条例》第20条规定："建设工程勘察、设计单位不得将所承揽的建设工程勘察、设计转包。"由此造成的损失、费用，保险公司不负责赔偿。

我国《建设工程勘察设计管理条例》第19条规定："除建设工程主体部分的勘察、设计外，经发包方书面同意，承包方可以将建设工程其他部分的勘察、设计分包给其他具有相应资质等级的建设工程勘察、设计单位。"由此可见，工程设计分包应符合四个条件：

一是建设工程主体部分必须由工程设计单位自己完成，不得分包；二是工程设计分包需要经发包方书面同意；三是分包单位应具有与其承揽的设计工程相适应的资质等级；四是分包单位不得将其分包的建设工程再分包。违反上述条件之一，就是未按照国家有关规定分包。工程设计的风险加大，由此造成的损失、费用，保险公司不承担赔偿责任。

三、建设工程设计责任事故的特点

（一）复杂性

为了适应人类社会的不同需要，建设工程的类型具有多样性，有房屋建筑工程与专业建筑工程之分，房屋建筑工程又分为住宅、公共建筑等。建设工程从立项到竣工，都是由建设单位、勘察单位、设计单位、施工单位、监理单位、建筑材料构配件设备的生产供应单位共同参与的。造成建设工程质量事故的原因错综复杂，有时是多种因素共同作用的结果。因此，认定建设工程设计责任事故的原因、后果及损失的大小是非常复杂的。

（二）严重性

建设工程设计责任事故造成的后果是严重的，轻则工程返工，造成工程投资的加大和工期的延长，重则留下隐患或缩短建设工程的使用年限，甚至房倒楼塌，造成重大人员伤亡和财产损失。

（三）长期性

建设工程设计责任事故，有时会在建设工程施工过程中发生，但更多是在建设工程建成之后或使用数年之后发生。

四、建设工程设计责任事故鉴定

建设工程设计责任事故鉴定是指鉴定机构、鉴定人员受工程设计单位、保险公司或受害人的委托，运用自己的专门知识、技能以及必要的技术手段，对建设工程设计责任事故的原因、后果、损失的大小等进行检验、鉴别、评定、估算的活动。

（一）鉴定种类

建设工程设计责任事故的鉴定根据委托主体不同，可以分为自行委托鉴定和法院委托鉴定（包括仲裁机构委托鉴定）两种。

自行委托鉴定是指建设工程设计责任事故的有关各方，包括工程设计单位、保险公司、受害人，自行聘请有资格的鉴定机构对建设工程设计责任事故进行鉴定的行为。

法院委托鉴定是指在诉讼过程中，由法院委托当事人协商确定的或法院指定的鉴定机构对建设工程设计责任事故进行司法鉴定的行为。

（二）鉴定工作步骤

鉴定机构接受委托后，鉴定工作一般按下列步骤进行：

1. 仔细审查建设工程的有关资料、设计图纸等；
2. 鉴定人员到工程所在地进行现场勘验；
3. 根据技术规范制定鉴定方案；
4. 对鉴定活动进行详细记录；
5. 对复杂、疑难的技术问题，可聘请有关专家协助鉴定；
6. 起草鉴定文书，到鉴定文书的出具，一般鉴定自受理后 15 日内出具鉴定文书，疑难、复杂鉴定最长不超过 60 日。

鉴定文书必须具备以下内容：

1. 委托人姓名或者名称，委托鉴定的内容；
2. 委托鉴定的材料；
3. 鉴定的依据及使用的科学技术手段；
4. 对鉴定过程的说明；
5. 明确的鉴定结论；
6. 对鉴定人鉴定资格的说明；
7. 鉴定人员及鉴定机构签名盖章。

（三）自行委托鉴定的程序

当事人自行委托鉴定，一般要经过当事人与鉴定机构签订《鉴定委托合同》、鉴定机构进行鉴定、鉴定文书的出具三个阶段。

（四）建设工程设计责任事故的重新鉴定

建设工程设计责任事故重新鉴定是指对初次鉴定或补充鉴定结论进行审查后，对其是否采信存有疑虑，法院或当事人（工程设计单位、保险公司或受害人）委托原鉴定机构以外的鉴定机构再次进行鉴定。

1. 法院委托鉴定的重新鉴定

法院委托的鉴定机构作出的鉴定结论一般不作重新鉴定。当事人对法院委托的鉴定机构作出的鉴定结论有异议，申请重新鉴定，只有在当事人提出证据证明存在下列情形之一的，人民法院才准许：

（1）鉴定机构或者鉴定人员不具备相关的鉴定资格的；
（2）鉴定程序严重违法的；
（3）鉴定结论明显依据不足的；
（4）经过质证认定不能作为证据使用的其他情形。

如果不存在上述情形，但鉴定结论有缺陷，可以通过补充鉴定、重新质证或者补充质证等方法解决的，不予重新鉴定。补充鉴定只在发现新的相关鉴定材料或原鉴定项目有遗漏的情形下才进行。

2. 自行委托鉴定的重新鉴定

一方当事人自行委托鉴定机构作出的鉴定结论，另一方当事人有证据足以反驳并申请重新鉴定的，人民法院应予准许。这里的反驳证据包括鉴定机构或鉴定人员不具备相关的鉴定资格、鉴定程序严重违法、鉴定结论明显依据不足、鉴定结论有缺陷等。

第十章 建设工程施工合同

第一节 《建设工程施工合同文本》简介

根据有关工程建设施工的法律、法规，结合我国工程建设施工的实际情况，并借鉴了国际上广泛使用的土木工程施工合同（特别是 FIDIC 土木工程施工合同条件），建设部、国家工商行政管理局于 1999 年 12 月 24 日发布了《建设工程施工合同（示范文本）》（以下简称《施工合同文本》）。《施工合同文本》是对建设部、国家工商行政管理局 1991 年 3 月 31 日发布的《建设工程施工合同示范文本》的改进，是各类公用建筑、民用住宅、工业厂房、交通设施及线路管理的施工和设备安装的样本。

《施工合同文本》由《协议书》、"通用条款"、"专用条款"三部分组成，并附有三个附件：附件一是《承包人承揽工程项目一览表》、附件二是《发包人供应材料设备一览表》、附件三是《工程质量保修书》。

《协议书》是《施工合同文本》中总纲性的文件。虽然其文字量并不大，但它规定了合同当事人双方最主要的权利义务，规定了组成合同的文件及合同当事人对履行合同义务的承诺，由合同当事人在上面签字盖章，因此具有很高的法律效力。

"通用条款"是根据《合同法》、《建筑法》、《建设工程施工合同管理办法》等法律规范对承、发包双方的权利义务作出的规定，除双方协商一致对其中的某些条款的修改、补充或取消外，双方都必须履行。"通用条款"由 11 部分 47 条组成，具有很强的通用性，基本适用于各类建设工程。

一、《建设工程施工合同（示范文本）》主要条款简介

以 1999 年 12 月 24 日，建设部、国家工商行政管理局发布的《建设工程施工合同（示范文本）》为基础，对其合同主要内容进行解读。

1. 发包人应当按专用条款约定的日期和套数，向承包人提供图纸。

承包人需要增加图纸套数的，发包人应代为复制，复制费用由承包人承担。发包人对工程有保密要求的，应在专用条款中提出保密要求，保密措施费用由发包人承担，承包人在约定保密期限内履行保密义务。

2. 承包人未经发包人同意，不得将本工程图纸转给第三人。

工程质量保修期满后，除承包人存档需要的图纸外，应当将全部图纸退还给发包人。

3. 承包人应当在施工现场保留一套完整图纸，供工程师及有关人员进行工程检查时使用。

图纸是建设工程的必备文件。建设工程的具体内容，包括结构布置、配套设施、建设材料、施工工艺、技术要求等都体现在图纸当中。图纸是施工合同的合同文件之一，对于

合同当事人具有约束力。按照约定将图纸交付给承包人，是发包人的合同义务；而按照图纸进行施工，是承包人的合同义务。

4. 图纸作为技术文件，又属于民法意义上的智力成果。

除承包人提供并经发包人认可的图纸外，该智力成果享有一定的使用权（直接利用的权利）。发包人根据需要，还可以就该智力成果向承包人提出保密要求。因此，承包人无权擅自复制图纸，未经发包人同意不得将图纸转给第三人，使用完毕后将图纸返还给发包人，同时按照约定履行保密义务。

《合同法》第60条第2款规定的附随义务虽然也包括保密的内容，但该保密义务一般是当事人双方在履行合同过程中，依照诚实信用原则，根据合同的性质、目的和交易习惯来自觉履行，其在适用前提、义务内容等方面具有很强的不确定性，容易使发包人和承包人在保密的范围，以及应采取的措施等方面产生争议。因此，一旦发包人将保密要求在合同的"专用条款"中明确提出，就是将承包人的保密义务在合同文件中直接确定下来，从而可避免不必要的纷争。

二、双方权利和义务

（一）工程师

1. 实行工程监理的，发包人应在实施监理前将委托的监理单位名称、监理内容及监理权限以书面形式通知承包人。

2. 监理单位委派的总监理工程师在本合同中称工程师，其姓名、职务、职权由发包人承包人在专用条款内写明。工程师按合同约定行使职权，发包人在专用条款内要求工程师在行使某些职权前需要征得发包人批准的，工程师应征得发包人批准。

3. 发包人派驻施工场地履行合同的代表在本合同中也称工程师，其姓名、职务、职权由发包人在专用条款内写明，但职权不得与监理单位委派的总监理工程师相互交叉。双方职权发生交叉或不明确时，由发包人予以明确，并以书面形式通知承包人。

4. 合同履行中，发生影响发包人承包人双方权利或义务的事件时，负责监理的工程师应依据合同在其职权范围内客观公正地进行处理。一方对工程师的处理有异议时，按本通用条款第37条关于争议的约定处理。

5. 除合同内有明确约定或经发包人同意外，负责监理的工程师无权解除本合同约定的承包人的任何权利义务。

建设工程施工过程中，发包方、承包方、监理方参与生产管理的工程技术人员和管理人员较多，如果职责或权限不明确，容易造成一些不必要的纠纷或损失。签订合同时如能够在列出各方派出的管理人员名单的同时，明确各管理人员的职责和权限，特别是将具有变更、签证、价格确认等签证认可权限的人员、签认范围、程序、生效条件等作出清楚的规定，可以防止因随意签字而给相关当事方造成不应有的损失。

（二）工程师的委派和指令

1. 工程师可委派工程师代表，行使合同约定的自己的职权，并可在认为必要时撤回委派。委派和撤回均应提前7天以书面形式通知承包人，负责监理的工程师还应将委派和撤回通知发包人。委派书和撤回通知作为本合同附件。

工程师代表在工程师授权范围内向承包人发出的任何书面形式的函件，与工程师发出的函件具有同等效力。承包人对工程师代表向其发出的任何书面形式的函件有疑问时,可将此函件提交工程师进行确认。工程师代表发出指令有失误时,工程师应进行纠正。

2. 工程师的指令、通知由其本人签字后,以书面形式交给项目经理,项目经理在回执上签署姓名和收到时间后生效。确有必要时,工程师可发出口头指令,并在48小时内给予书面确认,承包人对工程师的指令应予执行。工程师不能及时给予书面确认的,承包人应于工程师发出口头指令后7天内提出书面确认要求。工程师在承包人提出确认要求后48小时内不予答复的,视为口头指令已被确认。

承包人认为工程师指令不合理,应在收到指令后24小时内向工程师提出修改指令的书面报告,工程师在收到承包人报告后24小时内作出修改指令或继续执行原指令的决定,并以书面形式通知承包人。紧急情况下,工程师要求承包人立即执行的指令或承包人虽有异议,但工程师决定仍继续执行的指令,承包人应予执行。因指令错误发生的追加合同价款和给承包人造成的损失由发包人承担,延误的工期相应顺延。

3. 如需要换工程师,发包人应至少提前7天以书面形式通知承包人,后任继续行使合同文件约定的前任的职权,履行前任的义务。

对工程师委派工程师代表的通知、工程师或工程师代表对承包人发出的指令通知以及发包人更换工程师的通知,均要求采取书面形式,采取书面形式有助于双方留存证据,保护承、发包双方各自的权益。同时,由于施工合同要求采取书面形式,作为合同附件的工程师委派书和撤回书也应采取书面形式。

对工程师指令的确认、指令的答复、指令修改的报告、更换工程师的通知都规定了一定的期限。这些时间期限的规定可以被视为考虑施工合同履行状况而确定的符合工作实际的合理时间,既可以保障双方的权益,又能提高工作效率。

(三)项目经理

1. 项目经理的姓名、职务在专用条款内写明。

2. 承包人依据合同发出的通知,以书面形式由项目经理签字后送交工程师,工程师在回执上签署姓名和收到时间后生效。

3. 项目经理按发包人认可的施工组织设计(施工方案)和工程师依据合同发出的指令组织施工。当情况紧急且无法与工程师联系时,项目经理应当采取保证人员生命和工程、财产安全的紧急措施,并在采取措施后48小时内向工程师送交报告。责任在发包人或第三人,由发包人承担由此发生的追加合同价款,相应顺延工期;责任在承包人,由承包人承担费用,不顺延工期。

4. 承包人如需要更换项目经理,应至少提前7天以书面形式通知发包人,并征得发包人同意。后任继续行使合同文件约定的前任的职权,履行前任的义务。

5. 发包人可以与承包人协商,建议更换其认为不称职的项目经理。

(四)项目经理的资质要求

《建筑施工企业项目资质管理办法》规定:"项目经理是岗位职务,在承担工程建设时,必须具有国家授予的项目经理资质,其承担工程规模应符合相应的项目经理资质等级。""没有取得项目经理培训合格证书或资质证书的人员担任项目经理工作的,或越级承担工程项目施工管理工作的,由工程所在地的建设行政主管部门责令其离岗,对于其所在单位可以根据情节轻重分别给予通报批评、罚款的处罚。"2003年2月27日,《国务院关于取消第二批行政审批项目和改变一批行政审批项目管理方式的决定》（国发［2003］5号）规定："取消建筑施工企业项目经理资质核准，由注册建造师代替，并设立过渡期。"根据《关于建筑业企业项目经理资质管理制度向建造师执业资格制度过渡有关问题的通知》规定，从国发［2003］5号文印发之日起至2008年2月27日止，建筑业企业项目经理资质管理制度开始向建造师执业资格制度进行为期5年的过渡。

注册建造师执业资格制度建立以后，承担建设工程项目施工的项目经理仍是施工企业所承包某一具体工程的主要负责人，他的职责是根据企业法定代表人的授权，对工程项目实施全面的组织管理，而大中型工程项目的项目经理必须由取得建造师执业资格的建造师担任，即建造师在所承担的具体工程项目中行使项目经理职权。因此，注册建造师资格是担任大中型工程项目的项目经理之必要条件。建造师须经统一考试和注册后才能从事担任项目经理等相关活动，这是国家的强制性要求，而项目经理的聘任则是企业行为。

三、发包人工作

（一）发包人按专用条款约定的内容和时间完成以下工作：

1. 办理土地征用、拆迁补偿、平整施工场地等工作，使施工现场场地具备施工条件，在开工后继续负责解决以上事项遗留问题；

2. 将施工所需水、电、电讯线路从施工场地外部接至专用条款约定地点，保证施工期间的需要；

3. 开通施工场地与城乡公共道路的通道，以及专用条款约定的施工场地内的主要道路，满足施工运输的需要，保证施工期间的畅通；

4. 向承包人提供施工场地的工程地质和地下管线资料，对资料的真实准确性负责；

5. 办理施工许可证及其他施工所需证件、批件和临时用地、停水、停电、中断道路交通、爆破作业等的申请批准手续；

6. 确定水准点与坐标控制点，以书面形式交给承包人，进行现场交验；

7. 组织承包人和设计单位进行图纸会审和设计交底；

8. 协调处理施工场地周围地下管线和邻近建筑物、构筑物（包括文物保护建筑）、古树名木的保护工作，承担有关费用；

9. 发包人应做的其他工作，双方在专用条款内约定。

（二）发包人可以将第1款部分工作委托承包人办理，双方在专用条款内约定，其费用由发包人承担。

发包人未能履行第1款各项义务，导致工期延误或给承包人造成损失的，发包人赔偿承包人有关损失，顺延延误的工期。

建设工程施工合同的发包人一方，除履行支付合同价款人义务之外，还须为承包人施工做好必要的准备工作，诸如使场地具备施工条件，办理必要的手续使承包人的施工行为合法，提供有关施工场地的状况资料以使施工能够顺利进行等。对发包人在承包人施工过程中应该配合完成的工作作出规定。同时基于双方自愿的前提下，通用条款亦明确这些发包人应承担的工作，也可以由发包人交由承包人办理，发包人应承担相应费用。

图纸会审是开工前的一个重要环节。由设计、施工、监理、建设单位一起主要从需求出发，对照相关规范、标准对施工图纸进行审核校对。同时对施工单位的技术水平、装备等进行审核，提出具体意见。这样既可以使施工图更加完善，避免或减少开工后的设计变更、工期延误、投资增加、产品质量降低等问题的产生，还有利于设计、施工、建设及监理单位之间的沟通，为紧密配合搞好工程施工打下良好的基础。此时，甲方代表将在其中起重要作用。

四、承包人工作

（一）承包人按专用条款约定的内容和时间完成以下工作：

1. 根据发包人委托，在其设计资质等级和业务允许的范围内，完成施工图设计或与工程配套的设计，经工程师确认后使用，发包人承担由此发生的费用；

2. 向工程师提供年、季、月度工程进度计划及相应进度统计报表；

3. 根据工程需要，提供和维修非夜间施工使用的照明、围栏设施，并负责安全保卫；

4. 按专用条款约定的数量和要求，向发包人提供施工场地办公和生活的房屋及设施，发包人承担由此发生的费用；

5. 遵守政府有关主管部门对施工场地交通、施工噪音以及环境保护和安全生产等的管理规定，按规定办理有关手续，并以书面形式通知发包人，发包人承担由此发生的费用，因承包人责任造成的罚款除外；

6. 已竣工工程未交付发包人之前，承包人按专用条款约定负责已完工程的保护工作，保护期间发生损坏，承包人自费予以修复，发包人要求承包人采取特殊措施保护的工程部位和相应的追加合同价款，双方在专用条款内约定；

7. 按专用条款约定做好施工场地地下管线和邻近建筑物、构筑物（包括文物保护建筑）、古树名木的保护工作；

8. 保证施工场地清洁符合环境卫生管理的有关规定，交工前清理现场达到专用条款约定的要求，承担因自身原因违反有关规定造成的损失和罚款。

（二）承包人应做的其他工作，双方在专用条款内约定。

1. 承包人未能履行第 1 款各项义务，造成发包人损失的，承包人赔偿发包人有关损失。

2. 在"专用条款"中所填写承包人的义务应越细越好，对其工作的每个环节和要求都要写清楚，以避免因责任不清而不利于双方权益的维护。对于承包人本身而言，一旦在合同中确立了工作内容，该条款的规定将对其产生法律约束力，因此承包人在签订本条款时，应对完成本条款所包含的工作难度及相关费用做充分的了解和准备，以防止因完不成或达不到合同所要求的水平而违约。

"通用条款"第 31.3 款规定："工程师应在收到变更工程价款报告之日起 14 天内予以确认，工程师无正当理由不确认时，自变更工程价款报告送达之日起 14 天后视为变更工程价款报告确认。"如果在工程量报告中包含了未经签证的内容，是否可以以 31.1 款这种默认的形式成立合同呢？结合第 31.2 款的规定，即："承包人在双方确定变更后 14 天内不向工程师提出变更工程价款报告时，视为该项变更不涉及合同价款的变更。"即工程量的变更并不等同于价款的变更，所以，如果在工程量月报表中体现了签证内容，必须是在发包人明示承诺的情况下才生效。

（三）施工组织设计和工期

1. 承包人应按专用条款约定的日期,将施工组织设计和工程进度计划提交工程师,工程师按专用条款约定的时间予以确认或提出修改意见,逾期不确认也不提出书面意见的,视为同意。

2. 群体工程中单位工程分期进行施工的,承包人应按照发包人提供图纸及有关资料的时间,按单位工程编制进度计划,其具体内容双方在专用条款中约定。

3. 承包人必须按工程师确认的进度计划组织施工,接受工程师对进度的检查、监督。工程实际进度与经确认的进度计划不符时,承包人应按工程师的要求提出改进措施,经工程师确认后执行。因承包人的原因导致实际进度与进度计划不符,承包人无权就改进措施提出追加合同价款。

对承包人来说,其制定施工组织计划时应当认真考虑现场的施工条件,保证计划切实可行,否则开工后一旦不能完成计划将使自己陷入十分不利的境地。合同签订后,承包人应当按照合同约定的时间提交施工组织计划和工程进度计划,并按工程师确认的施工组织计划和工程进度计划进行施工,接受工程师的检查和监督。发现实际进度与经确认的进度计划不符时,承包人应当按照工程师提出的要求进行改进,经工程师确认后执行。值得注意的是,承包方应当要求工程师提出书面的改进措施的意见,并明确要求确认的具体时间。

(四) 开工及延期开工

1. 承包人应当按照协议书约定的开工日期开工。承包人不能按时开工,应当不迟于协议书约定的开工日期前7天,以书面形式向工程师提出延期开工的理由和要求。工程师应当在接到延期开工申请后48小时内以书面形式答复承包人。工程师在接到延期开工申请后48小时内不答复,视为同意承包人要求,工期相应顺延。工程师不同意延期要求或承包人未在规定时间内提出延期开工要求,工期不予顺延。

2. 因发包人原因不能按照协议书约定的开工日期开工,工程师应以书面形式通知承包人,推迟开工日期。发包人赔偿承包人因延期开工造成的损失,并相应顺延工期。

(五) 暂停施工

工程师认为确有必要暂停施工时,应当以书面形式要求承包人暂停施工,并在提出要求后48小时内提出书面处理意见。承包人应按工程师要求停止施工,并妥善保护已完工程。承包人实施工程师作出的处理意见后,可以书面形式提出复工要求,工程师应当在48小时内给予答复。工程师未能在规定时间内提出处理意见,或收到承包人复工要求后48小时内未予答复,承包人可以自行复工。因发包人原因造成停工的,由发包人承担发生的追加合同价款,赔偿承包人由此造成的损失,相应顺延工期。

(六) 工期延误

1. 因以下原因造成工期延误,经工程师确认,工期相应顺延:

(1) 发包人未能按专用条款的约定提供图纸及开工条件;

(2) 发包人未能按约定日期支付工程预付款、进度款,致使施工不能正常进行;

(3) 工程师未按合同约定提供所需指令、批准等,致使施工不能正常进行;

(4) 设计变更和工程量增加;

(5) 一周内非承包人原因停水、停电、停气造成停工累计超过8小时;

(6) 不可抗力;

(7) 专用条款中约定或工程师同意工期顺延的其他情况。

2. 承包人在第 1 款情况发生后 14 天内，就延误的工期以书面形式向工程师提出报告。工程师在收到报告后 14 天内予以确认，逾期不予确认也不提出修改意见，视为同意顺延工期。

3. 双方在施工过程中，发现问题要及时沟通。特别注意，承包人在第 1 款规定的情形发生后，在 14 日内向工程师以书面形式提出报告。发包人在收到承包人的报告后，应当在 14 日内予以确认，逾期不予确认，也不提出修改意见，视为同意顺延工期。

4. 在施工过程中，承包人应随时审查图纸，发现问题立即书面通知工程师，并要限定答复时间。一般图纸的量都比较大，审图时有审查不到的地方，实践中经常遇到的问题有：(1) 设计图纸不适用施工现场的具体情况，需要变更设计的；(2) 因图纸制作粗糙，造成局部细节难以辨认的。如果上述情况严重的，承包人可以向发包人请求顺延工期。

5. 双方的往来文件最好采用书面形式，并要求对方签字，以免导致日后发生纠纷时举证的困难。

(七) 工程竣工

1. 承包人必须按照协议书约定的竣工日期或工程师同意顺延的工期竣工。

2. 因承包人原因不能按照协议书约定的竣工日期或工程师同意顺延的工期竣工的，承包人承担违约责任。

3. 施工中发包人如需提前竣工，双方协商一致后应签订提前竣工协议，作为合同文件组成部分。提前竣工协议应包括承包人为保证工程质量和安全采取的措施、发包人为提前竣工提供的条件以及提前竣工所需的追加合同价款等内容。

第二节 工 程 质 量

一、工程质量

(一) 工程质量应当达到协议书约定的质量标准，质量标准的评定以国家或行业的质量检验评定标准为依据。因承包人原因工程质量达不到约定的质量标准的，承包人承担违约责任。

(二) 双方对工程质量有争议，由双方同意的工程质量检测机构鉴定，所需费用及因此造成的损失由责任方承担。双方均有责任的，由双方根据其责任分别承担。

《合同法》第 281 条规定："因施工人的原因致使建设工程质量不符合约定的，发包人有权要求施工人在合理期限内无偿修理或者返工、改建。经过修理或者返工、改建后，造成逾期交付的，施工人应当承担违约责任。"

(三) 在签订施工合同时，当事人双方应当就以下问题进行详细约定：

1. 工程质量标准。建设工程质量标准的评定应当以国家或行业质量检验评定标准为依据，并以监理单位意见为参考。一般情况下，工程大多约定达到质量合格标准，或要求达到"优良"标准。

2. 如因质量问题发生争议，双方同意委托的鉴定部门。工程质量问题比较复杂，责任可能涉及施工单位、设计单位、建设单位、监理单位等。一旦出现质量问题，往往会因为责任的承担各执一词，互相推诿，而认定工程质量及分析责任的问题又具有很强的技术性和专业性，必须委托鉴定单位进行鉴定。双方当事人如在签订合同时就对专业鉴定单位作出明确的约定，将来发现质量争议就能够及时妥善解决。

二、检查和返工

（一）承包人应认真按照标准、规范和设计图纸要求以及工程师依据合同发出的指令施工，随时接受工程师的检查，为检查提供便利条件。

（二）工程质量达不到约定标准的部分，工程师一经发现，应要求承包人拆除和重新施工，承包人应按工程师的要求拆除和重新施工，直到符合约定标准。因承包人原因达不到约定标准，由承包人承担拆除和重新施工的费用，工期不予顺延。

（三）工程师的检查不应影响施工正常进行，如影响施工正常进行，检查不合格时，影响正常施工的费用由承包人承担。除此之外影响正常施工的追加合同价款由发包人承担，相应顺延工期。

（四）因工程师指令失误或其他非承包人原因发生的追加合同价款，由发包人承担。

《合同法》第 277 条规定："发包人在不妨碍承包人正常作业的情况下，可以随时对作业进度、质量进行检查。"

三、隐蔽工程和中间验收

（一）工程具备隐蔽条件或达到专用条款约定的中间验收部位，承包人进行自检，并在隐蔽或中间验收前 48 小时以书面形式通知工程师验收。通知包括隐蔽和中间验收的内容、验收时间和地点。承包人准备验收记录，验收合格，工程师在验收记录上签字后，承包人可进行隐蔽和继续施工。验收不合格，承包人在工程师限定的时间内修改后重新验收。

（二）工程师不能按时进行验收，应在验收前 24 小时以书面形式向承包人提出延期要求，延期要求不能超过 8 小时。工程师未能按以上时间提出延期要求，不进行验收，承包人可自行组织验收，工程师承认验收记录。

（三）经工程师验收，工程质量符合标准、规范和施工图纸等要求，验收 24 小时后，工程师不在验收记录上签字，视为工程师已经认可验收记录，承包人可进行隐蔽或继续施工。

《合同法》第 278 条对工程隐蔽验收作了规定："隐蔽工程在隐蔽以前，承包人应当通知发包人检查，发包人没有及时检查的，承包人可以顺延工程日期，并有权要求赔偿停工、窝工等损失。"

四、重新检验

无论工程师是否进行验收，当其要求对已经隐蔽的工程重新检验时，承包人应按要求进行剥离或开孔，并在检验后重新覆盖或修复。检验合格，发包人承担由此发生的全部追加合同价款，赔偿承包人损失，并相应顺延工期。检验不合格，承包人承担发生的全部费用，工期不予顺延。

五、工程试车

（一）双方约定需要试车的，试车内容应与承包人承包的安装范围相一致。

（二）承包人组织试车须提前 48 小时内通知工程师。

设备安装工程具备单机无负荷试车条件，承包人组织试车、并在试车前 48 小时以书面形式通知工程师。通知包括试车内容、时间、地点。承包人准备试车记录，发包人根据承包人要求为试车提供必要条件。试车合格，工程师在试车记录上签字。

（三）工程师不能参加试车的处理。

工程师不能按时参加试车，须在开始试车前 24 小时以书面形式向承包人提出延期要求，延期不能超过 48 小时。工程师未能按以上时间提出延期要求，不参加试车，应承认试车记录。

设备安装工程具备无负荷联动试车条件，发包人组织试车，并在试车前 48 小时以书面形式通知承包人。通知包括试车内容、时间、地点和对承包人的要求，承包人按要求做好准备工作。试车合格，双方在试车记录上签字。

（四）双方责任。

1. 由于设计原因试车达不到验收要求，发包人应要求设计单位修改设计，承包人按修改后的设计重新安装。发包人承担修改设计、拆除及重新安装的全部费用和追加合同价款，工期相应顺延。

2. 由于设备制造原因试车达不到验收要求，由该设备采购一方负责重新购置或修理，承包人负责拆除和重新安装。设备由承包人采购的，由承包人承担修理或重新购置、拆除及重新安装的费用，工期不予顺延；设备由发包人采购的，发包人承担上述各项追加合同价款，工期相应顺延。

3. 由于承包人施工原因试车达不到验收要求，承包人按工程师要求重新安装和试车，并承担重新安装和试车的费用，工期不予顺延。

4. 试车费用除已包括在合同价款之内或者专用条款另有约定外，均由发包人承担。

5. 工程师在试车合格后不在试车记录上签字，试车结束 24 小时后，视为工程师已经认可试车记录，承包人可继续施工或办理竣工手续。

（五）投料试车应在工程竣工验收后由发包人负责，如发包人要求在工程竣工验收前进行或需要承包人配合时，应征得承包人同意并另行签订补充协议。

六、安全施工

（一）安全施工与检查

1. 承包人应遵守工程建设安全生产有关管理规定，严格按安全标准组织施工，并随时接受行业安全检查人员依法实施的监督检查，采取必要的安全防护措施，消除事故隐患。由于承包人安全措施不力造成事故的责任和因此发生的费用，由承包人承担。

2. 发包人应对其在施工场地的工作人员进行安全教育，并对他们的安全负责。发包人不得要求承包人违反安全管理的规定进行施工。因发包人原因导致的安全事故，由发包人承担相应责任及发生的费用。

（二）安全防护

1. 承包人在动力设备、输电线路、地下管道、密封防震车间、易燃易爆地段以及临街交通要道附近施工时，施工开始前应向工程师提出安全防护措施，经工程师认可后实施，防护措施费用由发包人承担。

2. 实施爆破作业，在放射、毒害性环境中施工（含储存、运输、使用）及使用毒害性、腐蚀性物品施工时，承包人应在施工前14天以书面形式通知工程师，并提出相应的安全防护措施，经工程师认可后实施，由发包人承担安全防护措施费用。

七、事故处理

（一）发生重大伤亡及其他安全事故，承包人应按有关规定立即上报有关部门并通知工程师，同时按政府有关部门要求处理，由事故责任方承担发生的费用。

（二）发包人承包人对事故责任有争议时，应按政府有关部门的认定处理。

一旦发生重大事故，事故发生单位应按照《工程建设重大事故报告和调查程序规定》进行上报并接受调查。安全事故的处理应按以下程序进行：报告安全事故→进行事故处理→调查事故原因→撰写调查报告→接受处理。

第三节　合同价款与支付

一、合同价款及调整

（一）招标工程的合同价款由发包人、承包人依据中标通知书中的中标价格在协议书内约定。非招标工程的合同价款由发包人、承包人依据工程预算书在协议书内约定。

（二）合同价款在协议书内约定后，任何一方不得擅自改变。下列三种确定合同价款的方式，双方可在专用条款内约定采用其中一种：

1. 固定价格合同。双方在专用条款内约定合同价款包含的风险范围和风险费用的计算方法，在约定的风险范围内合同价款不再调整。风险范围以外的合同价款调整方法，应当在专用条款内约定。

2. 可调价格合同。合同价款可根据双方约定而调整，双方在专用条款内约定合同价款调整方法。

3. 成本加酬金合同。合同价款包括成本和酬金两部分，双方在专用条款内约定成本构成和酬金的计算方法。

（三）可调价格合同中合同价款的调整因素包括：

1. 法律、行政法规和国家有关政策变化影响合同价款；

2. 工程造价管理部门公布的价格调整；

3. 一周内非承包人原因停水、停电、停气造成停工累计超过8小时；

4. 双方约定的其他因素。

（四）承包人应当在发生调整的情况14天内，将调整原因、金额以书面形式通知工程师，工程师确认调整金额后作为追加合同价款，与工程款同期支付。工程师收到承包人通知后14天内不予确认也不提出修改意见，视为已经同意该项调整。

合同内约定的价款，必须与中标通知书内的标价相同，否则即是擅自变更合同实质性内容。《建筑工程施工发包与承包计价管理办法》第11条规定："招标人与中标人应当根据中标价订立合同。不实行招标投标的工程，在承包方编制的施工图预算的基础上，由发、承包双方协商订立合同。"当事人就同一建设工程另行订立的建设工程施工合同与经过备案的中标合同实质性内容不一致的，应当以备案的中标合同作为结算工程价款的根据。

（五）工程预付款

1. 实行工程预付款的，双方应当在专用条款内约定发包人向承包人预付工程款的时间和数额，开工后按约定的时间和比例逐次扣回。预付时间应不迟于约定的开工日期前7天。发包人不按约定预付，承包人在约定预付时间7天后向发包人发出要求预付的通知，发包人收到通知后仍不能按要求预付，承包人可在发出通知后7天停止施工，发包人应从约定应付之日起向承包人支付应付款的贷款利息，并承担违约责任。

2. 工程预付款从其性质上讲并不属于工程价款的一部分，工程预付款主要用于采购材料。预付时间与预付数额由发包人和承包人约定。预付额度，建筑工程一般不得超过当年建筑（包括水、电、暖、卫等）工程工作量的30%，大量采用预制构件以及工期在6个月以内的工程，可以适当增加；安装工程一般不得超过当年安装工程量的10%，安装工程量较大的工程可以适当增加。因工程预付款并不属于工程价款，所以开工后，工程预付款按照约定的时间和比例扣回。

最高人民法院《关于审理建设工程施工合同纠纷案件适用法律问题的解释》第6条，对于垫资和利息作了明确规定："当事人对垫资和垫资利息有约定，承包人请求按照约定返还垫资及其利息，应予支持，但约定的利息计算标准高于中国人民银行发布的同期同类贷款利率的部分除外。当事人对垫资没有约定的，按照工程欠款处理。当事人对垫资利息没有约定，承包人请求支付利息的，不予支持。"

二、工程量的确认

（一）承包人应按专用条款约定的时间，向工程师提交已完工程量的报告。工程师接到报告后7天内按设计图纸核实已完工程量（以下称计量），并在计量前24小时通知承包人，承包人为计量提供便利条件并派人参加。发包人收到通知后不参加计量，计量结果有效，作为工程价款支付的依据。

（二）工程师收到承包人报告后7天内未进行计量，从第8天起，承包人报告中开列的工程量即视为被确认，作为工程价款支付的依据。工程师不按约定时间通知承包人，致使承包人未能参加计量，计量结果无效。

（三）对承包人超出设计图纸范围和因承包人原因造成返工的工程量，工程师不予计量。

（四）工程款（进度款）支付

1. 在确认计量结果后14天内，发包人应向承包人支付工程款（进度款）。按约定时间发包人应扣回的预付款，与工程款（进度款）同期结算。

2. 本通用条款第23条确定调整的合同价款，第31条工程变更调整的合同价款及其他条款中约定的合同价款，应与工程款（进度款），同期调整支付。

3. 发包人超过约定的支付时间不支付工程款（进度款），承包人可向发包人发出要求付款的通知，发包人收到承包人通知后仍不能按要求付款，可与承包人协商签订延期付款协议，经承包人同意后可延期支付。协议应明确延期支付的时间和从计量结果确认后第15天起应付款的贷款利息。

4. 发包人不按合同约定支付工程款（进度款），双方又未达成延期付款协议，导致施工无法进行，承包人可停止施工，由发包人承担违约责任。

《建设工程施工合同例》规定，发包人应当根据协议条款约定的时间、方式和发包方代表确认的工程量，按构成合同价款相应项目的单价和取费标准计算并支付工程款。发包人不按合同约定支付工程款（进度款）的，承包人可行使先履行抗辩权，包括停止施工等。

（五）发包人供应材料设备

1. 实行发包人供应材料设备的，双方应当约定发包人供应材料设备的一览表，作为合同附件（附件2）。一览表包括发包人供应材料设备的品种、规格、型号、数量、单价、质量等级、提供时间和地点。

2. 发包人按一览表约定的内容提供材料设备，并向承包人提供产品合格证明，对其质量负责。发包人在所供材料设备到货前24小时，以书面形式通知承包人，由承包人派人与发包人共同清点。

3. 发包人供应的材料设备，承包人派人参加清点后由承包人妥善保管，发包人支付相应保管费用。因承包人原因发生丢失损坏的，由承包人负责赔偿。发包人未通知承包人清点，承包人不负责材料设备的保管，丢失损坏由发包人负责。

4. 发包人供应的材料设备与一览表不符时，发包人承担有关责任。

5. 发包人供应的材料设备使用前，由承包人负责检验或试验，不合格的不得使用，检验或试验费用由发包人承担。

6. 发包人供应材料设备的结算方法，双方在专用条款内约定。

（六）承包人采购材料设备

1. 承包人负责采购材料设备的，应按照专用条款约定及设计和有关标准要求采购，并提供产品合格证明，对材料设备质量负责。承包人在材料设备到货前24小时通知工程师清点。

2. 承包人采购的材料设备与设计或标准要求不符时，承包人应按工程师要求的时间运出施工场地，重新采购符合要求的产品，承担由此发生的费用，延误的工期不予顺延。

3. 承包人采购的材料设备在使用前，承包人应按工程师的要求进行检验或试验，不合格的不得使用，检验或试验费用由承包人承担。

4. 工程师发现承包人采购并使用不符合设计和标准要求的材料设备时，应要求承包人负责修复、拆除或重新采购，由承包人承担发生的费用，由此延误的工期不予顺延。

5. 承包人需要使用代用材料时，应经工程师认可后才能使用，由此增减的合同价款双方以书面形式议定。

6. 由承包人采购的材料设备，发包人不得指定生产厂或供应商。

（七）工程设计变更

1. 施工中发包人需对原工程进行变更，应提前14天以书面形式向承包人发出变更通知。变更超过原设计标准或批准的建设规模时,发包人应报规划管理部门和其他有关部门重新审查批准,并由原设计单位提供变更的相应图纸和说明。承包人按照工程师发出的变更通知及有关要求,进行变更。因变更导致合同价款的增减及造成的承包人损失,由发包人承担,延误的工期相应顺延。

2. 施工中承包人不得对原工程设计进行变更。因承包人擅自变更设计发生的费用和由此导致发包人的直接损失,由承包人承担,延误的工期不予顺延。

3. 承包人在施工中提出的合理化建议涉及到对设计图纸或施工组织设计的更改及对材料、设备的换用,须经工程师同意,未经同意擅自更改或换用时,承包人承担由此发生的费用,并赔偿发包人的有关损失,延误的工期不予顺延。

工程师同意采用承包人合理化建议,所发生的费用和获得的收益,发包人承包人另行约定分担或分享。

(八)确定变更价款

1. 承包人在工程变更确定后14天内,提出变更工程价款的报告,经工程师确认后调整合同价款。变更合同价款按下列方法进行:

(1) 合同中已有适用于变更工程的价格,按合同已有的价格变更合同价款;

(2) 合同中只有类似于变更工程的价格,由承包人提出适当的变更价格,经工程师确认后执行。

(3) 合同中没有适用或类似于变更工程的价格,由承包人提出适当的变更价格,经工程师确认后执行。

2. 承包人在双方确定变更后14天内不向工程师提出变更工程价款报告时,视为该项变更不涉及合同价款的变更。

3. 工程师应在收到变更工程价款报告之日起14天内予以确认,工程师无正当理由不确认时,自变更工程价款报告送达之日起14天后视为变更工程价款报告已被确认。

4. 工程师不同意承包人提出的变更价款,按本通用条款第37条关于争议的约定处理。

5. 工程师确认增加的工程变更价款作为追加合同价款,与工程款同期支付。

6. 因承包人自身原因导致的工程变更,承包人无权要求追加合同价款。

最高人民法院《关于审理建设工程施工合同纠纷案件适用法律问题的解释》,对双方不能协议解决工程价款变更问题提供了解决途径,该《解释》第16条第2款规定:"因设计变更导致建设工程的工程量或者质量标准发生变化,当事人对该部分工程价款不能协商一致的,可以参照签订建设工程施工合同当地建设行政主管部门发布的计价方法或者计价标准结算工程价款。"

(九)竣工验收与结算

1. 工程具备竣工验收条件,承包人按国家工程竣工验收有关规定,向发包人提供完整竣工资料及竣工验收报告。双方约定由承包人提供竣工图的,应当在专项条款内约定提供的日期和份数。

2. 发包人收到竣工验收报告后28天内组织有关单位验收,并在验收后14天内给予认可或提出修改意见。承包人按要求修改,并承担自身原因造成修改的费用。

3. 发包人收到承包人送交的竣工验收报告后28天内不组织验收,或验收后14天内不提出修改意见,视为竣工验收报告已被认可。

4. 工程竣工验收通过,承包人送交竣工验收报告的日期为实际竣工日期。工程按发包人要求修改后通过竣工验收的,实际竣工日期为承包人修改后的提请发包人验收的日期。

5. 发包人收到承包人竣工验收报告后28天内不组织验收,从29天起承担工程保管及一切意外责任。

6. 中间交工工程的范围和竣工时间,双方在专用条款内约定,其验收程序按通用条款32.1款至32.4款办理。

7. 因特殊原因,发包人要求部分单位工程或工程部位甩项竣工的,双方另行签订甩项竣工协议,明确双方责任和工程价款的支付方法。

8. 工程未经竣工验收或竣工验收未通过的,发包人不得使用。发包人强行使用时,由此发生的质量问题及其他问题,由发包人承担责任。

建设工程的竣工验收,是指建设工程已按照设计要求完成全部工作任务,准备交付给发包人投入使用时,由发包人或者有关管部门依照国家关于建设工程竣工验收制度的规定,对该项工程是否合乎设计要求和工程质量标准所进行的检查、考核工作。建设工程的竣工验收是工程建设的最后一道工序,是对工程质量实行控制的最后一个重要环节。

对于已经竣工的建设工程,只有经过验收合格后,发包人才可以使用。《合同法》第279条对此作了明确规定:"建设工程竣工后,发包人应当根据施工图纸及说明书、国家颁发的施工验收规范和质量检验标准及时进行验收。验收合格的,发包人应当按照约定支付价款,并接收该建设工程。建设工程竣工经验收合格后,方可交付使用;未经验收或者验收不合格的,不得交付使用。"

第十一章 建筑工程监理

第一节 概 述

长期以来,我国的工程建设基本上是由建设单位自己组织,自行管理,使得大批的筹建人员刚刚熟悉项目管理业务,就随着工程竣工而转入生产或使用单位,而另一批工程的筹建人员,又要从头学起。如此周而复始地在低水平上重复,严重阻碍了我国建设管理水平的提高,对工期、投资、质量控制难以保证,这与投资主体日趋多样化并全面开放建设市场的新形势很不相适应。

1988年7月建设部颁发了"关于开展建设监理工作的通知",标志着我国工程建设领域的改革进入了一个新的阶段。在此之前,我国的工程建设基本上是由建设单位自己组织、自行管理、自行设计、自行施工。

经过8年的努力,截止1996年底,已有31个省、自治区、直辖市和国务院44个部委在不同程度上实施了建设监理制度。自2000年开始,我国强调工程建设实行强制监理,监理单位不落实,不发施工许可证。

一、监理

监理,通常是指有关执行者根据一定的行为准则,对某些行为进行监督管理,使这些行为符合准则要求,并协助行为主体实现其行为目的。

通常我们理解的"监"有:监察、监督、监工、监测、监视、监督等;"理"字通常是指规律、条理、准则。"理"字还有修理、雕琢的意思。

"监理"也就有通过视察、检查、评价,以便对不规范行为进行"修理"、"雕琢"、"纠偏",以使行为规范的意思。"监理"同时具有任务执行者的含义。

二、建设监理

建设监理是指对工程项目建设参与者的行为进行监控、督导和评价,从而保证建设行为符合国家法律、法规、技术标准和有关政策,约束和制止建设行为的随意性和盲目性,确保建设行为的合法性、科学性、合理性和经济性,并对建设工程的进度控制、投资控制、工程质量控制实行监督。

三、工程建设监理的特征

(一)工程建设监理的特征是针对工程项目建设所实施的监督管理活动。

工程监理的对象就是新建、改建、扩建的各种工程项目。离开了工程项目,工程监理也就无处可谈。工程建设监理活动都是围绕工程项目来进行的,并以此来界定工程建设监理的范围。

工程监理主要就是针对建设项目的要求开展的，直接为建设项目提供管理服务的行业，监理单位是建设项目管理服务的整体，而非建设项目管理主体。

（二）工程建设监理的行为主体是监理单位。

工程建设监理的行为主体是监理单位，这是非常明确的。监理单位是具有独立性、社会化、专业化特点的专门从事工程建设监理和其他技术服务活动的组织。只有监理单位才能按照独立、自主的原则，以"公正的第三方"的身份开展工程建设监理活动。

（三）工程建设监理的实施需要业主委托和授权，业主与监理单位的关系是委托与被委托关系、授权与被授权的关系、合同关系、需求与供销关系、委托与服务关系。

（四）工程建设监理是有明确依据的工程建设行为，监理合同是工程建设监理的最直接依据。

（五）现阶段工程建设监理主要发生在项目建设的实施阶段。

工程建设监理的目的是协助业主在预定的投资、进度、质量目标内建成项目，它的主要内容就是"三控制、两管理、一协调"，这些活动发生在项目建设的实施阶段。

（六）工程建设监理是微观性质的监督管理活动。

根据建设监理制度的宗旨，维护国家利益、社会公众利益、维护业主利益。

四、工程建设监理的性质

工程建设监理是一种特殊的工程建设活动，工程建设监理具有以下特点：

（一）服务性

工程建设监理既不同于承建商的直接生产活动，也不同于业主直接投资活动，它既不是工程承包活动，也不是工程发包活动，它不需要投入大量资金、材料、设备、劳动力，主要依靠自身的技术开展服务活动。

（二）独立性

作为"三方当事人"之一，在工程项目建设中，监理单位是独立的一方，依照独立、自主的原则，开展工程建设监理工作。根据合同进行工作，于承包商、制造商、供应商，必须保持其行为的绝对独立性。

（三）公正性

监理单位和监理工程师在工程建设中，一方面应当要严格履行合同，竭诚为客户服务，同时也要成为"公正的第三方"，建设单位与施工单位发生矛盾时，监理单位应当站在公正的第三方立场上公正地加以解决和处理。

（四）科学性

工程建设监理的科学性是由其任务所决定的。工程建设监理以协助业主实现其投资目的为己任，力求在预定的投资、进度、质量目标内实现工程项目。而当今工程规模日趋庞大，功能、标准要求越来越高，新技术、新工艺、新材料不断涌现，所以对待大型项目需要集团的力量。

五、建设监理的分类

建设监理按其组织管理体制可分为三种类型：

1. 政府监理实行纵向关系监理，建设部的监理司、质检站，依据国家法律、法规进行监理。

2. 社会监理实行横向关系监理，监理公司依据的是合同。

3. 自行监理（我国法律禁止同体监理）。

六、建设监理制的实施范围

根据《建筑法》第 30 条规定："国务院可以规定实行强制监理的建筑工程范围"。"建设监理的对象包括新建、改建、扩建各种性质的建设项目"。"三资企业"项目、国外贷款项目都应当实行建设监理制度。

监理单位取得监理业务的途径，有两种表现形式：

（一）通过招投标取得监理业务

国务院规定的五大类必须进行招投标的建设项目，必须实行监理招投标。

1. 有关社会公共利益、公共安全的基础设施项目（例如：石油、天然气、电力等）；
2. 有关社会公共利益、公共安全的公共事业项目（例如：水、电、煤、教育等）；
3. 使用国有资金的项目；
4. 国家融资或授权特许融资的项目；
5. 使用国际组织或外国政府资金的项目。

（二）由业主直接委托取得监理业务

国家机密工程和工程规模较小，业主有相应的工程建设管理能力的，可以不委托监理。

七、建设监理的必要性

实行建设监理制度是我国建设领域一项重大改革，是发展市场经济的必然结果，有利于我国进一步对外开放，其优越性在于：

（一）有利于强化管理

实行建设监理制度是对建国几十年来工程建设事业反思的结果，是历史经验的升华。改革开放以来，我国在工程实施阶段，实行了以设计工程总承包或以施工工程总承包制度，推动了施工生产方式的进步。

（二）市场经济的需要

实行建设监理制度是发展社会主义市场经济的必然要求，是建设领域深化改革的需要。随着工程建设各参与者独立地位得到增强，追求局部利益的趋势日益突出。为建立建设领域市场经济的良好秩序，约束工程建设各环节的随意性，必须实行建设监理制度，加强对工程建设全过程的有效控制。

（三）符合国际惯例

实行建设监理制度有利于我国进一步对外开放。改革开放的深入发展，投资者或贷款方基本都要求实行国际通行的监理制度，借鉴国际惯例组织工程建设，也正是我国投资环境改善的标志之一。

第二节　建设监理的实施

随着我国商品经济的发展和建设市场的形成，建设监理的出现和发展是其必然结果。

最早试用这一制度的是 1984 年利用世界银行贷款的鲁布格水电站引水工程,取得了进度快、效率高、质量好、消耗低、投资省的效果。随后我国许多利用外资、国外政府贷款的工程项目,也都实行了建设监理制度。

1988 年 7 月 25 日,建设部以(88)建字第 142 号文件发出了《关于开展建设监理工作的通知》,我国的建设监理制度从此建立。目前,我国建设监理的框架已基本确立,这就是一个监理体系,宏观、微观两个层次,多种形式的监理格局。建设监理市场的主体是社会监理单位,在工程建设中自成体系,坚持按工程合同、法律、法令、技术标准、施工规范办事。监理单位受建设单位委托,从事委托范围内的监理业务,双方签定监理合同。监理单位为委托单位提供技术、经济、咨询管理服务。

一、建设监理的依据

按照建设监理的有关规定,建设监理的依据是国家有关工程建设和建设监理的法律、法规、规范性文件、监理合同、行业技术规范。例如:《建筑法》、《城市规划法》、《合同法》、《环境保护法》、《建设工程质量管理条例》。

二、建设监理的职责与工作准则

(一)工程监理单位应当客观公正地执行监理任务

《建筑法》第 34 条第 3 款规定:"工程监理单位与被监理工程的承包单位以及建筑材料、建筑构配件和设备供应单位不得有隶属关系或者其他利害关系。"

(二)监理单位经营活动基本准则

监理单位经营活动应当遵循"守法、诚信、公正、科学"的准则。

1. 守法。监理单位只能在核定的业务范围内,依法开展经营活动。例如:不准越级监理项目,不准出租、出借、转让、出卖《资质等级证书》。

2. 诚信。监理单位提供技术服务,对工程建设投资控制或质量控制要尽心尽责。

3. 公正。"一碗水端平",是谁的责任,就是谁的责任。例如:索赔问题、承包商编制施工方案问题。

4. 科学。监理单位的监理活动要依据科学的方案、运用科学的手段开展工作。

三、建设监理工作程序

(一)监理任务的取得

1. 建设单位直接发包取得委托;

2. 公开招标取得委托。

根据《工程建设监理条例》规定,监理程序可分为三个阶段:

1. 商签监理合同商议委托;

2. 实施监理前的准备;

3. 实施监理。

(二)签订监理委托合同

根据《建筑法》第 31 条规定,监理合同是书面合同,监理合同签订后,任何一方不准擅自变更或单方解除。

（三）成立项目监理组织（实施监理前的准备）

根据工程项目的规模、性质，业主对监理委托相应的监理人员。

1. 总监理工程师对内向监理单位负责，对外向业主负责。

领导和组建项目监理班子，并根据监理合同制定相应的监理计划，并征得建设单位同意，由总监理工程师组成项目监理组，把监理组名单报送建设单位。

2. 总监理工程师将其授予监理工程师的权限，书面通知承建单位。通知的内容包括：

（1）工程监理单位名称、地址、法定代表人等；

（2）监理的内容；

（3）监理权限。

监理权限包括一般监理权限和特别监理权限。特别监理权限有开工令、停工令、复工令的发布权，需要建设单位的特别授权，通知应当采用书面形式，这是由监理活动特点决定的。

3. 监理工程师按总监理工程师的授权和指令进行工作，对总监理工程师负责。

（1）对项目有签字权，但对外没有签字权；

（2）对总监理工程师负责；

（3）对具体监理的项目负责；

（4）领导监理员。

4. 监理员、技术员、统计员等，在分项监理工程师领导下进行具体监理工作。

（四）实施监理

1. 实施监理的一般要求

（1）在监理过程中，项目监理小组以总监理工程师的名义定期向建设单位报告工程建设情况（月报表、重大问题可编专项报告）；监理人员要填写监理日记、参加隐蔽工程验收、处理设计变更、核签支付承建单位工程款项凭证）。

（2）在监理实施过程中，监理单位应当定期向建设单位报告工程情况。

（3）建设单位与承建单位在履行合同过程中发生争议，监理单位应在接到调解要求后30日内将调解意见书通知双方。如有异议，报工程所在地区级以上政府建设行政主管部门调解，如还有异议可以仲裁或诉讼。

2. 建设工程的技术监理

（1）工程质量控制

1）原材料、构配件及设备的质量控制；

2）分部、分项工程的质量控制，例如：关键部位随时进行抽检、整改、复查、记录。

（2）工程投资控制

监理单位审核施工单位编制的工程项目各阶段及年度、季度、月度资金使用计划，并控制其执行；熟悉设计图纸、招标文件、合同造价；预测工程风险及可能发生索赔的原因，制定防范对策。

（3）工程进度控制

1）审核施工单位编制的工程项目实施总进度计划；

2）审核施工单位提交的施工进度计划；

3）审核施工单位提交的施工总平面布置图；

4）审定材料、构配件及设备的采供计划；
5）工程进度检查；
6）组织现场的协调会。

四、建设监理单位的主要业务内容

（一）工程建设决策阶段

工程建设决策阶段监理的工作主要是对投资决策、立项决策和可行性研究决策的监理。现阶段，这些决策大都由政府负责，也就是由政府来决策。就发展趋势来看，上述三项决策必将向企业转移，由企业决策，政府核准（备案）。

（二）工程建设决策阶段

1. 投资决策监理（对投资咨询意见评估，并提出监理报告）；
2. 工程建设立项决策监理（监督管理立项决策咨询合同的实施）；
3. 工程建设可行性研究决策监理（监督管理可行性研究合同的实施）。

（三）工程建设设计阶段

1. 初步设计监理；
2. 施工图设计监理。

（四）工程建设施工阶段

1. 施工招标阶段监理；
2. 施工监理；
3. 竣工后工程保修阶段的监理。

五、建设监理单位与建设各方的关系

建设项目的实施涉及到许多方面，作为建设监理单位应处在什么地位和起到什么作用？与建设各方建立怎样的关系？这是关系到项目建设与监理实施是否顺利进行的重要问题。

（一）监理单位与业主、承包商的关系

根据国际惯例和我国现实情况，一般业主把建设项目委托给监理单位之后，其主要精力应放在积极创造建设项目实施的基本条件和外部环境方面。建设监理单位除给业主提供必要的咨询和协助外，其主要精力应放在搞好项目监理的内务工作。

建设监理单位与业主、承包商既分工明确、相互独立、各负其责，又互相协作、相互依赖、紧密联结；既有互相合作的一面，又有互相制约的机制。相互关系概括如下：

1. 业主与建设监理单位是委托与被委托的关系，监理单位与承包商之间是监理与被监理关系（如图 11-1 所示）。

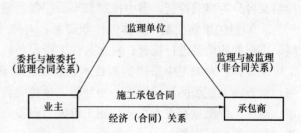

图 11-1 监理单位与业主、承包商的关系

2. 业主必须在建设监理单位实施监理之前，将监理的内容、总监理工程师姓名及授予的权限书面通知承包商。《建筑法》第 33 条规定："实施建筑工程监理前，建设单位应

当将委托的工程监理单位、监理单位的内容及监理权限,书面通知被监理的建筑施工企业。"总监理工程师也应及时将其授予监理工程师的有关权限以书面形式通知承包商,承包商必须接受监理单位的监理,并为其开展工作提供方便,按照要求提供完整的原始记录、检测记录等技术、经济资料。

3. 在监理实施过程中,总监理工程师认为需要变更施工承包合同时,要及时向业主提出建议。未经业主授权,总监理工程师无权自主变更业主与承包商的施工承包合同。

4. 业主、承包商、建设监理单位应建立有效的沟通渠道。正式往来信息必须以书面形式及时交换,各方要自始至终建立、健全项目建设档案制度以备查用。

5. 业主与承包商在执行施工承包合同中发生争议时需总监理工程师调解,任一方不同意调解意见,可进一步提请上级主管部门调解。

6. 监理单位办理各项业务应严格履行监理合同条款,不得泄露委托方机密,并对其监理行为承担法律责任。业主与监理单位间并非雇用关系,不能将对方看成自己的附属单位,监理单位是具有独立地位的公正第三方。

(二) 我国建设监理与质量监督站、工程筹建机构的关系

工程质量监督和建设监理都属管理范畴,但两者有很大区别。工程质量监督站代表政府对项目建设质量进行强制性监督,对政府负责;建设监理单位是独立法人,对业主负责,受业主委托并代表业主对承包商建设行为进行服务性监督。工程质量监督站主要对项目施工质量进行监督,建设监理是对项目建设全过程监理。

六、施工阶段的建设监理

(一) 施工阶段的质量控制

工程质量作为项目控制三大目标之一,直接关系着国家财产和人民生命安全,关系着安全生产,同时又直接影响着投资目标、进度目标的实现。因此,实现质量目标是监理机构和每一个监理工程师的中心任务。

施工是形成工程实体的阶段,也是形成最终产品质量的重要阶段,因此施工阶段的质量控制是工程项目质量控制的重点,也是施工监理的重要内容。

1. 施工阶段质量控制的系统过程。施工阶段的质量控制是一个从对投入原材料的质量控制开始,直到完成工程的质量检验为止的全过程控制系统过程。施工阶段质量控制的范围包括影响工程质量的主要方面,根据工程实物质量形成的时间阶段,施工阶段的质量控制又可分为事前控制、事中控制和事后控制。重点是事前控制。

2. 质量的事前控制。具体工作职责是:对施工队伍资质进行审查;对工程所需原材料、零配件的质量进行检查;对永久性生产设备或装置检查验收;审核施工单位提交的施工组织设计;对施工中采用的新技术、新工艺、新材料,应审核其试验报告及技术鉴定书;检查施工现场的测量标桩;协助施工单位完善质量保证体系;组织设计交底和图纸会审;对于工程质量有重大影响的施工机械、设备,应审核施工单位提交的技术说明书或实测报告;把好开工关。

3. 质量的事中控制。施工过程中进行的质量控制,具体工作主要有,协助施工单位完善工序控制;严格工序间交接检查;对重要工程部位,监理工程师应亲自组织试验或技术复核;对完成的分项分部工程按相应质量评定标准和方法检查验收;审批设计变更和图

纸修改以及必要的工程变更、材料代用、隐蔽工程等，并做好有关记录；组织定期现场质量分析会；行使质量监督权、否决权。

4. 质量的事后控制。主要包括：对单项工程进行检查验收；组织联动试车；审核竣工图和有关工程质量检查评定报告等技术文件；整理有关工程质量资料文件，编目建档，并准备工程移交。

5. 质量控制的程序。将事前预控制、施工控制、竣工控制等加以综合整理，建立一整套施工阶段质量控制的程序。

（二）施工阶段的进度控制

进度控制是指对工程建设项目的各建设阶段的工作程序和持续时间进行规划、实施、检查、调整等一系列活动的总称。其目的是确保项目"时间目标"的实现。由于计划不变是相对的，变化则是绝对的；平衡也是暂时的，相对的；不平衡是永久的，绝对的，因此工程进度不仅要有计划，而且要随时预见变化，及时采取对策，调整进度计划，对计划实行动态管理，这样才能真正有效控制进度。

必须确定项目的进度目标，没有目标就毋需控制，也无从控制。如果目标不合理或可行性很差，也就难以控制，因此要确定合理工期。

合理工期是指技术上可能，经济上又合理的工期。十分明显，延长工期不仅增加辅助费用，而且影响企业经济效益和社会效益。但是，盲目的加快工程进度，必然要增加大量的投入，使投入与产出的比值大大增加，同样也会带来诸多不利的后果，存在着片面性。

1. 确定合理工期目标的依据。建设的总工期和子系统的工期，以及分部、分项、单位工程的工期，通常由施工组织设计中的三类工程网络图所拟定，并经上级主管部门批准。网络图中的计划工期是经过测算的合理工期，也是总工期和各单位工程工期的上限，特别是连锁工程的分部分项单位的工期是监理工程师进行进度控制的阶段目标。

在确定合理工期的过程中，既有一个可行性问题，又有一个可能性问题，可行性主要是指是否考虑了施工合理的程序，是否考虑了可以完成任务指标，是否安排了工序衔接和工程衔接的过渡工期，施工队伍、器材供应、劳动力的安排是否有均衡性、合理性和科学性。可能性主要是指施工图纸能否按期提供，设备材料订货到货能否按期供应，以及施工场所有无干扰环境因素，资金能否如期到位，自然因素是否可能等。合理工期与定额工期相比较，可能出现一些差距，但应是切合实际的有客观理由的差距，在大多数情况下，合理工期应低于定额工期。

2. 合理工期与工期定额。评价项目工期的长短，许多部门都制定了工期定额，并以此作为对项目进行进度控制的目标。定额工期是监理工程师在测算合理工期时的主要依据，但还不是进度控制的目标。施工阶段中影响进度的因素是什么？工程项目的计划进度和实施进度的偏离，是由许多种原因造成的。影响进度的众多原因中，资金、物资供应、投资环境、地质水文条件、自然灾害、技术方案、技术组织措施、与兄弟单位的平衡协调等是影响进度的主要原因。

（三）施工阶段的投资控制

造价控制，对于监理工程师来说，就是要使建造工程的费用在不影响工程进度、质量、生产安全的条件下，不超出合同价和概预算价，并保证使每一笔支出都做到有根据和公正合理。

加强造价管理与投资控制具有迫切性：

1. 加强造价管理，有助于解决我国建设资金的巨大需求和有限供给之间的矛盾。资金短缺已成为制约我国经济迅速发展的主要障碍，加强造价管理和投资控制，其意义就在于可以用有限的资金办更多的事。

2. 加强投资控制是降低全社会各行各业生产成本，提高经济效益的迫切需要。降低造价就意味着降低交付使用的固定资产原值，也就意味着降低摊入生产成本的固定资产折旧费、维护费和大修理费，最终表现为成本降低，经济效益提高。

3. 降低造价是设计施工单位实行经济核算走向市场的必要条件。在经济管理中，价格是最有效的调节手段，降低造价、节约投资，是国家从宏观上控制的调节固定资产投资的迫切需要。

施工阶段的投资控制，实际上是三大控制的综合表现，除本身的费用增减外，工期长短，质量好坏，事故多少，都会影响造价。而一些工期长的承包总价合同，一般都有开口，总价由一个已知数加上一个可变数组成，由此形成了投资控制过程为动态控制变量。

监理工程师进行投资控制不仅仅是经济范畴，它涉及到各项管理，不单纯行使付款否决权，而是积极主动采取科学方法对项目进行管理。因此监理工程师进行投资控制首先表现的是积极、主动、科学地使用投资，最大限度发挥效益，其二是采取各种先进技术，向科技要节约，要效益。其三是向质量和进度要效益，要节约，最后才是严格控制费用支出，合理掌握索赔，避免资金浪费。

为了使监理工程师的投资控制达到规范化、制度化、标准化；造价、工期、质量这三个工程项目管理目标，都是影响工程项目综合经济效益的重要因素。三者要有机结合，不应孤立、片面强调或追求某一方面某一局部的优势。

第十二章 建设工程安全生产管理

第一节 概 述

2002年6月29日,第九届全国人民代表大会常务委员会第二十八次会议通过《中华人民共和国安全生产法》(以下简称《安全生产法》),于2002年11月1日起施行。2003年11月12日,国务院第28次常务会议通过《建设工程安全生产管理条例》(以下简称《条例》),2003年11月24日,中华人民共和国国务院令第393条公布,自2004年2月1日起施行。为了加强建设工程安全生产监督管理,保障人民群众生命和财产安全,根据《中华人民共和国建筑法》、《安全生产法》,制定该《条例》。它的公布与施行,对于加强建设勘察、设计、施工、监理安全生产管理,保证建设工程勘察、设计、施工、监理质量,保护人民生命和财产安全,具有十分重要的意义和作用。

随着改革开放的深入,建筑业持续快速发展,在国民经济中的地位和作用逐渐增强。我国国民经济的快速发展,使固定资产投资一直保持了较高的增长水平,工程建设规模逐年扩大,工业、民用、交通、城市基础设施等建设项目遍布城乡。1998年以来,建筑业增加值占GDP的比重一直稳定在6.6%~6.8%之间,在国民经济各部门中居第四位,仅次于工业、农业、批发和零售贸易餐饮业。建筑业的快速发展是全面建设小康社会的突出标志,也是国民经济增长的推动力。在经济的高度增长阶段,必然伴随大规模的建设。建筑市场的规范,建设工程质量和安全,都对经济和社会发展有着十分重要的影响。但是,应当看到我国的勘察、设计、施工、监理等活动还存在不少问题。

目前,建设工程安全生产管理主要存在以下问题:一是工程建设各方主体的安全责任不够明确。工程建设涉及建设单位、勘察单位、设计单位、施工单位、工程监理单位以及设备租赁单位、拆装单位等,对这些主体的安全生产责任缺乏明确的法律制度规定。二是建设工程安全生产的投入不足。一些建设单位和施工单位挤扣安全生产费用,致使在工程的投入中用于安全生产的资金过少,不能保证正常安全生产措施的需要,从而导致生产事故不断发生。三是建设工程安全生产监理管理制度不健全。建设工程安全生产的监督管理不仅仅停留在突击性的安全生产大检查上,而缺少日常的具体监督管理制度和措施。四是生产安全事故应急救援制度不健全。一些施工单位没有制定应急救援预案,发生生产安全事故后得不到及时救助和处理。这些问题使得建设工程生产安全事故一直居高不下,在各产业系统中仅次于采矿业,居第二位。

《条例》制定的依据是《建筑法》、《安全生产法》。这两部法律都对建设工程的安全管理作出了原则性规定,确立了一些基本的安全管理制度。《建筑法》专门设立一章规定了建筑安全生产管理。该法第36条规定,建筑工程安全生产管理必须坚持安全第一、预防为主的方针,建立健全安全生产的责任制度和群防群治制度。建筑安全生产管理是建筑活动管理的最重要的内容之一。为此,该法针对建筑安全生产的特点,设立了安全生产责任制度、安全技术措施制度、安全生产教育培训制度、政府安全监督管理制度、安全事故报告制度、意外伤害保险制度、安全报批制度、工程主体和承重结构变动应当依法取得设计方案、房屋拆除应当符合安全条件等基本制度。《安全生产法》主要规定了生产经营单位的安全生产保障、从业人员的权利和义务、安全生产的监督管理、生产安全事故的应急救援与调查处理等安全生产管理制度。《条例》正是在上述两法规定的这些安全生产管理法律制度的基础上，对参与建设活动的各主体方、相关方的安全责任、义务及处罚的内容和额度进行了规定，以便于建设工程安全生产管理制度的实施。

一、《条例》的适用范围

《条例》的适用范围，是在中华人民共和国境内（不包括香港、澳门两个特别行政区和台湾地区）从事的建设工程活动和监督管理活动。对于建设工程活动来讲，不管项目的投资主体是谁，也不管建设工程项目的类别，只要是在中华人民共和国境内实施的建设工程，都要遵守《条例》。

二、建设工程安全生产管理的方针

安全生产关系到人民群众生命和财产安全，关系到社会稳定和经济健康发展。"安全第一、预防为主"的方针是我国安全生产工作长期经验的总结，可以说是用生命和鲜血换来的。建设工程安全和生产管理必须坚持"安全第一、预防为主"的方针。"安全第一"是从保护和发展生产力的角度，表明在生产范围内安全与生产关系，肯定安全在建筑生产活动中的首要位置和重要性。"预防为主"是指在建设工程生产活动中，针对建设工程生产的特点，对生产要素采取管理措施，有效地控制不安全因素的发展与扩大，把可能发生的事故消灭在萌芽状态，以保证生产活动中人的安全与健康。安全第一还反映了当安全与生产发生矛盾的时候，应该服从安全，消灭隐患，保证建设工程在安全的条件下生产。

第二节 建设单位的安全责任

改革开放以来，随着国家投资体制改革的深化，投资主体日趋多元化，组织形式日益多样化，除国家投资、国有企业投资外，私人投资和外资（包括中国港澳台地区）日益增多，经济成分多样化带来了利益多元化。在工程建设领域中，投资主体多以项目法人的形式参与市场经营活动。建设单位（业主）作为工程项目的投资主体，有选择勘察、设计、施工、工程监理单位的权利，并可自行选购工程所需的主要建筑材料，在施工中有检查验收工程质量、控制工程进度、监督工程款项使用的权利，对各个环节负责综合管理，在整个工程建设活动中居于主导地位。因此，为确保安全生产，首先要对建设单位的行为进行规范，对其安全生产责任与义务予以明确。

近年来，在分析工程建设活动中发生安全事故的原因时发现，许多安全事故是由建设单位市场行为不规范造成的。当前，国家对建设单位不规范的市场行为给予制约的法律、法规还不尽完善，特别是市场竞争日趋激烈，使得建设单位为了自身利益，不择手段地追求利益的最大化。他们有的为降低成本，片面追求经济效益，向勘察、设计或施工单位提出不符合国家法律、法规和强制性标准的要求，甚至强令改变勘察设计文件内容；有的对施工现场所需安全措施费用不予认可，拒绝支付安全生产合理费用，导致施工单位安全生产、文明施工投入严重不足；有的强令施工单位违反合同约定，违反建设工程客观规律压缩工期；有的将拆除工程交给不具备保证安全条件的建筑施工单位甚至个人承担等，导致安全事故频频发生。《条例》将建设单位列入安全责任主体之中，对建设单位和工程建设活动中应承担的安全责任和义务以及违反《条例》规定应承担的法律责任进行了明确规定，为今后工程建设的安全生产管理提供了强有力的法律保证。

建设单位作为负责工程整体工作的一方，提供真实、准确、完整的建设工程各个环节所需的基础资料，是其基本的义务。这些资料特别是专业工程所需资料的来源有以下四个方面：

1. 由勘察、设计单位向建设单位提供；
2. 从工程毗邻的单位获取；
3. 建设单位本身已有的资料；
4. 建设单位向有关部门或者有关单位查询得来的资料。

建设单位把这些资料提供给施工单位时，首先要具有真实性，不得伪造、篡改；其次，要具有科学性，数据准确；第三，要具有完整性，资料必须齐全，能够满足施工的需要。因此，建设单位必须提供真实、准确、完整的相关资料。否则，将承担相应的责任。

施工现场及毗邻区域内供水、排水、供电、供气、供热、通信、广播电视等地下管线资料，气象和水文资料，相邻建筑物和构筑物、地下工程的有关资料，是施工单位所需的基础资料。地下管线是城市的重要基础设施，地下管线能否安全、完好、正常运行，直接关系到城市能否正常生产和居民能否正常生活。建设单位提供了真实、准确、齐全的地下管线资料，便于在施工中采取必要的措施加以保护。

建设单位因建设工程需要，有权向城市建设档案馆、气象及水文等有关部门、机构、单位查询有关材料。城市建设档案馆、气象及水文等有关部门、机构、单位要及时、准确地提供相关资料，不得推诿。

一、建设单位不得对勘察、设计、施工、工程监理等单位提出不符合建设工程安全生产法律、法规和强制性标准规定的要求，不得压缩合同约定的工期

（一）建设单位对勘察、设计、施工和工程监理等单位提出不符合建设工程安全生产法律、法规和工程强制性标准规定的要求，会导致承包单位盲目赶工期，简化工序，以致造成重大安全生产事故。建设单位不得对勘察、设计、施工、工程监理等单位提出任何违反建设工程安全生产法律、法规和强制性标准规定的要求。否则，要承担相应的法律责任。

工程建设强制性标准是保证建设工程结构安全和施工安全的最基本要求，是工程建设成功经验和失败教训的积累，是科学研究的成果，违反了这类标准，必然会给建设工程带来重大结构安全隐患和施工安全隐患。严格执行国家安全生产方面的法律、法规和强制性标准，一是可以使工程建设建立在可靠的勘察、设计基础上，从而保证工程的结构安全；二是可以促进施工企业的安全生产，减少安全事故，保障人民生命财产不受损失。

（二）合同约定的工期是建设单位和施工单位共同签订的、具有法律效力的合同内容。合同约定的工期是建设单位与施工单位经过双方论证、磋商约定的或者通过招标投标确定

的工期。合理工期是指在正常建设条件下，采取科学合理的施工工艺和管理方法，以现行的国家颁布的工期定额为基础，结合项目建设的具体情况而确定的使投资方与各参建单位均获得满意的经济效益的工期。合理工期要以工期定额为基础确定，但不一定与定额完全一致，可依施工条件等作适当调整。

二、建设单位在编制工程预算时，应当确定建设工程安全作业环境及安全施工措施所需费用

《安全生产法》第18条规定："生产经营单位应当具备的安全生产条件所必需的资金投入，由生产经营单位的决策机构、主要负责人或者个人经营的投资人予以保证，并对由于安全生产所必需的资金投入不足导致的后果承担责任。"工程建设与一般的生产经营不同，改善安全作业环境、落实安全生产措施一般均由施工单位来实施，保证安全生产条件的资金投入也由施工单位来使用，但安全作业环境及施工措施所需费用应当由建设单位承担。这是因为：第一，安全作业环境及安全施工措施所需费用是保证建设工程安全和质量的重要条件，该费用应是工程总造价的组成部分，应当由建设单位支付。建设单位不支付这些费用，既影响施工企业，也影响建设工程的质量和工期等，损害建设单位的利益。因此，建设单位在编制建设工程概算时，应当充分考虑并确定工程建设过程中足额支付给施工单位，是合理的和必要的。第二，建设工程产品单一、体积庞大、露天生产、高处作业、环境多变、危险性较高，需要复杂的、大量的安全设施，并且大多数为一次性的，要保证安全生产，需要大量的资金投入，有必要专列一条明确其为建设单位的责任。

建设部颁布的《建筑施工安全检查标准》中，增加了许多保证安全生产、文明施工的项目。建设工程施工现场的作业环境应当达到建设部颁布的《建筑施工安全检查标准》中规定的标准，这是对施工现场安全生产、文明施工的基本要求。

三、建设单位不得明示或者暗示施工单位购买、租赁、使用不符合安全施工要求的安全防护用具、机械设备、施工机具及配件、消防设施和器材

为了保证工程质量和施工安全，施工单位应当严格执行勘察设计文件、施工工艺和施工规范要求选用符合国家质量标准、卫生标准和环保标准并满足安全生产需要的安全防护用具、机械设备、施工机具及配件、消防设施和器材。严禁购买、租赁和使用不符合安全施工要求的甚至是伪劣的或已被明令淘汰的产品。在以往发生的质量、安全事故中，因使用不符合安全生产要求的安全防护用具、机械设备、施工机具及配件、消防设施和器材的案例屡见不鲜。其中许多是由于建设单位干预施工单位采购造成的。究其原因，一是市场经济发育不够完善，由于经济利益的驱动，建设单位为了降低投资成本，不考虑安全问题，明示施工单位选购、租赁价格较低的但不符合安全施工要求的安全防护用具、机械设备、施工机具及配件、消防设施和器材；二是个别建设单位的人员受个人利益驱动，非法接受生产厂家、供应商、租赁单位的贿赂或者回扣，在施工单位选购安全防护用具、机械设备、施工机具及配件、消防设施和器材时，滥用权利、以权谋私，明示或者暗示施工单位选购某品牌、某厂家新产品，施工单位出于多种缘由，往往违心服从。这些建设单位的行为干预了施工单位的正常采购工作，妨碍了供应商的公平竞争，扰乱了市场秩序。

四、建设单位在申请领取施工许可证时，应当提供建设工程有关安全施工措施的资料

（一）建设单位应当将安全施工等措施报有关部门备案。

《建筑法》第 8 条规定："申请领取施工许可证，应当具备下列条件：（一）已经办理该建筑工程用地批准手续；（二）在城市规划区的建筑工程，已经取得规划许可证；（三）需要拆迁的，其拆迁进度符合施工要求；（四）已经确定建筑施工企业；（五）有满足施工需要的施工图纸及技术资料；（六）有保证工程质量和安全的具体措施；（七）建设资金已落实；（八）法律、行政法规规定的其他条件。"建设部 1999 颁布的《建筑工程施工许可管理办法》（建设部令第 91 号）规定，在中华人民共和国境内从事各类房屋建筑及其附属设施的建造、装饰装修和与其配套的线路、管道、设备的安装，以及城镇市政基础设施工程的施工，工程投资额在 30 万元以上或者建筑面积在 300m² 以上的建筑工程，必须申请办理施工许可证，接受建设行政主管部门依法地建筑工程施工条件的审查，建设行政主管部门在审核发放施工许可证时，应当对建设工程是否有安全施工措施时行审查，对没有安全施工措施的，不得颁发施工许可证。上述规定，简化了行政审批手续，体现了政府职能转变的要求。

（二）在施工前期的准备工作中，建设单位认真落实各项安全施工措施，做好各项施工准备工作，既是建设单位的责任，也是施工组织实施阶段安全文明施工的有力保障。

安全生产必须贯彻"预防为主"的方针，在建设工程项目的可行性论证、勘察设计和施工前期的准备过程中都应当认真落实各项安全施工措施，要有施工现场的总平面布置图、临时设施规划方案和已搭建的情况、施工现场安全防护设施搭设（方案、措施）计划、设施进度计划、安全措施费用计划、施工组织设计、工程项目负责人、安全管理人员及特种作业人员持证上岗的情况、建设单位安全监督人员花名册和工程监理单位人员花名册等资料，为正式组织施工创造良好的安全作业环境。因此，建设单位在做好施工准备工作的同时，必须按照要求认真落实各项安全施工措施，不具备安全生产条件的，不得开工。

（三）按照国务院规定的权限和程序批准开工报告的建筑工程，不再领取施工许可证。

依法取得开工报告的建设工程，还应当接受工程所在地县级以上地方人民政府建设行政主管部门或者其他有关部门依法实施的安全生产监督管理。建设单位在依法申请领取施工许可证时，报送的安全施工措施的资料应当真实、有效，能够反映建设工程的安全生产准备情况、达到的条件和施工实施阶段的具体措施。在必要的情况下，建设行政主管部门在收到报送的安全措施资料后，应当尽快派人员到施工现场进行实地勘察。

批准开工报告的建设工程，建设单位应当自开工报告批准之日起 15 日内，将保证安全施工的措施等资料报送工程所在地县级以上地方人民政府建设行政主管部门或者其他有关部门备案。备案需要提交的资料可参照申请领取施工许可证时应当提供的资料内容确定。

五、建设单位应当将拆除工程发包给具有相应资质等级的施工单位

（一）拆除工程是工程建设中后项重要内容。

通过对近年来拆除工程伤亡事故的分析，可以看出造成事故的主要原因：一是工程建

设业主违规发包拆除任务。拆除工程危险性较大，需要一定的技术力量支持，但建设单位为降低投入往往将拆除工程发包给不具备安全生产条件的无资质和无技术力量的农民工队伍。二是拆除施工缺乏必要的技术力量支持。关于拆除工程的安全生产管理，《建筑法》第 50 条明确规定，房屋拆除应当由具备保证安全条件的建筑施工单位承担，由建筑施工单位负责人对安全负责。为了规范拆除工程市场秩序，提高拆除工程的技术保证水平，避免发生安全事故，根据本条规定，拆除工程无论规模大小都必须发包给具有相应资质等级的施工单位来承担。建设部 2001 年颁布的《建筑业企业资质管理规定》（建设部令第 87 号）将爆破与拆除工程列为专业承包工程资质序列，并对取得该资质的具体条件、承包工程范围作了严格的规定。

（二）为了加强对拆除工程的安全管理，《条例》要求建设单位在拆除工程施工 15 日前，将有关资料报拆除工程所在地的县级以上地方人民政府建设行政管理部门或其他有关部门备案。提供的资料应当包括：

1. 施工单位资质等级证明材料；
2. 拟拆除建筑物、构筑物及可能危及毗邻建筑的说明；
3. 拆除施工组织方案；
4. 堆放、清除废弃物的措施。

（三）对于一些特别拆除工程需要爆破作业的，应当按照《中华人民共和国民用爆炸物品管理条例》的规定。

进行大规模爆破作业，或在城镇与其他居民聚居的地方、风景名胜区和重要工程设施附近进行控制爆破作业，施工单位必须事先将爆破作业方案，报县、市以上主管部门批准，并征得所在地县、市公安局同意，方准实施爆破作业。

第三节　勘察、设计、工程监理及其他有关单位的安全责任

安全生产贯穿于建设工程的全过程，勘察、设计、监理及其他有关单位的活动，对建设工程的安全生产有着重大影响。勘察单位的勘察成果文件是设计和施工的基础资料和重要依据，勘察文件的质量直接关系到设计工程质量和安全性能；设计单位的设计文件质量又关系到施工安全操作、安全防护以及作业人员和建设工程的主体结构安全；工程监理是保证建设工程安全生产的重要环节，对保证施工单位作业人员的安全起着重要作用；施工机械设备生产、租赁、安装单位以及检验机构等与建设工程有关的其他单位的活动，也与建设工程的安全生产有着密切的关系。

一、勘察单位应当按照法律、法规和工程建设强制性标准进行勘察，提供的勘察文件应当真实、准确，满足建设工程安全生产的需要

建设工程勘察，是指根据建设工程的要求，查明、分析、评价建设场地的地质地理环境特征和岩土工程条件，编制建设工程勘察文件的活动。建设工程勘察的质量，对保证建设工程的质量和安全，具有十分重要的作用。

建设工程勘察活动专业性强，不同于一般的经济活动，涉及公共利益和公众安全。为

保护建设单位的利益和人民群众的生命财产安全,勘察单位应当按照其拥有的注册资本、专业技术人员、技术装备和业绩,依据《建设工程勘察设计企业资质管理规定》(建设部第93号令)的规定,依法取得相应等级资质证书后,方可在其资质等级许可的范围内从事勘察活动。

(一)勘察单位应当认真执行国家有关法律、法规和工程建设强制性标准。

1. 勘察单位在勘察工作中,应当认真执行国家有关法律、法规。现行的有关法律、法规主要包括:《建筑法》、《安全生产法》、《建筑工程质量管理条例》、《建设工程勘察设计管理条例》等。

2. 勘察单位在勘察过程中,应当依据工程建设强制性标准进行作业。工程建设强制性标准是指工程建设标准中,直接涉及人民生命财产安全、人身健康、环境保护和其他公众利益的、必须强制执行的条款。房屋建筑部分的工程建设强制性标准主要由建筑设计、建筑防火、建筑设备、勘察和地基基础、结构设计、房屋抗震设计、结构鉴定和加固、施工质量和安全等八个方面的相关标准组成。工程建设强制性标准是工程建设技术和经验的积累,是编制建设工程勘察文件的重要技术依据。只有满足工程强制性标准,才能满足工程对安全、质量、卫生、环保等多方面的要求,因此必须严格执行。

(二)勘察单位提供的勘察文件应当真实、准确,满足建设工程安全生产的需要。

工程勘察应当按勘察阶段要求,正确反映工程地质条件,提出岩土工程评价,为设计、施工提供依据。编制勘察文件应当客观反映建设场地的地质、地理环境特征和岩土工程条件。勘察阶段可分为可行性研究勘察、初步勘察和详细勘察。可行性研究勘察应符合施工图设计要求。各个阶段的勘察成果应当能够满足建设工程安全生产的需要。勘察单位应当对提供的勘察成果的真实性和准确性负责。

(三)勘察单位应当严格执行操作规程,采取措施保证各类管线、设施和周边建筑物、构筑物的安全。

1. 勘察单位应当按照国家有关规定,制定勘察操作规程和勘察钻机、静探车、经纬仪等设备和检测仪器的安全操作规程,并在作业时严格执行,防范生产安全事故的发生。

2. 勘察单位应当采取措施,保证勘察现场各类管线、设施和周边建筑物、构筑物的安全。各类管线主要指置于地下的供水、排水、供电、供气、供热、通信、广播电视等管道和线路。地下管线是重要的基础设施,地下管线能否安全、完好、正常运行,直接关系到居民能否正常生产和生活,因此必须对地下管线严格保护。勘察单位在进行施工作业前,要根据建设单位提供的各类管线、设施情况制定相应的安全技术措施,在作业时按照安全施工方案进行作业,保护好与作业现场有关的各类管线和设施。同时,对周边建筑物、构筑物,也要定点、定期进行观测,并做好记录,以确保周边建筑物、构筑物的安全。

二、设计单位应当按照法律、法规和工程建设强制性标准进行设计,防止因设计不合理导致生产安全事故的发生。对涉及施工安全的重点部位和环节在建设文件中注明,并对防范生产安全事故提出指导意见

建筑工程设计活动专业性强,直接涉及公共利益和公众安全。为保护建设单位的利益和人民群众的生命财产安全,设计单位应当依据《建设工程勘察设计企业资质管理规定》

（建设部第 93 号令）的规定，依法取得相应等级资质证书后，方可在其资质等级许可的范围内承揽设计业务。

（一）设计单位在进行设计时，应当认真执行国家有关法律、法规和工程建设强制性标准，防止因设计不合理导致生产安全事故的发生。

1. 设计单位在设计工作中，应当认真执行国家有关法律、法规。

2. 设计单位在进行工程设计时，应当认真执行国家有关设计标准、规范，依据工程建设强制性标准进行设计。

（二）设计单位应当考虑施工安全操作和防护的需要，对涉及施工安全的重点部位和环节在设计文件中注明，并对防范生产安全事故提出指导意见。

1.《建筑法》第 37 条规定："建筑工程设计应当符合按照国家规定制定的建筑安全规程和技术规范，保证工程的安全性能。"设计单位的工程设计文件对保证建筑结构安全非常重要；同时，设计单位在编制设计文件时，应当结合建设工程的具体特点和实际情况，考虑施工安全操作和防护的需要，为施工单位制定安全防护措施提供技术指导。下列涉及施工安全的重点部位和环节应当在设计文件中注明，施工单位作业前，设计单位应当就设计意图、设计文件向施工单位作出说明和技术交底，并对防范生产安全事故提出指导意见：

（1）地下管线的防护。地下管线的种类和具体位置，地下管线的安全保护措施。

（2）外线电路防护。施工现场临时用电中外线电路与建筑物的距离，外线电路电压，应采用的防护措施，设置防护设施施工时应注意的安全作业事项，施工作业中的安全注意事项等。

（3）深基坑工程。基坑侧壁选用的安全系数、护壁、支护结构选型，地下水控制方法及验算、承载能力极限状态和正常状态的设计计算和验算、支护结构计算和验算，质量检测及施工监控要求、采取的方式方法，安全防护设施的设置以及安全作业注意事项等；对于特殊结构的混凝土模板支护，设计单位应当提供模板支撑系统结构图及计算书。

2. 施工单位在施工过程中，发现设计文件存在违反强制性标准，或者按照设计文件进行施工，无法满足安全防护和施工安全，或者设计文件存在错、漏、碰、缺的问题时，设计单位有责任、有义务及时、无偿地修改设计文件，解决施工中存在的安全问题。

（三）采用新结构、新材料、新工艺的建设工程以及特殊结构的建设工程，设计单位应当在设计中提出保障施工作业人员安全和预防生产安全事故的措施建议。施工单位对新结构、新材料和新工艺的了解与认识不足，对其安全技术性能掌握不充分，如果未能及时采取有效的安全防护措施，将可能诱发生产安全事故的发生。因此，当设计单位在工程设计中采用新结构、新材料和新工艺以及特殊结构时，要在设计文件中作出特别说明，并提出保障施工作业人员安全的措施建议，防止施工中发生生产安全事故。

（四）设计单位和注册建筑师等注册执业人员应当对其设计负责。建设项目设计的质量如何，对于建设工程的质量和安全具有重要的影响。设计质量如何，又与设计单位、设计人的设计能力和工作态度密切相关。因此，本条例规定，设计单位和注册建筑师等注册执业人员对其设计负责。这对于增强设计单位和设计人的责任心，保证建设工程设计质量，明确相关责任，具有重要意义。

本着"谁设计、谁负责"的原则，设计单位应当对其设计质量负责。《建筑法》第 73

条规定:"建筑设计单位不按照建筑工程质量、安全标准进行设计的,责令改正,处以罚款;造成工程质量事故的,责令停业整顿,降低资质等级或者吊销资质证书,没收违法所得,并处罚款;造成损失的,承担赔偿责任;构成犯罪的,依法追究刑事责任。"《建设工程质量管理条例》第72条、第73条和本条例第58条对注册执业人员应承担的设计质量和安全的法律责任作了明确规定。

三、工程监理单位应当审查施工组织设计中的安全技术措施或者专项施工方案是否符合建设工程强制性标准

工程监理单位是工程建设责任主体之一,工程监理单位接受建设单位委托,代表建设单位对承包单位进行监督。安全生产贯穿于工程施工的全过程,涉及每个环节、每个部位。监理的职责就是对施工的各个环节起到把关的作用。

(一)工程监理单位应当审查施工组织设计中的安全措施或者专项施工方案是否符合工程建设强制性标准。按照规定,施工单位应当编制施工组织设计和专业性较强的施工方案,施工组织设计就安全生产而言,它是在工程建设中,根据安全生产标准规范,提出各部位各工序的安全技术措施,包括施工安全的方法与手段。而编写的施工方案的实施,也是建设单位委托监理单位进行监理业务的主要内容。

建设工程的监理工程师首先应当熟悉设计文件,对图纸中存在的有关问题提出书面的意见和建议,并按照《建设工程监理规范》的要求,在工程项目开工前,由总监理工程师组织专业监理工程师对施工单位报送的施工组织设计(方案)提出审查意见,并经总监理工程师审核、签字后报送建设单位。

(二)工程监理单位在实施监理过程中,发现存在安全事故隐患的,应当要求施工单位整改;情节严重的,应当要求施工单位暂时停止施工,并及时报告建设单位。施工单位拒不整改或者不停止施工的,工程监理单位应当及时向有关主管部门报告。

监理单位应根据承担的监理任务,组建驻工地监理机构。监理机构一般由总监理工程师、监理工程师和其他监理人员组成。监理工程师在实施监理工作时,应当按照《建设工程监理规范》对建筑材料、建筑构配件和设备以及施工工序进行检验、检查。根据检验、检查结果,决定是否允许建筑材料、建筑构配件和设备在施工中使用和决定能否进行下一道工序的施工。对不能保证建筑物结构安全的建筑材料、建筑构配件和设备,有权要求施工单位停止使用;对不符合安全技术规范和标准的工序、分部分项工程,以及违反强制性标准,形成危及作业人员人身安全的事故隐患,应以下达整改指令书的形式,通知施工单位立即整改;发现重大安全事故隐患的,监理工程师应当要求施工单位暂时停止施工,并及时报告建设单位。重大安全事故隐患消除后,经监理工程师确认达到安全施工要求,监理机构下达复工令,施工单位方可继续施工。

监理机构下达停工指令书后,施工单位仍对重大安全事故隐患拒不整改或者不停止施工的,监理单位应当立即向建设行政主管部门或其他有关主管部门报告,建设行政主管部门或其他有关主管部门应依法作出处理,以保证施工安全。

(三)工程监理单位和监理工程师应当按照法律、法规和建设工程强制性标准实施监理,要对建设工程安全生产承担监理责任。

按照《建设工程监理规范》的规定,工程监理实行总监理工程师负责制。总监理

工程师享有合同赋予监理单位的全部权利,全面负责受委托的监理工作。总监理工程师在授权范围内发布有关指令。总监理工程师有权建议撤销不合格的工程建设分包单位资格和项目负责人及有关人员的职务。总监理工程师应当对工程项目的安全监理负总责。工程项目的监理人员按照职责分工,确定安全监理的范围及重点,履行监督检查的职责,并对各自承担的安全监理工作负责。

由于工程施工的不可逆性,监理要对整个工程的施工过程实施全面控制,应采取旁站、巡视和平行检验等形式实施监理,以各个工序的过程质量来保证整个工程的总体质量。"旁站"是指在关键部位或关键工序施工过程中,由监理人员在现场进行监督检查或检验的监理活动。"巡视"主要是强调,除了关键点的质量控制外,监理工程师还应对施工现场进行面上的巡查监理。"平行检验"是指监理机构利用一定的检查或检测手段,在承包单位自检的基础上,按照一定的比例独立进行检查或检测的活动。施工现场的安全生产贯穿于施工的全过程,工程监理不仅要对施工质量实行监理,而且还要采取旁站、巡视和平行检验等形式,按照法律、法规和工程建设强制性标准,对施工单位执行安全生产的法律、法规和工程建设强制性标准及落实施工安全技术措施等情况进行监理。

第四节　施工单位的安全责任

施工单位是工程建设活动中的重要主体之一,在施工安全生产中处于核心地位。在工程建设施工中,消除事故隐患,防范安全事故的发生,确保施工安全生产,施工单位是关键。近年来建设工程中发生的重、特大生产安全事故分析表明,施工单位是绝大多数安全事故的直接责任方,究其主要原因:一是施工单位的市场行为不规范;二是施工单位安全生产观念淡薄;三是必要的安全生产资金投入不足,致使其不具备基本的安全生产条件;四是必要的安全生产责任制不健全,安全管理不到位;五是作业人员未经培训或培训不合格上岗,违章指挥、违章作业、违章操作等等。为遏止安全事故的发生,确保建设工程安全生产,《条例》对施工单位的市场准入、施工单位的安全生产行为规范和安全生产条件以及施工单位主要负责人、项目负责人、安全管理人员、作业人员的安全责任等方面,在本节作出了明确的规定。

一、施工单位从事建设工程的新建、扩建、改建和拆除等活动,应当具备国家规定的注册资本、专业技术人员、技术装备和安全生产等条件,在依法取得相应等级的资质等级许可的范围内承揽工程

多年来,建筑市场中无证施工、越级承包、非法转包、违法分包的现象十分严重,有些工程往往在不具备安全生产条件的情况下盲目开工建设,施工作业中不重视安全生产管理,安全隐患多,事故发生率高。为了规范建筑市场秩序,严格施工单位市场准入,确保建设工程安全生产,早在1989年,国务院建设行政主管部门在总结历史经验的基础上,为适应国家对建筑业施工企业从微观管理向宏观管理转变、从直接管理向间接管理转变的需要,决定对建筑企业实行资质管理。

《建筑法》第26条规定,"承包建筑工程的单位应当持有依法取得的资质证书,并在其资质等级许可的业务范围内承揽工程。禁止建筑施工企业超越本企业资质等级许可的业务范围或者以任何形式用其他建筑施工企业的名义承揽工程。禁止建筑施工企业以任何形式允许其他单位或者个人使用本企业的资质证书、营业执照，以本企业的名义承揽工程"，从而将施工单位的资质管理纳入到法律调整的范畴。《建筑法》同时还规定，从事建筑活动的施工单位应当具备的条件是：有符合国家规定的注册资本，有与其从事的建筑活动相适应的具有法定执业资格的专业技术人员，有从事相关建筑活动所应有的技术装备，法律、行政法规规定的其他条件。将建筑企业划分为不同的资质等级，经审查合格取得相应的资质等级证书后方可在其资质等级许可的范围内从事建筑活动。施工单位的资质等级反映了其从事建筑活动的资格和能力，是国家对建筑市场准入管理的重要手段。

根据《安全生产法》、《建筑法》，施工企业安全生产条件的主要内容包括：建立健全安全生产责任制度，安全生产技术符合国家规定要求，按规定设置安全生产管理机构，配备专职安全管理人员，特种作业人员按国家规定取得特种作业操作资格证书，制定生产安全事故应急救援预案等。

二、施工单位主要负责人依法对本单位的安全生产工作全面负责。施工单位应当建立健全安全生产责任制度和安全生产教育培训制度，制定安全生产规章制度和操作规程，保证本单位安全生产条件所需要资金的投入，对所承担的建设工程进行定期和专项安全检查，并做好安全检查记录

（一）施工单位主要负责人依法对本单位的安全生产工作全面负责。

施工单位的主要领导人员或领导层，包括企业的法定代表人、企业最高行政负责人，公司的董事成员或者有决策权的经理层人员。

施工单位的主要负责人是否真正重视安全生产，对本单位的安全生产具有至关重要的意义。《建筑法》第44条第2款规定"建筑施工企业的法定代表人对本企业的安全生产负责"。《安全生产法》第5条规定"生产经营单位的主要负责人对本单位的安全生产工作全面负责"。施工单位的主要负责人在本单位安全生产工作的主要职责包括：

1. 建立、健全本单位安全生产责任制；
2. 组织制定本单位安全生产规章制度和操作规程；
3. 保证本单位安全生产投入的有效实施；
4. 督促本单位的安全生产工作，及时消除生产安全事故隐患；
5. 组织制定并实施本单位的生产安全事故应急救援预案；
6. 及时、如实报告生产安全事故。

（二）施工单位应当建立健全安全生产责任制度和安全生产教育培训制度。制定安全生产规章制度和操作规程，保证本单位安全生产条件所需资金的投入，对所承担的建设工程进行定期和专项安全检查，并做好安全检查记录。

1. 建立健全安全生产责任制度。安全生产责任制度是施工单位最基本的安全和生产管理制度。安全生产责任制，是按照"安全第一，预防为主"的方针，将企业各级负责人、各职能机构及其工作人员和各岗位作业人员在安全生产方面应做的工作及应负的责任加以明确规定的一种制度。通过制定安全生产责任制，建立一种分工明确、运行有效、责任落实、能够充分发挥作用的、长效的安全生产机制，把安全生产工作落实到实处。安全生产责任制必须依法制定、认真落实、严格考核、奖罚到位。认真落实安全生产责任制，

不仅是为了保证在发生生产安全事故时，可以追究责任，更重要的是通过日常或定期检查、考核，奖优罚劣，提高全体从业人员执行安全生产责任的自觉性，使安全生产责任制真正落实到安全生产工作中去。施工单位的安全生产责任制主要包括企业各级领导人员的安全职责，企业各有关职能部门的安全生产职责，以及施工现场管理人员及作业人员的安全职责。

施工单位制定安全生产责任制应当掌握以下三项原则：(1) 合法性，符合国家的法律法规；(2) 全面性，明确每个部门、职工在安全生产方面的权利、义务和责任，做到安全工作层层有人负责；(3) 可操作性，必须形成督促、检查和落实机制。

2. 建立健全安全生产教育培训制度。安全生产教育培训工作是实现安全生产的一项重要基础工作。建设工程安全事故发生的一个重要原因在于企业领导、管理人员、作业人员安全生产素质较低。某些企业领导、管理人员没有掌握必要的安全生产法律、法规知识，缺乏安全生产的法治意识和抓好安全生产的自觉性；部分作业人员缺乏安全生产知识，安全操作技能低下，防范风险意识匮乏，违章指挥、违章作业、违反劳动纪律。

建筑施工单位的安全教育培训内容主要有：(1) 三级安全教育，新进场的作业人员必须进行公司、项目和班组的三级安全教育，经考核合格，方能上岗；(2) 岗位安全培训，包括管理人员的岗位安全培训和特种作业人员的岗位安全培训；(3) 年度安全教育培训，建筑业企业职工每年必须接受一次专门的安全培训；(4) 变换工种、变换工地的安全培训教育，企业待岗、转岗的职工，在重新上岗前必须接受一次操作技能和安全操作知识的培训；(5) 采用新技术、新工艺、新设备、新材料时，施工单位应对作业人员进行相应的安全培训教育；(6) 经常性的安全教育，包括季节性和节假日前后的安全教育等。

3. 制定安全生产规章制度和操作规程。施工单位的安全生产规章制度和操作规程是施工单位为了保护施工现场各类人民生命安全与身体健康，保证施工作业正常进行而制定的具有针对性、可操作性的工作运转制度、方法和操作程序。如安全技术措施制度、安全检查制度、卫生防疫制度、技术交底制度、事故报告制度和各类安全操作规程、方法等。

4. 保证本单位安全生产条件所需资金的投入。安全生产的资金投入是保障施工单位具备安全生产条件的必要物质基础，大量建设工程生产安全事故表明，安全生产的资金投入不足是导致事故发生的重要原因之一。

5. 对所承担的建设工程进行定期和专项安全检查，并做好安全检查记录。检查是抓好安全生产的有效手段之一。

(三) 施工单位的项目负责人应当取得相应执业资格的人员担任，对建设工程项目的安全施工负责。

1. 施工单位的项目负责人在工程项目施工中处于《安全生产法》第5条所指的"生产经营单位的主要负责人"地位，应当对建设工程项目的安全生产负责。建设工程的施工生产与其他生产经营单位的生产有很大的区别，需要设专人负责才能保证目标的实现，这就是项目负责人，即施工单位的项目经理。项目经理在项目施工活动中占有举足轻重的地位，代表施工企业法人代表，对项目组织实施中劳动力的调配、资金的使用、建筑材料的购进等行使决策权。因此，施工单位的项目经理（项目负责人）应当对建设工程项目施工的安全生产负全面责任，是本项目安全生产的第一责任人。施工现场安全生产负全面责任，是本项目安全生产的第一责任人。实际中，在追究建设工程安全事故管理责任人时，项目经理往往是主要责任者。

2. 施工单位的项目负责人应当由取得相应执业资格的人员承担。项目负责人应当按规定取得《建筑施工企业项目经理资质证书》，在资质等级许可范围内承担工程项目施工管理，并按要求接受安全管理与安全技术教育培训，具备一定的安全生产知识和管理能力。这不仅是为确保工程质量，维护工程投资方和施工企业的合法权益，同时也是保证安全生产的需要。根据《建筑施工企业项目经理资质管理办法》，按项目经理的施工管理业绩及专业技术职称的高低，施工项目经理资质分为4个等级，每个等级都确定了可承担的工程项目的管理范围，项目经理资质管理制度逐步向建造师执业资格制度的过渡，项目经理作为施工单位的一个工作岗位，必须由取得相应注册建造师执业资格的人员担任。

3. 项目负责人应当认真履行安全生产职责。项目负责人作为施工单位项目的承包管理者，不但要认真贯彻执行企业的安全生产管理制度，而且还是项目部安全生产规章的制定者和执行者，其主要安全生产职责：一是在组织、指挥施工生产过程中，认真执行安全生产的法律、法规和相关制度；二是按照安全技术标准和规程要求落实各项安全防护措施，确保安全生产费用有效使用；三是建立施工中的安全生产问题；四是建立施工项目部的安全生产责任制，组织对施工现场进行安全宣传，组织对施工现场的安全生产，并落实隐患整改措施；五是在施工现场进行安全宣传，组织对施工现场的职工进行安全生产教育；六是发生事故后，按照国家有关法律、法规的规定，及时、如实地报告生产安全事故，及时组织救援工作，防止事故扩大和蔓延。同时，应当保护事故现场，积极配合事故的调查处理工作。发生事故不得隐瞒不报、谎报或者拖延不报，不得故意破坏事故现场、毁灭有关证据。否则，须承担相应的法律责任。

三、施工单位应当设立安全生产管理机构，配备专职安全生产管理人员

（一）施工单位应当设立安全生产管理机构，配备专职安全生产管理人员。

这里的"安全生产管理机构"是指施工单位内部设立的专门负责安全生产管理工作的独立部门。"专职安全生产管理人员"是指在企业中专门负责安全生产管理，不再兼做其他工作的人员。建筑施工企业应当根据企业规模大小、承包工程性质等情况决定配置的人数、专业等，以满足本单位安全生产管理工作的实际需要。明确规定施工单位设置安全生产管理机构和配备安全生产管理人员方面的义务，这对于加强安全生产管理工作、保障安全生产，是十分必要的。

（二）专职安全生产管理人员负责对安全生产进行现场监督检查。

发现安全事故隐患，应当及时向项目负责人和安全生产管理机构报告；对违章指挥、违章操作的，应当立即制止。建筑施工现场的安全生产状况随着施工进度的发展处于不断变化的状态。旧的问题、隐患不断得到整改，新的问题、隐患又可能会出现。因此，施工现场必须配备专职安全生产管理人员以对现场的各个作业场所进行现场检查，督促施工组织者的作业人员时刻警惕安全生产，认真执行落实安全技术措施，搞好施工现场防护，按照安全技术规程作业，对发现的隐患及时整改，防止生产安全事故的发生。

安全生产管理人员对每次检查都应当进行记录，特别要记录重大隐患、不能及时消除的隐患和隐患整改、问题处理情况。这不仅对消除隐患、确保安全具有十分重要的意义，

而且对事故调查、责任追究也具有十分重要的意义。专职安全管理人员应当将检查情况及时报告项目负责人的安全管理机构，以便落实整改措施。

（三）专职安全生产管理人员的配备办法由国务院建设行政主管部门会同国务院其他有关部门制定。

建筑施工企业具有不同的专业、资质等级和承包范围，承包工程性质和经营规模有较大差别。因此，不同企业安全管理人员配置的数量、专业是不一样的，应当分别加以规定。

四、建设工程实行施工总承包的，由总承包单位对施工现场的安全生产负总责

施工总承包只有施工承包企业可以独立承揽。施工总承包企业作为总承包单位后，可以将承包工程中的部分工程分包给具有相应资质条件的分包单位（可以是专业承包企业，也可以是劳务分包企业）。总承包合同没有约定的，总承包单位如果要进行分包必须经建设单位同意。

（一）建设工程实行施工总承包的，由承包单位对施工现场的安全生产负总责。

施工总承包是指建筑工程的施工由一个建筑施工企业全面负责，总承包单位不仅要负责建筑工程质量、建设工期、造价控制，而且要对施工现场的的施工组织和安全生产进行统一管理和全面负责。总承包单位负责整个建筑工程施工组织设计的编制和施工总平面图的布置，监督检查分包单位的施工现场活动。因此，实行施工总承包的建设工程，按照法律规定，由总承包单位对建设单位负全面责任。

（二）总承包单位应当自行完成建设工程结构的施工。

《建筑法》已明确规定，总承包单位应当自行完成承包工程主体结构的施工。之所以要求总承包单位自行完成，是为了避免总承包单位借分包工程的名义转包工程，甚至是层层转包，从而造成质量完全事故。

（三）总承包单位依法将建设工程分包给其他单位的，分包合同中应当明确各自的安全生产方面的权利、义务。

总承包单位和分包单位签订的分包工程的安全生产承担连带责任。现实中，总承包单位和分包单位签订的分包工程合同，往往只注重分包工程的质量、进度要求、工程款拨付和材料设备等情况，却很少涉及安全生产管理方面的内容，一旦发生安全事故，便相互推卸责任，难以确定责任方，这样的案例屡见不鲜。所以，分包合同中应当明确双方安全生产方面的权利与义务。施工现场的安全生产管理，总承包单位和分包单位负有共同责任，对分包的建设工程，双方均负有连带责任。

五、垂直运输机械作业人员、安装拆卸工、爆破作业人员、起重信号工、登高架等特种作业人员，必须按照国家有关规定经过专门的安全作业培训，并取得特种作业操作资格证书后，方可上岗作业

（一）建筑施工特种作业人员的范围。

根据《特种作业人员安全技术考核管理规则》的规定，特种作业，是指对操作者本人，尤其对他人和周围设施的安全有重大危害因素的作业。特种作业人员，是指直接从事特种作业者，其作业的场所、操作的设备、操作的内容具有较大的危险性，容易发生伤亡事故，或者容易对操作者本人、他人以及周围设施的安全造成重大危害。建筑施工是高危险作业，高处作业、露天作业、交叉作业多，机械设备较多，作业环境复杂，劳动强度大，这些都是安全生产的不利因素。所以在建筑施工安全事故中，高处坠落、机具伤害、触电、坍塌和物体打击等所占比例较高。

（二）由于特种作业人员所从事的工作潜在的危险性较大，一旦发生事故，不仅会给作业人员自身的生命安全造成危害，而且也容易给其他从业人员以至他人的生命财产安全造成威胁。因此从业人员必须具有一定的基本条件，方可从事特殊工种岗位作业。

《安全生产法》第23条规定"生产经营单位的特种作业人员必须按照国家有关规定经专门的安全作业培训，取得特种作业操作资格证书，方可上岗作业"，《特种设备安全监察条例》也作了相关规定。这项制度的实施对防止和减少伤亡事故，保障安全生产起到了很大的作用。建筑业与其他行业一样，特种作业人员的工作，对施工单位的安全生产起着举足轻重的作用。未按规定接受专门的安全作业培训的特种作业人员，不得上岗作业。

六、施工单位应当在施工组织设计中编制安全技术措施和施工现场临时用电方案，对下列达到一定规模的危险性较大的分部分项工程编制专项施工方案，并附具安全验算结果，经施工单位技术负责人、总监理工程师签字后实施，由专职安全生产管理人员进行现场监督

施工组织设计是以施工项目为对象编制的，用以指导施工全过程各项施工活动的技术、经济、组织、协调和控制的综合性文件施工组织设计是组织工程施工的纲领性文件，是保证安全生产的基础。但是从近年来发生的重大安全事故的分析来看，多数工程项目在施工组织设计上存在着严重问题：一是未编制的施工组织设计；二是未按照工程建设强制性标准进行施工组织设计；三是编制的施工组织设计中未制定安全技术措施或专项施工方案；四是制定的安全技术措施或方案组织实施。针对上述问题，专门就施工组织设计、安全技术措施和专项施工方案的编制、审批和实施作出了明确规定。

（一）施工单位在施工组织设计中应当编制安全技术措施和施工现场临时用电方案。

1. 每项建设工程从开工到竣工的整个过程，都存在诸多不安全因素和事故隐患，如果预见不到，安全管理措施不到位，将有可能导致事故隐患，甚至造成安全事故。为确保施工安全，施工单位在组织施工前，应当按照有关法律、法规和技术标准编制施工组织设计。《建筑法》第38条规定"建筑施工企业在编制施工组织设计时，应当根据建筑工程的特点制定相应的安全技术措施"。安全技术措施是施工方案中的重要组成部分。在编制施工组织设计时，施工单位应当根据工程概况、施工工期、场地环境等条件，以及机械设备、施工机具和应配电设施的配备计划等，编制安全技术措施，并将安全技术措施纳入施工组织设计中。

2. 由于建设工程组织结构复杂多变，各施工项目所处的地理位置、环境条件不尽相同，对安全技术措施应当从工程项目所处位置、施工环境条件、结构特点、施工工艺、设备机具配备以及安全生产目标等方面进行全面、充分的考虑，并结合本单位的技术条件和管理经验而制定。安全技术措施应当覆盖施工全过程，是具体的、有针对性和可操作性的技术措施。为保证分部分项工程的顺利进行，对专业性较强的分部分项工程应当单独编制安全技术措施。

3. 施工现场露天的作业环境,决定了施工现场临时用电工程的复杂性和危险性。因此,施工单位应当根据工程项目的实际情况编制施工现场临时用电施工方案。

(二)对达到一定规模的危险性较大的分部分项工程,施工单位应当编制专项施工方案,并附具安全验算结果。

根据工程项目的具体情况,对于规模较大、施工工艺复杂的建设工程,对于达到一定规模的危险性较大的分部分项工程,因其复杂性和危险性,在施工过程中易发生人身伤亡事故,施工单位应当根据各分部分项工程的不同特点,有针对性地编制专项施工方案。

(三)施工组织设计、安全技术措施(方案)的编制、审批和现场监督执行。施工组织设计、各项安全技术措施(方案)由施工单位的专业工程技术人员编制,施工单位的技术和安全等部门的专业人员以及工程监理单位的监理工程师根据各自的职能进行审核,审核合格,由施工单位技术负责人、监理单位总监理工程师批准签字后方可实施。在实施过程中,施工单位必须严格执行审批程序,不得擅自修改经过审批或专家论证、审查过的技术方案。

七、建设工程施工前,施工单位负责项目管理的技术人员应当对有关安全施工的技术要求向施工作业班组、作业人员作出详细说明,并由双方签字确认

(一)关于对有关安全施工的技术要求向施工作业班组、作业人员作出详细说明的规定。

对有关安全施工的技术要求向施工作业班组、作业人员作出详细说明,也就是我们通常所讲的安全技术交底。安全技术交底制度是施工单位有效预防违章指挥、违章作业,杜绝伤亡事故发生的一种有效措施。

(二)安全技术交底的基本要求和具体内容:

1. 安全技术交底的主要内容包括:(1)工程项目和分部分项工程的概况;(2)工程项目和分部分项工程的危险部位;(3)针对危险部位采取的具体预防措施;(4)作业中应注意的安全事项;(5)作业人员应遵守的安全操作规程和规范;(6)作业人员发现事故隐患应采取的措施和发生事故后应及时采取的急救措施。

2. 每天作业前,各施工班组长应当针对当天的工作任务、作业条件和作业环境,就作业要求和施工中应当注意的安全事项向具体作业人员进行交底,并将参加交底的人员名单和交底内容记录在班组活动记录中。

各工种的安全技术交底一般与分部分项安全技术交底同步进行。对施工工艺复杂、施工难度较大或作业条件危险的,应当单独进行各工种的安全技术交底。

3. 双方在书面安全技术交底上签字确认,主要是防止走过场并有利于各自责任的确定。

八、施工单位应当在施工现场入口处、施工起重机械、临时用电设施、脚手架、出入通道口、楼梯口、电梯井口、孔洞口、桥梁口、隧道口、基坑边沿、爆破物及有害危险气体和液体存放处等危险部位,设置明显的安全警示标志。安全警示必须符合国家标准

(一)施工单位应当在施工现场危险部位设置明显的安全警示标志。

1. 施工现场施工机械与机具种类多、高空与交叉作业多、临时设施多、不安全因素多、作业环境复杂,属于危险因素较大的作业场所,容易造成人身伤亡事故。因此,为预防安全事故的发生，施工单位应当在施工现场危险部位设置明显的安全警示标志。

施工单位应当在施工现场的危险部位和有关设备、设施上设置安全警示标志，这是为了提醒、警示进入施工现场的管理人员、作业人员和有关人员，要时刻认识到所处环境的危险性，随时保持清醒和警惕，这是施工单位的基本义务之一，也是施工单位安全生产管理工作的一项重要内容，对于提高施工人员的自我保护意识，减少事故发生，有着不可忽视的作用。

在施工现场入口处设置必须戴安全帽等指令标志；在通道口处设置安全通道等指示标志；在施工现场的沟、坎、深基坑等处，夜间要设红灯示警。同时，安全警示标志还应当明显，便于作业人员识别。如果是灯光标志，则应该明亮显眼；如果是文字图形标志，则要求易懂。

2. 安全警示标志是指提醒人们注意的各种标牌、文字、符号以及灯光等。一般来说，安全警示标志包括安全色和安全标志。根据《安全色》（GB 2893—82）之规定，安全色是表达安全信息含义的颜色，安全色分为红、黄、蓝、绿四种颜色，分别表示禁止、警告、指令和提示。

（二）施工单位应当根据不同施工阶段和周围环境季节、气候的变化，在施工现场采取相应的安全施工措施。

施工单位进行施工前，应当根据工程项目的特点、施工现场的环境、施工阶段等变化因素，在不同的施工阶段制定相应的安全技术措施，并组织实施。一是根据基础、主体结构、安装、装饰装修等不同的施工阶段，采取不同的安全技术措施。如基坑开挖阶段，采取基坑支护基坑临边防护等安全措施；主体结构施工时，在作业层采取临边栏杆防护、对建筑物采用密目网防护等安全措施。二是根据施工现场所处位置不同采取不同的安全防护措施。如施工现场地处城市繁华地带时，要对周边道路或房屋采取安全防护措施；施工现场周边有高压输电线路的，要采取有效措施对外电线路进行防护。三是针对季节和气候的变化采取不同的安全技术措施。

（三）施工现场暂时停止施工的，施工单位应当做好现场防护，所需费用由责任方承担，或者按照合同约定执行。

施工现场因特殊原因需要暂停施工的，建设单位或施工单位应当将停工原因及停工时间向县级以上人民政府建设行政主管部门报告。停工前，施工单位应当对施工现场的安全防护设施进行检查，针对施工现场实际情况采取相应措施，保证施工现场停工期间的安全，如切断施工总电源，所有配电箱、开关箱上锁，封闭进入建筑物、构筑物的通道，对机械设备、施工机具进行封存，在易燃、易爆品及有害危险气体和液体存放处派专人监护，安排值班人员做好现场保护等。

九、施工单位应当将施工现场的办公、生活区与作业区分开设置，并保持安全距离；办公、生活区的选址应当符合安全性要求。职工的膳食、饮水、休息场所等应当符合卫生标准。施工单位不得在尚未竣工的建筑物内设置员工集体宿舍

（一）《建筑施工安全检查标准》（JGJ 59—99）中对施工现场的临时设施和员工的生活条件，均制定了相关的强制性条款。从建设工程安全管理的角度，为了确保员工的生命安全与身体健康制定了相应的规定：

1. 施工作业区与办公区和生活区应有明显的划分隔离，并设有防护措施，保持一定的安全距离。所谓安全距离，是指即使发生事故，也不致损害员工的人身安全的最小距离。办公区和生活区应当处于建筑物的坠落半径之外。办公区和生活区与作业区应当有隔离，以避免人员误入危险区。

2. 办公区和生活区的选址应当符合安全性要求。办公区和生活区首先应考虑与作业区相隔离，保持安全距离，其所处位置的周边环境，必须具有安全性。例如，办公区和生活区不得设置在高压线下，也不得设置在沟边、崖边、河流边、强风口处、高墙下等以保证办公区和生活区的安全可靠。

3. 职工的膳食、饮水、休息场所等应符合卫生标准。职工的膳食、饮水、休息场所的卫生条件，直接影响职工的身心健康，因而必须符合国家规定的卫生标准。

4. 施工单位不得在尚未竣工的建筑物内设置员工集体宿舍。尚未竣工的建筑物内设置员工宿舍会带来各种危险，如建筑物本身在没有验收合格前很难确定其是否存在质量和结构安全问题，而防护不到位容易发生坠物伤人、触电、高处坠落等事故。

（二）施工现场临时搭设的办公室、员工宿舍、厕所、娱乐室等临时设施，必须符合国家标准，并符合消防、卫生要求。施工现场使用的装配式活动房屋，生产厂家应按照国家规定的相关标准进行生产，房屋的结构、消防、环保、卫生、材料的选用等方面必须符合国家规定的设计规范标准，出厂时应附有产品合格证等相关资料。

十、施工单位对因建设工程施工可能造成损害的毗邻建筑物、构筑物和地下管线等，应当采取专项防护措施

（一）施工现场对毗邻的建筑物、构筑物和地下管线等可能造成损坏的，施工单位应当采取专项保护措施。

1. 施工单位应当采取保护措施，保证毗邻建筑物、构筑物的安全。建设工程在进行深基础施工、桩基础施工或爆破作业时，对周围环境特别是毗邻建筑物、构筑物等可能造成一定程度的损害。为此施工前，施工单位应当对照建设、勘察单位提供的毗邻建筑物、构筑物等勘察文件，对施工现场毗邻建筑物、构筑物等进行实地察勘，根据勘察文件和实地察勘情况，制定专项防护和保护方案，并纳入施工组织设计。

2. 施工单位应当采取保护措施，保护地下管线的安全。地下管线是重要的基础设施，地下管线能否安全、完好、正常运行，直接关系到城市居民能否正常工作和生活，因而必须对地下管线严加保护。当前，在施工过程中，由于违章施工，施工现场内地下管线屡遭破坏，以致造成断水、断电、通讯中断等事故，严重损害了公众利益和人民群众的合法权益，给国家和人民群众造成重大的经济损失。

（二）施工单位应当在施工现场采取措施防止或减少对环境的污染和对人的危害。

1. 为保护和改善环境，防治污染。在城市市区范围内，建筑施工过程中使用机械设备，可能产生环境噪声污染的，施工单位必须向环境保护行政主管部门申报；因特殊需要必须连续作业的，应有县级以上人民政府或者其他有关主管部门的证明，且必须公告附近居民。《中华人民共和国固体废物污染环境防治法》规定，施工单位应当及时清运、处置建筑施工过程中产生的垃圾，并采取措施，防止污染环境。

2. 施工单位应当制定相应的措施，防止或减少环境污染。这些措施包括：使用密目式安全网对在建筑物、构筑物进行封闭，防止施工过程扬尘；对产生噪声和振动的施工机械和施工机具，应当采取消声、吸声、隔声等有效控制措施，减少噪声扰民；不在施工现场熔融沥青或者焚烧含有有毒、有害化学成分的装饰废料、油毡、油漆、垃圾，防止有害气体污染环境；排水系统设置沉淀池，使施工产生的泥浆和生活污水不溢流到沿街路面、城市排水设施和河流；夜间施工严格按照建设行政主管部门和有关部门的规定执行，对施工照明器具的种类、灯光亮度加以严格控制，特别是在城市市区居民居住区内，应减少施工照明对城市居民的危害等必须实施上述措施，使施工单位污染环境的粉尘、废气、废水、固体废物、噪声、振动、施工照明等符合有关法律、法规和有关部门的规定。

（三）在城市市区内的建设工程，施工单位应当对施工现场实行封闭围挡。

1. 施工单位对施工现场实行封闭围挡，包含两个方面的内容：一是对在建的建筑物、构筑物使用密目式安全网封闭，这样既能保护作业人员的安全，防止高处坠物伤人，消除施工过程中的不安全因素，防止将不安全因素扩散到场外，又能减少扬尘外泄；二是对施工现场实行封闭式管理，在施工现场设置大门，现场周围设置围墙、围挡，将施工现场与外界隔离，无关人员不能随意进入。采取这些措施既解决了"扰民"和"民扰"两个问题，也起到保护环境、美化市容和文明施工的作用。

2. 施工现场的作业条件差，不安全因素多，在作业过程中既容易伤害到作业人员，也容易伤害到施工现场以外的人员。因此，对城市市区的建设工程，施工单位应当设置硬质围挡。施工现场围挡应沿工地四周连续设置，并根据地质、气候、围挡材料进行设计与计算，确保围挡的安全性，并做到坚固、稳定、整洁、美观。施工现场位于一般路段的围挡应高于1.8m，在市区主要路段的围挡应高于2.5m。

十一、施工单位应当在施工现场建立消防安全责任制度，确定消防安全责任人，制定用火、用电、使用易燃易爆材料等各项消防安全管理制度和操作规程，设置消防通道、消防水源、配备消防设施和灭火器材，并在施工现场入口处设置明显标志

（一）施工单位应当在施工现场建立消防安全责任制度。确保消防安全的关键是建立健全消防安全责任制度，使消防安全有人管，消防安全责任落实到人。

（二）施工单位应当在施工现场建立健全各项消防安全管理制度和操作规程。

施工单位应当在施工现场制定用火用电制度、易燃易爆危险物品管理制度、消防安全检查制度、消防设施维护保养制度、消防值班制度、职工消防教育培训制度等消防安全管理制度。同时，要结合施工现场的实际情况，制定用火用电、使用电焊、气焊、易燃易爆材料等岗位的消防安全操作规程，作业人员要严格按照消防安全操作规程进行作业，确保消防安全。

（三）施工单位应当在施工现场调协消防通道、消防水源、配备消防设施和灭火器材，并在施工现场入口处设置明显标志。

施工单位应当根据施工现场情况设置消防水源。消防通道的设置应当符合消防法的要求。消防水源应设置在合理的部位，水源数量与间隔应当符合消防规定的要求，并有足够的消防用水，能够满足灭火的需要。对超过30m高的建设工程，应当设置专门的消防水源和设施。

十二、施工单位应当向作业人员提供安全防护用具和安全防护服装，并书面告知危险岗位的操作规程和违章操作的危害。作业人员有权拒绝违章指挥和强令冒险作业；有权停止作业，撤离危险区域

（一）施工单位应当向作业人员提供安全防护用具和安全防护服装。

向作业人员提供安全防护用具和安全防护服装，是施工单位的一项法定义务。安全防护用具是指，在施工作业过程中能够对作业人员的人身起保护作用，使作业人员免遭或减轻各种人身伤害或职业危害的用品。作业人员使用的安全防护用具主要包括：安全帽、安全带、安全绳及特种作业使用的防护镜、焊接面罩等个人安全防护用品。安全防护主要包括：工作服、防滑鞋、绝缘鞋、绝缘手套等。施工单位应当安排专项经费，专门用于配备安全防护用具和安全防护服装，并不得挪作他用。施工单位购置的安全防护用具和安全防护服装必须符合国家标准或者行业标准。

（二）施工单位应当向作业人员书面告知危险岗位的操作规程和违章操作的危害。

施工单位有义务告知作业人员作业场所和工作岗位存在危险因素以及应当采取的防范措施和事故应急措施，提高安全生产意识和事故防范能力，减少事故发生，降低事故损失；另一方面这也是对作业人员的知情权的尊重。施工单位应当以书面形式如实告知作业人员危险岗位的操作规程、违章操作的危害以及应当采取的防范措施和事故应急措施。

（三）作业人员有权对施工现场的作业条件、作业程序和作业方式中存在的安全问题提出批评、检举和控告的权利。有权拒绝违章指挥和强令冒险作业。

施工现场作业条件的好坏、作业程序和作业方式是否合理，对作业人员的安全和身心健康有直接的影响。作业人员直接从事施工作业活动，对本岗位、本工程项目的作业条件、作业程序和作业方式存在的安全问题有最直接的感受。赋予作业人员对安全生产工作中存在的问题提出批评的权利，有利于作业人员对本岗位的作业条件、作业程序和作业方式得出建议和意见，有利于作业人员对施工单位和工程项目的安全生产工作进行监督。作业人员还有权向建设行政主管部门、安全生产监督管理部门，直至监察机关、地方人民政府等进行检举、控告。

（四）在施工中发生危及人身安全的紧急情况时，作业人员有权立即停止作业或者在采取必要的应急措施后撤离危险区域。

工程建设活动具有不可预测的风险，作业人员在施工过程中有可能会突然遇到直接危及人身安全的紧急情况，此时，如果不停止作业或者撤离作业场所，就会造成重大的人身伤亡事故。因此，赋予作业人员在上述紧急情况下可以停止作业以及撤离作业场所的权利，对于保证作业人员的人身安全是十分重要的。作业人员发现直接危及人身安全的紧急情况，如果继续作业就会发生重大事故时，有权停止作业；或者事故即将发生，不撤离作业场所就会造成重大伤亡时，可以在采取可能的应急措施后撤离作业场所。

十三、作业人员应当遵守安全施工的强制性标准、规章制度和操作规程，正确使用安全防护用具、机械设备等

（一）作业人员应当遵守安全施工的强制性标准、规章制度和操作规程。

工程建设强制性标准，是指在工程建设过程中，直接涉及人民生命财产安全、人身健康、环境保护和其他公众利益的现行国家和行业标准,是属于强制执行的标准。安全生产规章制度,是指施工单位根据有关安全生产的法律、法规以及有关国家标准或者行业标准,结合本单位的实际情况制定的安全生产方面的具体制度和要求。

工程建设强制性标准是保证建设工程结构安全和施工安全的最基本要求,违反强制性标准,必然会给建设工程带来重大结构安全隐患和施工安全隐患。施工单位的安全生产规章制度和安全操作规程是针对本单位的实际情况制定的,对保护作业人员的安全施工具有很强的针对性和可操作性。施工现场的作业人员是工程建设活动的具体承担者之一,其是否能严格遵守工程建设强制性标准、安全生产规章制度和安全操作规程,直接决定着施工过程能否安全进行。

(二)作业人员应当正确使用安全防护用具及机械设备。

1. 作业人员应当正确使用安全防护用具。安全防护用具是保护作业人员在劳动过程中的人身安全与健康的一种防御性装备,是施工单位为保护作业人员而提供给其使用的安全保护用品和用具不同的安全防护用具有其特定的佩戴和使用规则、方法,只有正确佩戴和使用,方能真正起到防护作用。

2. 作业人员应当正确使用机械设备。随着我国建筑业的发展和科技水平的提高,建筑行业的机械化程度逐步提高,施工现场使用的机械设备的品种和数量也逐步增多。与此同时,建筑业由于机械设备的原因,发生的机械伤害事故也呈上升趋势。这一方面是由于施工单位的机械设备普遍存在着老化和失修现象,容易造成安全事故。

十四、施工单位采购、租赁的安全防护用具、机械设备、施工机具及配件,应当具有生产(制造)许可证、产品合格证,并在进入施工现场前进行查验

施工现场使用的安全防护用具、机械设备、施工机具及配件的安全性能直接影响着作业人员的人身安全,而安全防护用具、机械设备和施工机具及配件的产品质量与其使用寿命有着直接的关系。上述产品是否符合国家、行业安全技术标准的要求,其生产(制造)厂家是否经过国家有关部门的许可或认证,对施工单位能否保证安全生产、杜绝、减少安全事故的发生,有着密切的关系。

(一)施工单位采购、租赁的安全防护用具、机械设备、施工机具及配件,应当具有生产(制造)许可证、产品合格证,并在进入施工现场前进行检验。

施工单位在采购、租赁安全防护用具、机械设备、施工机具前,应当了解哪些产品是属于实行生产(制造)许可证或国家强制性认证的产品。按照国家有关规定,施工现场使用的塔式起重机、施工升降机等起重机械和安全帽、安全带、安全网等安全防护用具,属于实行生产(制造)许可证强制性认证的产品。施工单位在进行采购、租赁上述产品时,应当查验其生产(制造)许可证或强制性认证证明、产品合格证、检验合格报告、产品使用说明书(包括租赁单位应当提供的安装、维修)等技术资料。

(二)施工现场的安全防护用具、机械设备、施工机具及配件必须由专人管理,定期进行检查、维修和保养,建立相应的资料档案,并按照国家有关规定及时报废。

1. 施工单位应当设置专门机构,加强对安全防护用具、机械设备和施工机具的管理。施工现场使用的安全防护用具、机械设备、施工机具及配件必须设专人管理。

2. 施工单位应当建立安全防护用具、机械设备、施工机具及配件的定期检查和维修

保养制度。

3.施工单位应当建立安全防护用具、机械设备和施工机具的资料管理档案。管理档案应当包括以下内容：生产（制造）许可证、产品合格证、产品使用说明书、监督检验证明等文件，安装验收资料，运行故障、维修保养记录和技术改造资料，检查检验记录；运转台班和事故记录等。

十五、施工单位在使用施工起重机械和整体提升脚手架、模板等自升式架设设施前，应当组织有关单位进行验收，也可以委托具有相应资质的检验检测机构进行验收；使用承租的机械设备和施工机具及配件的，由施工总承包单位、分包单位、出租单位和安装单位共同进行验收，验收合格的方可使用

（一）施工单位在使用施工起重机械和整体提升脚手架、模板等自升式架设设施前，应当组织有关单位进行验收。

1.施工起重机械和整体提升脚手架、模板等自升式架设设施在使用前，施工单位应当组织产权（生产、租赁）单位、安装单位的安全、设备管理人员和其他技术人员参加验收。参与验收的单位和人员应当按照国家、行业的安全技术标准、检验规则等规定的检验项目进行验收。

2.施工单位不具备检验检测条件的，可以委托经国家有关部门核准的具有相应资质的检验检测机构对施工起重机械和整体提升脚手架、模板等自升式架设设施进行验收。在验收前，施工单位应当同检验检测机构签订验收合同（协议），确定验收项目、验收质量以及双方各自的责任和义务等。验收完毕后，检验检测机构应当将验收记录、验收结论、出具的验收报告等技术资料交给施工单位，并对验收结果负责。

（二）使用承租的机械设备和施工机具及配件的，由施工总承包单位、分包单位、出租单位和安装单位共同进行验收。

机械设备和施工机具的安装质量、使用操作情况等直接影响着机械设备和施工机具的正常运转和安全使用。法规明确规定机械设备和施工机具及配件的验收由施工总承包单位、分包单位、出租单位和安装单位共同验收，各自承担相关责任，共同对验收结果负责，以保证机械设备和施工机具的正常运转和安全使用。

（三）对验收合格的施工起重机械和整体提升脚手架、模板等自升式架设设施，施工单位应当向建设行政主管部门或者其他有关部门登记。

施工起重机械和整体提升脚手架、模板等自升式架设设施属危险性较大的设备、设施，特别是在高层、超高层工程项目上使用时，其带来的不安全因素尤为突出。为加强对施工起重机械和整体提升脚手架、模板等自升式架设设施的管理，施工单位应当自施工起重机械和整体提升脚手架、模板等自升式架设设施验收合格之日起30日内，向建设行政主管部门或者其他有关部门登记。

建设行政主管部门或者其他有关部门对施工单位的申请登记资料进行审核，合格的，发给登记标志。施工单位应当按照规定将登记标志置于或者附着于该设备（设施）的显著位置。设置登记标志有两层含义：一是表明该设备（设施）是经检验和验收合格并经有关部门登记备案的；二是警示操作人员此设备（设施）是属于危险性较大的设备，在操作时要特别注意。

十六、施工单位的主要负责人、项目负责人、专职安全生产管理人员应当经建设行政部门或者其他有关部门考核合格后方可任职

（一）施工单位的主要负责人、项目负责人、专职安全生产管理人员应当经建设行政主管部门或者其他有关部门考核合格后方可任职。

建筑施工单位的主要负责人、项目负责人和专职安全生产管理人员，应当由有关主管部门对其安全生产知识和管理能力进行考核，合格后方可任职。这是由于建筑施工单位的主要负责人依法对本单位的安全生产工作全面负责，项目负责人对建设工程项目的安全生产负责，专职安全生产管理人员负责对安全生产进行监督检查，这都是施工企业安全生产的关键岗位，其安全生产方面的知识水平和管理能力，直接关系到本单位的安全生产管理工作水平。《安全生产法》第 20 条规定，"生产经营单位的主要负责人和管理人员必须具备与本单位所从事的生产经营活动相应的安全生产知识和管理能力……建筑施工单位的主要负责人和安全生产管理人员，应当由有关主管部门对其安全生产知识和管理能力考核合格后方可任职"。

施工单位的主要负责人、项目负责人、专职安全生产管理人员的岗位安全生产资格考核标准由国务院建设行政主管部门或者其他有关部门制定。

（二）施工单位应当对管理人员和作业人员每年至少进行一次安全教育培训，其他培训情况记入个人工作档案。

安全生产教育培训考核不合格的人员，不得上岗。对职工进行必要的安全生产教育培训是企业的义务，建筑施工企业只有对职工开展经常性的安全生产教育，才能不断丰富安全生产知识，提高安全生产意识，提高安全操作技能，提高自我防护能力，确保安全生产。

十七、作业人员进入新的岗位或者新的施工现场前，应当接受安全生产教育培训。未经教育培训或者教育培训考核不合格的人员，不得上岗作业

（一）作业人员进入新的岗位或者新的施工现场前，应当接受安全教育培训。这是施工单位、项目部对作业人员的另一项安全教育。未经教育培训或者教育培训考核不合格的人员，不得上岗作业。

1. 作业人员进入新的岗位前，应当接受安全教育培训，也就是转岗安全培训。建筑施工工序较多，在大多情况下工序较多，工序间的作业环境、设备的的使用和操作方法均有较大差别，其他岗位的安全生产知识和经验不一定能满足新岗位的安全生产需要。因此，施工单位在作业人员进入新的岗位、从事新的工种作业前，必须根据新岗位的作业特点进行有针对性的安全生产操作规程，掌握新岗位的安全操作技能，并经考核合格方可上岗。如果新的岗位属特殊工种，还必须按照国家有关规定经过专门的安全作业培训，并取得特种行业操作资格证书后，方可上岗作业。

2. 作业人员进入新的施工现场前，应当接受安全教育培训。施工单位在作业人员进入新的施工现场前，必须根据新的施工作业特点进行有针对性的安全生产教育，使之熟悉新的项目的安全生产规章制度，了解新的工程作业特点和安全生产应注意的事项，并经考核合格方可上岗。

（二）施工单位在采用新技术、新工艺、新设备、新材料时应当对作业人员进行相应的安全教育培训。

施工单位在采用新工艺、新技术、新材料或者使用的新设备前必须对其进行必须充分的了解与研究，掌握其安全技术特性，有针对性地采取有效的安全防护措施，并对作业人员进行相应的安全生产教育培训。

十八、施工单位应当为施工现场从事危险作业的人员办理意外伤害保险，意外伤害保险费用由施工单位支付

建筑业的意外伤害保险是我国保险业的一个特别险种，它不同于《保险法》所调整的商业保险、失业保险、医疗保险等。商业保险以盈利为目的，社会保险是一项公益事业，建筑业意外伤害保险的性质是介于商业保险和社会保险之间的一种人身保险，但具有社会保险的属性。意外伤害保险目前的操作方式仍采用商业保险的做法，通过社会互济，对从事危险作业的人员提供一定的经济帮助，它是以人的生命和身体为保险标的，在被保险人因意外事故而致死亡、残废或丧失工作能力时，保险公司按照保险合同约定向被保险人或受益人给付医疗费或保险金的强制性保险。

（一）建筑业施工现场环境复杂、机械设备、施工机具、场内机动车辆和作业人员共处一处，危险性较大，特别是高处作业，具有天然的风险因素。

为了维护建筑业从业人员的合法权益，《建筑法》已明确规定"建筑施工企业必须为从事危险作业的职工办理意外伤害保险，支付保险费"，这是一项强制性的法律制度。

1. 此种保险的性质为强制性保险，不论施工单位愿意与否、经营好坏、工程造价多少，均必须为施工现场从事危险作业的人员（被保险人）办理意外伤害。

2. 意外伤害的投保人是施工单位。

3. 意外伤害保险的被保险人或受益人是从事危险作业的职工。不论是固定工，还是合同工；不论是正式工，还是农民工；不论是作业人员，还是管理人员，只要是从事危险作业的，均是被保险人或受益人。

4. 建设工程的工期具有不确定的特点，保险期限即自建设工程开工之日起至工程竣工验收合格之日止，意外伤害保险范围覆盖了工程项目的全过程。

（二）《建筑法》明确规定意外伤害保险费由施工单位支付。

企业和职工之间存在雇佣和被雇佣的关系，保险费用应由施工单位支付。严格来讲，根据建设工程造价的构成及工程计价的特点，意外伤害保险费应当计入工程造价。对此，尽管国家没有明确作出规定，但这是建筑施工生产特点所决定的。实行工程总承包的，意外伤害保险费应当由总承包单位支付。

第五节 监督管理

为了确保建设工程安全生产、保护人民生命和财产安全，政府必须加强对建设工程安全生产的监督管理。国务院和县级以上地方人民政府负责安全生产监督管理的部门依照《安全生产法》，对建设工程安全生产工作实施综合监督管理；国务院和县级以上地方人民政府建设行政主管部门对建设工程安全生产实施监督管理；建设行政主管部门应当把建设工程是否有安全施工措施作为审核发放施工许可证的重要条件；负有建设工程安全生产监督管理职责的部门，履行安全监督检查职责时有权采取的措施；建设行政主管部门或者其他有关部门可以将施工现场的监督检查权委托给建设工程安全监督机构具体实施；建设行政主管部门和其他有关部门负有及时受理对建设工程生产安全事故及安全事故隐患检举、控告和投诉的责任等规定。

一、国务院负责安全生产监督管理的部门依照《安全生产法》的规定，对全国建设工程安全生产工作实施综合监督管理

县级以上地方人民政府负责安全生产监督管理的部门依照《安全生产法》的规定，对本行政区域内建设工程安全生产工作实施综合监督管理。

《安全生产法》第9条规定，国务院负责安全生产监督管理的部门依照本法，对全国安全生产工作实施综合监督管理；县级以上地方各级人民政府负责安全生产监督管理的部门依照本法，对本行政区域内安全生产工作实施综合监督管理。按照目前部门职能的划分，国务院负责安全生产监督管理的部门是国家安全生产监督管理局；地方上是各级安全生产监督管理部门。

二、国务院建设行政主管部门对全国的建设工程安全生产实施监督管理

《安全生产法》第9条规定："国务院有关部门依照本法和其他有关法律、行政法规的规定，在各自的职责范围内对有关的安全生产工作实施监督管理；县级以上地方各级人民政府有关部门依照本法和其他有关法律、法规的规定，在各自的职责范围内对有关的安全生产工作实施监督管理。"《建筑法》第43条规定："建设行政主管部门负责建筑安全生产的管理，并依法接受劳动行政主管部门对建筑安全生产的指导和监督。"建设部《建筑安全生产监督管理规定》（建设部令第13号）对各级建设行政主管部门在建设工程安全生产监督管理中的职责作了明确规定。

三、建设行政主管部门和其他有关部门应当将有关资料的主要内容抄送同级负责安全生产监督管理的部门

《条例》第10条规定："建设单位在申请领取施工许可证时，应当提供建设工程有关安全施工措施的资料。依法批准开工报告的建设工程，建设单位应当自开工报告批准之日起15日内，将保证安全施工的措施报送建设工程所在地的县级以上地方人民政府建设行政主管部门或者其他有关部门备案。"第11条规定："建设单位应当在拆除工程施工15日前，将下列资料报送建筑工程所在地的县级以上地方人民政府建设行政主管部门或者其他有关部门备案。

建设行政主管部门和其他有关部门，抄送有关资料给同级负责安全生产监督管理的部门，可以使政府各部门之间互通信息，加强沟通，既有利于减轻企业负担，也有利于行政机关监督管理方式的改革。

四、建设行政主管部门在审核发放施工许可证时，应当对建设工程是否有安全施工措施进行审查，对没有安全施工措施的，不得颁发施工许可证。建设行政主管部门或者其他有关部门对建设工程是否有安全施工措施进行审查时，不得收取费用

建设行政主管部门在审核发放施工许可证时，对建设工程是否有安全施工措施进行审

查,以及有关部门接受经批准开工报告的建设工程,对其具有的保证安全施工的措施实施备案审查时,都不得收费。因为审查的目的是为了保障施工过程中人身和财产的安全,负责审查的部门是代表国家履行其法定职责,完全是一种公务行为。

五、县级以上人民政府负有建设工程安全生产监督管理职责的部门,在各自的职责范围内履行安全监督检查职责时,有权采取相应措施

(一)调阅被检查单位有关建设工程安全生产的文件和资料的权力。

监督检查人员有权要求被检查的单位提供有关工程安全生产方面的文件和资料,被检查单位包括建设工程参建各方责任主体,该责任主体应如实提供与工程安全相关的各种文件和资料,主要包括:

1. 建设用地规划许可证、建设工程规划许可证和施工许可证;
2. 监理单位资质证书、监理合同;
3. 勘察设计单位资质等级证书;
4. 施工单位资质等级证书;
5. 工程勘察设计文件;
6. 中标通知书及施工承包合同;
7. 有关保证工程安全生产方面的管理制度、责任制(检查其安全责任制落实情况和管理制度是否健全、安全体系运行情况等);
8. 操作人员主要专业的岗位证书(检查应持证上岗的特种工种作业人员是否符合规定);
9. 专项施工方案、施工现场临时方案(检查是否按方案实施、验收);
10. 施工组织设计及施工总平面布置图(检查是否按施工组织设计组织施工,检查施工现场布置是否有利于危险源控制及不利环境因素控制);
11. 有关工程需引用的安全生产方面的国家标准、规范、规程(检查有关标准齐全与否和执行情况);
12. 安全管理人员、安全技术措施经费、保险费、安全检测工具是否配备充分;
13. 监理单位有关工程安全管理、监督检查、安全控制的资料(检查监理工作质量和监理行为是否按国家法律、法规、技术标准实施);
14. 专业分包队伍的资质、资格文件(检查分包单位的资质、从业人员的资格是否符合规定);
15. 其他资料。

(二)进入施工现场进行检查的权力。

现场检查是了解施工过程安全控制最直接、有效的途径。通过实地检查,依照有关法律、法规和工程建设强制性标准,对施工现场的环境、从业人员、建筑机械和建筑材料等方面进行综合考察,可及时发现事故隐患和不安全行为,实现对施工现场安全状况的有效监督。

(三)对安全生产违法行为的处理权。

在检查中发现施工单位、施工现场及其有关人员的违反安全生产的行为,如违章指挥、违章作业等,要立即指出,负有安全监督管理职责的部门有权当场予以纠正;一时难以纠正的,应当限期改正;对于安全生产中的违法行为,负有安全监督管理职责的部门有权根据《安全生产法》、《建筑法》及《条例》的规定对其进行处罚。

(四)对事故隐患的处理权。

安全监督检查的重要目的之一是发现事故隐患并及时处理。负有安全生产监督管理职责的部门对于查出的事故隐患,有权责令施工单位、现场管理部门立即采取措施予以排除;对于重大的有现实危险的事故隐患,在隐患排除前或者排除过程中无法保证安全的,有权责令从危险区域内撤出作业人员,或者作出暂时停止施工的决定。

六、建设行政主管部门或者其他有关部门可以将施工现场的监督检查委托给建设工程安全监督机构具体实施

(一)对施工现场进行监督检查的责任主体是各级人民政府建设行政主管部门或者有关部门。

由于建设工程周期长,动态变化多,涉及多方面的专业技术,且点多面广,政府部门不可能有庞大的公务员队伍对施工现场安全与否进行监督检查,但可以将这部分职能委托给建设工程安全监督机构具体实施,这样可以提高行政效率,实现对施工现场的有效管理。

(二)建设工程安全监督机构根据主管部门委托的管理权限,具体负责建设工程施工现场的安全监督检查工作。

根据委托监督检查工程建设市场责任主体各方,在施工现场有无违反建设工程安全生产法律、法规和强制性标准的行为。如检查建设单位是否对勘察、设计、施工和监理单位提出不符合建设工程安全生产法律、法规和强制性标准的要求;工程监理单位在监理过程中,发现存在安全事故隐患,是否要求施工单位整改;施工单位是否落实安全生产责任制度和安全教育培训制度等。

需要指出的是,建设工程安全监督机构在施工现场发现违法行为时,因为其本身不具备行政处罚的主体资格,只能以委托机关即建设行政主管部门或者其他有关部门的名义行使行政处罚权,其行为后果也应由建设行政主管部门或者其他有关部门承担。

七、国家对严重危及施工安全的工艺、设备、材料实行淘汰制度

《安全生产法》第31条规定:"国家对严重危及生产安全的工艺、设备实行淘汰制度。"为了保障人民群众的生命和财产安全,降低事故的发生率,创造安全的施工环境,条例在《安全生产法》有关条款的内容上增加了对"材料"的安全控制规定,体现了建筑行业安全生产方面的要求。国家对严重危及施工安全的工艺、设备、材料实行淘汰制度,这既有利保障人身和财产安全,又体现了优胜劣汰的市场经济规律,还有利于提高施工企业工艺水平,促进企业设备更新,选用更先进、更安全的材料。

八、县级以上人民政府建设行政主管部门和其他有关部门应当及时受理对建设工程生产安全事故隐患的检举、控告、投诉

建设工程的安全生产直接关系到人民群众生命和财产的安全,要真正做好安全生产工作,需要建设、勘察、设计、施工、监理等单位及其从业人员以及建设行政主管部门和其他有关部门依法履行义务，尽职尽责。

第六节 生产安全事故报告和调查处理

一、《条例》的制定

2007年4月9日，国务院令第493号公布《生产安全事故报告和调查处理条例》，该《条例》自2007年6月1日起施行，共有46条。《条例》根据《安全生产法》和有关法律来制定。生产安全事故一般分为四个等级：

1. 一级是特别重大事故。是指造成30人以上，或者100人以上重伤（包括急性工业中毒，下同），或者1亿元以上直接经济损失的事故。
2. 二级是重大事故。是指造成10人以上30人以下死亡，或者50人以上100人以下重伤，或者5000万元以上1亿元以下直接经济损失的事故。
3. 三级是较大事故。是指造成3人以上10人以下死亡，或者10人以上50人以下重伤，或者1000万元以上5000万元以下直接经济损失的事故。
4. 四级是一般事故。是指造成3人以下死亡，或者10人以下重伤，或者1000万元以下直接经济损失的事故。

事故报告应当及时、准确、完整，任何单位和个人对事故不得迟报、漏报、谎报或者瞒报。

二、事故报告程序

（一）1小时内向县级以上人民政府有关部门报告

事故发生后，事故现场有关人员应当立即向本单位负责人报告；单位负责人接到报告后，应当于1小时内向事故发生地县级以上人民政府安全生产监督管理部门和负有安全生产监督管理职责的有关部门报告。情况紧急时，事故现场有关人员可以直接向事故发生地县级以上人民政府安全生产监督管理部门和负有安全生产监督管理职责的有关部门报告。

（二）通知公安机关、劳动保障行政部门、工会和检察院

1. 特别重大事故、重大事故逐级上报至国务院安全生产监督管理部门和负有安全生产监督管理职责的有关部门；
2. 较大事故逐级上报至省、自治区、直辖市人民政府安全生产监督管理部门和负有安全生产监督管理职责的有关部门；
3. 一般事故上报至设区的市级人民政府安全生产监督管理部门和负有安全生产监督管理职责的有关部门。

（三）每级上报的时间不得超过2小时

安全生产监督管理部门和负有安全生产监督管理职责的有关部门逐级上报事故情况，每级上报的时间不得超过2小时。

报告事故应当包括下列内容：

1. 事故发生单位概况；

2. 事故发生的时间、地点以及事故现场情况；

3. 事故的简要经过；

4. 事故已经造成或者可能造成的伤亡人数（包括下落不明的人数）和初步估计的直接经济损失；

5. 已经采取的措施；

6. 其他应当报告的情况。

三、事故调查权的划分

（一）特别重大事故由国务院或者国务院授权有关部门组织事故调查组进行调查。

（二）重大事故、较大事故、一般事故分别由事故发生地省级人民政府、设区的市级人民政府、县级人民政府负责调查。

1. 省级人民政府、设区的市级人民政府、县级人民政府可以直接组织事故调查组进行调查，也可以授权或者委托有关部门组织事故调查组进行调查。

2. 未造成人员伤亡的一般事故，县级人民政府也可以委托事故发生单位组织事故调查组进行调查。

3. 上级人民政府认为必要时，可以调查由下级人民政府负责调查的事故。

（三）事故调查时间

事故调查组应当自事故发生之日起60日内提交事故调查报告；特殊情况下，经负责事故调查的人民政府批准，提交事故调查报告的期限可以适当延长，但延长的期限最长不超过60日。

四、事故处理

重大事故、较大事故、一般事故，负责事故调查的人民政府应当自收到事故调查报告之日起15日内做出批复；特别重大事故，30日内做出批复，特殊情况下，批复时间可以适当延长，但延长的时间最长不超过30日。

五、法律责任

（一）事故发生单位主要负责人有下列行为之一的，处以一年年收入40%至80%的罚款。

1. 不立即组织事故抢救的；

2. 迟报或者漏报事故的；

3. 在事故调查处理期间擅离职守的。

（二）事故发生单位及其有关人员的处罚

事故发生单位及其有关人员有下列行为之一的，对事故发生单位处100万元以上500万元以下的罚款；对主要负责人，直接负责的主管人员和其他直接责任人员处上一年年收入60%至100%的罚款；属于国家工作人员的，并依法给予处分；构成违反治安管理行为的，由公安机关依法给予治安管理处罚；构成犯罪的，依法追究刑事责任：

1. 谎报或者瞒报事故；

2. 伪造或者故意破坏事故现场的；

3. 转移、隐匿资金、财产，或者销毁有关证据、资料的；

4. 拒绝接受调查或者拒绝提供有关情况和资料的；

5. 在事故调查中作伪证或者指使他人作伪证的；

6. 事故发生后逃逸的。

（三）事故发生单位对事故发生负有责任的处罚

1. 发生一般事故的，处10万元以上20万元以下的罚款；

2. 发生较大事故的，处20万元以上50万元以下的罚款；

3. 发生重大事故的，处50万元以上200万元以下的罚款；

4. 发生特别重大事故的，处200万元以上500万元以下的罚款。

（四）事故发生单位主要负责人未依法履行安全生产管理职责，导致事故发生的，依照下列规定处以罚款；属于国家工作人员的，并依法给予处分；构成犯罪的，依法追究刑事责任：

1. 发生一般事故的，处上一年年收入30%的罚款；

2. 发生较大事故的，处上一年年收入40%的罚款；

3. 发生重大事故的，处上一年年收入60%的罚款；

4. 发生特别重大事故的，处上一年年收入80%的罚款。

第十三章 建设工程质量管理的法律制度

第一节 概 述

一、《条例》概况

《条例》于2000年1月10日由国务院第25次常务会议通过，自发布之日起施行。《条例》的发布施行，对于强化政府质量监督，规范建设工程各方主体的责任、工程质量，具有重要意义。

随着我国现代化建设事业的蓬勃发展，建设规模不断扩大，每年投资建设的各类工程项目达十几亿平方米，一旦发生工程质量问题，会直接影响公共利益和公众安全。当前，工程质量存在的问题还相当严重。工程垮塌事故时有发生，给国家财产和人民群众生命安全造成了巨大损失；一些民用建筑工程特别是住宅工程，影响使用功能的质量通病比较普遍，已成为群众投诉的热点问题；少部分已建成工程还存在着结构安全的隐患，直接威胁着人民生命和财产的安全。《条例》的颁布实施，标志着我国建设工程质量管理走上了法制化的轨道。

《条例》是《建筑法》颁布实施后制定的第一部配套的行政法规，也是我国第一部建设工程质量条例。《条例》的发布实施，对解决当前建设工程质量管理存在的突出问题，保护人民生命和财产安全，促进建设体制改革，将会产生十分积极的作用。《条例》分总则和分则两部分，共9章82条。

二、我国建设工程质量的发展过程

综观50年的发展历程，全国建设工程质量状况有过几次比较大的起伏：

（一）1958～1965年时期

在"大跃进"、极"左"思想的严重干扰下，"一五"时期建立起来的有关工程质量的规章制度遭到破坏，有的被明令废除，工程建设不讲基建程序，搞"快速施工"、"放卫星"，呈现"瞎指挥"和"盲目蛮干"的局面。陈云同志主持召开工程质量现场会，强调必须恢复和建设保证工程质量的各项制度。

（二）1966～1978年时期

"文革"开始后，我国工程建设一度处于无政府状态，重大恶性事故不断发生，仅就1973～1976年4年的不完全统计，全国共发生重大质量事故达18000多起，仅报废的工程就损失6亿多元人民币。

（三）1979～1989年时期

建设规模迅速扩大，大量农村建筑队伍涌入建筑市场，导致工程质量下滑，不少工程留下严重质量隐患。

(四) 1990~2000 年时期

进入 20 世纪 90 年代，我国经济建设处于"两个根本转变"的重要时期，各行各业提出"质量兴业"的重要方针；政绩很多，问题也不少。

第二节　总则的主要内容

总则部分共有 6 条，主要内容包括制定《条例》的目的和依据；调整的对象及适用范围；建设工程质量的责任主体；建设工程质量管理的主体；以及为保证建设工程质量，工程建设必须遵守的程序要求；国家鼓励采用先进科学技术和管理方法。

一、《条例》适用范围和调整对象

《条例》明确了调整对象为：

（一）从事建设工程的新建、扩建、改建等有关活动

（二）对建设工程质量监督管理的主体

1. 政府及主管部门
2. 其委托的有关机构

建设工程是指：土木工程、建筑工程、线路管道、设备安装及装修工程。

二、建设工程合同当事人的质量义务

（一）发包单位的质量义务

1. 发包单位应当将工程发包给具有相应资质的单位
2. 发包单位必须依法实行招投标制度

真实：来源合法，符合国家法律规定，不准伪造、篡改。

准确：资料反映真实情况，就原始资料科学性而言。

齐全：资料能满足进行勘查、设计、施工、监理工作需要。

真实是就原始资料的合法性而言的，指建设单位提供的资料的来源、内容必须符合国家有关法律、法规、规章、标准、规范和规程的要求，即必须是合法的，不得伪造、篡改。

准确是就原始资料的科学性而言的，指建设单位提供的资料必须能够真实反映建设工程原貌，数据精度能够满足勘察、设计、施工、监理作业的需要。数据精度是相对而言的，譬如有关地质、水文资料，只能依据现有规范、规程和科学技术水平得出相对精确的数据，不可能得出绝对精确的数据。

齐全是就原始资料的完整性而言的，指建设单位提供的资料的范围必须能够满足进行勘察、设计、施工、监理作业的需要。

因原始资料的不真实、不准确、不完整造成工程质量事故，建设单位要承担相应的责任。

3. 发包单位应当将施工图设计文件报县级以上人民政府建设行政主管部门或者其他有关部门审查。施工图设计文件未经审查批准的，不得使用。

施工图设计文件审查制度的建立和实施也是许多发达国家确保工程质量的成功做法，

不少国家均有完善的设计审查制度。我国于 1998 年开始了建筑工程项目施工图设计文件审查试点工作，通过审查，在节约投资、发现设计质量隐患和市场违法违规行为等方面都有明显的成效。

《建筑工程施工图设计文件审查暂行办法》已经印发，按照《办法》规定，建筑工程的建设单位应当将施工图报送建设主管部门，由建设行政主管部门委托审查机构审查。审查的主要内容为：

（1）建筑物的稳定性、安全性审查，包括地基基础和主体结构体系是否安全、可靠；
（2）是否符合消防、节能、环保、抗震、卫生、人防等有关强制性标准规范；
（3）施工图是否能达到规定的深度要求；
（4）是否损害公众利益。

凡应当审查而未经审查或者审查不合格的施工图项目，建设行政主管部门不得发放施工许可证，施工图不得交付施工。施工图审查工作所需费用，由建设单位支付，由省级政府有关部门确定收费标准。

4. 对于国家重点建设工程、大中型公用事业工程、成片开发建设的住宅小区工程，利用外国政府或者国际组织贷款、援助资金的工程，发包单位应当委托具有相应资质等级的工程监理单位。

5. 发包单位不得明示或者暗示设计单位或者施工单位违反工程建设强制性标准，降低建设工程质量。

按照国家有关规定，保证结构安全和功能的标准大多数属强制性标准。强制性标准包括：

（1）工程建设勘察、规划、设计、施工（包括安装）及验收等通用的综合标准和重要的通用的质量标准；
（2）工程建设通用的有关安全、卫生和环境保护的标准；
（3）工程建设重要的通用术语、符号、代号、量与单位、建筑模数和制图方法标准；
（4）工程建设重要的通用试验、检验和评定方法等标准；
（5）工程建设重要的通用信息技术标准；
（6）国家需要控制的其他工程建设通用的标准。

强制性标准是保证建设工程结构安全可靠的基础性要求，违反了这类标准，必然会给建设工程带来重大质量隐患。在实践中，一些建设单位为了自身的经济利益，明示或暗示承包单位违反强制性标准的要求，降低了工程质量标准，如要求设计单位减小层高，增大容积率；要求施工单位采用建设单位采购的不合格材料设备等，这种行为是法律所不允许的。

强制性标准以外的标准是推荐性标准。对于这类标准，甲乙双方可根据情况选用，并在合同中约定，一经约定，甲乙双方在勘察、设计、施工中也要严格执行。

6. 设计建筑主体和承重结构变动的装修工程，发包单位应当在施工前委托原设计单位或者具有相应资质等级的设计单位提出设计方案，没有设计方案的，不得施工。

房屋建筑使用者在装修过程中，不得擅自变动房屋建筑主体和承重结构。

对建筑工程进行必要的装修作业，是满足建筑工程使用功能和美观的重要施工活动。

一般的装修工程，不涉及建筑主体和承重结构的变动；有些装修工程，为了满足特定的使用目的，要对结构主体和承重结构进行改动。对于这类装修工程的施工，如果没有法律法规的约束，就会出问题。

7. 发包单位收到建设工程竣工报告后，应当组织设计、施工、工程监理等有关单位及时进行竣工验收。

建设工程竣工验收应当具备下列条件：

(1) 完成建设工程设计和合同约定的各项内容；
(2) 有完整的技术档案和施工管理资料；
(3) 有工程使用的主要建筑材料、建筑构配件和设备等的进场试验报告；
(4) 有勘察、设计、施工、工程监理等有关单位分别签署的质量合格文件；
(5) 有施工单位签署的工程保修书。

建设工程经验收合格的，方可交付使用。

8. 建设工程在超过合理使用年限后，需要继续使用的，产权所有人应当委托具有相应资质等级的勘察设计单位鉴定，并根据鉴定结果采取加固、维修等措施，重新界定使用期。

"合理使用年限"，目前国家还没有具体的规定。每个工程根据其本身的重要程度、结构类型、质量要求以及使用性能等个性特点所确定的使用年限是不同的。目前，有关部门正在进行确定各类工程合理使用年限的研究。《条例》第 21 条明确规定："设计文件应当符合国家规定的设计深度要求，注明工程合理使用年限"。因此，今后，设计文件必须注明工程合理使用年限。

(1) 超过合理使用年限后需要继续使用的主要责任者是产权所有人。
(2) 产权所有人必须委托具有相应资质条件的勘察单位，设计单位进行鉴定。鉴定单位应出具鉴定报告，对工程能否继续使用作出明确的结论。鉴定结果中对不能继续使用的必须有明确的强制性的结论。
(3) 根据鉴定结果，如能继续使用，一般要进行加固、维修和补强。产权所有人必须请有相应资质等级的勘察、设计单位提出技术加固措施，委托有资质的施工企业进行施工，并妥善保存技术档案。
(4) 设计单位在进行房屋继续使用的加固技术设计时，必须在设计文件中重新界定使用期，再次确定继续使用的合理使用年限。
(5) 鉴定是建设工程超过合理使用年限后继续使用的法定程序，未经有相应资质等级的勘察、设计单位鉴定，或鉴定不能继续使用，或必须加固、维修和补强而未进行有关作业活动的，该工程不得继续使用；否则所产生的后果由产权所有人负责。

（二）建筑设计单位的义务

1. 设计单位应当根据勘察成果文件进行建设工程设计。勘察成果文件是设计的基础资料，是设计的依据，比如在不知道地基承载力情况下无法进行地基基础设计，而一旦地基承载力情况发生变化，随之而来基础的尺寸、配筋等都要修改，甚至基础选型也要改变，这将给设计工作增添很多工作量，造成工作的反复，继而影响设计的质量。因此先勘察后设计一直是工程建设的基本做法，也是基本建设程序的要求。

2. 设计文件应当符合国家规定的设计深度要求，注明工程合理使用年限。所谓设计文件编制深度可以说是设计文件应包括的内容和深度，也就是规定了一个完整的设计文件应该是什么样子。我国对设计文件的编制深度有专门的规定。以建筑为例，要求初步设计文件的深度能满足：符合已审定的设计方案；能据以确定土地征用范围；能据以准备主要设备及材料；应提供工程设计概算，作为审批确定项目投资的依据；能据以进行施工图设计；能据以进行施工准备。要求施工图设计文件的深度能满足：能据以编制施工图预算；能据以安排材料、设备定货和非标准设备的制作；能据以进行施工和安装；能据以进行工程验收。设计文件也就通过这些具体的内容得以完成。

工程合理使用年限是指从工程竣工验收合格之日起，工程的地基基础、主体结构能保证在正常情况下安全使用的年限。设计单位要在此期间对因工程勘察、设计的原因而造成的质量问题负相应的责任，因此可以说工程合理使用年限也就是设计单位的责任年限。

具体各类建设工程的合理使用年限，要根据建筑物、设备的结构、使用功能、所处的自然环境等因素，由有关技术部门作出判断，有关部门目前正在加紧研究制定相关规定。以建筑为例，根据《民用建筑设计通则（试行）》，一般认为按民用建筑的主体结构确定的建筑耐久年限分为四级：一级耐久年限为100年以上，适用于重要的建筑和高层建筑（指10层以上住宅建筑、总高度超过24m的公共建筑及综合性建筑）；二级耐久年限为50～100年，适用于一般建筑；三级耐久年限为25～50年，适用于次要建筑；四级耐久年限为15年以下，适用于临时性建筑，其中耐久年限即工程合理使用年限。建设单位有低于或高于工程合理使用年限的要求，应在合同中予以明确。

《条例》第一次规定了设计文件要注明工程合理使用年限，在设计文件中标明工程合理使用年限，使用者对工程安全的时效有一个清楚的了解，根据年限合理安排使用，超出这个期限的工程原则上不能再继续使用，用户需继续使用的，应委托具有相应资质等级的勘察、设计单位鉴定，根据鉴定结果采取加固、维修等措施，重新界定合理使用期限。

3. 设计单位在设计中选用建筑材料、建筑构配件和设备时，应当注明规格、型号、性能等技术指标。除有特殊要求的建筑材料、专用设备、工艺生产线等外，设计单位不得指定生产厂、供应商。

4. 设计单位应当就审查合格的施工图设计文件向施工单位作出详细说明。

5. 设计单位应当参与建设工程质量事故分析，并对因设计造成的质量事故，提出相应的技术处理方案。

6. 设计单位参与竣工验收的义务。

第三节 建设工程质量保修

建设工程质量保修共有四条，即：质量保修制度、建设工程的最低保修期限、建设工程保修的责任履行、建设工程超过合理使用年限后继续使用的规定。

一、建设工程质量保修制度

建设工程质量保修制度是指建设工程在办理竣工验收手续后，在规定的保修期限内，因勘察、设计、施工、材料等原因造成的质量缺陷，应当由施工承包单位负责维修、返工或更换，由责任单位负责赔偿损失。质量缺陷是指工程不符合国家或行业现行的有关技术标准、设计文件以及合同中对质量的要求等。

建设工程实行质量保修制度是落实建设工程质量的重要措施。以往建设工程竣工以后，一旦出现质量缺陷，由于质量责任不明确，建设单位、勘察设计单位、施工企业以及材料供应等单位扯皮现象比较严重；保修履行责任人不明确、保修不及时，经济损失相互推诿，建设单位无法协调，使用者意见很大。

《建设工程质量保修书》是一项保修合同，是承包合同所约定双方权利义务的延续，是施工企业对竣工验收的建设工程承担保修责任的法律文本。

建设工程质量保修书的实施是建设工程质量责任完善的体现。在商品市场，购买小到几十元甚至几元钱的商品，商品生产厂家都必须出具质量保修卡。而建设工程造价几十万元，几百万元甚至几亿元，如果没有保修约定，对建设单位有失公平，是不符合权利义务对等的市场经济准则的。建设工程承包单位在竣工验收时，向建设单位出具工程质量保修书，是落实竣工后质量责任的有效措施。

本条第 2 款还对工程质量保修书的内容作了以下几方面的规定。

（一）工程质量保修书的交付时间

建设工程承包单位在向建设单位提交工程竣工验收报告资料时，向建设单位出具工程质量保修书。

（二）工程质量保修书的主要内容

1. 保修范围

按《建筑法》第 62 条规定，保修范围应包括：地基基础工程、主体结构工程、屋面防水工程和其他土建工程，以及电气管线、上下水管线的安装工程、供热供冷系统等项目。

2. 保修期限

按《建筑法》第 62 条规定保修期限应当按照保证建筑物合理寿命年限内正常使用，维护使用者合法权益的原则确定。遵照《建筑法》的规定，本《条例》在第 40 条中对此作出了具体规定。

（1）基础设施工程、房屋建筑的地基基础工程和主体结构工程，为设计文件规定的该工程的合理使用年限；

（2）屋面防水工程、有防水要求的卫生间、房间和外墙面的防渗漏，为 5 年；

（3）供热与供冷系统，为 2 个采暖期、供冷期；

（4）电气管线、给排水管道、设备安装和装修工程，为 2 年。

其他项目的保修期限由发包方与承包方约定。建设工程的保修期，自竣工验收合格之日起计算。

国务院根据《建筑法》的授权在《条例》中对最低保修期作了明确的规定：

1. 基础设施工程、房屋建筑的地基基础工程和主体结构工程，关系到基础设施工程的房屋建筑的整体安全可靠，必须在设计文件规定的该工程的合理使用年限内予以保修；

2. 屋面防水工程、有防水要求的卫生间、房间和外墙面，一般如果在 5 年内不渗漏，质量就会趋于稳定；

3. 供热与供冷系统，一般如果在 2 个采暖期、供冷期内不出现问题，质量就会趋于稳定；

4. 电气管线、给排水管道、设备安装和装修工程，一般如果在 2 年内不出现问题，质量就会趋于稳定。

建设单位、施工单位、勘察设计单位必须严格执行。如建设单位和施工承包单位另有保修约定合同，其合同中保修期限可以长于所规定的最低保修期限，但不应低于本条所列的最低年限，否则视作无效。

（三）承诺保修责任

建设工程承包单位向建设单位承诺保修范围、保修期限和有关具体实施保修的有关规定和措施，如保修的方法、人员和联络办法，答复和处理的时限，不履行保修责任的罚则等。

对于涉及国计民生的公共建筑，特别是住宅工程的质量保修，《城市房地产开发经营管理条例》第 4 章第 31 条规定："房地产开发企业应当在商品房交付使用时，向购买人提供住宅质量保证书和住宅使用说明书"，对住宅工程质量保修制度的执行提出了更高的要求。

施工单位在《建设工程质量保修书》中对建设单位合理使用工程应有提示。因建设单位或用户使用不当或擅自改动结构、设备位置或不当装修和使用等造成的质量问题，施工单位不承担保修责任；因此造成的房屋质量受损或其他用户损失，由责任人承担相应责任。

二、保修义务的承担及维修的经济责任的承担原则

（一）施工单位未按国家有关规范、标准和设计要求施工造成的质量缺陷，由施工单位负责返修并承担经济责任。

（二）由于设计方面的原因造成的质量缺陷，先由施工单位负责维修，其经济责任按有关规定通过建设单位向设计单位索赔。

（三）因建筑材料、构配件和设备质量不合格引起的质量缺陷，先由施工单位负责维修，其经济责任属于施工单位采购的或经其验收同意的，由施工单位承担经济责任；属于建设单位采购的，由建设单位承担经济责任。

（四）因建设单位（含监理单位）错误管理造成的质量缺陷，先由施工单位负责维修，其经济责任由建设单位承担，如属监理单位责任，则由建设单位向监理单位索赔。

（五）因使用单位使用不当造成的损坏问题，先由施工单位负责维修，其经济责任由使用单位自行负责。

（六）因地震、洪水、台风等不可抗拒原因造成的损坏问题，先由施工单位负责维修，建设参与各方根据国家具体政策分担经济责任。

1. 对在保修期限范围内发生质量问题的，一般应先由建设单位组织勘察、设计、施工等单位分析质量问题的原因，确定保修方案，由施工单位负责保修。

2. 但当问题严重和紧急时，不管是什么原因造成的，均先由施工单位履行保修义务，不得推诿和扯皮。对引起质量问题的原因则应实事求是，科学分析，分清责任，按责任大小由责任方承担不同比例的经济赔偿。这里的损失，既包括因工程质量问题造成的直接损失，即用于返修的费用，也包括间接损失，如给使用人或第三人造成的财产或非财产损失等。

3. 在保修期后的建筑物合理使用寿命内，因建设工程使用功能的质量缺陷造成的工程使用损害，由建设单位负责维修，并承担责任方的赔偿责任。

第四节 罚 则

第八章罚则共有24条，是对违反本《条例》的行为所应追究的法律责任的规定。建设法律责任不同于其他社会责任，如政治责任、道义责任以及违反其他法律的责任。它具有以下几方面特点：

1. 建设法律法规责任是不履行《建筑法》和《建设工程质量管理条例》等法律法规规定的义务引起的后果。这里的义务有作为义务，也有不作为义务。

2. 建设法律法规责任是必须有法律明文规定的，必须在《建筑法》、《建设工程质量管理条例》中明文规定，否则不能构成建筑法律法规责任。为了保护公民、法人及其他组织的基本权利，不能随意设置法律责任。

3. 建设法律法规责任具有强制性。这种强制性表现于建设法律关系主体如果不履行《建设工程质量管理条例》明文规定的义务，国家就要予以追究。建设法律法规责任的追究机关有两类，一类是司法机关，另一类是建设行政主管部门或者有关部门。

4. 建设法律法规责任主要形式有行政法律法规责任、民事法律责任和刑事法律责任。但在日常管理中，大量的责任形式都是行政法律责任，包括行政处罚和行政处分。

建设法律法规处罚的形式均有特定的含义。

（一）行政处罚：指国家特定的行政机关对违法的单位或个人进行的处罚。在建设法律责任中行政处罚常见的形式有：

1. 警告：指行政机关对公民、法人或者其他组织违反行政管理法律规范的行为的谴责和警示。

2. 罚款：指行政机关强迫违法行为人缴纳一定数额的货币的一种处罚。

3. 责令停产停业整顿：指行政机关责令违法当事人停止生产、经营活动，从而限制或者剥夺违法行为人生产、经营能力的一种处罚。

4. 暂扣或者吊销资质证书、许可证、执照和有关证照。指行政机关依法限制或者剥夺违法行为人某种资格的处罚。

5. 降低资质等级。指行政机关依法限制或者降低违法行为人某种资格的处罚。一般由原发证和资质审批机关实施处罚。

6. 没收非法所得，没收非法财物。没收违法所得是指行政机关依法将行为人通过违法行为获取的财产收归国有的处罚形式；没收非法物品是指行政机关依法将违禁物品或者用以实施违法行为的工具收归国有的处罚形式。

（二）行政处分：指国家机关、企事业单位按干部、人事管理权限对机关工作人员和职工进行的惩罚。根据《行政监察法》和《国家公务员暂行条例》的规定，对于国家公务员的行政处分包括：警告、记过、记大过、降级、撤职、开除六种。

（三）行政措施：主要是责令改正这一措施，指行政机关实施行政处罚时，以命令形式责令当事人停止违法行为，并改正或限期改正违法行为的一种行政教育措施。

本《条例》加大了处罚力度，所设定的罚款幅度和具体数额：

1. 建设单位将建设工程发包给不具有相应资质等级的单位，处以50万元以上100万元以下的罚款。

2. 建设单位将建设工程肢解发包的，处以工程合同价款0.5%以上1%以下罚款；并可以暂停项目执行或者暂停资金拨付。

3. 建设单位违反《条例》第56条规定的，处以20万元以上50万元以下的罚款。

4. 建设单位未取得施工许可证或者开工报告未经批准，擅自开工的，处以工程合同价款1%以上2%以下的罚款。

5. 建设单位违反《条例》第58条规定的，处以工程价款2%以上4%以下的罚款。

第十四章 建设工程质量控制

第一节 工 程 质 量

建筑工程质量是工程建设过程中永恒的话题。建筑工程质量的水平如何,质量效果如何,直接关系到某一时期我国工程建设的发展水平,直接影响着众多产业的发展,同时也影响着人们的生活。作为建筑,它是一门艺术,能代表某一个民族的文化特征,反映一个时代的精神面貌,以及民族的形象。从这个意义上讲,工程质量与政治、经济、文化相联系,涉及学科多。因此,保证建筑工程质量是《建筑法》的立法宗旨,也是贯穿于《建筑法》全过程的中心议题。可以说,《建筑法》各章所规范的内容,所规范的各方主体的行为,无不是为最终的质量结果而服务的。

一、工程项目质量概念

工程项目质量,是指提高工程建设过程所形成的工程项目,应满足用户从事生产、生活所需要的功能和价值,应划分设计要求和合同规定的质量标准及根据规定的质量验收标准。如果从系统的观点来看,工程项目质量是多层次、多方面的要求,应达到整体优化的目的。

工程质量的具体内容包括以下几个方面:

(一) 工程项目实体质量

工程项目是由分项工程、分部工程、单位工程和单项工程所组成,而工程项目的建设是通过一道道工序来完成的,工程项目的质量是在工序中创造的。因此,工程项目的实体质量包含:工序质量、分项工程质量、分部工程质量、单位工程质量和单项工程质量,而单项工程质量又包含了建筑工程、安装工程和生产设备等单位工程的质量。它们之间的工序如图14-1所示。

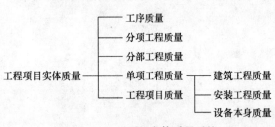

图 14-1 工程项目实体质量系统

(二) 功能和使用价值

从功能和使用价值来看,工程项目质量又体现在适用性、可靠性、积极性、外观质量和环境协调等方面。其内容如图14-2所示。

(三) 工作质量

工作质量数据指参与工程建设者,为了保证工程项目质量所从事的工作水平和完善程度。工作质量包括:社会工作质量,如社会调查、生产预测、质量回访和保修服务等,生产过程工作质量,如技术工作质量、管理工作质量和后勤工作质量等。工程项目的质量好

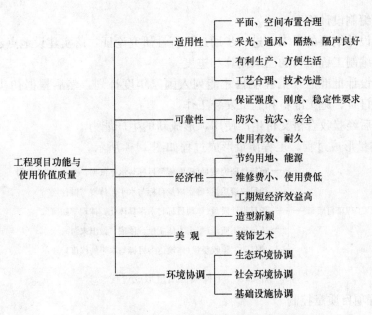

图 14-2 工程项目功能与使用价值质量系统

坏是决策、勘察、设计、施工等单位各方面、各环节工作质量的综合反映,而不是单纯靠质量检验检查出来的。要保证项目的质量,就要求有关部门和人员精心工作,对决定和影响质量的因素严格控制,即通过提高工作质量来保证和提高工程项目的质量。

二、工程项目质量的形成及控制

(一) 工程项目质量的形成

工程项目质量形成过程,即工程项目的建设过程。因此,我们必须严格按照建设项目的建设程序办事,以确保工程质量。

1. 工程项目建设程序。工程项目的建设程序即工程项目从决策、设计、施工到竣工验收的整个工作过程中各个阶段及其先后工作顺序,其程序具体如图 14-3 所示。

从图 14-3 可知,工程项目建设程序主要分为决策、设计、施工、竣工验收四个阶段。即:

(1) 根据资源条件和国民经济发展长远规划,经通过初步可行性研究论证,提出项目

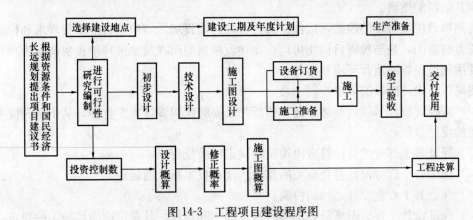

图 14-3 工程项目建设程序图

建议书,据此编制设计纲要。

(2) 根据设计纲要的要求,进一步通过可行性研究论证,落实建设地点建设条件,进行工程设计,编制工程项目的图纸概算和进度。

(3) 初步设计批准后,工程项目才能列入国家年度计划,然后根据初步设计和施工图,进行设备订货、施工准备和施工安装工作。

(4) 竣工后经验收合格交付生产使用,形成新的生产能力。

2. 工程质量形成过程。工程质量形成过程如图 14-4 所示。

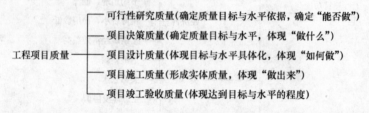

图 14-4 工程项目质量形成过程

(二) 工程项目质量控制

1. 工程项目质量控制的特点。工程项目由于牵涉面比较广,并且由于其生产过程的产品位置固定、生产流动、结构类型不一、质量要求不一、施工方法不一、体形大、整体性强、周期长、受自然条件影响大等工程特点,因而其工程质量也有以下特点:影响质量因素多,容易产生质量波动,容易产生系统因素变异,容易产生第二判断错误,质量检查时不能解体。

2. 工程项目质量控制。所谓质量控制,按国际标准(ISO)定义:为满足质量要求所采取的作业技术和活动。对工程项目质量而言,就是为了确保工程合同所规定的质量标准,所采取的一系列监控措施、手段和方法。

3. 工程项目质量控制原则。工程项目质量控制应遵循以下原则:

(1) 坚持安全第一,预防为主的方针;

(2) 严把质量关;

(3) 坚持质量标准、严格检查,一切用数据说话。

4. 工程项目质量控制的过程。

从工程项目的质量形成过程来看,要控制工程项目质量,就要按照建设过程的顺序依次控制各阶段的质量。

提高项目决策阶段的控制,以保证选择合理的建设场地,使项目的质量要求和标准符合投资者的意图,并与投资目标相协调;使建设项目与所在的地区环境相协调,为项目的长期使用创造良好的运行环境和条件。

提高项目设计阶段的质量控制:

(1) 选择好设计单位,要通过设计招标,必要时组织设计方案竞赛,从中选择能够保证质量的设计单位;

(2) 保证各个部分的设计符合决策阶段确定的质量要求;

(3) 保证各个部分设计符合有关的技术法规和技术标准的规定;

(4) 保证各个专业设计之间的协调;

(5) 保证设计文件、图纸符合现场和施工的实际条件,其深度应满足施工的要求。

通过项目施工阶段的质量控制。首先，展开施工招标，选择优秀施工单位，认真审核投标单位的标书中关于保证质量的措施和施工方案，必要时组织过程答辩，使质量作为选择施工单位的重要依据。其次，在于保证严格按设计图纸进行施工，并最终形成符合合同规定质量要求的最终产品。

第二节　项目设计阶段质量控制

一、工程设计阶段质量控制

（一）设计阶段划分

根据工程项目的难易和复杂程度不同，设计阶段的划分也有所不同，一般情况，设计阶段按两阶段进行，即：初步设计和概算，施工图设计和预算。对一些复杂和工艺新颖的重大工程项目则应按三阶段进行，即：初步设计和概算，技术设计和修正概算，施工图设计和预算。对特殊的项目，事先还要进行总体设计；但总体设计不作为一个阶段，仅作为初步设计的依据。

1. 方案设计阶段：先提出一个或若干个建筑设计方案，画出比较简略的基本图纸——方案设计图纸，以征求甲方和有关部门的意见，甲方和有关部门经过分析比较，确定一个方案或综合方案作为正式方案。

2. 初步设计阶段：方案设计经征求意见、修改和审定之后，就要进一步解决技术上的问题，协调建筑、结构、设备（给水排水、采暖通风、电气等）各工种之间的配合，进行必要的计算和经济技术比较等，画出初步设计图纸，附文字说明及工程概算，结构及设备系统的初步设计说明，送交上级主管部门审批。

3. 施工图设计阶段：在经上级主管部门批准的初步设计基础上，深入进行细部设计，进一步解决各工种之间的矛盾，充分考虑施工中的具体要求，按建筑、结构、设备（水、暖、电）各专业分别完整地、正确地、详细地绘制出全套施工图。一项建筑工程的全套施工图纸，少则几十张，多则数百张甚至上千张，其中主要有：建筑施工图、结构施工图和设备施工图，简称"建施"、"结施"和"设施"。而设备施工图则按需又有给水排水施工图、采暖通风施工图、电气施工图等，简称"水施"、"暖施"、"电施"。全套施工图是建筑设计的最后成果，是编制工程预算和进行工程施工的依据。

（二）工程项目设计质量控制原则

工程项目的质量目标与水平，是通过设计具体化，据此作为施工依据的。因此，项目设计的质量优劣，直接影响项目的功能和使用价值，关系着国家财产和人民生命安全，必须严格控制。其总体要求原则是：

1. 坚持"统一规划，合理布局，因地制宜，综合开发，配套建设"的方针；

2. 做到适用、经济、美观，防灾、抗灾、安全，节约用地，与环境协调，造价不高质量高，标准不高水平高，面积不大功能全，占地不多环境美。

（三）项目设计质量及评定的依据

项目设计质量控制及评定必须符合国家的有关法律、法规和技术标准，其主要依据如下：

1. 有关工程建设方面的法律、法规，例如有关城市规划、建设用地、市政管理、环

境保护、三废治理、工程质量监督等方面的法律、行政法规和部门规章,以及各地区政府结合本地区实际情况发布的地方法规和规章;

2. 有关工程建设的技术标准,例如各种设计规范、规程、设计标准,以及有关设计参数的定额、指标等;

3. 批准的可行性研究及项目评估报告,项目的选址报告、设计纲要等;

4. 有关建设主管部门核发的建设用地规划许可证;

5. 反映建设项目过程中和建成后长期使用阶段有关自然、技术、经济、社会协作等方面情况的协议、数据和资料。

(四) 设计阶段质量控制的工作内容

1. 根据项目建设要求和有关批文、资料,编制设计大纲或方案竞赛文件,组织设计招标或方案竞赛、评定设计方案。

2. 进行勘察、设计资质审查,优选设计、勘察单位。

3. 审查设计方案、图纸和概预算。保证设计符合决策阶段确定的质量要求,符合有关技术法规和技术标准的要求;保证有关设计文件、图纸符合现场和施工的实际条件,其深度应能满足施工的要求;保证工程造价符合投资额。

4. 对实际工作进行协调控制,保证各专业之间能相互配合、衔接,及时消除质量隐患,按期完成实际任务。

5. 组织设计文件和图纸的报批、验收、分发、保管、使用和建档工作。

根据设计不同阶段,其工作的重点和内容如表 14-1 所示。

设计阶段质量控制工作内容 表 14-1

序号	工作阶段	工作内容	要求及说明
1	设计工作开始前	根据项目建设要求,拟定规划、设计大纲	规划、设计大纲应体现业主的建设意图,并根据可行性研究报告或项目评估报告来编写,其深度应满足方案竞赛、设计招标的要求
2		组织方案竞赛或设计招标,择优选择设计单位	根据工程性质特点、规模和重要性,可组织公开招标或邀请招标;组织由有关专家及主管部门业务人员参加的评审组,对参赛或投标方案进行评选,并据此择优选择设计单位
3		拟定设计纲要及设计合同	拟定设计纲要,设计合同包括设计总合同及单独委托的专业设计合同,设计合同可以一次签订,也可分设计阶段签订
4		落实有关外部条件,提供设计所需基础资料	主要是有关供水、供电、供气、供热、通讯、运输等方面的资料
5	设计工作过程中	配合设计单位开展技术经济分析,搞好设计方案的比选,优化设计	另详
6		配合设计进度,组织设计与外部有关部门间的协调工作	外部有关部门如消防、人防、环保、地震、防汛,以及供水、供电、供气、供热、通讯等部门,根据当地建设环境,必要时还须参与项目所在地区公用设施统一建设协调工作
7		各设计单位之间的协调工作	指由业主直接委托的各设计单位之间的协调配合工作
8		参与主要设备、材料的选型	根据满足功能要求、经济合理的原则,向各设计专业提供有关主要设备、材料的型号、厂家、价格的信息,并参与选型工作
9		检查和控制设计进度	对设计进度的检查和控制,也是对设计合同履行情况进行监督的一项很重要的内容

续表

序号	工作阶段	工作内容	要求及说明
10	设计成果提交后	组织对设计的评审或咨询	另详
11		审核工程估算、概算	根据项目功能及质量要求,审核估算、概算所含费用及其计算方法的合理性
12		审核主要设备及材料清单	根据所掌握的设备、材料的有关信息,对设计采用的设备、材料提出反馈意见
13		施工图纸审核	除技术质量方面的要求外,其深度应满足施工条件的要求,并应特别注意各专业图纸之间的错、漏、碰、缺
14	延伸到施工阶段进行的工作	处理设计变更	包括设备、材料的变更
15		参与现场质量控制工作	参与工程重点部位及主要设备安装的质量监督等
16		参与处理工程质量事故	包括对事故危害性分析,提出处理的技术措施,或对处理措施的鉴定等
17		参与工程验收	包括重要隐蔽工程、单位、单项工程的中间验收,整理工程技术档案等

二、工程设计图纸的会审

为了确保工程质量,我们必须做好图纸会审工作,通过图纸会审发现问题解决问题,图纸会审主要包括以下内容:

(一)是否无证设计或越级设计,图纸是否有设计单位会签。

(二)地质勘探资料是否齐全。

(三)设计图纸和说明是否齐全,有无分期供图的时间表。

(四)设计地震烈度是否符合当地要求。

(五)几个单位共同设计的图纸相互之间有无矛盾,专业图纸之间、平立剖面图之间有无矛盾,标注有无遗漏。

(六)总平面与施工图的几何尺寸、平面位置、标高等是否一致。

(七)防火、消防是否满足。

(八)建筑结构与各专业图纸之间是否有差错及矛盾,结构图与建筑图的平面尺寸及标高是否一致,建筑图与结构图的表示方法是否清楚,制图方法是否标准,预埋件是否表示清楚,有无钢筋明细表或钢筋构造要求在施工图中是否表示清楚。

(九)施工图中所列各种标准图册施工单位是否具备。

(十)材料来源有无保证,能否代换;图中所要求的条件能否满足;新材料、新技术的运用有无问题。

(十一)地基处理方法是否合理,建筑与结构构造是否存在不能施工、不便于施工的技术问题,或容易导致质量、安全、工程费用增加等方面问题。

(十二)工艺管道、电气线路、设备装置、运输道路与建筑物之间或相互之间有无矛盾，布置是否合理。

（十三）施工安全、环境卫生有无保证。

（十四）图纸是否符合有关要求。

第三节 项目施工阶段的质量控制

项目施工阶段是工程实体形成的阶段，也是最后形成产品质量的重要阶段，因此施工阶段质量控制工作非常重要，也是控制的重点。

一、施工阶段质量控制的过程

由于工程质量形成过程是一个系统过程，因此我们必须用系统过程的观点，对施工阶段的全过程进行系统的控制。其系统控制图如图14-5所示。

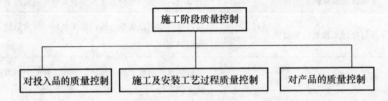

图14-5 施工全过程的质量控制图

此外，工程施工活动是一种物质生产活动，因此，我们还应从其影响因素方面进行控制，即对4M1E质量因素进行全面控制。4M1E质量因素是指：人、材料、机械、方法和环境，如图14-6所示。

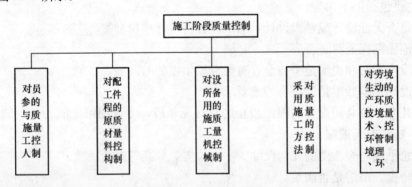

图14-6 质量因素全面控制

根据工程质量形成阶段的时间，施工阶段的质量控制又可以分为事前控制、事中控制、事后控制。具体内容见图14-7所示。

（一）事前质量控制

事前质量控制即在施工前进行质量控制，其具体内容有：

1. 审查承包单位的技术资质；

2. 对工程所需材料、构件配件的质量进行检查和控制；

3. 对永久性生产设备和装置，按审批同意的设计图纸组织采购或订货；

4. 审查施工单位提交的施工方案和施工组织设计，保证工程质量具有可靠的措施；

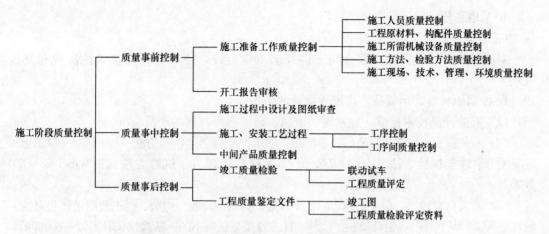

图 14-7 施工阶段质量事前、事中、事后控制系统图

5. 对工程中采用的新材料、新工艺、新结构、新技术，应审核其技术鉴定书；
6. 检查施工现场的测量标桩、建筑物的定位方线和高程水准点；
7. 完善质量保证体系；
8. 完善现场质量管理制度；
9. 组织设计交底和图纸会审。

（二）事中质量控制

事中质量控制即在施工过程中进行质量控制。其具体内容有：

1. 要求承包单位完善工序控制；
2. 严格工序之间的交接检查工作；
3. 重点检查重要部位或专业工程；
4. 对完成的分部、分项工程按相应的质量评定标准和办法进行检查、验收；
5. 审核设计图纸变更和图纸修改；
6. 组织现场质量会议，及时分析通报质量情况。

（三）事后质量控制

事后质量控制即完成施工过程形成产品的质量控制。其具体内容有：

1. 按规定的质量评定标准和办法对已经完成的分部分项工程、单位工程进行检查验收；
2. 组织联动试车；
3. 审核承包单位提供的质量检验报告及有关技术性文件；
4. 审核施工单位提交的竣工图；
5. 整理有关工程项目质量的技术文件，并编目、建档。

二、施工阶段质量控制的要求及依据

（一）施工阶段质量控制要求

1. 坚持以预防为主，重点进行事前控制；
2. 坚持质量评定及验收标准；
3. 因地制宜，采用合理的方法和手段及工作方式；

4. 采取科学、求实的态度。

（二）施工阶段质量控制的依据

对施工阶段质量控制，除合同文件及图纸观点外，还有专门的技术性法规和其他规定。

1. 控制原材料、半成品、构配件质量的依据

（1）有关产品技术标准。如水泥、玻璃、砂、石等材料的产品标准。

（2）有关试验、取样、方法的技术标准。如水泥胶砂强度检验方法（GB 177—85）、加气混凝土力学性能试验方法（GB 11971—89）、木材料物理力学试验方法总则（GB 1928—80）等等。

（3）有关材料验收、包装、标志的技术标准。如型钢验收、包装、标志及质量证明书的一般规定（GB 2101—80），钢管验收、包装、标志及质量证明书的一般规定（GB 2102—80）等等。

（4）凡涉及新型材料，应有权威的技术检验部门关于其技术性能的鉴定书。

2. 控制工序质量的依据

（1）有关建筑安装作业操作规程。如钢筋混凝土施工操作规程等等。

（2）有关施工工艺规程及验收规范。如地基与基础工程施工及验收规范（GBJ 202—83）、矿山井巷工程施工及验收规范（GBJ 213—79）等等。

（3）凡属采用新工艺、新技术、新材料、新结构的工程，事前应进行试验，在此基础上制定的施工工艺规程，应进行必要的技术鉴定。

施工阶段质量控制工作流程如图 14-8 所示。

三、施工阶段质量控制的方法

施工阶段质量控制主要是通过审核有关技术文件、报告和直接进行现场检查或必要的试验方式。

（一）审核有关技术文件、报告和报表

对质量文件、报告、报表的审核，是对工程质量进行全面控制的重要手段，其具体工作内容有：

1. 审核进入现场各施工承包单位的资质；
2. 审核承包单位的开工报告；
3. 审核施工单位的施工方案和施工组织设计，保证工程质量的措施；
4. 审核施工单位提交的有关材料、半成品的质量检验报告；
5. 审核施工单位提交的反映工序质量动态的统计资料或管理图表；
6. 审核设计变更、修改的图纸和技术核定书；
7. 审核有关工程质量事故处理报告；
8. 审核有关应用新工艺、新技术、新材料、新结构的技术鉴定书；
9. 审核施工单位提交的工序交接检查、分项分部工程质量检查报告；
10. 审核现场有关质量技术签证、文件。

（二）质量监督与检查

1. 检查内容：开工前检查，工序交接检查，隐蔽工程检查，停工后复工前的检查，分项、分部工程完成后检查，跟踪检查。

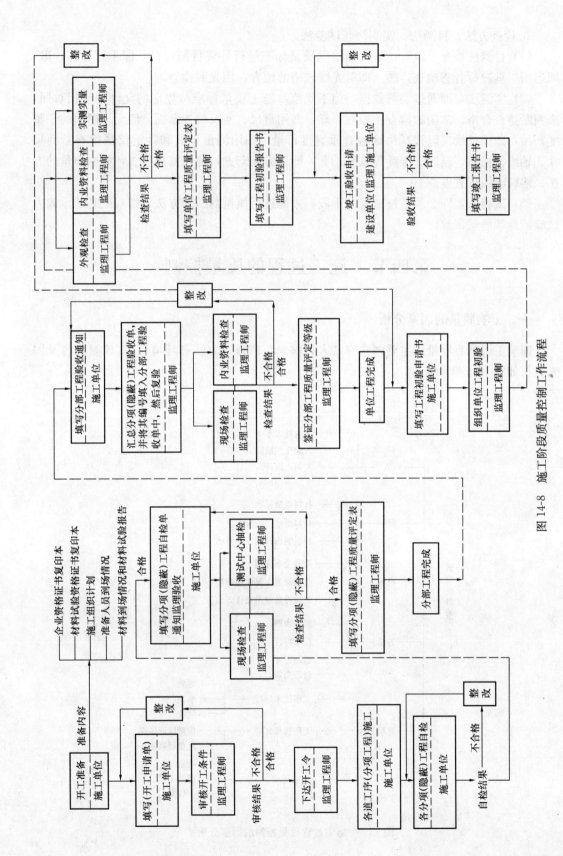

图 14-8 施工阶段质量控制工作流程

2. 检查方法：目测法、实测法、试验法。

（1）目测法检查手段有：看，即根据质量标准进行外观目测；摸，即手感检查；敲，即运用工具进行音感检查；照，即对光线较暗的地方，用光照检查。

（2）实测法，即通过实测数据与施工规范及施工质量标准所规定的允许偏差相对照，来判断是否合格。常用的检查手段有：靠，即用直尺、塞尺检查断面、墙面、屋面的平整度；吊，即用托线板以线锤吊线检查垂直度；量，即用测量工具和计量仪器检查断面尺寸、轴线、标高、温度、湿度等偏差；套，即用方尺套方，辅以塞尺检查，如阴阳角的方正、踢脚线的垂直度。

（3）试验法，即必须通过试验的手段，才能进行质量判断的方法。如对桩基的承载力试验或地基静载试验。

第四节　施工过程的质量控制

一、影响质量的因素分析

影响工程项目质量的主要因素有"人、材料、机械、方法和环境"，其控制内容及因素分析如图14-9所示。

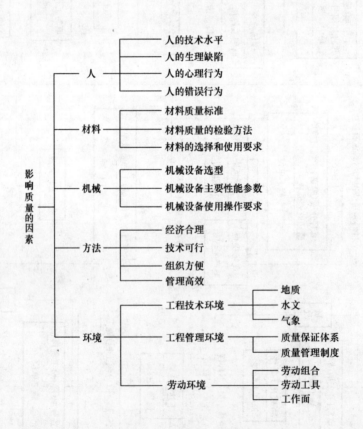

图14-9　施工过程质量控制的因素分析

二、质量控制点的设置

为了加强对质量实施控制,我们必须设置质量控制点。质量控制点的设置,应根据工程特点,依据其重要性、复杂性、精确性、质量保证和要求全面合理地选择。其一般设置如下:

人的行为,物的状态,材料的选型和性能,关键的操作,施工顺序,技术间歇,技术参数,常见的质量通病,新工艺、新技术、新材料应用,质量不稳定、不合格率较高的工程产品,特殊土地基和特种构筑物,施工工法。

三、工序质量的控制

工程项目的施工过程由一系列相互关联、相互制约的工序构成,工序质量是基础,直接影响工程项目的质量,因此,我们必须先控制工序质量,从而保证整体质量。

(一)工序质量控制的概念

工程质量包含两方面内容,即工程活动的条件质量和工序活动的效果质量。从质量控制角度来看,这两方面相互关联。一方面控制工序活动条件的质量,即每道工序的投入质量(4M1E)是否符合要求,一方面又控制工序活动效果的质量,即每道工序完成的工程产品是否达到有关质量标准。

工序质量控制的原则是,通过对一部分工序的检验,来统计、分析和判断整道工序的质量,进而实现对工序质量控制,其控制步骤如下:

1. 实测:采用必要的检测工具和手段对抽出的工序子样进行质量检验。
2. 分析:对检验所得的数据进行分析,发现这些数据所遵循的规律。
3. 判断:根据分析数据,对整个工序的质量进行推测性判断,进而确定该工序是否达到质量标准。

(二)工序质量控制的内容

1. 确定工序质量控制流程;
2. 控制工序活动条件;
3. 及时检验工序质量;
4. 设置工序质量控制点。

四、施工过程的质量检查

在施工过程中,施工单位是否按照设计图纸技术操作规程和质量评定标准进行施工,直接涉及到工程产品的质量问题,因此,我们必须加强施工过程的质量检查工作,以确保工程施工中的质量。施工过程的质量检查内容包括以下几方面:

(一)施工操作质量检查

有些质量问题是由于操作不当导致,因此必须实施施工操作过程中的质量检查,发现质量问题及时纠正。

(二)工序质量交接检查

工序质量交接检查,指前一道工序质量经检查签证后方能移交给下一道工序。

(三)隐蔽工程验收检查

隐蔽工程验收检查，是指将被其他工序施工所隐蔽的分项、分部工程，在隐蔽前进行检查验收。

（四）工程施工预检

预检是指工程施工前所进行的预先检查。主要有以下工程内容：建筑工程位置，基础工程，砌体工程，钢筋混凝土工程，主要管线，预制构件安装，电气工程。

第五节 领导人责任制、项目法人制和终身负责制

1999年2月，国务院办公厅发出通知《加强基础设施工程质量管理》，强调建立落实工程质量领导人责任制和终身负责制等规定。基础设施项目，特别是重大基础设施项目的工程质量状况，不仅关系到国家建设资金的有效使用，而且关系到国民经济持续快速健康发展和人民群众生命财产安全。

一、工程质量领导责任制

对基础设施项目工程质量，实行行业主管部门、主管地区行政领导责任人制度。中央项目的工程质量，由国务院有关行业主管部门的行政领导人负责；地方项目的工程质量，按照项目所属关系，分别由各级地方政府行政领导负责。如发生重大工程质量事故，除追究当事单位和当事人的直接责任外，还要追究相关行政领导人在项目审批、执行建设程序、干部任用和工程建设监督管理等方面失职的领导责任。

二、项目法人责任制

基础设施项目，除军事工程等特殊情况外，都要按政企分开的原则组成项目法人，实行建设项目法人责任制，由项目法定代表人对工程质量负总责。项目法定代表人必须具备相应的政治、业务素质和组织能力，具备项目管理工作的实际经验。

项目法人责任制不光是《建筑法》讲的建筑实施过程中的责任，它还包括建设工程的前期，怎么投资，怎么搞项目的资本金，怎么进行融资，后期怎么还贷，怎么保证投资的增值和保值。

项目法人责任制，一般情况下要保证7个方面的责任：

1. 项目的筹划；
2. 项目的筹资；
3. 项目的建设，指工程项目正式立项；
4. 立项以后的实施阶段；
5. 项目的投产阶段；
6. 项目的还款；
7. 保证项目原先投入的资本金保值、增值。

项目法人责任制，在工程的整个质量方面、责任方面，项目法人要负责，包括工程项目的招标、评标，以项目建设单位为主，来组织实施，赋予项目法人权限的同时，赋予项目法人的责任。

勘察设计、施工、监理等单位的法定代表人，要按各自职责对所承建项目的工程质量负领导责任。因参建单位工作失误导致重大工程质量事故的，除追究直接责任人的责任外，还要追究参建单位法定代表人的领导责任。

三、建设工程质量终身责任制

项目工程质量的行政领导责任人，项目法定代表人，勘察设计、施工、监理等单位的法定代表人，要按各自的职责对其经手的工程质量负终身责任。如发生重大工程质量事故，不管调到哪里工作，担任什么职务，都要追究相应的行政和法律责任。

第十五章 建筑工程的竣工验收、保修与结算程序

第一节 概 述

工程项目的竣工验收是施工全过程的最后一道程序，也是工程项目管理的最后一项工作。它标志着工程即将转入工业生产或居民使用阶段。工程交工验收，也是全面考核基本建设成果、检验设计和施工质量的重要环节。对施工企业来说，一项工程的建设工作只有在工程竣工并被建设单位投产使用之后才算结束，企业才能把力量转移到新接的工程上去；对建设单位而言，一个建设项目的竣工，标志着基建工作的结束和生产经营的开始。同时，通过工程的交验可以更好地保证工程质量，使其符合设计要求与使用要求。可见，竣工验收是一项有重要意义的工作，决不是一个简单的手续问题，应给予高度重视。

《建筑法》第61条、第62条和《建设工程质量管理条例》第6章第39条至第42条都有明确的规定。

第二节 建设项目竣工验收的类型

建设工程施工项目的验收有阶段验收、交工验收、隐蔽工程验收、竣工验收。

建设项目竣工验收，是指施工单位在建设项目按批准的设计文件所规定的内容全部建成后，向建设单位竣工的过程。

施工项目竣工验收过程是：建设项目工程已按设计要求建完，能满足生产要求或具备使用条件，施工单位就可以向建设单位发出竣工通知。建设单位接到施工单位的竣工通知后，在做好验收准备的基础上，组织施工、设计监理单位共同进行竣工验收。验收合格后，建设单位与施工单位签订《交工验收证书》。

一、建设项目阶段验收类型

（一）分部分项工程验收

单位工程的主体结构工程或重点、特殊工程的分项工程以及推行新结构、新技术、新材料的分项工程完成后，由施工单位、建设单位、设计单位和监理单位共同检查验收，并签证验收记录，归入技术档案。

（二）分期验收

对于大而复杂的工程项目，当个别单位工程达到投产条件，需要提前动用时，有时可分期组织验收。

（三）隐蔽工程验收

隐蔽工程是指工序的工作结果被下一工序所掩盖，而无法进行复查的工程部位。例如

钢筋混凝土工程的钢筋、基础的土质、断面尺寸、打桩数量和位置等。因此，这些工程在下一工序施工以前，应由施工单位邀请建设单位、监理单位、设计单位四方共同进行隐蔽工程检查、验收，并认真办好隐蔽工程验收手续。它是保证工程质量，防止留有质量隐患的重要措施。

二、施工项目竣工验收的意义

（一）通过竣工验收，全面综合考察工程质量，保证交工项目符合设计标准、规范要求等规定的质量标准要求。

（二）做好施工项目竣工验收，可以促进建设项目及时投产，对发挥投资效益、总结投资经验具有重要作用。

（三）施工项目的竣工验收，标志着施工项目经理部一项任务的完成。

（四）通过施工项目竣工验收整理档案资料，既能总结建设过程和施工过程，又能对使用单位提供使用、维修和扩建的根据，具有长远的意义。

工程竣工验收是一项复杂而细致的工作，一些工程规模较大或施工工艺复杂的项目，往往在工程进入设备安装或装修的后期，就已开始了竣工收尾和各项竣工验收的准备工作，还拟订了收尾竣工计划，制订出各种保证这一计划顺利实现的措施。

竣工验收阶段工作的特点是：大量的施工任务已经完成，小的修补任务却十分零碎；在人力和物力方面，主要力量已经转移到新的工程项目上去，只保留少量的力量进行工程的扫尾和清理；在业务和技术人员方面，施工技术指导工作已经不多，却有大量的资料需要整理。因此，在这个时期，项目经理必须把各项收尾、竣工准备和善后工作细致地抓好。严格按照国家有关规定，评定质量等级，进行竣工验收。

在整个项目进行全部验收时，对已验收过的单项工程，可以不再进行正式验收和办理验收手续，但应将单项工程验收单作为全部工程验收的附件而加以说明。

建设单位为提前获得投资效益，在工程未经验收即提前投产使用所发生的质量问题，由建设单位承担质量责任。

第三节 竣工验收的条件

一、对工程进行竣工检查和验收，是建设单位的权利和义务

建设工程完工后，承包单位应当按照国家竣工验收有关规定，向建设单位提供完整的竣工资料和竣工验收报告，提请建设单位组织竣工验收。建设单位收到竣工验收报告后，应及时组织设计、施工、工程监理单位参加竣工验收，检查整个建设项目是否已按设计要求和合同约定全部建设完成，并且已符合竣工验收条件。

二、建设工程竣工验收的条件

建设单位收到建设工程竣工报告后，应当根据施工图纸及说明书、国家颁发的施工验收规范和质量检验标准，及时组织设计、施工、工程监理等有关单位进行竣工验收。交付竣工验收的建筑工程，应当符合以下条件：

（一）完成建设工程设计和合同约定的各项内容

建设工程设计和合同约定的内容，主要是指设计文件所确定的、在承包合同"承包人承揽工程项目一览表"中载明的工作范围，也包括监理工程师签发的变更通知单中所确定的工作内容。承包单位必须按合同约定，按质、按量、按时完成上述工作内容，使工程具有正常的使用功能。

（二）有完整的技术档案和施工管理资料

工程技术档案和施工管理资料是工程竣工验收和质量保证的重要依据之一，主要包括以下档案的资料：

1. 工程项目竣工报告；
2. 分项、分部工程的单位工程技术人员名单；
3. 图纸会审和设计交底记录；
4. 设计变更通知单，技术变更核定单；
5. 工程质量事故发生后调查和处理资料；
6. 材料、设备、构配件的质量合格证明资料；
7. 试验、检验报告；
8. 隐蔽验收记录及施工日志；
9. 竣工图纸；
10. 质量检验评定资料；
11. 合同约定的其他资料。

（三）有材料、设备、构配件的质量合格证明资料和试验、检验报告

对建设工程使用的主要建筑材料、建筑构配件和设备的进场，除具有质量合格证明资料外，强调了这些使用于工程的主要建筑材料、建筑构配件和设备的进场，还应当有试验、检验报告。试验、检验报告中应当注明其规格、型号、用于工程的哪些部位、技术指标，其质量要求必须符合国家规定的标准。

（四）有勘察、设计、施工、工程监理等单位分别签署的质量合格文件

勘察、设计、施工、工程监理等有关单位依据工程设计文件及承包合同所要求的质量标准，对竣工工程进行检查和评定，符合规定的签署合格文件。竣工验收所依据的国家强制性标准有土建工程、安装工程、人防工程、管道工程、桥梁工程、电气工程及铁路建筑安装工程验收标准等。

（五）有施工单位签署的工程质量保修书

施工单位同建设单位签署的工程质量保修书也是交付竣工验收的条件之一。

工程质量保修是指建设工程在办理交工验收手续后，在规定的保修期限内，因勘察设计、施工、材料等原因造成的质量缺陷，由施工单位负责维修，由责任方承担维修费用并赔偿损失。施工单位与建设单位应在竣工验收前签署工程质量保修书，保修书是施工合同的附加合同。工程保修书的内容包括：保修项目内容及范围，保修期，保修责任和保修金支付方法等。健全完善的工程保修制度，对于促进承包方加强质量管理，保护用户及消费者的合法权益起着重要的保障作用。

建筑工程保修范围及保修期限，根据《建筑法》有关规定，建筑工程保修范围包括以下几方面：

1. 地基土建工程;
2. 主体结构工程;
3. 屋面防水工程;
4. 其他土建工程;
5. 电气管线、上下水管线的安装工程、供热、供冷系统等项目。

对于建筑工程的保修期限，对同一种项目，《建筑法》规定的保修期限与《建设工程质量管理条例》规定的保修期限不一样。例如：《建筑法》规定，屋面防水为3年；建筑物的供热及供冷为1个采暖期及供冷期。而《建设工程质量管理条例》规定，屋面防水为5年；建筑物的供热与供冷系统为2个采暖期、供冷期。国务院根据《建筑法》的授权在《条例》中对最低保修期作了明确的修改规定：

1. 基础设施工程、房屋建筑的地基基础工程和主体结构工程，关系到基础设施工程和房屋建筑的整体安全，必须在设计文件规定的该工程的合理使用年限内予以保修；
2. 屋面防水工程、有防水要求的卫生间、房间和外墙面，保证在5年内不渗漏；
3. 供热与供冷系统，为2个采暖期、供冷期；
4. 电气管线、给排水管道、设备安装和装修工程，为2年；
5. 其他项目的保修期限由发包方与承包方约定。

建设工程的保修期，自竣工验收合格之日起计算。

（六）建筑工程竣工验收合格后方可使用

无论是单项工程提前交付使用（例如单幢住宅），还是全部工程整体交付使用，都必须经过竣工验收这一环节，并且还必须验收合格。否则，没有经过竣工验收或者经过竣工验收确定为不合格的建设工程，不得交付使用。

第四节 竣工验收的依据和程序

一、建筑工程竣工验收的依据

根据《建筑法》和有关法律的规定，竣工验收的依据主要是：
（一）经过批准的设计任务书
（二）各项设计文件
（三）施工图纸和说明
（四）设备技术说明书
（五）施工图设计变更洽谈记录
（六）现行施工验收规范
（七）双方依据签订的施工承包合同

从国外引进的新技术和成套设备、大型设备，以及中外合资建设项目，还要按照签订的合同和国外提供的设计文件等进行验收。

二、建筑工程竣工验收的程序

根据建设项目的规模大小和复杂程度，可分为初步验收和正式验收两个阶段进行。规模大的建设项目,一般指大、中型工业交通建设项目;高层、超高层建筑项目。较复杂的建设项目应先进行初验,然后进行全部建设项目的竣工验收。规模较小、较简单的建设项目,可一次进行全部建设项目的竣工验收、验收程序大致按以下步骤进行:

三、竣工验收的准备

(一)搞好施工项目的收尾工作

收尾是指工程施工临近竣工的一段时间内的施工活动,主要工程量的施工活动已经完成,所剩只是一些细碎工程量,但工作头绪很多,抓好这阶段的工作应执行以下要求:

1. 项目经理要组织有关人员逐层、逐房间地进行查验,检查施工中有无丢项、漏项,一旦发现,必须立即确定专人定期解决,并在事后按期进行检查。

2. 保护成品和进行封闭。对已经全部完成的部位要立即组织清理,保护好成品,按房间或层段锁门封闭,严禁无关人员进入,防止损坏成品或丢失零件。尤其是高标准、高级装修的建筑工程(如高级宾馆、饭店、医院、使馆、公共建筑等),每一个房间的装修和设备安装一旦完毕,就要立即严加封闭,乃至派专人按层段加以看管。

3. 有计划地拆除施工现场的各种临时设施,拆除各种临时管线,清扫施工现场,组织清运垃圾和杂物。

4. 做好电气线路和各种管线的交工前检查,进行电气工程的全负荷试验。

5. 有生产工艺设备的工程项目,要进行设备的单体试车、无负荷联动试车和有负荷联动试车。

(二)各项竣工验收准备

建设项目全部完成,经过各单位工程的验收,符合设计要求,经过工程质量核定达到合格标准。施工单位按照国家法律、法规和行业的规定,要做好以下验收准备:

1. 整理各项交工文件及技术资料,清理和准备向建设单位移交的工程项目档案资料,并编制工程档案资料移交清单。

2. 准备工程决算书,编制竣工结算表。

3. 提交竣工报告、准备工程竣工通知书、工程保修书。

4. 资料文件整理,包括项目可行性研究报告、项目立项批准书、规划批准文件、设计任务书等。

5. 准备好工程质量评定的各项资料。主要按结构性能、使用功能、外观效果等方面,对工程的地基基础、结构、装修以及水、电、暖、卫、设备安装等各个施工阶段所有质量检查资料,进行系统的整理,包括:分项工程质量检验评定、分部工程质量检验评定、单项工程质量检验评定、隐蔽工程验收记录、生产工艺设备调试及运转记录、吊装及试压记录以及工程质量事故发生情况和处理结果等方面的资料,为正式评定工程质量提供资料和依据,亦为技术档案资料移交归档作准备。

6. 制订验收工作计划。

(三)竣工自验(初步验收)

1. 自验的标准应与正式验收一样,主要按国家规定的竣工标准,检验工程质量是否符合施工图纸和设计的使用要求,工程质量是否达到合同规定的要求。

2. 参加自验的人员,应由项目经理组织生产、技术、质量、合同、预算以及有关的施工人员共同参加。

自验的方式,应分层分段、分房间地由上述人员按照自己主管的内容逐一进行检查。在检查中做好记录。对不符合要求的部位和项目,确定修补措施和标准,并指定专人负责,定期修理完毕。

3. 复验。在基层施工单位自我检查的基础上,并对查出的问题修补完毕以后,项目经理应提请上级进行复验(按一般习惯,国家重点工程、省市级重点工程,都应提请总公司的上级单位复验)。通过复验,要解决全部遗留问题,为正式验收做好充分的准备。

4. 在自验和复验的基础上,邀请建设单位、监理单位、设计单位,进行建设项目正式验收前的预检。

(四)正式验收

在自验的基础上,确认工程全部符合竣工验收标准,具备了交付使用的条件后,即可开始正式竣工验收工作。

1. 发出《竣工验收通知书》。施工单位应于正式竣工之日的前10天,向建设单位发送《竣工验收通知书》。

2. 组织竣工验收

建筑工程竣工验收工作由建设单位牵头,组织设计单位、监理单位、施工单位及有关方面参加,共同进行检查验收。列为国家重点工程的大型建设项目,往往由国家有关部委,邀请有关方面参加,组成工程验收专家小组,进行验收。

1. 签发《竣工证明书》并办理工程移交。在建设单位验收完毕并确认工程符合竣工标准和合同条款规定要求以后,即应向施工单位签发《竣工验收证明书》。

2. 进行工程质量评定。

3. 结算工程款。

4. 办理工程档案资料移交。

5. 办理工程移交手续。

第五节 建设工程竣工验收资料的移交

根据国家工程建设项目档案管理政策的有关规定,凡是在工程项目建设活动中具有保管价值的各种数据凭证、图纸、图表、文字材料、照片、图片、录像带及其他载体的文件材料,如建设项目从调研到可行性研究、生产准备、计划、设计、施工安装、检测、调试和竣工验收等各阶段形成的文件材料,均应收集整理归档,并按保管期限规定要求进行管理。

一、竣工验收资料

竣工验收资料是指随工程竣工交付时建设单位应提交的工程档案资料。竣工验收资料应包括能证明有关建筑物工程质量或可靠程度及其设备管理、使用、维护、改建、扩建所必须的技术文件材料。工程档案是建设项目的永久性技术文件,是建设单位使用或生产、改造、维修、扩建的重要依据,也是对建设项目进行复查的依据。工程档案资料的主要内容如下:

1. 开工执照;

2. 竣工工程一览表，包括各个单项工程的名称、面积、层数、结构以及主要工艺设备和装置的目录等;

3. 工程竣工图、施工图会审记录，施工变更洽谈记录（如果建设工程项目为保密工程，工程竣工后还需将全部图纸和资料交付建设单位，施工单位不得复制图纸）;

4. 工程所使用的各种重要原材料、成品、半成品、预制加工构件以及各种设备或装置的检验记录或出厂证明文件;

5. 灰土、砂浆、混凝土的试验记录;

6. 新工艺、新材料、新技术、新设备的试验、验收和鉴定记录或证明文件;

7. 一些特殊的施工项目的试验或检查记录文件;

8. 各种管道工程、钢筋、金属构件的埋设和打桩、吊装、试压等隐蔽工程的检查和验收记录;

9. 电气工程线路系统的全负荷试验记录;

10. 生产工艺设备的单体试车、无负荷联动试车、有负荷联动试车记录;

11. 地基和基础工程检查记录;

12. 防水工程（主要包括地下各种管道、厕所、浴室、厨房、外墙防水、阳台、屋面）的检查记录;

13. 工程施工过程中发生的质量事故记录，包括发生事故的部位、程度、原因分析以及处理结果等有关文件;

14. 建筑物、构筑物的沉降、变形的观测记录;

15. 设计单位提出的对建筑物、构筑物、生产工艺设备等使用中应注意事项的文件;

16. 工程竣工验收报告、工程竣工验收证明文件;

17. 其他需要向建设单位移交的有关文件和实物照片。

凡是移交的工程档案和技术资料，必须做到真实、准确、完整、有代表性，能如实地反映工程和施工中的情况。这些档案资料不得擅自修改，更不得伪造。同时，凡移交的档案资料，必须按照技术管理权限，经过技术负责人审查签认。对曾存在的问题，评语要确切，经过认真的复查，并做出处理结论。

工程档案移交时，要编制《工程档案资料移交清单》，双方按清单查阅清楚。移交后，双方在移交清单上签字盖章。移交清单一式两份，双方各自保存一份，以备查对。

二、竣工档案资料的编制、整理和保管

（一）竣工档案资料的编制要求

竣工技术档案资料编制、整理和汇总后，其内容应做到与工程施工过程的实际情况相符，并做到分类科学、记录准确，其中的图表规格、填写方法及计量单位、符号使用等，均应按国家对工程档案规定的标准要求予以统一。

1. 竣工技术档案文件的分类、立卷。建筑安装工程分项、分部工程较多，有的专业性强，施工中对各施工程序、环节和系统的技术要求也较严格。因此，编制、整理的竣工技术档案文件分类、立卷应明确有序，否则易造成混乱，无法判定工程的实际状况和质量优劣，甚至给工程建设造成无法弥补的损失。

2. 竣工档案文件用表及填写。竣工档案文件是历史性的技术文献，为了提高它的使用价值和利用率，适应长期保管、重复查核使用的目的，在编制时必须按国家的规定要求，图纸整洁，数据准确、齐全，不得漏项。

（二）竣工技术档案的整理

1. 整理归档的竣工技术档案文件资料，要正确地反映施工的全过程和工程结果，不得擅自修改、伪造或事后补做。凡是文件资料达不到要求的技术标准或其某些结构资料的准确性有疑问时，必须经设计负责人和施工企业技术负责人审核，并签署处理意见。处理后的结果要求经过技术负责人签字认证，否则交工的工程不予验收，其档案资料也不能归档。

2. 交工技术档案文件资料，应做到编制和整理时内容完备、项目齐全、数字准确、结论正确；有关各方及其技术负责人认证、签证手续俱全，以确保交工技术档案文件资料的完整、准确与系统性。

（三）交工技术档案文件资料的归档与保管

1. 单位工程经交工验收合格后，施工单位最迟在一个月内向建设单位提交真实、完整、准确的，并经有关单位及其技术负责人认证的工程技术文件及竣工图。凡是交工的技术文件须经建设单位与档案部门按规定要求查验合格，施工单位与建设单位才可办理单位工程交工验收证书。

2. 凡列入归档范围的交工或竣工技术档案资料，都要由指定的主办单位（或部门）统一管理做好整理装档工作，并向本单位和建设单位、档案部门移交。

3. 安装工程竣工技术档案的保管，应按国家有关档案规定要求，实行集中统一管理，并制定档案借阅、复制管理制度及必要的检索工具体系。

4. 根据工程技术档案内容、性质及作用的不同，划定保管期限及保密级别。

三、建设单位向有关部门办理竣工备案手续

根据《质量条例》第49条规定："建设单位应当自建设工程竣工验收合格之日起15日内，将建设工程竣工验收报告和规划、公安消防、环保等部门出具的认可文件或者准许使用文件报建设行政主管部门或其他有关部门备案。"

建设工程竣工验收备案制度是加强政府监督管理，防止不合格工程流向社会的一个重要手段。建设单位应当依据国家有关规定，在工程竣工验收合格后的15天内到县级以上人民政府建设行政主管部门或其他有关部门备案。建设单位办理工程竣工验收备案应提交以下材料：

1. 房屋建筑和市政基础设施工程竣工验收备案表。

2. 建设工程竣工验收报告。

3. 规划、消防、环保等部门出具的认可文件或者准许使用文件。

4. 施工单位签署的工程质量保修书，住宅工程的《住宅工程质量保证书》和《住宅工程使用说明书》。办理竣工验收备案时应符合有关程序规定要求。建设行政主管部门或其他有关部门收到建设单位的竣工验收备案文件后，依据质量监督机构的监督报告，发现建设单位在竣工验收过程中有违反国家有关建设工程质量管理规定行为的，责令停止使用，限期整改重新组织竣工验收后，再办理竣工验收备案。并根据《质量条例》依法对建

设单位进行行政处罚。

四、保修金

（一）保修金的来源

施工单位按国家有关规定和协议条款约定的保修项目、内容、范围、期限及保修金额和支付办法，进行保修并支付保修金。

保修金由建设单位掌握，一般采取按合同价款一定比率，在建设单位应付施工单位工程款内预留。这一比率由双方在协议条款中约定，保修金额一般在合同价款5％的幅度以内。

（二）保修金的使用和责任承担

建设工程办理竣工手续后，如有质量缺陷，在保修期内，应当由施工单位负责维修。施工单位在接到修理通知后应及时派人修理，否则，建设单位可委托其他单位或人员修理。因施工单位原因造成返修的费用，建设单位在保修金内扣除，不足部分，由施工单位交付。因施工单位之外原因造成返修的经济支出，由建设单位承担。

（三）保修金的结算与退还

工程的保修期满后，应及时结算和退还（如有剩余）保修金。

采取按合同价款一定比率，在建设单位应付施工单位工程款内预留保修金的办法，建设单位应在保修期满20天内结算，将剩余保修金和按协议条款约定的计算利率一起退还施工单位。如果因施工单位原因造成返修的费用，超过保修金数额的，则不足部分由施工单位支付。

第六节 竣 工 结 算

一、工程预付款结算应符合下列规定

（一）包工包料工程的预付款按合同约定拨付，原则上预付比例不低于合同金额的10％，不高于合同金额的30％，对重大工程项目，按年度工程计划逐年预付。

（二）在具备施工条件的前提下，发包人应在双方签订合同后的1个月内或不迟于约定的开工日期前的7天内预付合同款，发包人不按约定预付，承包人应在预付时间到期后10天内向发包人发出要求预付的通知，发包人收到通知后仍不按要求预付，承包人可在发出通知14天后停止施工，发包人应从约定应付之日起向承包人支付应付款的利息（利率按同期银行贷款利率计），并承担违约责任。

（三）预付的工程款必须在合同中约定抵扣方式，并在工程进度款中进行抵扣。

（四）凡是没有签订合同或不具备施工条件的工程，发包人不得预付工程款，不得以预付款为名转移资金。

二、工程进度款结算与支付应当符合下列规定

（一）工程进度款结算方式

1. 按月结算与支付。即实行按月支付进度款，竣工后清算的办法。合同工期在2个年度以上的工程，在年终进行工程盘点，办理年度结算。

2. 分段结算与支付。即当年开工、当年不能竣工的工程按照工程形象进度，划分不同阶段支付工程进度款。具体划分在合同中明确。

（二）工程量计算

1. 承包人应当按照合同约定的方法和时间，向发包人提交已完工程量的报告。发包人接到报告后 14 天内核实已完工程量，并在核实前一天通知承包人，承包人应提供条件并派人参加核实，如承包人收到通知后不参加核实，以发包人核实的工作量作为工程价款支付的依据。发包人不按约定时间通知承包人，致使承包人未能参加核实，核实结果无效。

2. 发包人收到承包人报告后 14 天内未核实完工程量，从第 15 天起，承包人报告的工程量即视为被确认，作为工程价款支付的依据，双方合同另有约定的，按合同执行。

3. 对承包人超出设计图纸（含设计变更）范围和因承包人原因造成返工的工程量，发包人不予计量。

（三）工程进度款支付

1. 根据确定的工程计量结果，承包人向发包人提出支付工程进度款申请，14 天内，发包人应按不低于工程价款的 60%，不高于工程价款的 90% 向承包人支付工程进度款。

2. 发包人超过约定的支付时间不支付工程进度款，承包人应及时向发包人发出要求付款通知，发包人收到承包人通知后仍不能按要求付款，可与承包人协商签订延期付款协议，经承包人同意后可延期支付，协议应明确延期支付的时间和从工程计量结果确认后第 15 天起计算应付款的利息（利率按同期银行贷款利率计）。

3. 发包人不按合同约定支付工程进度款，双方又未达成延期付款协议，导致施工无法进行，承包人可停止施工，由发包人承担违约责任。

三、工程完工后，双方应按照约定的合同价款及合同价款调整内容以及索赔事项，进行工程竣工结算

四、工程竣工结算审查期限

1. 单项工程竣工后，承包人应在提交竣工验收报告的同时，向发包人递交竣工结算报告及完整的结算资料，发包人应按以下规定时限进行核对（审查）并提出审查意见。工程竣工结算报告金额为：500 万元以下，审查时间为 20 天；500 万～2000 万元，审查时间为 30 天；2000 万～5000 万元，审查时间为 45 天；5000 万元以上，审查时间为 60 天。

2. 发包人根据确认的竣工结算报告向承包人支付工程竣工结算价款，保留 5% 左右的质量保证（保修）金。

3. 发包人收到竣工结算报告及完整的结算资料后，在本办法规定或合同约定期限内，对结算报告及资料没有提出意见，则视同认可。

4. 根据确认的竣工结算报告，承包人向发包人申请支付工程竣工结算款。发包人应在收到申请后 15 天内支付结算款，到期没有支付的应承担违约责任。

五、工程款的拨付,必须要有总监理工程师签字

根据《质量条例》第 37 条第 2 款规定:"未经总监理工程师签字,建设单位不拨付工程款,不进行竣工验收。"

(一)没有总监理工程师签字,建设单位不向施工单位拨付工程款。

(二)没有总监理工程师签字,建设单位不组织进行竣工验收。

第十六章 建设工程施工合同司法的解释

第一节 概 述

2004年10月26日,最高人民法院公布了《关于审理建设工程施工合同纠纷案件适用法律问题的解释》(以下简称《解释》)。这是最高人民法院为了统一审理建设工程施工合同纠纷案件的执法标准,根据《民法通则》、《合同法》、《建筑法》和《招标投标法》等法律规定,作出的一部重要司法解释。它对依法保护建设工程施工合同各方当事人的合法权益,维护建筑市场正常秩序,促进建筑业健康发展,维护社会的公平与正义,产生了重要而深远的影响。

《解释》的起草工作始于2002年3月。在起草过程中,最高人民法院分别召开了不同类型的座谈会,多次征求了立法部门、国务院主管部门、施工企业、房地产开发企业、执业律师、专家学者、工程造价和工程质量鉴定中介机构等方面的意见,于2003年11月形成了初稿。为了确保司法解释能够集中民智,体现民情,符合立法本意,更好地维护公平与正义,最高人民法院于2003年12月15日将起草的司法解释稿在《人民法院报》和中国法院报网同时公布,公开向社会各界征询意见,受到了社会各界的广泛关注。最高人民法院民事审判第一庭作为本《解释》的起草单位,在对相关意见进行整理归纳、认真研究后,形成了《解释》的送审稿,并在多次征求全国人大常委会法制工作委员会和国务院法制办公室的意见后,报请最高人民法院审判委员会第1327次会议讨论通过了该《解释》。

一、五种无效的合同

(一)承包人未取得建筑施工企业资质或者超越资质等级承揽建设工程的合同

这里的承包人主要指建筑施工企业。建筑施工企业是指从事建筑施工生产活动的独立生产、独立经营、独立核算的经济组织。建筑施工企业包括建筑工程施工总承包企业、建筑工程承包企业和建筑专项分包企业三类。工程施工总承包企业是指从事建筑工程施工阶段总承包活动的企业,对工程从立项到交付使用全过程承包的企业。应当具备施工图设计、工程施工、设备采购、材料订货、工程技术开发应用、配合生产使用部门进行生产准备直到竣工投产等能力。建筑施工承包企业,是指从事建筑工程施工承包活动的企业。建筑专项分包企业,是指从事建筑工程施工专项分包活动和承包限额以下小型工程活动的企业。关于限额小型建筑工程的范围,根据目前的有关规定,由省、自治区、直辖市人民政府建设行政主管部门确定。由于建设工程质量是建设工程的生命,而建筑施工企业的建筑施工能力是保证建设工程质量的前提条件,故《建筑法》对建筑施工企业实行资质强制管理制度。《建筑法》规定,建设行政主管部门应根据建筑施工企业的现时条件对建筑施工企业做不同的资质等级划分,并将法定资质等级作为建筑施工企业承揽建筑工程的前提条件,建筑施工企业取得的资质等级决定其承揽工程的范围。《建筑法》第13条规定,从事建筑活动的建筑施工企业、勘察单位、设计单位和工程监理单位，按照其拥有的注册资本、专业技术人员、技术装备和已完成的建筑工程业绩等资质条件，划分为不同的资质等级，经资质审查合格，取得相应的资质等级证书后，方可在其资质等级许可的范围内从事建筑活动。第26条规定，承包建筑工程的单位应当持有依法取得的资质证书，并在其资质等级中的业务范围内承揽工程，禁止建筑施工企业超越本企业资质等级许可的业务范围或者以任何形式用其他建筑施工企业的名义承揽工程。

（二）没有资质的实际施工人使用有资质的建筑施工企业名义工程的合同

禁止建筑施工企业以任何形式用其他建筑施工企业的名义承揽工程；禁止建筑施工企业以任何形式允许其他单位或者个人使用本企业的资质证书、营业执照，以本企业的名义承揽工程；禁止总承包单位将工程分包给不具备相应资质条件的单位。在民营企业当中，由于民营企业起步时规模较小、资金不足，建设能力较弱，无法取得法定的建设工程资质等级，故借用具有法定资质条件的建筑施工企业名义对外承揽工程是一种普遍现象。

（三）建设工程必须进行招标而未招标或者中标无效的合同

这一条规定的法律依据是《招标投标法》。该法第3条规定在中华人民共和国境内进行下列工程建设项目包括项目的勘察、设计、施工、监理以及工程建设有关的重要设计、材料等的采购，必须进行招标。

1. 建设工程施工合同无效，但建设工程经竣工验收合格，承包人请求参照合同约定支付工程价款的，应予支持。

《合同法》第58条规定，合同无效或者被撤销后，因该合同取得的财产应当予以返还，不能返还或者没有必要返还的，应当折价补偿。建设工程施工合同的特殊之处在于，建设工程的施工过程，就是承包人将劳务及建筑材料物化到建设工程的过程。基于这一特殊性，合同无效，发包人取得的财产形式上是承包人建设的工程，实际上是承包人对工程建设投入的劳务及建筑材料（一般是工程款），故而无法适用无效恢复原状的返还原则，只能折价补偿。

2. 工程经竣工验收，已经达到《建筑法》保护的目的。司法解释为平衡当事人双方之间的利益关系，便捷、合理地解决纠纷，确定建设工程施工合同无效，建设工程经竣工验收合格的，参照合同约定支付承包人工程价款。

目前，我国建筑市场属于发包人市场，发包人在签订合同时往往把工程款压得很低，常常低于当年适用的工程定额标准和政府公布的市场价格信息标准。如果合同无效，按照上述两种标准折价补偿，就可能诱使承包人恶意主张合同无效，以达到获取高于合同约定工程款的目的，这与无效合同处理原则及制定司法解释以期达到规范建筑设计、促进建筑业的发展提供法律保障的初衷相悖。故在合同无效时，不宜采用上述两种标准作为折价补偿的计算标准。认为合同无效，承包人只能要求合同约定中的直接费和间接费，不能主张利润及税金的观点同样有不当之处。

在通常情况下，应当依照合同约定来支付工程款。但是，根据案件的具体情况，按照合同约定无法计算工程款，往往发生在未完的工程或者工程大规模改变设计的情况下，也不排除根据案件的具体情况委托评估的办法来认定工程款的数额。

（四）承包人非法转包、违法分包建设工程或者没有资质的实际施工人借用有资质的建筑施工企业名义，与他人签订的建设工程施工合同人民法院可以根据《民法通则》第134条规定，收缴当事人已经取得的非法所得。对承包人非法转包、违法分包建设工程取得的利益、出借法定资质的建设施工企业因出借行为取得的利益、没有资质的建设施工企业因借用资质签订建设工程施工合同取得的利益予以收缴。

明确承包人转包、违法分包建设工程取得的利益，出借法定资质的建设施工企业因出借行为取得的利益，没有资质的建设施工企业因借用资质签订建设工程施工合同，取得的利益确定为非法所得，由人民法院依据《民法通则》第134条的规定，采取民事制裁措施，对当事人已经取得的非法所得予以收缴。

（五）未取得规划许可证而签订的建设工程施工合同

《城市规划法》第31条规定"建设单位或个人在取得用地规划许可后，方可向县级以上地方人民政府土地规划管理部门申请用地"。第39条规定"在城市规划区内，未取得建设用地规划许可证而取得建设用地批准文件、占用土地的，批准文件无效，占用的土地由县级以上人民政府责令退回"。取得建设用地规划许可证是申请建设用地的法定条件，任何单位和个人未取得规划许可证而进行建设都属非法建设，建设工程施工合同也当然无效。

二、建设工程施工合同无效，且建设工程经竣工验收不合格的，按照以下情形分别处理

（一）修复后的建设工程经竣工验收合格，发包人请求承包人承担修复费用的，应予支持。

（二）修复后的建设工程经竣工验收不合格，承包人请求支付工程价款的，不予支持。因建设工程不合格造成的损失，发包人有过错的，也应承担相应的民事责任。

《建筑法》第58条第1款规定，建筑施工企业对工程的施工质量负责。按照上述法律规定，对于经竣工验收不合格的建设工程，承包人应当承担民事责任。但实践中经常出现工程质量缺陷是由于发包人原因导致的情况，所以按照过错程度，具有过错方承担责任，符合公平原则及《合同法》规定的按照过错承担无效合同赔偿责任的原则。

三、承包人超越资质等级许可的业务范围签订建设工程施工合同，在建设工程竣工前取得相应资质等级，当事人请求按照无效合同处理的，不予支持

最高人民法院在《关于审理房地产管理法施行前房地产开发经营案件若干问题的解答》中规定，商品房的预售方，持有土地使用证，也投入了一定的开发建设资金，进行了施工建设，预售商品房的，在一审诉讼期间办理了预售许可证明的，可以认定预售合同有效。

四、当事人对垫资和垫资利息有约定，承包人请求按照约定返还垫资及其利息的，应予支持，但是约定的利息计算标准高于中国人民银行发布的同期同类贷款利率的部分除外

当事人对垫资没有约定的，按照工程欠款处理；当事人对垫资利息没有约定，承包人请求支付利息的，不予支持。

认可了垫资合同的效力,对以往处理该类问题可以说是一个突破,从而确立了垫资既不同于拆借资金,又不同于一般工程欠款的处理原则。近年来业内就此问题也有一个流行甚广的判断:十个工程九个垫;垫到正负零是客气的,垫到结构完工也不稀奇。

垫资施工的方式一般包括:带资施工、形象节点付款、低比例形象进度付款和工程竣工后付款等。

垫资合同中需要注意以下几个问题:

1. 要充分研究招标文件。招标文件是一种要约邀请,其中很多条款将来就是合同条款,涉及承包人与发包人的权利义务。

2. 要对建设单位资信特别是首度合作的建设单位进行严格的资信调查,包括开发项目的真实性和建设单位的注册资金情况、项目资金的来源以及到位情况、以往经营业绩、履约能力以及社会信誉等各方面情况的调查。

3. 要从程序和实体两个方面把好签约质量关。程序上要求就是对签约权的行使要有规范化的操作流程,实体上要求就是要对合同条款作综合评审。

4. 按照国际惯例深化中间结算,不放松竣工结算。按照国际惯例,加强工程进度款的中间结算就显得尤为重要。竣工拖欠一旦发生,清理催讨要落实责任制,并辅以对责任人考核的奖罚激励措施。

5. 工程款优先受偿权是施工企业的法定权利,《合同法》的该项权利,施工企业必须在履约过程中应该为其真正适用创造充分的条件。即:工程竣工后28天内向业主递交工程竣工报告及竣工验收资料;发包人确认后的28天内,承包人向发包人递交结算报告。

6. 施工企业必须牢记,在一般情况下,有效维持自身权益的两个非常重要的前提是:质量和工期。

第二节 建设施工合同的解除和责任

一、承包人具有下列情形之一,发包人请求解除建设工程施工合同的,应予支持

1. 明确表示或者以行为表明不履行合同主要义务的;
2. 合同约定的期限内没有完工,且在发包人催告的合理期限内仍未完工的;
3. 已经完成的建设工程质量不合格,并拒绝修复的;
4. 将承包的建设工程非法转包、违法分包的。

(一)《合同法》上的违约解除

1. 在履行期限届满之前,当事人一方明确表示或者以自己的行为表明不履行主要债务,这种情形在日常生活中称为撕毁合同,大体相当于大陆法上的拒绝履行,英美法所称的提前违约或预期违约。

2. 当事人一方迟延履行主要债务,经催告后在合理期限内仍未履行,这是迟延履行而发生的解除权。

3. 当事人一方迟延履行债务或者有其他违约行为致使不能实现合同目的。

(二)合同的解除具体应遵循的程序

1. 解除权的行使应当符合法律规定的程序，即遵守合同解除条件。只有在出现了合同规定的条件和法律规定的情况下，一方才有权通知对方解除合同，而不必征得对方同意。

2. 解除合同原则上须采用书面的形式通知对方当事人，通知到达对方当事人时生效。

3. 解除权的行使必须及时。根据《合同法》第 95 条的规定，如果当事人约定了解除权行使的期限，则必须在约定的期限内行使。如果没有约定期限，必须在法律规定的期限内行使。

二、发包人具有下列情形之一，致使承包人无法施工，且在催告的合理期限内仍未履行相应义务，承包人请求解除建设工程施工合同的，应予支持

（一）未按约定支付工程价款的；
（二）提供的主要建筑材料、建筑构配件和设备不符合强制性标准的；
（三）不履行合同约定的协助义务的。

三、建设工程施工合同解除后，已经完成的建设工程质量合格的，发包人应当按照约定支付相应的工程价款

处理建设工程施工合同纠纷的工程质量优先于合同效力的精神，即无论合同是否有效或者是否被解除，只要工程质量合格就应支付工程价款，而工程质量不合格的，无论合同解除还是合同无效，适用的原则是相同的。

四、发包人具有下列情形之一，造成建设工程质量缺陷，应当承担过错责任

（一）提供的设计有缺陷

保证建筑工程的质量，必须在建筑工程的勘察、设计、施工这三个环节上，使建设工程质量符合国家规定的安全标准、技术规范及合同约定的要求，三者缺一不可。

（二）提供或者指定购买的建筑材料、建筑配件、设备不符合国家强制性标准

按照国家有关规定及合同约定，由发包方提供建筑材料、建筑构配件和设备，应当保证建筑材料、建筑构配件和设备符合设计文件和合同要求。发包人不得明示或者暗示施工单位使用不合格的建筑材料、建筑构配件和设备。

（三）肢解发包建设工程

在工程的建设中，一些发包单位将应当由一个承包单位整体承包的工程，肢解成若干部分，分别发包给几个承包单位，使得整个工程建设在管理和技术上缺乏应有的统筹和协调，往往造成施工现场秩序混乱，责任不清，严重影响工程建设的质量，出了问题也很难找到责任者。《合同法》第 272 条规定将建设工程肢解发包，因此而造成建设工程出现质量瑕疵，发包人根据《解释》规定应承担建设工程质量瑕疵责任。

（四）直接指定分包人分包专业工程

《建筑法》、《合同法》对建筑工程分包问题的规定是为了约束总承包人，限制总承包人利用分包损害建设单位的利益而作出的规定。分包合同一般有两种情况：第一种为分别承包，即各承包人均独立地与发包人建立合同关系，各承包人之间并不发生法律关系。第二种为联合承包，即承包人相互联合为一体，与发包人签订总包合同，然后各个承包人再

签订数个分包合同,将项目建设中的各个单项工作落实到每个承包人。

承包人对检验不合格的建筑材料、建筑构配件和设备不得使用,如果承包人使用了不合格材料等,应承担相应责任。另外依照有关规定承包人对建筑材料等应进行检验,未检验的,也应承担一定责任。

在审判实际中我们可从以下几个方面来确定承包人是否具有过错。

1. 承包人明知建设单位提供的工程设计有问题或者在建设施工中发现设计文件和图纸有差错,而没有及时提出意见和建议,并继续进行施工的;

2. 对建设单位提供的建筑材料、建筑构配件、设备和商品混凝土等未进行检验,或进行检验不合格仍予以使用的;

3. 对建设单位提出的违反法律、行政法规和建筑工程质量、安全标准,降低工程质量要求,承包人不予拒绝,而进行施工的。

第三节 建设工程竣工期限和工程款结算

一、建设工程未经竣工验收,发包人擅自使用后,又以使用部分质量不符合约定为由主张权利的,不予支持;但是承包人应当在建设工程的合理使用寿命内,对地基基础工程和主体结构质量承担民事责任

(一)发包人擅自使用未经验收的建设工程,出现质量问题,应自行承担责任

《建筑法》第61条规定:"建筑工程竣工经验收后,方可交付使用;未经验收或者验收不合格的,不得交付使用。"《合同法》第279条、《建设工程质量管理条例》第16条亦作了基本相同的规定。

(二)发包人仅对其擅自使用部分承担工程质量风险责任

(三)承包人在建设工程的合理使用寿命内对地基基础工程和主体结构质量承担民事责任

依据《建筑法》第60条第1款规定"建筑物在合理使用寿命内,必须确保地基基础工程和主体结构质量"。关于"合理使用寿命"问题,目前国家还没有统一的规定,具体各类建设工程的合理使用年限,要根据建筑物的使用功能、所处的自然环境等因素,由有关技术部门作出判断,根据《民用建筑设计通则(试行)》,一般认为按民用建筑的主体结构确定的建筑耐久年限分为四级:

一级耐久年限为100年以上,适用于重要的建筑和高层建筑(指10层以上住宅建筑、总高度超过24m的公共建筑及综合性建筑);

二级耐久年限为50~100年,适用于一般建筑;

三级耐久年限为25~50年,适用于次要建筑;

四级耐久年限为15年以下,适用于临时性建筑。

耐久年限即为工程合理使用年限,建设单位如有低于或高于工程合理使用年限要求的,应在合同中予以明确。对地基和主体结构发生质量缺陷,是否在合理使用寿命内引起争议,应首先确定该建筑物的合理使用寿命。已有确定年限的,以该年限为准;无确定年限的由原设计单位或有权确认的部门确定,并按此确定的年限为准。

二、当事人对建设工程实际竣工日期有争议的处理

（一）建设工程经竣工验收合格的，以竣工验收合格之日作为竣工日期。

根据《合同法》第279条的规定："建设工程竣工后，发包人应当根据施工图纸及说明书、国家颁发的施工验收规范和质量检验标准及时进行验收。验收合格的，发包人应当按照约定支付价款，并接收该建设工程。建设工程竣工经验收合格后，方可交付使用，未经验收或者验收不合格的，不得交付使用。"

（二）承包人已经提交了申请竣工验收的报告，而发包人迟迟不予验收的，以承包人提交验收报告之日为竣工日期，而不是以后来验收合格之日为竣工日期。

国务院颁布的《建设工程质量管理条例》，彻底改变了由质监机构代表政府对工程进行竣工验收的传统做法，而改由建设单位负责组织设计、施工、工程监理等有关单位进行竣工验收，质监机构不再承担代表政府直接参与工程质量检验的职责。建设单位在验收中处于主导地位，质监机构的职能已经在淡化。建设工程的竣工质量验收由建设单位负责组织进行，行政主管部门不再负责工程质量验收评定和工程质量评定等级，对工程进行竣工检查和验收，是建设单位的权利和义务。建设工程完工后，承包单位应当按照国家竣工验收的有关规定，向建设单位提供完整的竣工资料和竣工验收报告，请求建设单位组织竣工验收。

2001年11月5日，建设部发布的《建筑工程施工发包与承包计价管理办法》中也规定："发包方应当在收到竣工结算文件后的约定期限内予以答复。逾期未答复的，竣工结算文件视为已被认可。发承包双方在合同中对上述事项的期限没有明确约定的，可认为其约定期限均为28日。"

（三）在建设工程未经竣工验收的情况下，发包人擅自使用的，以建设工程转移占有之日为竣工日期。

国务院《建设工程质量管理条例》第58条规定："违反本条例规定，建设单位有下列行为之一的，责令改正，处工程合同价款2%以上4%以下的罚款；造成损失的，依法承担赔偿责任：（一）未组织竣工验收，擅自交付使用的；（二）验收不合格，擅自交付使用的；（三）对不合格的建设工程按照合格工程验收的。"

三、工程价款的计算标准

（一）当事人对建设工程的计价标准或者计价方法有约定的，按照约定结算工程价款。

（二）因设计变更导致建设工程的工程量或者质量标准发生变化，当事人对该部分工程价款不能协商一致的，可以参照签订建设工程施工合同时，当时建设行政主管部门发布的计价方法或者计价标准结算工程价款。

（三）建设工程施工合同有效，但建设工程经竣工验收不合格的，工程价款结算参照本解释第3条规定处理。

建设工程造价包括建筑、安装、设备及税费等建设所需的全部费用，建筑造价计算的准确性是由建筑设计的进度和深度决定的。按造价计算的准确程度，依设计进度可分为投资估算、设计概算和施工图预算三种。投资估算是在项目开发前期对建设投资最粗略的估计，仅可以作为编制可行性研究的依据。设计概算是项目在初步设计阶段，根据概算定额

编制的、初步确定工程造价的依据。施工图预算则是在施工图设计阶段，根据施工图反映的工程量按预算定额编制的确定工程预算造价的依据。发包单位应当按照合同的约定，及时拨付工程款项。2001年11月5日，建设部发布的《建筑工程施工发包与承包计价管理办法》第3条规定："建筑工程施工发包与承包价在政府宏观调控下，由市场竞争形成。"第12条同时还规定："合同价可以采用以下方式：（一）固定价。合同总价或者单价在合同约定的风险范围内不可调整。（二）可调价。合同总价或者单价在合同实施期内，根据合同约定的办法调整。（三）成本加酬金。"根据《合同法》的自愿和诚实信用原则，只要当事人的约定不违反法律和行政法规的强制性规定，不管双方签订的合同或具体条款是否合理，均应遵从当事人自己的约定。定额标准为任意性规范，准许合同约定与定额标准不相一致。建设工程施工合同约定的工程款结算标准与建筑行业主管部门颁布的工程定额标准和造价计价办法不一致的，应以合同约定为准。当事人以合同约定与定额标准不一致为由，请求按照工程定额标准结算的，人民法院不予支持。因为建设工程定额标准是各地建设主管部门根据本地建筑市场建安成本的平均值确定的，可以理解为完成单位工程量所消耗和劳动、材料，以及机械台班等的标准额度，属于政府指导价范畴，也是任意性规范而非强制性规范，应当允许合同当事人随行就市订立与定额标准不一致的工程价格。同样道理，当事人签订低于承包人企业类别、资质等级定额标准的建设工程合同也属市场经营行为，应当认定双方签订的建设工程施工合同有效。

在工程项目的施工过程中，由于多方面的情况变更，经常出现工程量变化、施工进度变化，以及发包方与承包方在履行合同中的争执等许多问题。这些问题的产生，一方面，是由于勘察设计工作的粗糙，以致在施工过程中发现许多招标文件中没有考虑或估算不准确的工程量，因而不得不改变施工项目或增减工程量；另一方面，是由于发生不可预见的事故，如自然或社会原因引起的停工和工期拖延等。由于工程变更所引起的工程量的变化、承包方的索赔等，都有可能使工程项目投资走出原来的预算投资。工程变更包括设计变更、进度计划变更、施工条件变更，也包括发包方提出的"新增工程"，即原招标文件和工程量清单中没有包括的工程项目。

工程量清单计价是目前国际上通行的做法，外国建筑商进入我国建筑市场，他们必然要求按国际惯例、常规做法来计算工程造价，而国内建筑公司到国外市场竞争，也需要按国际惯例进行运作，为了适应对外开放的建筑市场形势，也必须与国际通行的计价方法相适应。工程量清单指表现拟建工程的分部分项工程项目、措施项目、其他项目名称和相应数量的明细清单。推行工程量清单计价，是深化工程造价管理改革的重要内容，也是规范建筑市场经济秩序的重要措施。

承包方因项目调整要求增加工程造价的，如果要求调整的项目在原工程总报价说明范围以外而履约过程中确已发生的，对承包方的请求可以支持。

四、工程款利息的计算标准

当事人对欠付工程价款利息计付标准有约定的，按照约定处理；没有约定的，按照中国人民银行发布的同期同类贷款利率计息。

（一）支付工程价款及欠付工程价款利息是发包人的法定或合同义务

法律规定支付工程价款是发包人的义务，发包人不按照合同约定的时间和数额支付工程价款的行为属违约行为，发包人应承担违约责任。《合同法》第269条规定：建设工程合同是承包人进行工程建设，发包人支付工程价款的合同。

实行工程预付款的，双方应当在专用条款内约定发包人向承包人预付工程款的时间和数额，开工后按合同约定的时间和比例逐次扣回。预付时间应不迟于约定的开工日期前七天。发包人不按约定预付，承包人在约定预付时间7天后向发包人发出要求预付的通知，发包人在受到预付通知后仍不能按要求预付的，承包人可以在发出通知后7天停止施工。协议应明确延期支付的时间和从计量结果确认后第十五天起应付款的贷款利息。有关竣工结算部分约定：发包人收到竣工结算报告及竣工结算资料后28天内无正当理由不支付工程竣工结算价款，从第29天起按承包人同期向银行贷款利率支付拖欠工程价款的利息，并承担违约责任。

（二）发包人支付欠付工程款利息的性质是法定孳息

开发商欠付投资款的行为是违约行为，通常应向相对人支付约定违约金而不是欠付投资款利息，而工程结算后发包人仍然不向承包人支付工程价款，此时欠付的工程价款通常认为已经转化为类似借款合同的性质，只是一个简单的债权债务关系，在这种情形下发包人应当向承包人支付欠付工程价款的利息。

当事人没有约定利息结算标准的，应当按照中国人民银行发布的同期同类贷款利率计息，本质上也是按照法定利率计息。为何在有约定和没有约定的情况下都不能超过法定利率计息呢？法定利率也叫做基准利率，是由中国人民银行发布的。《中国人民银行法》第22条规定：中国人民银行为执行货币政策，可以运用确定中央银行基准利率的货币政策工具。《商业银行法》第38条规定：商业银行应当按照中国人民银行规定的贷款利率的上下限，确定贷款利率。《合同法》第204条规定：办理贷款业务的金融机构贷款的利率，应当按照中国人民银行规定的贷款利率的上下限确定。

五、工程款利息的起算标准

利息从应付工程价款之日计付。当事人对付款时间没有约定或者约定不明的，下列时间视为应付款时间：

（一）利息从应付工程价款之日计付

欠付工程款利息起算时间为合同约定的支付工程价款届满之日，即欠款发生；贷款人自支付借款本金之日，即自借款行为发生之日，借款人就应当向贷款人支付借款利息，支付利息不以借款人逾期还款的违约行为为前提条件。利息在借款合同中具有随附性，利息为本金的成本，支付借款本金时，就应当支付利息；借款人未按照合同约定的期限偿还借款，应当支付罚息。

（二）合同对支付欠付工程价款没有约定或者约定不明的，按照本条规定处理

当事人对付款时间没有约定或者约定不明确的，下列时间视为应付款时间：

1. 建设工程实际交付的，建设工程交付之日；
2. 建设工程没有交付的，承包人提交竣工结算文件之日；
3. 建设工程价款未结算，建设工程也未交付的，当事人起诉之日。

第一，建设工程实际交付的，以建设工程交付之日为应付款时间。此时，发包人对讼争建设工程已经实际控制，有条件对讼争房屋行使占有、使用、收益的权利。在这种情况

下，发包人已经受益了，仍然欠付承包人工程价款，双方的权利义务显然不对等，从此时开始发包人应当向承包人支付欠付的工程款利息。第二，建设工程没有交付，讼争建设工程仍由承包人掌管，但承包人已经在建设工程竣工验收合格后按照合同约定的时间提交了竣工结算文件，发包人如在合同约定的期限内不予答复的，应当认定此时为应付款时间。许多发包人故意拖延审核承包人提交的竣工结算报告，以达到推迟支付工程价款的目的，以承包人提交竣工结算文件的时间作为工程价款结算的时间，有利于督促发包人行使权利，尽快审核工程竣工结算报告，及时支付工程价款。

六、工程量计算

当事人对工程量有争议的，按照施工过程中形成的签证等书面文件确认。承包人能够证明发包人同意其施工，但未能提供签证文件证明工程量发生的，可以按照当事人提供的其他证据确认实际发生的工程量。

2003年以后，建设部通过制定工程量清单的方式，对工程量的分类及工程量计算规则作出了明确规定。

《建设工程施工发包与承包计价管理办法》系国务院主管部门制定的部门规章，但它是我国进入市场经济后国家颁发的第一个具有规范性文件性质的造价管理文件，应该成为人民法院审理建设工程施工合同工程款纠纷的依据。

（一）确定工程量的基本依据

实际施工中，工程量清单大多是以发包人和承包人双方工地代表形成的签证体现出来的。按照建设工程施工合同格式文本中通用条款关于工程量的规定，工程量的确认，是由承包人按专用条款约定的时间，向工程师提交已完工程量的报告。工程师接到报告后7天内按设计图纸核实已完工程量，并在计量前24小时通知承包人，承包人为计量提供便利条件并派人参加。承包人收到通知后不参加计量，计量结果有效，作为工程价款支付的依据。工程师收到承包人报告后7天内未进行计量，从第8天起，承包人报告中开列的工程量即视为被确认，作为工程价款支付的依据。工程师不按约定时间通知承包人，致使承包人未能参加计量，计量结果无效。工程量的计量结果出来后，对合同约定的涉及工程进度款支付问题上有直接的联系，在确认计量结果后14天内，发包人应向承包人支付工程进度款。

（二）工程量清单的计取

现在适用的是建设部制定的自2003年7月1日起施行的中华人民共和国国家标准《建设工程工程量清单计价规范》的规定。根据该规范的要求，工程量清单应采用统一格式。

合同中综合单价因工程量变更需调整时，除合同另有约定外，按照下列办法确定：

1. 工程量清单漏项或涉及变更引起新的工程量清单项目，其相应综合单价由承包人提出，经发包人确认后作为结算的依据。

2. 由于工程量清单的工程数量有误或设计变更引起工程量增减，属合同约定幅度以内的，应执行原有的综合单价；属合同约定幅度以外的，其增加部分的工程量或减少后剩余部分的工程量的综合单价由承包人提出，经发包人确认后，作为结算的依据。

（三）作为计算工程量依据的书面文件的范围和种类。

双方当事人在履行建设工程施工合同期间，根据合同发生的手写、打印、复写、印刷的各种通知、证明、证书、工程变更单、工程对账签证、补充协议、备忘录、函件以及经过确认的会议纪要、电报、电传等书面文件形式作为载体的证据，都可以作为结算工程量并进而作为当事人结算工程款的依据。

按照建设工程施工合同规定，施工中发包人需对原工程设计进行变更，应提前14天以书面形式向承包人发出变更通知。变更超过原设计标准或批准的建设规模时，发包人应报规划管理部门和其他有关部门重新审查批准，并由原设计单位提供变更的相应图纸和说明，只有履行完这些手续的工程量变更，才产生法律效果。

能够反映工程量变化的载体还体现在很多方面。主要的还有以下几种：

1. 会议纪要。双方商量工程量方面的会谈形成的纪要，都是对某些问题作出决定，可视为对合同有关内容的一种补充。

2. 工程检验记录。如建筑定位放线验收单、基础验槽记录、钎探记录、轴线检查记录、设备开箱验收记录、水电消防实验、试压记录等，都能在一定程度上反映出工程量的变化。

3. 来往电报、函件等。

4. 工程洽谈记录。

5. 工程通知资料。

（四）没有书面文件的工程量的认定。在工程量发生争议时，如果承包人举不出实际发生工程量变化的证据，只是提出要求按增加工程量结算工程价款的，在诉讼中不会得到人民法院的支持。

七、逾期不结算的后果

当事人约定，发包人收到竣工结算文件后，在约定期限内不予答复，视为认可竣工结算文件的，按照约定处理。承包人请求按照竣工结算文件结算工程价款的，应予支持。

（一）明确了结算文件成就的条件，即如果当事人在合同中约定了发包人一定的审核竣工结算文件期限，在该期限内没有答复视为认可该结算文件的，该约定对双方当事人具有约束力。

（二）结算文件递交的方式必须是书面的。递交结算报告的不适用留置递交的方式。

（三）这种责任是从承包人与发包人签订的建设工程施工合同中派生出来的，不是法律或者司法解释中新确定的责任。

承包人向发包人进行催告并不是产生结算依据的前置程序，不是一个必经程序，发包人不得以承包人没有进行催告而提出抗辩。

八、当事人就同一建设工程另行订立的建设工程施工合同与经过备案的中标合同实质性内容不一致的，应当以备案的中标合同作为结算工程价款的根据

发包人与承包人之间就同一建设工程签订两份不同版本的合同，其中有一份是中标合同，另一份是内容与中标合同不一致的合同，应以哪一份合同作为结算工程价款依据的规定呢？应当以备案的合同作为工程结算依据。

两份合同不一致的地方必须是在工程价款、工程质量或者工程期限等三个合同实质性

内容方面有所违背，而不是一般的合同内容变更或者其他条款的修改。如果具体量化和区分"黑白合同"或者"阴阳合同"与依法变更合同的界线，在一定程度上存在着法官自由裁量的问题，需要法官正确掌握裁量的标准。（3）依法进行招标的项目，招标人在一定的期限内向有关行政监督部门提交招标投标情况的书面报告，是法律规定的对招标投标进行的备案制度，这是体现国家对强制招标项目这些民事活动的干预和监督。设立备案制度，并不是说中标结果和中标合同必须经行政部门审查批准后才能生效，而是确定以经过备案的中标合同，作为承包人与发包人双方结算工程款的依据。

九、当事人对部分案件事实有争议的，仅对有争议的事实进行鉴定，但争议事实范围不能确定，或者双方当事人请求对全部事实鉴定的除外

人民法院审理建设工程施工合同纠纷案件时，能不通过鉴定即可结算工程价款的，则不作鉴定；必须通过鉴定时才能结算工程价款，尽可能减少鉴定次数；必须通过鉴定才能确定工程价款数额，则尽可能缩小鉴定范围。

法官依法认真审查当事人提出的申请是否符合《民事诉讼法》第45条至第49条的规定，法官应当对当事人递交的送检材料进行质证，不应擅断。在当事人对鉴定结论提出异议时，法官应当邀请鉴定人员出庭答辩。鉴定机构在鉴定结论中，应当对鉴定过程、鉴定依据、鉴定采用方法及鉴定适用的标准作出说明。法官应当对鉴定结论与人民法院委托书记载的委托事项是否一致进行程序审查。实践证明，不公正的鉴定结论往往是程序上的缺陷造成的，工程造价鉴定的程序公正是实体公正的前提和基础，所以，在工程造价鉴定中强调程序公正具有特殊的意义。

最高人民法院于2001年11月16日颁布的《人民法院司法鉴定工作暂行规定》，将司法鉴定界定为：在诉讼过程中为查明案件事实，人民法院依据职权，或者应当事人及其他诉讼参与人的申请，指派或者委托具有专门知识的人，对专门性问题进行检验、鉴别和评定的活动。从民事诉讼的角度讲，"鉴定是人民法院对案件争议的某些专门性问题，制定具有专门知识和技能的人员，按照法律规定的条件和程序，运用一定的科学知识、技术手段对其进行鉴别和评定，并作出书面结论意见的活动。"

当事人对建设工程质量或者应付工程价款数额等部分案件事实有争议的，只对争议事实进行鉴定。首先，《规定》倡导的重心在于"只对争议事实进行鉴定"，不倡导对全部案件事实进行鉴定。其次，鉴定的内容为工程质量或者工程价款等部分争议事实，而不是全部案件事实。工程质量争议包括：工程质量竣工验收是否合格、施工过程中已完工程是否存在质量缺陷、是否存在将不合格的建设工程作为合格工程验收、已经验收合格的建设工程是否存在工程质量缺陷等。工程价款争议包括：发包人是否欠付承包人工程价款，欠付的数额等。一般情况而言，工程质量纠纷与工程价款纠纷是在一个案件的两个方面。承包人请求发包人支付欠付工程价款，发包人以建设工程存在质量缺陷为由，请求承包人支付违约金，以期达到抵消、吞并承包人请求支付工程价款的诉讼请求；根据发包人就工程质量提出的诉讼请求内容的不同，有的构成反诉，有的构成答辩。第三，"只对争议事实进行鉴定"是该规定的核心，制定本条旨在减少鉴定次数，缩小鉴定的范围，如当事人只对房屋屋顶、墙面是否存在渗漏存在争议，鉴定应当只针对这一争执焦点进行，而不应对其他质量方面如墙面是否存在开裂进行鉴定。第四，只有在具备条件时才能启动鉴定程序，

对不具备鉴定条件的建设工程质量纠纷和工程价款纠纷，不应鉴定。

人民法院在审理建设工程施工合同纠纷案件中，对工程和应付工程价款有争议的，能不鉴定的尽量不鉴定，能少鉴定的尽量少鉴定。

"只对争议事实进行鉴定"，其目的在于降低诉讼成本，缩短诉讼时间，充分保护当事人权益，避免给当事人造成讼累；但如果当事人愿意对全部案件事实鉴定，愿意承担诉讼成本及诉讼风险，人民法院应当充分尊重当事人的意见，按照双方当事人的真实意思对全部案件事实进行鉴定。

第十七章 建筑工程的法律责任

第一节 建筑法律责任概述

建筑法律责任是指违反《建筑法》规定的责任，建筑法律关系中的主体由于其行为违反《建筑法》，按照法律规定必须承担的法律后果。

一、建筑法律责任

建筑法律责任不同于一般民事责任、行政责任以及其他违反法律的责任，它具有以下几方面特点：

（一）建筑法律责任是不履行《建筑法》规定的义务引起的后果

设定建筑法律责任，是为了保证《建筑法》规定的义务得以实现，它是以法定义务为基础的。这里的义务有作为的义务，也有不作为的义务。

（二）建筑法律责任是必须有法律明文规定的

建筑法律关系的主体如不履行法定的义务，需要承担什么样的法律后果，涉及到人身或者财产方面的权利。为了保护公民、法人及其他组织的基本权利，不能随意设置法律责任，必须在《建筑法》中明文规定，否则不能构成建筑法律责任。我国法律明确规定法无明文规定不为罪。

（三）建筑法律责任具有强制性

这种强制性表现于建筑法律关系主体，如果违反法律规定，不履行《建筑法》明文规定的义务，国家就要予以追究。也就是说，国家强制力是保证法律责任实施的后盾。国家追究建筑法律责任，主要是通过专门机关来实现的，建筑法律责任的追究机关有两类，一类是司法机关，另一类是建设行政主管部门或者有关部门。

（四）建筑法律责任主要形式有行政法律责任、民事法律责任和刑事法律责任

在日常管理中，大量的责任形式都是行政法律责任，包括行政处罚和行政处分，这是由《建筑法》的法律性质决定的。其中，行政处罚是指国家特定的行政机关对违法的单位或者个人进行的处罚。行政处分是指对国家机关和企业的工作人员和职工进行的惩罚。承担建筑法律责任的主体是建筑法律关系中的主体，它不仅包括管理机关，而且还包括建设单位、勘察、设计单位、建筑施工单位以及监理单位等；它既包括公民、法人，还包括中国人、外国人和无国籍人。建筑法律责任只能由国家机关或国家行政权力机关依法予以追究或者处理。

二、建筑法律责任的原则

建筑法律责任是《建筑法》的重要组成部分，离开了建筑法律责任的规定，《建筑法》所规定的权利和义务就会形同虚设。建筑立法对规定建筑法律责任坚持了以下原则：

（一）合法性原则

坚持法律责任的种类与该法律文件的地位和效力相吻合。《建筑法》作为全国人大常委会制定的法律，可以设定任何一种责任形式，但必须符合我国宪法原则以及其他一些基本法律的精神。

（二）协调性原则

坚持刑事责任与行政责任的衔接，同一层次法律规范对性质和程度大致相同的违法行为的法律责任相衔接，同一《建筑法》不同法律责任条款之间的协调。从而做到疏而不漏、相互协调、完整统一。

（三）相对应性原则

坚持建筑法律行为与法律后果相对应，义务性规范与法律责任的后果相联系，违法行为的危害程度与法律责任相适应，做到罪刑法定原则。

（四）可执行原则

坚持法律责任明确具体、切实可行。明确责任主体、明确违法行为的范围、明确处罚机关与处罚种类。做到有法可依，违法必究。

第二节　建筑法律责任的表现形式和处罚机关

根据《建筑法》规定，建筑法律责任主要有民事法律责任、行政法律责任和刑事法律责任三种形式。

一、民事法律责任

民事法律责任，简称民事责任，是指民事主体违反民事法律规定的义务而应承担的法律后果。比如：《建筑法》规定工程管理单位的义务之一就是监督检查施工单位的施工，如其不履行这项法定义务，给建设单位造成损失的，就要承担赔偿责任的法律后果。

（一）法律责任的特征

1. 法律特征具有强制性。法律责任的强制性表现在法律关系的主体，如果违反法律规定，不履行法定的义务，国家就要予以追究。国家追究法律关系主体的责任，主要是通过专门的机关来实现的。具体承担追究法律关系主体的法律责任的机关，主要是司法机关和法律授权的行政机关。

2. 民事责任主体的广泛性。承担民事责任的主体不仅包括自然人、法人，还包括国家机关，并且各自主体在民事法律关系中地位是平等的，没有高低之分。

3. 民事责任内容具有财产给付性质。它是一种财产性的责任，其责任范围与所造成损害或者损失的数额相适应。

4. 法律责任是不履行法定义务的后果。法律责任是以法定义务为基础，因为设定法律责任的目的，是为了保证法律规定义务的实现。法律规范，无论是命令性规范还是禁止性规范，都对法律关系的主体行为进行了规定，法律关系的主体只有按照法律的规定实施自己的行为，履行法律规定的义务，才能保障社会秩序的稳定。不履行法律规定的义务，就要承担由此而引起的法律后果。

（二）民事责任的构成要件和表现形式

民事责任根据责任人违反民事义务的性质和内容不同，可分为违约责任、侵权责任和不履行其他义务的责任。《建筑法》民事责任以侵权责任为主，但也有在违约责任和违反相邻关系等其他义务的责任。

1. 民事责任的构成要件。根据《民法通则》第 106 条第 1 款之规定，违约责任是指公民、法人违反合同义务所应承担的民事法律后果。其构成要件是：(1) 行为人主观上须有过错，即主观上有故意或过失的心理状态。(2) 行为必须具有民事违法性，违反了合同规定的义务。(3) 责任人具有民事法律责任能力，即具有行为能力。

根据《民法通则》第 106 条第 2 款之规定，公民、法人有故意或过失而侵犯国家、集体、他人合法权利，致使财产权利和人身权利受到损害，应承担侵权民事责任。侵权责任构成要件是：(1) 行为人主观上有过错，即主观上有故意或过失的心理状态；(2) 行为人须具有民事违法性即侵犯国家、集体、他人合法权利；(3) 责任人具有行为能力；(4) 有财产权利和人身权利损害事实的存在，没有损害事实，一般不承担侵权责任；(5) 损害事实与违法行为之间还要有因果关系。违法行为是导致损害事实发生的直接原因。

根据《民法通则》规定，对下列几种侵权责任，则不需要有主观过错，而实行无过错责任原则：(1) 国家机关及其工作人员执行职务侵权责任；(2) 产品质量责任；(3) 高空作业对周围环境造成损害的责任；(4) 饲养动物造成侵害的责任等。

2. 民事责任的表现形式。根据不同当事人承担民事法律责任的不同形式，《民法通则》第 134 条，将承担民事责任的方式规定为十种。主要有：(1) 停止侵害；(2) 排除妨碍；(3) 消除危险；(4) 返还财产；(5) 恢复原状；(6) 修理、重作、更换；(7) 赔偿损失；(8) 支付违约金；(9) 消除影响，恢复名誉；(10) 赔礼道歉。《建筑法》法律责任有 9 条规定了赔偿责任，在实体部分，规定了赔偿责任、排除妨碍、消除危险等责任形式。

3. 民事连带赔偿责任。违反《建筑法》第 66 条、第 67 条和第 69 条规定，造成损失的，法律规定了连带赔偿责任。连带责任，是指违反连带债务或共同侵权行为产生的民事责任。它是一种较严的责任，规定建筑施工企业转让、出借资质证书或者以其他方式允许他人以本企业名义承揽工程，对该承揽工程不符合规定质量标准造成的损失，由施工企业与使用本企业名义的单位或个人承担连带赔偿责任；承包单位转包工程或者违法分包，造成工程不符合工程质量标准的损失，由承包单位与接受转包和分包的单位承担连带赔偿责任；工程监理单位与建设单位或施工企业串通，弄虚作假，降低工程质量造成损失，由工程监理单位与建设单位或施工企业承担连带赔偿责任。其目的就是为了严格责任的承担，一方面加重侵权人的责任；另一方面，也为被侵权人提供了全面的保护，使之真正取得赔偿的权利。在这种情况下，被侵权人可以向任何一方提出赔偿，也可以向负有连带责任的各方同时提出赔偿。

二、未经取得施工许可证，擅自施工的法律责任

（一）建设工程开工之前，建设单位必须取得施工许可证才能施工

建筑工程未经许可擅自施工的，一般有两种情况：一是该项工程已具备了《建筑法》第 8 条规定的开工条件，但未依照第 7 条的规定履行开工审批手续；二是工程既不具备《建筑法》第 8 条规定的开工条件，又不履行开工审批手续的。依照《建筑法》第 64 条的规定，对违反建筑工程施工许可的规定擅自施工的行为，应根据不同情况分别作出相应的

处理：

凡是违反《建筑法》规定，未取得施工许可证或者开工报告未经批准擅自施工，有关行政主管部门依照《建筑法》第64条的规定责令其改正，即要求建设单位立即补办取得施工许可证或开工报告的有关批准手续。

（二）对擅自开工的处理

在要求其依法补办施工许可证或者开工报告审批手续的同时，根据该工程项目在违法开工时是否具备法定开工条件，作出不同的处理：

1. 经审查符合法定开工条件的，在补办手续后准予其继续施工。

2. 对不符合开工条件的，则应责令建设单位停止施工，并处以罚款。罚款是行政处罚的一种经济处罚，是对犯有一般违法行为的单位或者个人的一种经济上的制裁方法，具体表现为依法责令违法单位或者个人向国家无偿交纳一定数额的金钱。

（三）擅自开工的危险性

未领取施工许可证擅自施工，有可能是工程前期准备不足而开工，给建筑工程造成事故隐患，工程质量得不到保证。建筑工程因资金不落实而中途停工，成为"半拉子工程"，造成国家资金的浪费。由于工程中途停顿，势必引起各种纠纷。

（四）施工许可证的限制

限额以下的小型工程的单层建筑，涉及面小，影响也比较小，同时为了简化程序、方便当事人，又规定可以不取得施工许可证而施工不是违法行为，不予追究。

另外，对施工许可证审查内容与开工报告基本一致，开工报告经批准的，也可以不再领取施工许可证，这种情况也是不予追究。但是应当取得开工报告审批的工程项目，不取得开工报告批准书，则是违法行为而应予追究。

三、擅自发包、肢解发包和无资质证书承揽工程的法律责任

（一）发包单位应按规定发包

发包单位一般是指在采用承包方式施工时，以工程所有者身份向施工单位发包工程，并对所建工程向国家负责的建设单位。特殊工程的直接发包，其他工程的公开招标，发包单位都必须根据《建筑法》第22条规定："发包单位应当将建筑工程发包给具有相应资质条件的承包单位。"不可以擅自发包给没有相应资质单位承包工程项目。建筑活动是一种高技术密集、专业性极高、投资巨大、对社会有重大影响的活动，不是任何单位都可以承担的，发包单位不负责任或另有目的、明知承包单位无资质证书而将工程发包的，不仅会损害发包方的利益，而且可能会对国家利益、社会公共利益和公民财产产生危害，危及人民的生命。因此，不仅要对承包行为进行规范，还要对建设单位的发包行为进行规范。肢解发包是发包方将不可再分开承包的单位工程，分别发包给不同单位承包，这不利于工程的统一协调，难以保证工程质量和施工现场的安全。

提倡对建筑工程实行总承包，禁止将建筑工程肢解发包。建筑工程的发包单位可以将建筑工程的勘察、设计、施工、设备采购一并发包给一个工程总承包单位，也可以将建筑工程的勘察、设计、施工、设备采购的一项或者多项发包给一个工程总承包单位。但是，不得将应当由一个承包单位完成的建筑工程肢解成几个承包单位。

（二）对违反资质等级管理规定的处罚

1. 对发包单位的处罚。对发包单位违反规定的行为，擅自发包，肢解发包，根据本法第 22 条第 1 款的规定，行政执法机关有权责令其改正，并处以罚款。

2. 对超越本单位资质等级承揽工程业务的处罚。对建筑勘察单位、设计单位、建筑施工企业、工程监理单位超越本单位资质等级承揽工程业务的行为，根据其情节的不同规定了相应的处罚。一是责令其停止超越本单位资质等级承揽工程业务的违法行为，处以罚款。根据实际情况，行政执法机关可以责令其暂时停止其业务活动予以整顿，降低资质等级，待情况好转后再重新开展业务经营；也可以只给予其停业整顿的处罚，而不降低其资质等级。二是情节严重的，吊销资质证书。情节严重是指超越本单位资质等级已承揽了较多的工程业务量或者其承建的工程存在严重的质量问题，并已产生质量事故的情形等。对其超越资质等级承揽业务的违法所得的，应予以没收。

3. 对采取欺骗手段取得资质证书行为的处罚。"以欺骗手段取得资质证书的"行为是指建筑施工企业、勘察设计单位、建筑设计单位和工程监理单位等瞒报、谎报其拥有的注册资金、专业技术人员、技术装备，把其他单位完成的建筑工程业绩说成是本单位完成等手段，骗取资质等级管理机关取得资质证书的行为；也包括在联营、挂靠中采用欺骗手段从其他单位取得资质证书的行为。

对以欺骗手段取得资质证书的，给予吊销资质证书的处罚，并处以罚款。对构成犯罪的，依照刑法有关规定追究刑事责任。

（三）建筑施工企业转让、出借资质证书或者以其他方式允许他人以本企业的名义承揽工程的处罚。

1. 建筑施工企业转让、出借资质证书，是指该施工企业将其资质证书转让或者借给其他低资质等级或者不具备资质条件的施工单位使用，并从中牟取非法利益的行为。以其他方式允许他人以本企业的名义承揽工程业务，是指低资质等级或者不具备资质条件的施工单位用"联营"、"挂靠"等方式以其他具有高资质等级的施工企业的名义承揽工程。根据《建筑法》第 26 条第 2 款的规定，建筑施工企业以任何形式允许其他单位或者个人使用本企业的资质证书、营业执照，以本企业的名义承揽工程是禁止的。

2. 行政处罚措施。（1）责令改正。这是行政处罚并用的行政措施，是建设行政主管部门或者其他发证机关对转让、出借资质证书或者以挂靠等方式允许他人以本企业名义承揽工程业务的建筑施工企业，以命令形式责令其停业违法行为的一种手段。（2）没收违法所得和罚款。这是建设行政主管部门或者其他发证机关对违法的建筑施工企业剥夺其违法所得的经济处罚。罚款是与没收违法所得并处的经济处罚形式，没收违法所得是对建筑施工企业非法财物的剥夺，罚款则是建筑施工企业交纳的额外负担金额，是惩诫措施。（3）责令停业整顿。这是行政主管部门剥夺建筑施工企业在一定时间内行为能力的处罚，是对情节比较严重的违法行为的一种严厉又具有挽救性质的措施。经过整顿治理，改正错误，则可以恢复承揽业务的能力。（4）降低资质等级。这是行政主管部门对违法的建筑施工企业剥夺其部分资格能力的行政处罚措施。降低资质等级，就等于失去了部分承揽工程的能力，其信誉大受影响。（5）吊销资质证书。建筑施工企业多次转让、出借或者允许他人以其他方式如提供图章、挂靠等方式承揽工程，屡教不改，发生重大责任事故等情况而给予的严厉制裁措施。

（四）对承包单位违反规定将承包的工程转包、分包的处罚

1. 工程转包的概念和转包的类型。工程转包是指建筑设计单位、施工单位以赢利为目的,将承包的工程转包给其他的设计单位、施工单位的行为。转包主要分为两种类型:一是承包单位将其承包的工程全部倒手转包,从中赢利;二是承包单位利用法律允许分包的规定,将其承包的全部工程肢解成若干部分分别以分包的名义转包给他人。

2. 行政处罚措施。具体行政处罚措施与建筑施工企业转让、出借资质证书或者以其他方式允许他人以本企业的名义承揽工程的处罚相同,这里主要介绍吊销资质证书的行政处罚。当事人可以要求举行听证会,行政机关应当举行。听证会不做结论,只是当事人与执法人员当面辩论,当事人有陈述、申辩、质证的权利,保证和监督执法的公证性。听证会结果作为行政处罚裁决的根据之一。这一制度意义在于赋予违法行为人了解行政处罚所依据的事实、理由并为自己辩护的权利和机会,促进了行政活动的公正性,保障了行为人的合法权益;同时,也为行政机关作出正确的裁定提供了保障,避免或者减少了行政争议。

四、行政法律责任

(一)行政法律责任的概念

行政法律责任,简称行政责任,是指公民、法人或者其他组织因其行政违法行为所承担的消极性法律后果。

(二)行政法律责任的概念

1. 行政法律责任属于对轻微违法失职行为或者违反内部纪律要求行为的行政制裁;

2. 行政法律责任由法律规定的行政管理机关或者违法行为人所在单位和其上级主管机关进行的处罚;

3. 行政法律责任是通过行政法律程序和行政奖惩程序进行的。

(三)行政法律责任的分类

行政法律责任一般分为行政处分和行政处罚两类。

1. 行政处分。它是指国家机关、企事业单位和社会团体依据行政管理法规、规章、章程、纪律等,对其所属人员或者职工所作的处罚。是一种内部处罚,对这种处罚不服,不能提起诉讼,只能向作出处罚决定的机关、单位或上级主管部门提出申诉或者提请劳动仲裁。按我国《关于国家行政机关工作人员的奖惩暂行规定》和《企业职工奖惩条例》的规定,国家机关工作人员的行政处分形式有八种:警告、记过、记大过、降级、降职、撤职、留用察看、开除。职工的行政处分形式有七种:警告、记过、记大过、降级、撤职、留用察看、开除。

2. 行政处罚。它是指特定的国家行政机关对违反行政管理法规的单位或者个人依法给予的制裁。行政处罚是行政法律责任的核心,是国家法律责任制度的重要组成部分,是行政机关依法管理的重要手段之一。

(四)行政处罚的机关

行政处罚的机关,原则上应当是行政机关。《行政处罚法》把行政处罚权基本上赋予了行政机关,并规定行政机关应当依法定职权行使处罚权。行政处罚也规定了授权或者委托处罚的条件。法律、行政法规或地方性法规,可以授权具有管理公共事务职能的组织在法定授权范围内实施行政处罚。委托处罚必须有法律、法规的授权,没有法律、法规规定，行政机关不能自行委托。接受委托处罚的组织，必须是依法成立的管理公共事务的事业组织，并具有熟悉有关法律、法规的工作人员；如果对违法行为需要进行技术检查或者技术鉴定的，应当有条件进行相应的技术检查或者技术鉴定，即要有技术检查或鉴定的能力。因此，行政处罚的机关，从法律上讲要求是极严格的，它主要是行政机关，但是在一定条件下可以由具有公共事务管理的事业组织依授权或者委托行使处罚权。

五、《建筑法》规定的行政法律责任

《建筑法》关于行政法律责任的规定，是建筑法律责任的主要组成部分，是最普遍、最大量、经常适用的处罚方式。主要有：

（一）关于行政处分方面的规定

《建筑法》第68条、第77条、第79条规定了行政处分这种处罚方式，主要规定在工程发包与承包中索贿、受贿、行贿的行政处分和有关部门颁发资质证书、施工许可证、质量合格文件中玩忽职守、滥用职权、徇私舞弊的行政处分。

1. 依据《建筑法》第68条的规定，在工程发包与承包中索贿、受贿，不构成犯罪的，对直接负责的主管人员和其他直接责任人员给予处分。不构成犯罪的，是指两种情况：一是违反本法，但不违反刑法；二是违反了刑法，但是情节显著轻微，危害不大，依刑法第383条规定可以给予行政处分的。如个人受贿5000元以上不满1万元，犯罪后有悔改表现、积极退赃的，可以减轻处罚或者免予刑事处罚，由其所在单位或者上级主管部门给予行政处分；个人受贿不满5000元，情节较轻的，由其所在单位或上级主管部门酌情给予行政处分。

2. 依据《建筑法》第77条、第79条的规定，对不具备相应资质等级条件的单位颁发该等级资质证书，不构成犯罪的，对直接负责的主管人员和其他直接责任人员给予行政处分；负责颁发建筑工程施工许可证的部门及其工作人员，对不符合施工条件的建筑工程颁发施工许可证，负责工程质量监督检查或者竣工验收的部门及其工作人员，对不合格工程出具质量合格文件或者按合格工程验收的，对责任人员给予行政处分。其行政处分适用条件是：（1）建设行政主管部门或其他有关部门的工作人员。建设部是综合统一管理，专业部门也有一定的职能，如二级以下企业资质就是由专业部门和地方建设行政主管部门按隶属颁发的。质量验收或竣工验收，一些专业工程是有专业部门职责的。因此，对这些部门在管理过程中的违法行为亦应进行处罚。（2）这些行为是滥用职权或玩忽职守甚至是徇私舞弊的行为。（3）对有关行政主管人员行为已违法，但未构成犯罪的情况而实施的处罚。

（二）关于行政处罚方面的规定

《建筑法》第64条至第79条共有16条规定了违反本法的行政处罚，具体明确了建筑行政法律责任中行政处罚的种类，应当处罚的违法行为，以及执行行政处罚的主管机关等。

1. 《建筑法》规定的行政处罚的种类有：

（1）罚款。罚款是指有关主管部门强迫建筑活动违法行为人缴纳一定数额的货币，从而依法剥夺行为人某些财产权的一种处罚。具体处罚的行为有：1) 对于未取得施工许可证或者开工报告擅自施工的。2) 建筑施工企业对建筑安全事故隐患不采取措施予以消除

的。3）建设单位要求违反工程质量、安全标准，降低工程质量的。4）建筑施工企业不履行保修义务或者拖延履行保修义务的行为，可以处以罚款。也就是说对这些行为，行政机关在处罚款时有一定的自由裁量权。5）对于发包单位发包给不具有相应资质条件的承包单位或者肢解发包的，超越资质或者无资质等级证书承揽工程的，以欺骗手段取得资质的行为。6）转让、出借证书等其他方式允许他人以本单位名义承揽施工的行为。7）承包单位转包或者非法分包的行为。8）发包中索贿、受贿、行贿行为。9）工程监理单位恶意串通、弄虚作假，降低工程质量的行为。10）装修工程擅自施工的行为。11）设计单位不按标准设计的行为。12）施工单位偷工减料，使用不合格产品，或不按图纸施工的行为则是并处以罚款，没有使用"可以"，而是"必须"的并罚措施。这说明对这些行为处罚的严厉性。对于罚款，在立法过程中，有人建议规定具体的幅度，以增强执法的可操作性，考虑到我国各地经济发展不平衡，具体罚款幅度规定太复杂，因此，没有明定，有待于行政法规和地方性法规予以具体化。目前已公布的地方性法规已规定具体数额的，可以继续执行。

（2）没收违法所得。没收违法所得是有关主管部门对违反《建筑法》的行为人非法获得的财产，强制收归国有的一种财产罚。《建筑法》对下列几种行为规定了没收违法所得的处罚：1）超越资质等级或者无资质等级承揽工程的行为；2）施工企业转让、出借资质证书或其他方式允许他人以自己名义承揽工程的行为；3）转包工程或者非法分包的行为；4）工程承发包中索贿、受贿、行贿的行为；5）监理单位恶意串通弄虚作假、降低工程质量的行为；6）设计单位不按质量、安全标准进行设计的行为。因上述行为能够牟取巨额非法收入，如果不予以没收，必将助长违法行为人的侥幸心理，以身试法。对以上的违法行为，采取没收违法所得，才能有效地打击违法行为，整顿建筑市场，规范建筑市场行为。

（3）降低资质等级。降低资质等级是有关主管部门对违反《建筑法》规定的违法行为人剥夺其部分资格能力的一种处罚。被处以这种处罚的单位和企业，也就相应地丧失了部分承揽工程的资格，业务范围也就相应缩小。

2.《建筑法》规定行政处罚的执法机关。县级以上建设行政主管部门是执行本法规定的行政处罚的主要机关。建设部行政主管部门依法对全国建筑活动实施统一监督管理，对于建筑业企业的资质管理，由国务院建设行政主管部门负责统一制定企业资质管理办法及资质审查标准，并负责审批一级资质的企业或单位。省级建设行政主管部门负责其管辖的二级以下企业或者单位的资质审批工作。对于工程招投标管理，国务院建设行政主管部门负责制订工程建设设计、施工招投标法规，指导监督有关建筑设计、施工的招标投标活动。各省、自治区和直辖市的建设行政主管部门一般都设有招投标管理机构，对工程的招投标工作实行属地化管理。对于工程质量和安全的监督，国务院建设行政主管部门负责监督检查工作质量及施工安全，并制订建筑业技术、质量管理、安全施工等规章制度、标准并监督执行。在工程监理、施工现场管理上，建设行政主管部门是最重要最直接的管理，建设行政主管部门在建筑活动管理上行政职能的主导作用，决定了它是《建筑法》的主要执法机关。

3. 有关专业部门也有一定的行政处罚权。有关专业部门包括铁路、公路、水利等部门，在资质管理上，依职权负责本专业二级以下企业或单位的资质审批工作；在招投标管理上，专业工程项目的招投标一般也都遵循工程所在地的招投标管理机构的管辖，但专业部门也都参与有关管理工作；在工程质量和安全的监督上，有关专业部门负责所属的专业技术强，参与大中型建设项目的质量、安全监督管理。在工程监理、施工现场管理上，有关专业部门也负有一定责任，协助建设行政主管部门做好管理工作。因此，《建筑法》规定了有关专业部门对本专业建筑活动的监督管理权，相应地赋予了一定的行政处罚权。

4. 工商行政管理部门对招投标中的不正当竞争行为和吊销营业执照的处罚有一定的职权。《不正当竞争法》第27条规定："投标者串通投标，抬高标价或者压低标价；投标者和招标者相互勾结，以排除竞争对手的公平竞争，其中标无效。监督检查部门可以根据情节处以1万元以上20万元以下的罚款。"同时根据该法第3条规定，工商行政管理部门对不正当竞争行为进行监督检查。吊销营业执照的处罚，依据《企业法人登记管理条例》，营业执照由工商行政管理部门颁发，吊销营业执照由原发证机关执行，其吊销直接引起法人资格消灭，企业终止。

六、刑事法律责任

为了加强对建筑活动的监督管理，维护市场秩序，消除建筑市场的腐败现象和不正之风，保护建筑工程质量和安全，减少工程质量和安全事故，《建筑法》共有11条规定了依法追究刑事责任的内容，介绍如下：

（一）刑事法律责任的概念

刑事法律责任，简称刑事责任，是指行为人实施了刑法所禁止的行为并已构成了犯罪而必须承担的法律责任。

（二）刑事犯罪的特征

1. 社会危害性

社会危害性，是指行为对刑法所保护的社会关系的侵犯性，即刑法第13条所列举的对国家利益、公共利益、集体利益以及公民合法利益（或者法益）的侵犯性。具体表现为：危害国家主权、领土完整与安全，分裂国家、颠覆人民民主专政和社会主义制度，破坏社会秩序和经济秩序，侵犯国有财产或者劳动群众集体所有的财产，侵犯公民私人所有的财产，侵犯公民的人身权利、民主权利和其他权利，以及侵犯其他合法权益。

2. 刑事违法性

刑事违法性，或称刑法的禁止性，即犯罪行为是违反刑法的行为，是刑法所禁止的行为。

刑事违法性与社会危害性具有统一性。刑法之所以禁止某种行为，是因为该行为具有严重的社会危害性，故严重的社会危害性是刑事违法性的前提或基础，刑事违法性是严重的社会危害性的法律表现。在此意义上说，刑事违法性的实质是社会危害性。

3. 应受刑罚处罚性

应受刑罚处罚性是指犯罪行为是应当受刑罚处罚的行为。任何违法行为，都要承担相应的法律后果；但如果某种行为只应承担民事责任、行政责任等法律后果，则不可能成立犯罪；只有当该行为应当受到刑罚处罚时，才能成立犯罪。

（三）在建筑业实施过程中，可能引起刑事责任的行为主要表现：

1. 以欺骗手段取得资质证书的，情节严重，已构成犯罪的行为；

2. 在工程发包与承包中索贿、受贿、行贿,构成犯罪的行为;

3. 工程监理单位与建设单位或者建筑施工企业串通,弄虚作假、降低工程质量,情节严重,构成犯罪的行为;

4. 违反《建筑法》规定,涉及建筑主体或者承重结构变动的装修工程擅自施工的,情节严重,构成犯罪的行为;

5. 建筑施工企业违反《建筑法》的规定,对建筑安全事故隐患不采取措施予以消除,造成严重后果,构成犯罪的行为;

6. 建筑施工企业的管理人员违章指挥、强令职工冒险作业,因而发生重大伤亡事故或者造成其他严重后果的犯罪行为;

7. 建设单位违反《建筑法》规定,要求建筑设计单位或者建筑施工企业违反建筑工程质量、安全标准,降低工程质量,情节严重,构成犯罪的行为;

8. 建筑施工企业在施工中偷工减料,使用不合格的建筑材料、建筑构配件和设备的,或者有其他不按照工程设计图纸或者施工技术标准施工的,构成犯罪的行为;

9. 违反《建筑法》规定,对不具备相应资质等级条件的单位颁发该等级资质证书的,构成犯罪的行为;

10. 政府及其所属部门的工作人员违反《建筑法》规定,限定发包单位将招标发包的工程发包给指定的承包单位的,构成犯罪的行为;

11. 负责颁布建筑工程施工许可证的部门及其工作人员对不符合施工条件的建筑工程颁发施工许可证的,负责工程质量监督检查或者竣工验收的部门及其工作人员对不合格的建筑工程出具质量合格文件或者按合格工程验收的,构成犯罪的行为。

(四)根据上述犯罪行为,结合刑法的规定,主要表现为以下几个罪名:

1. 重大责任事故罪。刑法第一百三十四条对重大责任事故罪规定为:工厂、矿山、林场、建筑企业或者其他企业、事业单位的职工,由于不服管理、违反规章制度,或者强令工人违章冒险作业,因而发生重大伤亡事故或者造成其他严重后果的,处3年以下有期徒刑或者拘役;情节特别恶劣的,处3年以上7年以下有期徒刑。

2. 单位重大安全事故罪。刑法第135条对单位重大安全事故罪规定为:"工厂、矿山、林场、建筑企业或者其他企业、事业单位的劳动安全设施不符合国家规定,经有关部门或者单位职工提出后,对事故隐患仍不采取措施,因而发生重大伤亡事故或者造成其他严重后果的,对直接责任人员,处3年以下有期徒刑或者拘役;情节特别恶劣的,处3年以上7年以下有期徒刑。"

3. 工程重大安全事故罪。刑法第137条对工程重大安全事故罪规定为:"建设单位、设计单位、施工单位、工程监理单位违反国家规定,降低工程质量标准,造成重大安全事故的,对直接责任人员,处五年以下有期徒刑或者拘役,并处罚金;后果特别严重的,处5年以上10年以下有期徒刑,并处罚金。"

4. 受贿罪。刑法第385条、第386条、第387条、第388条对受贿罪规定。第385条规定:"国家工作人员利用职务上的便利,索取他人财物的,或者非法收受他人财物,为他人谋取利益的,是受贿罪。国家工作人员在经济往来中,违反国家规定,收受各种名义的回扣、手续费,归个人所有的,以受贿论处。"第386条规定:"对犯受贿罪的,根据受贿所得数额及情节,依照本法第383条的规定处罚。索贿的从重处罚。"第387条规定:

"国家机关、国有公司、企业、事业单位、人民团体索取、非法收受他人财物,为他人谋取利益,情节严重的,对单位判处罚金,并对其直接负责的主管人员和其他直接责任人员,处5年以下有期徒刑或者拘役。前款所列单位,在经济往来中,在账外暗中收受各种名义的回扣、手续费的,以受贿论,依照前款的规定处罚。"刑法第388条规定:"国家工作人员利用本人职权或者地位形成的便利条件,通过其他国家工作人员职务上的行为,为请托人谋取不正当利益,索取请托人财物或者收受请托人财物的,以受贿论处。"

5. 行贿罪。刑法第389条规定:"为谋取不正当利益,给予国家工作人员以财物的,是行贿罪。在经济往来中,违反国家规定,给予国家工作人员以财物,数额较大的,或者违反国家规定,给予国家工作人员以各种名义的回扣、手续费的,以行贿论处。因被勒索给予国家工作人员以财物,没有获得不正当利益的,不是行贿。"刑法第390条规定:"对犯行贿罪的,处5年以下有期徒刑或者拘役;因行贿谋取不正当利益,情节严重的,或者使国家利益遭受重大损失的,处5年以上10年以下有期徒刑;情节特别严重的,处10年以上有期徒刑或者无期徒刑,可以并处没收财产。行贿人在被追诉前主动交待行贿行为的,可以减轻处罚或者免除处罚。"刑法第391条规定:"为谋取不正当利益,给予国家机关、国有公司、企业、事业单位、人民团体以财物的,或者在经济往来中,违反国家规定,给予各种名义的回扣、手续费的,处3年以下有期徒刑或者拘役。单位犯前款罪的,对单位判处罚金,并对其直接负责的主管人员和其他直接责任人员,对单位判处罚金,并对其直接负责的主管人员和其他直接责任人员,依照前款的规定处罚。"刑法第393条规定:"单位为谋取不正当利益而行贿,或者违反国家规定,给予国家工作人员以回扣、手续费,情节严重的,对单位判处罚金,并对其直接负责的主管人员和其他直接责任人员,处5年以下有期徒刑或者拘役。因行贿取得的违法所得归个人所有的,依照本法第389条、第390条的规定定罪处罚。"

6. 玩忽职守罪和滥用职权罪。刑法第397条对玩忽职守罪和滥用职权罪的规定为:"国家机关工作人员滥用职权或者玩忽职守,致使公共财产、国家和人民利益遭受重大损失的,处3年以下有期徒刑或者拘役;情节特别严重的,处3年以上7年以下有期徒刑。本法另有规定的,依照规定。国家机关工作人员徇私舞弊,犯前款罪的,处5年以下有期徒刑或者拘役;情节特别严重的,处5年以上10年以下有期徒刑。本法另有规定的,依照规定。"

本罪的主观方面,是过失犯罪。即对事故的后果表现为过于自信和疏忽大意的过失。至于不服从管理、违反规章制度或者强令工人违章冒险作业,则往往是明知故犯。

根据新刑法第134条规定,犯重大责任事故罪的,处3年以下有期徒刑或者拘役;情节特别恶劣的,处3年以上7年以下有期徒刑。情节特别恶劣,一般是指造成的伤亡人数特别多,危害后果特别严重;或者是违章作业的行为特别恶劣,如明知安全生产没有保证,甚至已发现事故苗头,仍然一意孤行,拒不采纳工人和技术人员的意见,用恶劣的手段强令工人冒险作业;或者是在事故发生后,不积极采取抢救措施,反而只顾个人逃命或抢救个人财物,使危害后果蔓延扩大等。

第十八章 国内建设工程的索赔与反索赔

近几年来,建筑承包市场在"粥少僧多"的发包市场的情况下,承包商要承包工程项目越来越困难。为使自身企业的生存和发展,建筑工程项目承包的竞争将会越来越激烈。随着社会的发展,人们对建筑功能的需求提高,工程项目也越来越杂,各种专业协作要求也越来越高。承包商为了接到施工工程项目,有时往往不得已接受发包商种种苛刻的要求,承包商大都采用压低价款中标。承包商在合同条款中应当提出或在合同条款中隐藏着索赔的要求,以保证承包企业的应得的合法利润,从而提高承包企业的竞争能力和生存能力。

工程索赔是承包企业经营管理的一个重要组成部分,索赔管理水平的高低,标志着一个建筑承包企业的经营管理水平的强弱和成熟与否,也决定着企业能否立足于复杂多变、竞争激烈的建筑工程承包市场。

近几年来,建设单位欠工程款越来越多,甚至将施工企业拖垮。工程中发生的索赔的数量也在迅速增长,索赔金额也越来越大。

在实际工作中,我们看到国内部分对外承包企业或部分工程项目,在施工过程中没有建立牢固的索赔观念,不重视索赔资料的积累,面对业主频繁的工程变更、拖欠工程款和不合理的质量扣款等现象,不知如何应付。有些工程项目不及时地提出工期索赔,以至在工程后期被业主扣去大量的工期罚款。实践证明,不重视索赔工作是引起我国部分对外承包工程项目亏损的一个重要原因。因此,积极树立索赔意识,主动开展工程索赔,是维护承包商合法权益,摆脱承包企业所面临困难的一个重要对策。

第一节 索赔的概念和它的起因

一、索赔的概念

索赔是指在经济合同的实施过程中,合同一方因对方不履行或未能正确履行合同所规定的义务而受到损失,向对方提出偿赔要求。

在承包工程中对承包商来讲,索赔的范围更为广泛。一般只要不是承包商自身责任,而是建设单位的原因造成工期延长和成本增加,都有可能提出索赔。一般包括以下两种情况:

(一)发包商违约,未履行合同责任。如未按合同规定及时交付设计图纸,造成工程误工,工期拖延,承包商可以提出索赔要求等。

(二)发包商未违反合同,而是由于其他原因。如业主行使合同赋予的权力,指令变更工程;工程环境出现事先未能预料的情况或变化,如恶劣的气候条件,与勘探报告不同的地质情况。国家法令的修改,物价上涨,汇率变化等。由此造成的损失,承包商可提出补偿要求。

在实际工作中,索赔是双向的,业主也要向承包商提出索赔要求,但业主索赔数量较少,而且处理方便。业主可以通过冲账,扣拨工程款、没收履约保函、扣保留金等实现对承包商的索赔。比较困难的是承包商向业主的索赔,所以通常将它作为索赔管理的重点和主要对象。

二、索赔的起因

与其他行业相比,建筑业是一个索赔多发的行业,这是由建筑本身的特殊性质所决定的。在现代承包工程中,特别在国际承包工程中。索赔经常发生,而且一发生索赔,数额往往都很大,这主要是由于以下几方面原因所造成:

(一)双方不可控制的原因索赔

现代承包工程的特点是工程量大、投资多、结构复杂、技术和质量要求高、工期长。工程本身和工程的环境有许多不确定性,它们在工程实施中会有很大变化,最常见的有:地质条件的变化,建筑市场和建材市场的变化,自然条件的变化,货币的贬值,城市规划部门和环保部门对工程新的建议和要求等。它们对工程实施直接影响工程设计和施工计划的实施,进而延长工期和增加成本。

1. 地质条件的变化。承包商不可预见的不同于标书规定的地质条件,如基础开挖出现流沙、坚硬的岩石、埋在地下的钢结构水泥桩等异常的地下条件。

2. 恶劣的气候条件。如暴风雨、雷电、洪水、风沙等异常的天气引起的工程延误。一般的天气变化不能作为索赔的依据,只有异常恶劣的天气,承包商才可提出索赔工期。为了有利于解决问题,合同中应当具体约定要求赔偿损失的条件和费用。

3. 不可抗力。如地震、洪水等,取决于合同双方对不可抗力的约定。

4. 特殊风险。如战争、叛乱造成对人身伤亡和建筑物的破坏,给双方带来的经济损失。

5. 建筑材料价格上涨。由于当地物价上涨引起的工程成本和费用的增加,在合同中可以要求补偿。

6. 法律的变更。由于法律法令的变化引起工程成本增减时,业主应调整合同总价。如政府财政紧缩,压缩基本建设规模而引起工程合同中止,可以要求业主赔偿承包商的损失。

7. 外汇汇率的变化。由于外汇汇率的变化或国家对外汇汇兑的限制而引起承包商遭受损失时,可以要求业主补偿。

8. 古迹、文物的发现。工地或在土方开挖中发现古迹或文物引起的停工或搬迁。

(二)签约后因业主的原因引起的索赔

1. 工期拖延索赔。由于业主未能按合同规定提供施工条件,如未及时交付设计图纸、技术资料、场地、道路等;业主指令停止工程施工,承包商对此提出的索赔。

2. 工程变更索赔。业主或工程师指令修改设计,增加工程量或删除部分工程,修改实施计划,变更施工次序,造成工期延长和费用损失。

3. 工程范围增加的索赔。增加合同外的工程,如在某工程中业主要求将建筑施工面积 10000m² 增加到 15000m²；在海滨旅游村中修建商店、汽车加油站等配套公用设施。

4. 施工图认可延误的索赔。业主及其监理工程师对承包商提交的施工图迟迟不予认可，造成施工的延期。

5. 支付预付款延误的索赔。业主在规定的时间没有支付工程的预付款，致使工程无法施工而造成承包商损失。

6. 对隐蔽工程未能及时验收，造成部分工程无法施工。监理工程师以及业主对隐蔽工程的工程质量不及时验收，不签发签证单，影响承包商下道工序的施工的索赔。

7. 业主无故拖延竣工验收造成损失的索赔。工程竣工后，承包商向业主提出竣工验收，而业主无故推迟签署竣工验收纪要，无故拖延最终竣工验收手续的办理。

8. 业主提前使用未经竣工验收的工程的索赔。由于业主的原因，提前使用未经竣工验收的工程，造成额外的费用。

总而言之，引起索赔的原因是多种多样的，要根据具体的合同条件的约定和有关法律规定，确定承包商在这些情况下是否有索赔的权力，有无索赔的法律依据，业主是否对损失赔偿负责。

第二节 索赔的作用和事实及法律依据

一、索赔的作用

（一）保证合同的实施

建设工程合同一经签订，合同双方即产生权利和义务的法律关系，双方的权利和义务受法律保护和制约。索赔是合同法律效力的具体体现，并且由建设工程合同和《建筑法》的性质所决定。如果没有索赔的约定和索赔的法律规定，建筑工程合同将形同儿戏，对双方都难以形成制约，合同的实施得不到保证，正常的市场经济秩序将无法进行。索赔能对违约者起警戒作用，使违约者考虑到违约后的法律责任，以尽力避免违约事件的发生。所以，索赔有助于建筑施工工程双方更紧密地合作，有助于合同目标的实现。

（二）它是落实和调整合同双方经济利益的手段

要享有经济利益，就应当承担相应的经济责任。谁未履行责任，构成违约行为，造成对方损失，则应当承担相应的合同处罚，予以赔偿。离开索赔，合同责任就不能体现，双方的行为难以制约。

（三）索赔是合同和法律赋予受损失者的权利

对承包商来说是一种保护自己，维护自身合法权益、避免损失、增加利润的手段。在目前承包工程中，特别是在国际承包工程中，如果承包商不能进行有效的索赔，不精通索赔业务，往往使损失得不到合理的及时补偿，就不能进行正常的生产经营。

二、索赔的事实

索赔的根本目的在于保护自身利益，追回损失，避免亏本。要取得索赔的成功，索赔要求必须符合以下基本条件：

（一）有侵犯事实的发生

承包商在进行索赔时，应以事实为依据。如工程记录、签证单、承包商受到额外损失证明材料；业主不全面履行合同或部分不履行合同的证据；业主主观上有过错，有损害事实的发生，承包商对索赔的事实都应该了解清楚，必须客观真实。

（二）索赔的要求合理

索赔的要求合情合理，符合实际情况，真实反映实际损失，采用合理的计算方法。承包商不能为追求利润，滥用索赔，或违反职业道德，采用不正当手段甚至非法手段索赔，或多估冒算，漫天要价。

（三）索赔的法律依据

承包商在进行索赔时应以法律为准绳，据理力争，向业主索赔。法律依据就是索赔所依据的有关《民法》、《合同法》、《建筑法》等有关法律法规和合同文件。

第三节　索赔管理和索赔准备

一、索赔意识

在市场经济环境中，承包商为了防止合法权益免受侵犯，必须要有索赔意识。索赔意识主要体现在以下三个方面：

（一）法律意识

索赔是法律赋予承包商的正当权利，是保护自己合法权益的手段。强化索赔意识，实质上就是强化了承包商的法律意识。这不仅可以加强承包商的自我保护意识，提高自我保护能力，而且还能提高承包商履约的自觉性，自觉地防止自己侵害他人利益。

（二）市场经济意识

在市场经济环境中，承包企业以追求经济效益为目标，索赔是在合同规定的范围内，合理合法地追求经济效益的手段。不讲索赔，放弃索赔机会，是不讲经济效益的表现。

（三）工程管理意识

索赔工作涉及工程项目管理的各个方面，要取得索赔的成功，必须提高工程项目的管理水平，健全和完善管理机制。在工程管理中，必须要有专人负责索赔管理工作，施工索赔要组织专门的班子和成员来从事这项工作，要组织一个以专门从事施工索赔的计价工程师为索赔总管的施工索赔班子，其成员必须由精通业务，办事高效，善于谈判的人员组成。将索赔管理贯穿于工程项目全过程。承包商有索赔意识，才能重视索赔，敢于索赔，善于索赔。

二、索赔与合同管理的关系

合同是索赔的依据，索赔针对不符合或违反合同的事件，并以合同条文作为最终判定的标准。索赔是合同管理的继续，索赔与合同两者紧密相连。

（一）索赔与合同管理的关系

合同是索赔的依据，并以合同的双方约定为法院最终审理案件和裁判的标准。索赔是合同管理的继续，是解决双方合同争执的独特方法。所以，人们常常将索赔称为合同索赔。

1. 签订一个有利的合同是索赔成功的前提

索赔是在合同上进行，并以合同条文作为理由和根据，所以索赔的成败、索赔额的大小及解决结果常常取决于合同的完善程度和表达方式。

合同有利，则承包商在工程中处于有利地位，无论进行索赔或反索赔都能得心应手，有理有利；合同不利，往往只能处于被动挨打的地位，对损失防不胜防。这里的损失已产生于合同签订过程中，而合同执行过程中利用索赔进行补救的余地已经很小，甚至损失不可避免。所以，签订一份有利的合同而作出的各种努力是最有力的索赔管理。

在工程项目的议标、投标和签订合同过程中，承包商应当仔细研究工程所适用的法律、法规、地方法规和行业规定，以及合同条件，特别是关于合同责任、权利和义务、价款、付款方式、工程变更、违约责任及罚款、业主风险、承包商风险、索赔时效和争端解决等条款，必须在合同中明确规定，以便为合同的全面履行和将来可能的索赔提供合法的依据和基础。

2. 在合同分析、合同监督和合同履行过程中抓住索赔的机会。在合同签订前和合同履行过程中，通过对合同的审查和分析预见和发现潜在的索赔机会。对合同的变更，价格补偿，工期索赔的条件、可能性、程序等条款予以特别注意和研究。

在合同实施过程中，合同管理人员要对合同进行跟踪监督，保证承包商全面执行合同不违约，并且跟踪监督对方合同完成情况，将每日的工程实施情况与合同分析的结果相对照，一经发现问题，或在合同实施中出现有争议的问题，要及时记录、分析、汇报、研究、制定对策，进行索赔，这些索赔机会就是索赔的切入点。

3. 合同变更直接发生索赔事件。业主的变更指令，合同双方对新的特殊问题的协议、会议纪要、修正案等引起合同变更。合同管理者不仅要落实这些变更，调整合同实施计划，修改原合同规定的责权利关系，而且要进一步分析合同变更造成的影响。合同变更而引起工期拖延和费用增加，就会导致工程项目的索赔。

4. 合同管理是提供索赔所需要的证据来源。在合同管理中要处理大量的合同资料和工程资料，它们是索赔的证据材料。离开了对合同资料和工程资料的管理，索赔就是一句空话。

（二）索赔与成本管理的关系

在施工项目管理中，成本管理包括工程预算和估价，成本计算、成本核算、成本控制等，它们都与索赔有着紧密的联系。

1. 工程预算和报价是费用索赔的计算基础。工程预算确定的是"合同状态"下的工程费用开支，如果没有干扰事件的影响，则承包商按合同完成工程施工和保修责任，业主按时付合同价款。在实际工程中，索赔以合同报价为计算基础和依据，通过分析实际成本和计划成本的差异得到。

（1）工程预算费用项目的划分必须详细、合理、反映实际情况，索赔要求有根有据。

（2）由于索赔报告的提出有时效限制，索赔必须及时，并符合一定的精度要求，必须有一个有效的成本核算和成本控制系统。

2. 通过成本分析可以寻找和发现索赔机会。在工程预算的基础上确定的成本计划是成本分析的基础，成本分析主要研究计划成本和实际成本的差异以及差异产生的原因。而这些原因常常是干扰事件，就是索赔机会。

（三）索赔与文档管理的关系

索赔需要证据，没有证据或证据不足，索赔就不能成立。文档管理给索赔及时地、准确地、有条理地提供分析资料和证据，用以证明承包商的损失，证明索赔要求的合理性和合法性。

在每一个建筑工程项目过程中，承包商要注意收集积累与建筑工程项目活动有关的一切证据，必须保持完整的工程记录。建立完整的工程项目文件管理系统，委派专人负责工程资料和其他经济活动资料的收集和整理工作。

索赔与工程项目管理的其他方面也有密切联系，它还涉及工程技术、设计、保险、经营、公共关系等各个方面。一个成功的索赔不仅在于合同管理人员或索赔小组的努力，而且依赖工程项目管理各职能人员和企业各职能部门的配合。

所以，索赔与反索赔能力反映承包商的综合管理水平，它要求整个合同期内，在合同实施的各个环节上，工程的各种职能人员都进行卓有成效的管理工作。

三、索赔的准备

在实际工作中，除了认真分析、熟悉合同文件、搜集保存工程记录外，一般可按下列方法准备索赔：

（一）初步评估

索赔分析的第一步是在进行详细调查和分析前进行总的初步估计，包括四个方面：

1. 确定在合同条款下索赔是否可行；
2. 选定准备索赔的方法；
3. 划分重大索赔问题和小的索赔问题；
4. 估计索赔的金额。

（二）索赔的前期工作

1. 以合同条款为依据，寻找事实

赔偿是建立在相应的合同约定的基础上，合同证据、补充合同证据是最直接最有力的证据，证据是索赔成功的关键因素。工地考察有利于了解索赔的实际情况，增加感性认识。实物证据，包括照片、试验报告、录像、岩芯样品、材料样品，应妥善保存。

2. 文件资料

小型工程项目的索赔相对来说比较容易，对于大型工程项目在准备索赔时，常常需要参考许多文件资料和工程记录。这些资料来自承包商、业主、建筑师、监理工程师、项目经理、分包商、试验室、政府机构和其他方面。函件、日报表和其他记录应按时间先后顺序分类保存。索赔时使用资料，应将原件复印后放回原处，防止混乱和丢失，以便今后查阅，也可将复印件建立专门的索赔档案，将资料按索赔问题分类存放。

（三）分析确定责任

当索赔资料组织好后，索赔人员应当分析资料，提炼索赔的有关事件，用浅显易懂的文字表达出来，进行成本和工期计算，编写索赔报告。

分析文件资料一定要耐心细致全面，其内容包括：

（1）辨析索赔问题；

（2）找出所有与该索赔有关的文件资料；

（3）组织材料和证据；
（4）叙述索赔的背景；
（5）决定索赔问题是否可确立为索赔项目；
（6）分析工期和成本；
（7）选定计算索赔问题引起的损失费用的方法。

当确认索赔问题后，对每个索赔问题应写一个简介，说明索赔问题的经过和实质，由谁负责，由此产生的费用、发生的事件、发生的时间、对工程有何影响，并附上与此有关的证据。有时，几个索赔问题会牵涉到同一个问题，如工期或费用。这些问题应放在一起进行第二次分析，因为它们的综合影响可能是一个重要的问题。

（四）准备索赔报告

索赔报告是解决索赔的基础，应包括所有资料，并应说明发生的索赔事件、产生的原因、索赔的依据、要求赔偿的费用等。报告应该做到逻辑严密，条理清楚，简洁易懂，令人信服，直奔主题。索赔报告一般包括以下几个部分：

1. 导言。报告的导言应有充分的资料，逻辑性强，能使人理解索赔双方及其合同关系、工程实施的时间、提高索赔的性质、要求赔偿的损失费用的大小和索赔报告的叙述方式和顺序，导言应简单明了，不包括责任分析和损失费用计算。

2. 背景材料。它进一步调查问题的每个方面，是导言的扩展。包括合同双方的争议及双方对争议的相同的和不同的观点，以及索赔的报告。

3. 索赔问题。首先概述索赔问题，简要地描述索赔问题的过程，并讨论相应的合同条款，为索赔提供依据。在该部分可说明索赔中工程技术方面的问题，并对每个索赔问题作出结论和总结。

4. 进度。当索赔问题对工程进度有影响时，报告应当出示并论证承包商提交的初始计划进度及其可行性，并对计划进度和实际进度进行比较。

5. 损失费用。在该部分应当具体确定索赔的金额和计算方法。则在本部分应列出总的损失费用。

6. 总结。报告最后应作一个简要的总结，以便让人能对各个索赔问题和总的索赔问题的原因、责任和损失费用有一个全面而深刻的印象。

索赔报告的形式很多，但不管形式如何，承包商都应注意：

1. 在进行索赔时，应以书面确认的材料和合同为依据；
2. 报告中所得出的结论，要有理有节，有根有据；
3. 少用或不用语气强硬的措词，要让事实说话，协商解决问题；
4. 避免使用使自己处于被动地位的叙述；
5. 证据应当充分有力，形成锁链；
6. 对报告中作出的结论应进行总结。

第四节　工期索赔与费用索赔

有效的索赔，取决于是否能做到充分准备和提供一份令业主乃至于法官信服，易于接受的索赔报告。

在确定了业主赔偿的责任后，损失费用和工期延长时间的计算就显得更加重要。费用的确定和工期延长的计算，是索赔的定量分析部分，也是业主和承包商争论的焦点。该部分工作准备如何，关系到索赔的成败，承包商应予以高度重视。

一、工期

工期是指建筑工程合同中规定的从工程开工到工程竣工的时间，工期有的按日历天数计算，有的按工作日计算，但大部分合同都按日历天数计算工程的工期。

开工时间根据每个具体合同条件规定的不同而计算方式不一样。工程工期的开始时间一般从接到业主开工通知或称开工令之日起开始计算，在计算合同工期时，一定要弄清合同条款对开工时间的规定，以便准确地计算工程的工期。

二、影响工期的因素

（一）业主（或监理工程师）原因引起的延误

1. 移交无障碍物的工地延误；
2. 提交图纸延误，包括设计图纸、设计变更图纸延误；
3. 延迟支付预付款；
4. 延期支付工程进度款；
5. 业主负责提供的材料、设备延误；
6. 业主指令延误；
7. 业主提供的设计数据或工程数据延误；
8. 业主检查检验延误；
9. 业主认可材料、设备样品延误；
10. 业主指定的分包商、供货商或业主负责的人引起的工程延误；
11. 工程量的增加；
12. 工程范围的变更（增大），如新增工程；
13. 业主违约，承包商减缓工程进度引起的延误；
14. 业主下令为其他承包商提供服务引起的延误；
15. 业主验收工程延误，如推迟办理验收交工手续；
16. 业主下令暂时停工。

（二）承包商和业主不可控制因素的发生引起的延误

1. 异常恶劣的地质条件，如在土方工程中遇到岩石，影响工期；
2. 恶劣的气候条件的发生，如暴风雨、风沙；
3. 人力不可抗拒的天灾，如洪水、地震、雷击等；
4. 罢工、动乱或他人（其他承包商或市民）骚扰引起的工地停工；
5. 停水、停电、停止交通或港口堵塞引起的停工或延误；
6. 政府下令停工（如，下令放假）而引起的延误；
7. 古迹的出现，如在工程现场或在挖方工程中，发现古迹、古文物、古化石，引起的停工或搬迁工地造成的延误；
8. 政府控制供应的材料短缺，如水泥无货、钢筋供应短缺或不配套。

（三）承包商的原因引起的延误
1. 质量不符合技术要求规范而造成的返工；
2. 施工组织不善，如出现窝工或停工待料现象；
3. 劳动力不足，如引起管理人员或工人人数不够，或者一时找不到合适的分包商；
4. 机械设备不足、不配套影响机械设备的效率，或进场延误；
5. 开工延误；
6. 劳动生产率低；
7. 技术力量薄弱，管理水平低；
8. 承包商雇佣的分包商或供货商引起的工程延误。

三、工期索赔

（一）工期索赔的概念

工期索赔是指承包商在由于业主的原因或者双方不可控制因素的发生引起工程工期延误时，向业主提出的延长工期的要求。

在工程施工中，常常会发生一些未能预见的干扰事件使施工不能顺利进行，使预定的施工计划受到干扰，结果造成工期延长而导致工期索赔。

工期延长对合同双方都会造成损失。业主因工程不能及时交付使用，不能按计划实现投资目的，失去盈利机会。承包商因工期延长增加支付现场工人工资，机械停置费用，工地管理费，其他附加费用支出，最终还可能支付合同规定的工期延长而发生的罚款或赔偿。

（二）工程延误的种类

在工程施工过程中，发生的工程延误，按照承包商是否能够索赔可分为可索赔的延误和不可索赔的延误。

1. 可索赔的延误。它是指非承包商的原因引起的工程延误，包括业主的原因和双方不可控制的因素的发生引起的延误，且该延误的工序或作业在关键线路上，这种延误属于可索赔的延误。例如：砌筑工程位于关键线路上，由于业主指定的砌筑分包商引起工程延误，是可索赔的延误。在可索赔的延误中，有的只能索赔工期，有的只能索赔费用，而有的除了可索赔工期外，还可索赔损失费用。

2. 不可索赔的延误。它是指承包商的原因引起的工程延误，或非承包商的原因引起的延误而该延误不发生在关键线路上。例如：由于承包商的质量事故引起的工程延误；业主提供的电器设备延误，但该延误不影响关键线路上的其他作业或工序，这些延误都属于不可索赔的延误。

不可索赔的延误有时也可以转化为可索赔的延误。由于非承包商的原因引起的延误不发生在关键工序上，当延误超过该工序的自由时差时，则超过部分的延误，则成为可索赔的延误。

四、费用索赔

（一）费用索赔的概念

费用索赔是指承包商在由于业主的原因或双方不可控制的因素发生变化而遭受损失的

条件下，向业主提出补偿其损失费用的要求。

费用索赔是整个工程合同索赔的重点和最终目标，工期索赔在很大程度上也是为了费用索赔，费用索赔一般由直接费用和间接费用组成。

（二）费用索赔的计算原则

费用索赔都是以赔（补）偿实际损失为原则，在费用索赔计算中，它体现在以下两个方面：

1. 实际损失即为干扰事件对承包商工程成本和费用的实际影响，这个实际影响即可作为费用索赔值。实际损失包括两个方面：

（1）直接损失是指承包商利益的直接减少。在实际工程中，常常表现为成本的增加和实际费用的超支，直接费用主要包括人工费、材料费、机械费、分包费。

（2）间接损失指可能获得的利益的减少。主要包括管理费、利润、机会利润损失、利息、传函费、保险费。例如：由于业主拖欠工程款，使承包商失去这笔款的存款利息损失。

2. 所有干扰事件直接引起的实际损失，以及这些损失的计算，都应有详细的具体的证明。

实际损失以及这些损失的计算证据通常有：各种费用支出的帐单，工资表（工资单），现场用工、用料、用机械的证明，财务报表，工程成本核算资料等。

（1）承包商所受到的实际损失，它是索赔的实际期望值，也是最低目标。如果最后承包商通过索赔从发包商处获得的实际补偿低于这个值，则会导致亏本。

（2）对方的反索赔。在承包商提出索赔后，业主方有可能采取各种措施进行反索赔，以抵消或降低承包商索赔值。例如：在承包商的索赔报告中寻找薄弱环节，以否定其索赔要求；抓紧承包商工程中的失误或问题，向承包商提出反索赔，扣款或赔偿，以平衡承包商提出的索赔，降低承包商索赔的有效值。

（3）最终解决中的让步。对重大的索赔，特别对重大的一揽子索赔，在最后解决中，承包商往往作出让步，即在索赔值上打折扣，以争取对方索赔的认可，争取索赔的早日解决。

第五节 索赔的解决方式

工程索赔的解决方式有多种多样，有的索赔在工程现场以非正式的讨论，由承包商的项目经理与监理工程师讨论确定、签字后，再交业主签字认可；也有的索赔通过承包商与业主及其监理工程师共同参加的会议来解决，双方签署会议纪要解决工期和损失费用的索赔问题；还有的索赔通过双方正式的协商谈判解决。有的索赔金额较大，双方将索赔提交仲裁甚至诉讼解决；有的索赔金额较小，为了保持双方的合作关系，也有放弃索赔的。

对已经出现的干扰事件或对方违约行为的索赔，一般着眼于重大的、有影响、索赔额大的事件，不要斤斤计较。在坚持原则性的前提下，要讲究灵活性，要抓大放小。归纳起来，解决工程索赔的方式主要有：协商、调解、仲裁、诉讼和放弃等五种方式。

在实践中，绝大多数索赔都是通过合同双方的协商谈判解决的，很少采用提交仲裁或诉讼法院的解决方式。一般说来，采用协商谈判的方式，速度快，费用省，有利于保持双方的合作关系。只要双方有协商的诚意和实事求是的精神，是能够达成双方满意的协议的。

一、协商

协商也称谈判或协商谈判，协商是指合同双方（承包商和业主）在自愿、互让互谅的基础上，按照工程项目的合同文件以解决工程中产生的索赔问题。

协商的基础是双方的立场相差不大，并且共同的利益促使其愿意和平解决分歧。

（一）时机的选择

谈判时机的选择非常重要，关系着谈判的成败。对于一些资料充足、易于解决的索赔，应尽快同业主联系确定谈判时间，以便为迅速解决问题，创造一个良好的谈判风气。对于难度较大，资料不齐全的索赔，可放在后一阶段解决。但不管迟或早承包商都必须清楚合同中是否有关于提出索赔的期限，应遵守合同中对提出索赔的期限限制的规定。否则，索赔的权利会受到限制。

对于工程中新出现的索赔要抓住时机，尽早进行谈判协商，解决承包商提出的索赔。对于新增项目或变更项目的索赔，要争取在该项目施工以前或在施工过程中开始谈判，确定好价格和工期延长的天数。如果拖在工程后期解决，将会由于监理工程师或承包商人员变动、资料遗失而增加谈判的难度。在实践中，若业主及其监理工程师不确定价格，承包商可利用停止施工该新增项目或变更项目作为谈判的筹码，迫使业主加快谈判的进程。对于信誉好、资金有保障的业主，承包商也可在新增项目完工后，再进行索赔谈判。

（二）谈判地点的选择

谈判地点可在工程项目现场，也可在业主及其监理工程师的办公室里，也可在承包商的总部。但在实践中，业主及其监理工程师往往选择业主及其监理工程师的办公室谈判，因为业主的工程师常常回避在承包商的总部谈判，防止过密的交往，以免引起业主的猜疑。

在业主及其监理工程师的办公室谈判，有利于采用过去同类型索赔的解决办法解决问题，有时进展较快。但另一方面由于总部的监理工程师不了解情况，要求承包商提供详细的资料，也会妨碍谈判的进行。

在现场进行谈判，虽然有利于了解真实的情况，但也会由于工程偏远，对方谈判人员不易到齐，而影响对方作出决定，或者会使谈判陷入解决细小的问题中。

谈判地点的选择应视具体情况而定，在解决某一索赔问题时，有时须先在业主及其监理工程师总部讨论，再移到现场了解具体情况，然后再到总部等不同的地点讨论、谈判。谈判中要做到灵活、有效，同时，还应考虑业主、监理工程师和承包商三者之间的关系，以利谈判的顺利进行。

（三）人员组成

谈判双方的人员力求精干，尽量避免过多的人参加谈判，否则，将会产生众口难调的现象，使谈判毫无结果。承包商参加谈判的人员一般由一名主管索赔工作的、有一定决定权和丰富经验的高级工程师作主谈，一名懂工程、合同和外语的索赔人员，一名来自施工现场且熟悉索赔具体情况的工程师或预算人员和一名翻译组成。有时，为了打破僵局，由总经理或主管索赔的副总经理参加。谈判对方（业主或其委托的代表）也有一名主谈负责,并有一名现场负责的监理工程师和总部一名成本估算工程师参加。有时,还有法律顾问或财务人员参加,一般有3~4人参加。

(四) 协商的利弊

协商,是合同双方及时友好地解决索赔问题的主要方式。协商的快慢取决于谈判双方的目标、态度和索赔的难易程度等其他因素。在索赔实践中,绝大多数索赔都是通过协商解决的,它不仅有利于迅速、合理地解决问题,使合同双方都满意,而且有利于促进双方的合作,提高承包商的信誉。

然而,如果业主资金紧张、不急于使用工程、或没有解决问题的诚意,业主也常常以谈判为幌子,不战不和,拖延索赔问题的解决,使承包商耗用大量的时间和精力,使协商流于形式,在这种情况下。承包商就应根据具体情况比较权衡,决定是否能根据合同规定,采用调解或诉讼的方式解决索赔问题。

二、调解

(一) 第三人参加下的调解

调解(Conciliation)是在第三人的参与和主持下,依据事实,按照有关法律和合同的规定,客观地说服双方,通过协商的方式,公平合理地解决彼此之间的合同争议和索赔。

调解,也是友好地解决工程索赔的重要方式。当索赔金额较大,合同双方分歧严重,无法通过协商来解决索赔问题时,聘请第三者,是解决索赔的一种较好的方式,它有利于打破谈判僵局。友好地解决索赔的费用比较节省,时间也较短。

在解决索赔问题时,对调解笔录和达成的协议,应由承包商和业主以及参与调解的人员签字盖章。对重大的索赔问题,根据双方达成的协议,由主持调解的机构制作成调解协议书,发给当事人,以便按协议执行。

经过一段时间的调解,双方当事人不能达成一致意见或一方不愿继续调解,可将索赔问题提交仲裁或向法院起诉解决。

(二) 调解的作用

调解与仲裁和诉讼相比,解决问题时间短,费用低,有利于使双方保持友好合作的关系,以利工程的顺利进行。因此,越来越多的承包商和业主都认识到,特别是在涉外建设工程中,双方分属不同的社会经济制度和法律制度的国家,对于彼此间的合同争议和索赔问题最好在提交仲裁或向法院起诉前,利用调解的方式解决。

实际上,很多重大索赔问题,都是在提交仲裁或诉诸法院前经过调解解决的。也有不少是在提交仲裁委员会或法院的主持下通过调解得以解决的。

第十九章 国际建设工程的索赔与反索赔

第一节 索赔概述

由于世界经济不景气，建筑市场收缩，而在这个收缩的建筑市场上承包商云集，角逐日趋激烈。因此，要想获得一个项目，承包商就要千方百计地压低标价。所以，在很大程度上讲承包商企业的成功，将取决于是否善于利用索赔手段。业主和承包商都要维护自身的利益，因此在履约过程中几乎没有不发生争议的。另外，在对于工程的技术要求和有关合同文件的解释方面也不可能始终一致，因而出现矛盾乃是不可避免的正常现象。

索赔是签订合同的双方各自都享有的权利。国际工程承包中的索赔包含合同之内的"索取"、"补偿"和业主违约时"索赔"、"赔偿"这两种涵义。凡是超出合同规定的行为给承包商带来的损失，如承包商在施工过程中受到某些时间和经济上的损失，不能从正常的合同单价中获得支付的额外开支，而自己认为应得到的补偿，承包商均有权提出索赔要求。如果一个承包商不善于利用这种权利取得完全该得到的款项，他就不是一个合格的商人或企业家，就会在经济上吃亏。

索赔涉及到公司的重大经济利益和对外关系，有时甚至涉及到公司的生存，有些承包商对此非常重视，通常安排地区经理和项目经理亲自过问和掌管，并由有关人员专门负责处理索赔的具体事务，有的承包商还聘请专门从事索赔工作的专家或顾问办理索赔事宜。

第二节 索赔的纠纷与解决办法

一、合同履行中的常见纠纷

建设工程承包合同的履行过程中会出现各种各样的纠纷，概括起来主要有以下几个方面：

1. 工作命令

原则上承包商有义务执行工程师下达的所有工作命令，但工作命令对承包商提出的要求不能超过其义务范围。国际工程承包合同通常规定承包商有权在规定的期限内，对工程师下达的工作命令提出异议和要求，由此而可能导致双方之间出现分歧。

2. 工程用材料及施工质量和标准

关于工程材料的来源和规格，绝大多数工程发包国家都有"保护民族工业"的法规，都规定只有在本国的民族工业不能保证供给情况下方可进口外国材料。问题是合同期紧迫，承包商虽然按照当地的法规及时向当地的材料生产工厂订购，但等到工程急需时，当地工厂却往往不能按时供货，业主同意承包商由国外进口，但已经来不及。特别是有些业主只强调恪守工期而不考虑承包商的实际困难，由此而常常导致在延长工期方面的争议。

关于工程的质量和标准，虽然有技术规范、设计图纸和合同条款规定，但这些标准并不是绝对的，有些标准也没有十分明确的界限；工程质量能否得到监理工程师的认可，与工程师的态度关系极大。因此在工程用材料的定货及工程质量的认可方面也常常发生分歧。

3. 工程付款依据

在工程付款依据方面产生分歧主要见于对已完成工程量的确认，一般是在对施工日期、工程进度报表的确认和正式账单的审核签字时发生争议。

4. 工期延误

这是业主和承包商之间最常发生的纠纷，其纠纷主要表现在对造成延误工期原因确认及应采取的处理方法。

5. 对于合同条款的解释

合同中有些条款的措词有时可以有多种解释，而有些合同只是原则地提交双方的权利和义务，缺乏限定条款，因而执行中往往在对合同的解释时出现分歧。

6. 不可抗力和不可预见的事件发生

对于这两类事件，各国法律赋予的定义是各不相同的，特别是一些人为因素如罢工、内乱等造成的事件，而且这两者之间的分界线往往在合同中没有明确规定，因而在履约时一旦发生这类事件，双方争执不下。

7. 工程验收

工程验收时，业主或监理工程师与承包商之间发生的纠纷往往是围绕工程是否合格问题。这个问题的伸缩性很强，除了明显的施工缺陷外，对于工程的评价往往无法确定一个双方完全一致公认的标准。在这方面发生的分歧，除了承包商施工明显不合格因素外，往往是因为两家关系不够融洽，因而导致双方斤斤计较，互不相让。

8. 工程量变更

施工过程中往往由于临时修改设计或由业主方面的专制行为而导致工程量发生增减变化。按照合同规定工程量变更不得超过一定比例，但在实际执行过程中却并非如此，常常是业主的要求多少有些过分，而承包商则不能接受业主的过分要求，于是双方产生分歧。

9. 延期付款

从法律上讲工程承包合同双方的权利和义务应该平等，但实际上各国制定的合同法都是有利于业主的，尤其是在国际承包市场冷落萧条的形势下更是如此。虽然合同中明文规定业主拖欠工程款应付延期利息，但执行起来却非常困难，业主总是千方百计寻找借口为其履约不力辩护，业主的这种履约不力行为自然导致双方的纠纷。

10. 业主拖延的形式

业主拖延图纸批准，拖延掩蔽工程验收，拖延对承包商问题的答复，造成工程停工而产生的纠纷等等。

二、索赔解决办法

国际上解决工程承包合同纠纷，较多采用下列方式作为处理争议的办法：

（一）谈判

毫无疑问，谈判是解决索赔问题最令人满意的办法，谈判可以避免破坏承包商和业主之间的关系。即使承包商对通过诉讼解决索赔纠纷有胜诉把握，也还是选择谈判解决。承包商应当清楚地知道，要想在一个国家获得良好信誉和稳固的地位，不能随意采取强硬方式。否则，自己可能无法继续在这个国家生存。

通过谈判互相做出适当让步，在双方均认为可以接受的基础上达成和解措施，从而使问题得到解决。这种做法最为理想，既可节省费用又可保持友好气氛，有利于双方继续发展友好合作关系。凡是以政府协议为基础或在两国关系友好的条件下实施的承包合同，大都采用这种办法。但是应该承认这种办法不够完善，而且达成的协议往往对双方缺乏约束力。

（二）调解

调解也是一种非对抗性的解决索赔争端方法，有时是通过独立和客观的第三方来达成协议，同样可以保持承包商和业主之间的良好商业关系。调解是帮助争议双方达成一个可接受的协议，而不是决断出谁负有责任。

调解员的职能和作用就是帮助和指导双方达成一个可接受的协议。调解员无权约束任何一方的裁决，目的是提出公平、合理、有效的处理方案，供双方选择，直到双方都能满意接受。

调解员在充分听取双方的意见后，最多在1个月内就存在的问题提出协商解决的方案。调解员所发生的费用由双方平均分摊。

上述两种办法在国际工程承包实践中采用比较广泛，但这两种办法都缺乏约束力，因而不是最终的解决办法。一旦合同的一方不接受谈判或调解决议，只能提起仲裁或诉讼。

（三）仲裁

仲裁通常是在前两种办法均告失败，而且争议涉及巨额价款或严重后果，双方都不肯做出较大让步或牺牲的情况下不得以而采用。有时则是因为合同的一方有意毁约，没有解决问题的诚意而只好诉之仲裁。

仲裁是双方在争议发生之前，或者在争议发生之后达成一个书面协议，自愿把他们之间的争议交给双方都同意的第三者来进行审理，由仲裁机构作出裁决，裁决对双方都具有法律约束力，这样一种解决争议的方法就叫仲裁。

仲裁机构通常有两种形式：

1. 临时性仲裁机构。一般由合同双方各指定一名权威人士作为仲裁员，再由这两位仲裁员选定另一人作为首席仲裁员，三人成立一个仲裁委员会，以少数服从多数为原则作出裁决。因此，仲裁委员会的公正性对争执的最终解决影响很大。

2. 国际性常设的仲裁机构。国际上常设的仲裁机构有：（1）瑞典斯德哥尔摩商会仲裁院；（2）瑞士苏黎士商会仲裁院；（3）伦敦仲裁院；（4）中国经济贸易仲裁委员会。

通常情况下，选用哪一国家仲裁机构，完全由双方当事人在合同中约定。

裁决必须是书面的，即必须制定裁决书，多数国家规定裁决书中要说明理由。裁决书具有法律效力，如果败诉一方不执行，法院可以根据胜诉方的申请强制其执行。

（四）司法诉讼

如果双方当事人发生争议后通过协商和调解均不能解决，或争议所涉及的金额巨大或后果严重，合同中又没有写入仲裁条款，事后未达成仲裁协议，双方当事人中的任何一方都可以向有管辖权的法院起诉。这种诉讼通常称为"涉外民事诉讼"，诉讼多在合同执行地国家法院，双方当事人都没有任意选择法院或法官的权力，更不能选择适用法律。

司法解决最具有强制性，能够解决一些重大的不能用谈判、调解、仲裁所解决的问题，承包商可以提起诉讼，迫使业主在法庭的审判下，达到索赔的目的。以求得在法律的允许范围内，补偿由于业主的原因造成的额外损失，保障承包商的正当权利。

第三节 索赔的种类

一、商务索赔

承包工程中的商务索赔，是指承包商与供应商之间的商业往来中，由于数量的短缺、货物的损失，质量不合要求和不能按期交货等，向供应商及其委托的运输部门和保险机构索取赔偿。

承包工程中的商务索赔同商品进口索赔是同一性质的，都属于买方向卖方索赔，只是进口商品的买主是本国境内，而承包商则在工程实施地点不在其本国境内。

承包工程中的商务索赔涉及三个责任方，供应商、运输公司和保险公司。因此，应首先明确作为索赔对象的三个责任方的各自责任范围。

（一）索赔内容

供应商的主要责任有：

1. 数量不足；
2. 质量与合同要求不符；
3. 规格与合同要求不符；
4. 包装不良使货物受损；
5. 未按规定时间交货。

（二）运输部门的主要责任有

1. 货物数量少于提货单所列数量，经运输部门负责人签认，并有承运人运输的；
2. 货物在运输途中发生残损和潮湿。

（三）保险公司的主要责任有

1. 在保险范围内，由于自然灾害或意外事故发生的货物缺损；
2. 在保险范围内，运输部门不予赔偿的损失或赔偿不足，应补偿被保险人的损失。

（四）索赔依据

承包商必须在有效时间内提交有说服力的单据和证明文件，以证明索赔的有效性。证明必须具有以下作用：

1. 证明赔偿的责任人。这类证明文件通常是提单，因为提单是物权凭证，提单所有人在目的港向船方提取货物，并在船方违反提单条款及提单所表示的运输契约条款时，取得合理的赔偿，买方和他的受让人能提出提单，就证明他能享有物主索赔权益的合法提赔权。

2. 证明赔偿人是索赔对象及其应负赔偿责任。通常要求至少提供两种主要证明，一种是卸货时的残短签证。若是海运要求提交残损单和溢短单；若是陆运或空运，则应提交由承运人签发的商务记录。另一种是由独立的公证鉴定机构经过检验鉴定报告或残损证书、装箱单、船长收据，以及发货人为取得清结提单而向船方签发的保函、航行日志、海事报告等。

3. 证明残损物资的损失程度和赔偿范围。供货商对质次残损货物的责任范围大小，损失赔偿多少以及赔付的方式要根据科学的检验，合理的估计，作出符合实际的处理结论。由于承包商与供应商的地位和角度不同，在估计、计算和要求上的差异会很悬殊，而且承运人与国外保险人又往往不能参加残损货物所在地的现场检验，承包商单方面的要求又不足以凭信，因此只有委托公证鉴定人签发具有明确的损失估计和残损货物处理方式等证明内容的检验报告，作为承包商和供应商双方都能接受的证明。对有些重大的索赔费用，必要时应附有关单据和证明开支理由或实际支出的实证材料。

（五）索赔时效

索赔时效就是有关契约、章程、规章、公约或协定所规定的提出索赔的有效时限。这是一个具有法律约束的时间界限，超过索赔时效，违约方或责任方即完全免除了应负的一切赔偿责任，受害的一方也就完全丧失了取得损失补偿的权益，即使理由再充足，证据再充分的索赔都完全无效。

提出索赔的日期，通常有两种算法：一种是看索赔要求函件发送邮局寄发的邮戳日期，而不看索赔函件或检验证书的签发日期。在此情况下，挂号邮戳和信封上的邮戳，都是重要的凭证，不可遗失；另一种是亲自把索赔函件送给理赔单位，这种致函的提赔日期以理赔部门出具的回执或收据日期为准。节假日在寄送索赔函件之日，可以顺延。

在一定的条件下，索赔时效可以延长。延长的办法通常有两种：即要求延长索赔期和声明保留索赔权。通常情况下，要求延期以一次为限，最长不得超过原定的时间周期。延长索赔期要求必须取得理赔的函电确认，否则无效。保留索赔权是提出初步检验报告和正式索赔要求，只是索赔金额，待进一步检验、修理或拍卖最终确定。保留索赔权必须在索赔时效未满之前提出，否则无效。

二、工程索赔

工程索赔系指承包商在履约期间因非自身过失蒙受损失而向有过失的一方（业主）或责任方（工程保险部门）索取赔偿或补偿。与商务索赔不同，工程索赔的对象是业主或保险部门。工程索赔除因对方违约或有过失给承包商造成损失而提出索赔外，还可因无法预料的自然条件的变化或人为事件，或其他制约导致工程实施受阻或已实施工程受到损失，由此而要求业主给予补偿。

（一）工程索赔的内容

工程索赔包括两方面内容：即工期索赔和款项索赔。有时工期索赔中含有款项问题，款项索赔中含有工期的问题。

1. 关于工期的索赔

工期索赔可发生于以下情况：

（1）由于业主的原因拖延工期，如业主不能按时交付施工现场、不能按时提供有关图纸、不能及时审批补充设计图纸、监理工程师不能及时审批材料认可函、监理工程师不能及时检验已完的工程影响了下道工序等。

（2）由于不正常的自然因素，如长期降雨或风力过大，或降雪期过长导致无法正常施工。

（3）由于地质或现场条件超出合同提供的范畴，或者与合同文件介绍不符，导致设计或施工方法改变，如土质、地下管线等。

（4）由于非承包商方面的人为原因而导致工程进度受阻。如：当地海关或材料供应部门工作效率低下，致使承包商的机械设备长时间滞留港口或停工待料；承包商的施工人员入境签证拖延。

（5）由于承包商雇用的工人因非承包商方面的原因举行罢工，例如为配合当地行业工会的集体行动，从而影响工程进展等。

2. 关于款项的索赔。款项的索赔常见于以下情况：

（1）工程变更索赔：在一定限度内的工程变更是允许的（一般不超过±15%），也是完全正常的。但是，如果工程变更超过一定限度，就会使履约的经济条件发生紊乱，从而使承包商遭受损失。

工程变更通常包括三种情况，每种情况下又按合同的不同计价方式而各有区别：

1）工程量增加；

2）工程量减少；

3）子项工程性质发生变化。

（2）设计费索赔：当业主要求承包商完成合同规定以外的设计任务时，应按额外工程索赔设计费。其费用按国际标准计算。但一般正常的补充设计不能索赔。

（3）单价索赔：如工程师或业主要求改变施工用料，例如要求承包商将水磨石地面换为大理石地面，工程量虽然没有增加，但材料费和人工费提高了，这时承包商可索取价差补偿。

但对于固定价合同，如果工程量表上为水磨石地面，而图纸上又注明是大理石地面时，一般不予索赔。因为投标文件要求承包商报价时要熟悉图纸。如果合同文件的优先顺序规定施工说明书在前，图纸在后，而施工说明书上没有要求铺设大理石，则可以认定图纸有错。

（4）合同索赔：当业主违反合同条款或合同条款与合同文件之间有矛盾，使承包商在经济上受到损失时，可提出合同索赔。如业主出于某种需要要求缩短工期，承包商要计算增加多少劳力和必要的设备，及由此而导致相应费用的增加，向业主进行索赔。如业主不能按时付款，则应对拖期付款利息进行索赔。

（二）索赔的合法条件

导致承包商合法索赔的动因很多，常见的有以下诸种。

1. 开工令下达过晚

如果合同中未曾规定工期准备期，则工程的开工令应紧随合同批准通知书或与之同时下达，通常是两份文件合二为一，即一份文件既通知合同批准生效，同时又规定开工日期。正常情况下，这份包含开工令的文件应在承包商中标签约后3个月内下达。如果该文件下达晚于这个期限，承包商就有权向业主索赔。

2. 业主方面履约迟缓

业主履约迟缓表现在多方面，但能构成索赔动因的主要有以下情况：

（1）业主提交工程用地延误；

（2）业主指定须拆除的工程延误；

（3）工程师提交施工图纸资料延误；

（4）业主签发材料订货单许可延误；

（5）业主提供应由其义务提供的文件、材料或办理应由其义务办理的手续延误。

3. 工程延期或绝对停工。工程师因非承包商方面的原因要求工程延期或命令工程绝对停工，承包商有权根据延期时间（一次性或多次累计时间）或停工的程度（局部或全面）提出索赔要求。

4. 工程暂停超过预定期限。施工期间，有时因业主方面的原因或恶劣气候或不正常停电、停水、停气、停止供应燃料等原因致使承包商不得不暂停施工。如果暂停时间超过合同规定的允许期限，从而造成承包商的额外损失，承包商可根据蒙受损失的程度提出索赔要求。

5. 工程师下达的命令前后矛盾。工程师系指承担工程监理任务对工程实施负完全技术责任的一个机构整体，包括监理工程师本人或承担工程监理任务的工程监理单位、该监理工程师或监理单位派出的代表或助理。这些人在监理过程中所下达的指令，常常会有彼此互相矛盾或前后矛盾的现象。鉴于承包商有义务执行工程师的指令，因此，工程师下达的相互矛盾的指令可能给承包商造成损失，这种情况下承包商有权索赔。

6. 工程师发出的错误指令或图纸错误导致返工或修复。施工期间常因多种原因出现返工或修复，如果这些返工或修复系因承包商方面的施工过失或违反规范和技术要求，自然应由承包商负责返工或修复。但许多情况下，这类返工或修复系因监理工程师的指令错误或图纸错误而致，由此引起的返工或修复自然应由业主方面承担责任。

7. 合同文件不一致或含糊不清。合同文件包括很多组成文件，且这些文件并不是同一时间内编制的，彼此之间互相矛盾的现象颇不少见，特别是工程量清单和图纸之间出现差异的事经常发生，投标时作为报价依据的扩初设计和后来施工时的详细设计之间也会经常出现差别，而合同条款也并非始终口径一致，一词多义或可导致多种解释的词句出现在合同中亦不属罕见，而且有些条款含糊不清，所有这些都会引起合同双方的争议。在正常情况下，工程师应做出书面解释或确认或修正，由此而打乱了原计划或拖延了施工，从而给承包商造成损失，这些损失理所当然应由业主方面承担责任。

8. 地基处理发现意外情况。地基处理过程中发现意外情况，例如发现文物，需要保护现场或改变开挖方式，发现意外障碍物，如埋设的管线，需要采取保护措施，发现原地基处理措施不合适，需要修改等，都会导致增加费用，而这些费用在报价时并未被要求考虑，承包商自然没有承担这些增加费用的义务。

9. 复查业经验收覆盖的隐蔽工程。在施工过程中，对于一些隐蔽工程，在覆盖之前，必须经过监理工程师的验收，但有时由于监理工程师因故不能到场，而承包商又不能消极等待，根据国际工程承包的惯例，在承包商向监理工程师发出要求验收通知而监理工程师不能派员到场的情况下，承包商可以自验，做好如实的记录，然后进行下一道工序。如果此后某一时刻，监理工程师要求复验该隐蔽工程，承包商必须服从，重新打开被覆盖的部位。如果复验结果与原验收记录相符，则复验所发生的一切费用应由业主方面承担。

10. 工程变更超过合同规定的允许极限。工程变更包括工程量增减和工程用料或子项工程性质发生变化。按照国际通行做法，承包商应接受一定幅度的工程量或工程总价的变化而不另行要求追加补偿。FIDIC 条款规定这种增减幅度为±15%，即在增减的工程量或工程款额不超过原始合同总工程量或总价款±15%的情况下，仍然按原始合同中规定的单价乘以实际完成的工程量计算工程结算款，承包商不得要求另外的补偿。但如果工程变更累计总额或工程量增减累计数量超过±15%时，则承包商有权要求对增减部分另行计价。

11. 战争爆炸物的破坏。FIDIC 条款第 65.4 款规定："不论何时何地发生任何因地雷、炸弹、爆破筒、手榴弹或其他炮弹、导弹、弹药或战争用爆炸物的爆炸或冲击引起的破坏、损害、人身伤亡，均应视为特殊风险的后果。"如果这些特殊风险导致承包商的工程、运往工地的或已经存放于工地的材料或设备遭到毁坏或损害，则承包商根据合同有权得到补偿。

12. 物价非正常上涨。物价上涨超过正常幅度（例如年上涨率超过过去三年的年平均上涨率，可视为不正常上涨），这种不正常上涨导致工程总价超过原合同价 15%或 20%，除按合同规定进行价格调值外，承包商还有权获得相应补偿。

13. 业主付款拖延。按照国际惯例，工程进度款及各种相关付款均应按合同规定期限进行，若晚于合同规定期限，业主应支付延期付款利息。通常做法是按高于当地银行同等存款利息 1 个百分点的标准乘以延期天数计算。如果业主付款拖延天数超过规定的期限，例如 28 天，承包商除收取延期利息外，还有权索赔甚至按业主违约解除合同，由业主承担全部违约责任。

（三）索赔依据

索赔依据是索赔能否成功的关键因素，索赔必须要有书面证据，有充分说服力、证明力的材料。主要有以下几种：

1. 与业主代表人员的谈话记录材料
2. 施工进度表
3. 有关来往信函、传真
4. 施工备忘录
5. 会议记录
6. 施工工程有关照片
7. 工程检查和验收报告
8. 人工报表
9. 所有合同文件
10. 材料和设备报表
11. 气象报告
12. 国家法律、法令、政策文件等

三、保险索赔

保险索赔是指承包商在遭受损失时，根据其投保的险别，在投保范围内向保险公司提出索赔。

（一）工程保险

建设工程承包中的施工保险的险别主要有：建筑工程一切险、建筑工程第三方责任险、人身保险。施工保险是减少和转移建筑承包工程风险的一种途径，是保护承包商的一种方法。

承包商在研究合同时，要熟悉承保责任范围、保险期、保险金额，以及投保人的义务、索赔与赔偿等具体的条款。要认真研究保单的内容，以便在损失发生后及时向保险公司索赔。

（二）工程保险的索赔期限

在向保险公司索赔时，要注意索赔期限。中国人民保险公司工程材料设备运输险的索赔期限为：从被保险货物在最后卸载港全部都运离海轮后起算，最多不超过2年。

（三）采取措施、减少损失、及时报告

发生灾害或事故时，采取一切必要措施，尽量减少事故或灾害造成的损失，防止损失扩大，并及时向保险公司通报，并提供书面的详细情况材料。

（四）索赔依据

承包商必须提供有效的证明单据作为索赔的依据，如：保险单、勘验材料、照片、保险公司的调查材料。

四、索赔注意事项

承包商应主动创造索赔机会，不应消极地等待索赔机会而被动地提出索赔，应指派专人负责索赔。索赔是一门科学，负责索赔工作的人员必须熟悉法律，有丰富的索赔经验，善于从合同文件、合同条款及来往函件中找出矛盾，主动地寻找机会，特别是报价时就应充分为后来的索赔奠定基础。

索赔工作应注意以下事项：

1. 主动创造索赔机会。在施工过程中，承包商应坚持以监理工程师的书面命令为凭，即使在特殊情况下必须执行其口头命令，亦应在事后立即要求其用书面文件确认，或者致函监理工程师确认自己业已收到并已执行其口头命令。如果监理工程师在7天之内对致函未予否认，即视其业已认可。当监理工程师下达的命令前后矛盾时可提醒他，但不应拒绝执行，应将其相互矛盾的命令妥善保存，以作为索赔依据。如果承包商的准备工作尚不充分，可以口头表示希望监理工程师推迟下达开工令，而在编写索赔报告时，则可援引开工令下达日期作为索赔依据之一。

2. 及时抓紧索赔机会。一旦发生可索赔的机会，应立即发出索赔通知，千万不要等到工程竣工验收后再提出要求。

3. 投标报价时应冷静分析，对那些日后可提索赔或可能增加的工程部分单价应尽可能定高些，以备后来计算索赔价款时能要高价。

4. 认真编制索赔报告，要做到令人信服，经得起推敲。

5. 充分准备索赔时供业主审核的文件和材料。

6. 注意同监理工程师搞好关系，争取由监理工程师裁决，在不得已时再提交仲裁或诉讼。

第四节 反索赔

有索赔就有反索赔，承包商寄赢利希望于索赔，自然业主也会千方百计地通过反索赔以减少索赔，保护自己的利益。

反索赔通常是业主对付承包商索赔的手段。在工程分包中，总承包商也会运用反索赔以对付分包商提出的索赔；承包商与材料和设备供应之间的索赔与反索赔等。

索赔和反索赔是进攻和防守的关系，在合同实施过程中承包商必须能攻善守，攻守相济，才能立于不败之地。

在合同实施过程中，合同双方都在寻找索赔机会，一经纠纷发生，都想推卸自己的责任，都在企图进行索赔。不能进行有效的反索赔，同样要蒙受损失，所以反索赔与索赔有同等重要的地位。

一、反索赔的意义

反索赔对合同双方有同等重要的意义，主要表现在：

（一）减少和防止损失的发生。

不能进行有效的反索赔，不能推卸自己对合同责任，则必须满足对方的索赔要求，支付赔偿费用。

（二）不能进行有效地反索赔，就会处于被动挨打的地步，影响整个工程的施工和管理。

在国际工程中常常有这种情况：由于不能进行有效的反索赔，管理者处于被动地位，被对方索赔怕了，工作中缩手缩脚，与对方交往诚惶诚恐，丧失主动权。而许多承包商也常采用这个策略，在工程刚开始就抓住时机进行索赔，以打掉对方管理人员的锐气和信心，使他们受到心理上的挫折。对于苛刻的对手必须针锋相对，丝毫不让。

（三）不能进行有效的反索赔，同样也不能进行有效的索赔。

1. 不能有效地进行反索赔，处于被动挨打的局面，就不可能进行有效的索赔，对承包商的索赔无法反击，则无法避免损失的发生，也无力追回损失。

2. 通过反驳索赔不仅可以否定对方索赔要求，使自己免于损失，而且可以重新发现索赔机会，找到向对方索赔的理由。因为反索赔同样要进行合同分析，事态调查，责任分析，审查对方索赔报告。用这种方法可以摆脱被动局面，变不利为有利，使守中有攻，能达到更好的反索赔效果。这是反索赔策略之一。

索赔和反索赔是不可分离的，在承包工程中业主和承包商必须同时具备这两个方面的本领。对监理工程师，由于他在工程中特殊的地位和职责，反索赔对他有更为重要的意义。

二、反索赔的内容

反索赔的目的是防止损失的发生，则它必然包括如下两方面内容：

（一）防止对方提出索赔

积极防御通常表现在：

1. 防止自己违约，要按照合同办事。通过加强工程管理，特别是合同管理，使对方找不到索赔的理由和根据。工程按合同顺利实施，没有损失发生，不需提出索赔，合同双方没有争执，达到很好的合作效果，皆大欢喜。

但在合同实施中的干扰事件总是有的，许多干扰是承包商不能预见和控制的。一经干扰事件发生，就应着手研究，收集证据，一方面作索赔处理，另一方面又准备反击对方的索赔。这两手都不可缺少。

2. 在实际工程中干扰事件常常双方都有责任，许多承包商采取先发制人的策略，首先提出索赔。争取索赔中的有利地位，打乱对方的步骤，争取主动权。另外，早日提出索赔，可以防止超过索赔有效期而失去索赔机会。

（二）反击对方的索赔要求

为了避免和减少损失，必须反击对方的索赔要求。对承包商来说，这个索赔要求可能来自业主、总（分）包商、供应商等。

最常见的反击对方索赔要求的措施有：

1. 用我方提出的索赔对抗（平衡）对方的索赔要求，最终解决双方都作让步，互不支付。在工程过程中事件的责任常常是双方的，对方也有失误和违约的行为，也有薄弱环节。抓住对方的失误，提出索赔，在最终索赔解决中双方都作让步。这是以"攻"对"攻"，攻对方的薄弱环节。用索赔对索赔，是常用的反索赔手段。

在国际工程中业主常常用这个措施对待承包商的索赔要求，如找出工程中的质量问题，承包商管理不善之处加重处罚，以对抗承包商的索赔要求，达到少支付或不支付的目的。

2. 反驳对方的索赔报告，找出理由和证据，证明对方的索赔报告不符合事实情况，不符合合同规定，没有证据，计算不准确，以推卸或减轻自己的赔偿责任，使自己不受或少受损失。

在实际工程中，这两种措施都很重要，常常同时使用，索赔和反索赔同时进行，即索赔报告中既有索赔，也有反索赔；反索赔报告中既有反索赔，也有索赔。攻守手段并用会达到很好的索赔效果。

三、反索赔的主要步骤

在接到对方索赔报告后，应立即组织有关人员着手进行分析、反驳，全面分析索赔理由和事实，制定反索赔方案。

（一）合同总体分析

反索赔是以合同作为反驳的理由和依据，分析合同的目的是评价对方索赔要求的理由依据，在合同中找出对对方不利，对我们有利的合同条文，以构成对对方索赔要求否定的理由。合同总体分析的重点是，与对方索赔报告中提出的问题有关的合同条款。

（二）事态调查

反索赔仍然基于事实基础之上，以事实为根据。这个事实必须有我方对合同实施过程跟踪和监督的结果，即各种实际工程资料作为证据，用以对照索赔报告所描述的事情经过和所附证据。通过调查可以确定事件的起因，事件经过，影响范围等真实的详细的情况。在此应收集整理所有与反索赔相关的工程资料。

（三）三种状态分析

在事态调查和收集、整理工程资料的基础上进行合同状态、可能状态、实际状态分析。

通过三种状态的分析可以达到：

1. 全面地评价合同、合同实际状况，评价双方合同责任的完成情况。

2. 对对方有理由提出索赔的部分进行总概括，分析出对方有理由提出索赔的干扰事件有哪些，索赔的大约值或最高值。

3. 对对方的失误和风险范围进行具体确认，这样在谈判中有攻击点。

4. 针对对方的失误作进一步分析，以准备向对方提出索赔。这样在反索赔中同时使用索赔手段，国外的承包商和业主在进行反索赔时，特别注意寻找向对方索赔的机会。

（四）对索赔报告进行全面分析，对索赔要求、索赔理由进行逐条分析评价

分析评价索赔报告，可以通过索赔分析评价表进行。其中，分别列出对方索赔报告中的索赔理由、索赔要求、提出我方的反驳理由、证据、处理意见或对策等。

（五）起草并向对方递交反索赔报告

（六）反索赔报告也是正规的法律文件

在调解或仲裁中，对方的索赔报告和我方的反索赔报告应一起递交调解人或仲裁庭。反索赔报告的基本要求与索赔报告相似，在此不再重复。

第二十章 国外建筑法制度

第一节 美国建筑法律

美国的建设活动受到建设法规、规则、标准的严格制约。建筑法规是地方自治的项目,并非中央政府所管辖。其制定方式是由民间自发性制定,再通过各州政府的立法程序,例如:听证(Hearing)、投票或经过议会通过等,才能成为州强制性法规。

《统一建筑法规》(Uniform Building Code,简称UBC)是建筑业最为重要的建筑活动管理法规,它对管辖范围内任何建筑的施工、新建、改建、拆迁、使用、维修以及建筑行政管理、建筑许可等制度作出了详细规定。目的在于通过调节控制所管辖区域内所有建筑物的占地、设计、施工、材料质量、设备安装及其使用维修,从而为保护人的生命、健康及公益提供最低限度的标准。《联邦测量法》、《联邦电器法》、《联邦管道法》、《联邦防火法》、《联邦机械设备法》以及《地方规划法》等都是必须遵守的建设法规。此外,建设主体行为要受到来自《税法》、《公司法》、《会计法》、《劳动法》、《银行法》、《保险法》、《商业职业法》及《统一商务法规》等综合性经济法规的制约,还将受到诸如《环境保护法》、《职业安全和健康条例》等公共利益和安全法规的限制。美国的各州、县、市都要结合本地实际情况对UBC进行修改补充,并拥有一套完整的建设法律体系,在制定和执行建设法规方面,地方政府发挥着极其重要的作用。美国的质量标准和技术规范,有强制性标准,也有推荐性标准;有联邦标准,也有地方标准,主要以地方标准作为执行标准。这些标准规范,几乎每年都要进行修订。

一、美国建筑标准的制定机构

美国建筑标准绝大部分由协会或标准组织制定,这些机构多属独立的非营利私有机构,不受任何机构和组织管理。美国法律将从事标准化、检测、福利等活动的私有机构定性为非营利机构。这些机构不以赚钱为目的,如美国标准学会(ANSI)、美国采暖、制冷及空调工程师协会(ASHRAE)、美国材料测试协会(ASTM)、美国燃气协会(AGA)、国家防火协会(NFPA)、美国森林及纸业协会(AF&PA)等。

二、美国建筑标准的法律属性

在美国,任何一个组织(包括协会、学会、制造商等),都可以编制自认为有市场需求的技术标准、指南及手册。美国标准学会(ANSI)或其他权威性机构通过一定的程序(公告、征询各方面意见修改),将某一标准认可为国家标准(仍为自愿采用的标准,这与我国的国家标准有本质区别),该标准才可能被采纳为某一方面或某一地区的标准。只有在联邦政府某些州、县、市被认定或在被认定的标准所引用时,才能在其行政管辖区内具有法律效力,而成为联邦政府或这些州、县、市政府的强制性标准。

一般除涉及人身安全、环境保护、建筑防火等方面的标准外，均为自愿性标准。如果某项标准涉及多个领域或组织，由一个社会认可的权威组织或机构组织其他相关协会的专家来共同编写，从而避免交叉和矛盾，同时又容易为社会所接受。

美国的标准是立法的组成部分，具有法律属性。标准的立法程序大致为，由地方标准官员（据称全美共有5万人）结合地区的情况和需要，将某一标准中的内容或某一版本的模式标准建议为本地区的标准后，由地方议会进行表决，表决通过后向本辖区内公民进行颁布并征求意见，在完成上述程序并获得无争议通过后，该标准所建议的条款或模式标准就将作为本行政区内的标准强制执行，标准部分内容的修改也采用同样的程序。

三、美国建筑行业管理体制

美国是一个联邦制国家，其政府机构设置分为联邦（Federal）——州（State）——县（County，或市City）三个层次。美国作为高度发达的资本主义国家，已由自由竞争的市场经济模式转化为政府适当干预的现代市场经济模式。在这种有调节的市场经济模式下，政府没有直接插手经济事务的权力，表现在联邦和各州政府没有专门的建设主管机构。美国建筑业主要依靠市场机制自我调整和发展，政府的职能是充分保障市场机制的良性运转，具体体现为制订完善法律体系、严格执法监督管理、规范行业市场行为，必要时通过国家财政、货币等项政策干预市场。联邦政府的宏观调控以商务部运作为主体，分别通过财政、工商、税收、保险、环保、劳工安全等部门加以实现。住宅与城市发展部是联邦政府中与住宅建设有关的管理部门，主要负责公共住宅与城市发展的统筹规划，及对私人企业兴建改进家庭住宅的社会保障。美国重要的军事设施和公共基础设施由国防部、陆军工程部队、内务部拓垦局、联邦公路管理局等部门负责建设。在美国，县或市级地方政府中设有建设管理局之类的建设主管机构，主要负责各种许可发证以及工程质量监督，其作用是保证公共利益、维护社会安全。

四、美国工程质量监督管理模式

在美国，建设法规和技术标准对工程质量作出了专门要求。建筑行业主体各方，尤其承包商必须切实执行质量标准的具体规定。承包商编制自己的质量安全管理手册，遵循一定程序进行工作，并由专人负责组织实施，企业的要求一般高于政府的要求。质量安全保证体系的建立完善，成为承包商增强自身竞争实力的重要内容。

施工阶段的质量监督由现场工程师具体负责，并向施工经理直接报告。对于大项目，质量检查人员全天候在施工现场监督操作；对小项目，则只需检查关键施工阶段。现场工程师负责安排现场试验室，以便做好混凝土试块等必要的试验。现场工程师负责检查定位放线、钢筋架装、焊接质量、混凝土浇筑等工作的实施情况。施工经理注重控制施工质量的总体水平。所有的试验结果和检查报告以质量文件形式归档保存，项目完工后移交给业主。

业主委托咨询公司和银行机构在每个施工阶段结束时，都要进行质量检查验收，只有符合质量标准的，才能继续进行下一阶段的工作，承包商才能拿到工程结算款，才算完成这一部分的完工验收。咨询工程师通过现场巡视检查，收集必要的数据信息，经过认真的分析研究，作出相应的处理意见，再向现场发出技术指令。咨询工程师在质量控制中起着不可替代的作用。

对于一些重要项目，业主为了确保工程质量，还要建立自己的质量控制小组，对施工质量加以把关。有些项目在施工合同文件中要求，委托独立的实验室进行某些材料的试验检测，以便确定这些材料是否符合技术标准。独立实验室由业主雇佣，或由承包商雇佣并经业主批准。试验结果同时提交给业主、设计单位和承包商，由他们对试验结果是否满足合同要求进行评审。

ISO 9000系列标准认证在美国已经得到相当普及。交通部、国防部和内务部为了充分保证重大项目的工程质量，采用了本部门与ISO 9000系列标准非常类似的质量管理体系。以交通部为例，在给各州无偿提供高速公路建设投资的工程项目中，有的要求承包商具有与ISO 9000系列标准同等的质量管理体系，有的则直接通过ISO 9000系列标准认证作为承包商投标的必要条件。

美国政府部门在质量管理中采取了积极的参与态度，尤其对于政府投资的公共工程，政府主管部门的质量监控更加严格。《统一建筑法规》规定，需要领取执照的所有建设工程项目，均应接受建筑主管官员的监督和检查。政府的检查人员分为两类：一类是政府自己的检查人员，另一类是政府临时聘请或要求业主聘请的外部检查人员，后者属于政府认可的专业人员。检查包括随时随地检查和分阶段检查两种方式，对于某些类型的建设工程，必须进行连续性的监督检查。承包商应该负责工程现场易于接近并使工程暴露，以便于监督检查的顺利进行。

当缺乏足够证据来证明建设法规得到严格执行时，以及当建筑材料或施工情况与建设法规的要求不相符合时，建筑主管官员有权要求进行试验并确定试验程序。试验方法必须符合建设法规中技术标准的有关规定，所有的试验工作应由被认可的检测机构负责。试验费用由承包商负担。试验报告由建筑主管官员按照公共记录保存到规定的期限。

《统一建筑法规》对于建筑主管官员的监督职责作出了详细规定。检查中若发现违规行为，建筑主管官员将采取罚款、勒令停工、签订改进协议等方式加以处理，罚款数额将随着罚款次数的增加而递增。

五、美国建筑工程项目采购制度

美国的业主分为私人业主和公共业主。私人项目具有较强的既定利益，并受经济因素的影响制约；公共业主包括各级政府部门和公用事业单位等，公共项目既要符合成本限度，又要满足功能需求。业主为了建设项目的实施，采用某种方式选定所需的物资或服务，并以合同形式加以明确的过程，美国人称之为工程项目采购（Procurement of Works），即我国的工程招投标制度。美国政府对于私人工程的采购，采取不干涉的态度，只要在法律允许的范围内运作，项目采购的方式和程序由业主自行决定；对于公共工程的采购，则要求非常严格。美国人的观点是，公共工程项目开支主要来自公民的纳税，必须严格采购管理，实现最大限度的透明公开，以期节省投资，提高效率，保证质量。美国与公共工程采购有关的法规已经相当成熟，其中包括《联邦采购规则》、《联邦国防采购补充规则》等，公共工程采购的监督部门为联邦采购规则委员会。美国法律规定，公共工程必须采用竞争性公开采购方式，即按照一定程序进行公开招标，对于诸如军事设施的特殊项目，可以采用邀请投标或议标方式。

在美国，十分重视建设主体的资质管理，对于业主主要通过《公司法》和《企业法》等相关经济法规进行管理。对于承包商的资质要求尤为严格，不提交资质审查资料及有关财务报表者，不能参加较大规模工程的投标；未按规定依法批准的承包商，或未取得工程局交付标书的承包商，买方不得受理其标书，也不得与其签订合同。美国人认为，工程采购的目的是选择一个投标人，在要求的限期内，按照招标书所规定的条件，这个投标人不能向买方证明完成承诺所应具备的承包能力，那么把合同授予他将招致风险，仅靠承包商所提供的履约保证担保，不能给买方带来充分的保障。买方必须千方百计采取措施，认真检查投标人的工程经验、工作业绩、人员素质、技术力量、管理水平、财务状况、企业信誉等，这是确保工程合同得以圆满完成不容忽视的必要前提。

六、建筑工程社会保障体系

美国的建筑工程社会保障体系包括工程保证担保（Bond of Works）和工程保险制度（Engineering Insurance）。在美国，工程项目风险转移主要通过两个途径：一是工程保证担保，二是工程保险。无论承包商、分包商，还是咨询设计商，如果没有购买相应的工程保险，或者取得相应的保证担保，就无法取得工程合同。建筑工程社会保障不仅成为强制推行的法律制度，同时也是建设主体各方普遍遵循的惯例准则。

工程保证担保涉及三方契约关系，承担保证的一方为保证人（Surety），如专业保证机构；接受保证的一方为权利人（Obligee），如业主；对于权利人具有某种义务的一方为被保证人（Princinal），即投保人，如承包商。建筑工程中，业主为了避免因承包商原因而造成的损失，往往要求由第三方为承包商提供保证，即通过保证人向权利人进行担保，倘若被保证人不能履行其对权利人的承诺和义务，以致权利人遭受损失，则由保证人代为履约或负责赔偿。

工程保证担保主要包括投标保证、履约保证及付款保证。投标保证是指，若承包商中标后因故不能与业主签约承建工程，保证机构须支付业主投标保证金，同时次低标将成为中标者。投标担保有效排除了不合格的承包商参加投标。履约保证是指，由于非业主原因承包商无法履行合同义务，保证机构应该接受该工程，并经业主同意寻找其他承包商继续完成工程建设。业主只按原合同支付工程款，保证机构须将保证金全额付给业主作为赔偿。履约保证充分保障了业主依照合同条件完成工程的合法权益。付款保证是指，若承包商没有根据工程进度按时支付工人工资、分包商及材料设备供应商的费用，调查确认后由保证机构予以代付。付款保证使得业主避免了不必要的法律纠纷和管理负担。

工程保险是迄今最普遍，也是最有效的工程风险管理手段之一。工程保险以建设工程项目作为保障对象，是对其建设过程中遭受自然灾害或意外事故所造成的损失提供经济补偿的一种保险形式。投保人将威胁自己的工程风险转移给保险人（保险公司），并按期向保险人交纳保险费，如果事故发生，投保人可以通过保险公司取得损失赔偿以保证自身免受损失。

在美国，工程保证大多数由保险公司进行担保，而不是通过银行或由其他有良好声誉的承包商进行担保。保证与保险在运作方式、管理模式、会计制度和事故处理上具有许多相似之处。当然，保证与保险也有一些不同之处。首先，在工程保证中，保证人要求被保证人签订一项赔偿协议，被保证人须同意赔偿因其不能完成合同而由保证人代为履约时所支付的全部费用；而在工程保险中，作为保险人的保险公司将按期收取一定数额的保险费。事故发生后保险公司负担全部或部分损失，投保人无须再作出任何补偿。其次，在工程保证中，保证人所承担的风险小于被保证人，只有当被保证人的所有资产都付给保证人才会蒙受损失。而在工程保险中，保险人（保险公司）作为惟一的责任者，将为由投保人造成的事故负责，与工程保证担保相比，保险人所承担的风险明显增加。

美国的工程保险主要涉及如下种类，承包商险（相当于建筑工程一切险）、安装工程险、工人赔偿险（即工伤险和意外伤害险）、承包商设备险、机动车辆险、一般责任险、职业责任险、产品责任险、环境污染责任险以及综合险等。无论是工程保证担保，还是工程保险，保证机构或保险公司都将对承包商的综合能力进行分析评估。通过实行工程保证担保和工程保险制度，建设主体有关各方在自身利益的驱动下，守约则受益，失信则遭损，强化了自律意识，促进了规范运作，确保了工程质量。

第二节　英国建筑法律

一、建筑业是英国最大的行业之一

英国也是全球建筑业最发达的几个国家之一，其建筑业产值位居世界前10位。英国建筑公司积极向海外建筑市场发展业务，广泛开展海外工程建设是该国建筑领域的主要内容。英国的设计师、工程师、承包商和建筑公司在海外建筑方面享有世界美誉，一些大的建筑企业其年利润的20%～40%来自海外工程。英国建筑企业活跃于世界100多个国家。2002年，他们赢得国际新生业务价值达42.71亿英镑，北美是其最大市场，占当年新合同业务的48%。

二、英国建筑业务种类

英国建筑的主要业务种类包括：建筑和土木工程，专项工程——为公司及个人的建筑提供钢结构构件、预制混凝土构件、电气安装服务等，供应建筑材料及部件和提供咨询。英国的建筑工程项目分为两类，一是私人工程项目，一是公共工程项目。私人工程项目（即非国家/非政府项目）主要包括工业、商业、学校、房屋、私人医院、仓库、房屋协会等。

公共工程项目（即国家/政府项目），主要分为以下几种类型：

1. 中央政府项目，如国防项目（海、陆、空项目）；公共办公楼，如监狱，国会，税务办公室，社会保安，法院等建筑；公共基础设施（主要指土木工程项目），如道路、桥梁、铁路、隧道、港口等项目；公共服务建筑，如医院、学校等。

2. 地方政府项目，主要分为县级和区级政府项目。项目的类型主要包括地方公共设施、区县政府楼、警察局、学校、医院、水处理、地方法院、图书馆、游泳池、健康中心、多功能建筑物、地方税收、地方建委办公楼等。

目前英国总的趋势是政府项目减少，许多政府项目都逐渐转成私人项目。

三、英格兰和威尔士的建筑法体系

英国有三套不同的法律体系，即英格兰和威尔士、苏格兰、北爱尔兰法律体系。由于英格兰和威尔士的建筑法律法规适用最多最广，在此就对英格兰和威尔士的建筑法律体系作一介绍。

1667年，伦敦发生一场大火后，英国国会就通过了第一部有关建筑工程的法律。在之后的三百多年里，经过不断的修改、补充和完善，逐步形成了比较完整的建设法律法规体系。英格兰和威尔士的体系分为如下四个层次。

第一层次为法律（Act）。包括《建筑法》、《住宅法》、《新城镇规划法》、《工作场所等处健康安全法》、《消防法》和《环境保护法》等。上述法律有的是专门针对建设活动制定的，如1984年颁发的《建筑法》；有的是与建设活动相关的法律，如《工作场所等处健康安全法》。法律须经国会上、下两院分别审议通过后方可颁布。法律具有强制性，必须执行。

第二层次为法规（Regulations）。包括：《建筑法规》、《建筑产品法规》、《工作场所安全、健康与福利法规》、《工程设计和管理法规》和《工程健康、安全与福利法规》等。建设法规的制定，是按照法律的授权和要求，由国家建设主管部门"环境、交通及区域部"（Department of the Environment, Transport and the Regions）草拟，经国会备案后，由该部部长（由国务大臣兼任）批准，至于如何满足其功能要求，是下一层次的法规"技术准则"的任务。法规同法律一样具有强制性，必须执行。

第三层次为技术准则（Guidance）。现行的建筑技术准则包括与《建筑法规》规定的各项功能相对应的结构、消防、场地准备和防潮、有毒物质、隔声、通风、卫生、排水和废弃物处理、供热、防坠落、节能、残疾人保护、玻璃安装、开启、清洗等13册。按照技术准则进行设计和施工，建设工程就能满足法规规定的功能要求。据了解，英国建筑工程的技术准则较健全，但缺少土木工程这类文件。建筑技术准则由国家建设主管部门"环境、交通及区域部"组织有关专家起草，向社会公布，征求公众的意见，修改完善后由该部部长批准颁布。技术准则一般是强制性的，但不是惟一的，只要有更先进的方法，并经地方政府认可，确实保证建筑工程能够满足建筑法规规定的功能要求时，可不执行。

第四层次为标准（Standard），英国是世界上标准化工作起步最早的国家之一，英国标准化协会组织制定了大量的英国标准（BS），目前约有3500～4500项涉及工程建设。其中有1500项属于建筑工程类标准，如《建筑钢结构应用规程》（BS449）、《木结构应用规程》（BS5268）、《建筑物设计、建造使用的防火措施》（BS5588）等标准。这些标准均属推荐性标准，由使用者自愿采用，或者在合同中约定使用。但是，这些标准一旦被建筑技术准则引用，被引用的部分或条款即具有与技术准则相同的法律地位。

四、英国建筑法介绍

《建筑法规》（Building Regulations）是根据1984年《建筑法》制定，在英格兰和威尔士适用。其最近的一次修订是《2003年建筑法规（修订）》。该法规共由7个部分组成，它们分别是：概要（包括法规名称、生效时间和对术语的定义）、建筑控制（包括建筑工程的含义及相关要求、建筑物使用的变化及相关要求、材料和施工、对要求的限制以及例外的情形等 7 条)、免受程序限制的公共团体、放宽条件、通知和计划、其他以及附表。大部分的建筑都必须遵守此法规，它用于确保在各种建筑（如家庭住宅、商业建筑和工业建筑）里面和周围人员的健康和安全，它也在节能和为残疾人提供便利设施方面作了要求。

《建筑法规》中的很多章节都涉及术语的含义、程序和建筑工程的技术。比如，它规定了哪些种类的建筑和供热工程构成"建筑工程"并由《建筑法规》调整；它罗列了哪些不由《建筑法规》调整的建筑（附件一就给出了不由它调整的一些常见建筑种类）；它规定了在开工、建设和完工阶段必须履行的通告程序；并且为了建筑使用人的安全、方便残疾人和节能，它在建筑设计和施工的各个方面也作了要求。以下我们就对其中的一些条款进行阐释。

由于地方当局的建设控制服务工作范围和种类的不同，依照第 12 条之规定，有两种不同程序可供选择，存放全套图纸的申请（Full plans Application，由第 14 条规定）或张贴施工公告（Building Notice，由第 13 条规定）。

1. 全套图纸申请

这种程序下的申请需要准备好图纸和表明所有施工细节的其他信息，这些文件最好在开工之前提交，当局会对提交的图纸进行审定或者在审核前咨询所有的相关机构（如消防和排水），他们会在 5 周内发出决定或者在申请人同意的情况下，自存放之日起的两个月内发出决定。如果图纸满足《建筑法规》的要求，申请人就会收到获得批准的通知。如果当局不满意，申请人则可能被要求进行修改或提供更多的细节信息，或者申请人也可能收到一份附件的批准。这种批准可能会要求必须对图纸进行具体的修改或者要求提交进一步的计划。如果图纸被拒绝，则会在通知书中写明拒绝的理由。当申请人对计划是否符合《建筑法规》有不同意见时，可以向英格兰的副首相办公室或威尔士的仲裁机构申请裁决。

2. 施工公告程序

这种程序不包括对图纸的通过或拒绝，可以避免提供详细的全套图纸。因此，它是为使某些建设尽快开工而设立的，虽然它可能最适合于一些小项目。法规对不适用此程序的情形也作了规定，一旦张贴了施工公告并通知当局将要开工，当局就会进行检查。当局会对施工是否符合《建筑法规》给出意见。在开工前或者在施工过程中，如果当局要求提供进一步的信息，如建筑设计预算或计划，就必须提供这些细节信息，在这种程序下，当局无义务颁发竣工证书。由于缺乏全套图纸，如果当局认为建设不符合《建筑法规》，也不能像全套图纸申请程序那样向政府申请作出裁决。

3. 经批准的检查人员提供的建设控制服务

采用此程序时，检查人员会负责审核图纸并负责对施工进行检查。这种程序要求与检查人员共同就施工通告当局，这被称为"初步通告"，一旦该通告被当局接受，审核图纸和工地检查的任务就正式地由被批准的检查人员进行。检查人员的任务包括对施工相关的《建筑法规》进行解释、审核图纸、（当被要求时）颁发"图纸证明"（用于确认建设施工计划是否达到《建筑法则》的要求）、进行施工检查和颁发"最终证书"。

建设完工时，检查人员必须向当局发出最终证书，以表示在初步通知中所指的建设业已完工，并且检查人员履行了其检查职责。如果检查人员对施工符合《建筑法规》的情况并不满意，则不能发放最终证书。如果施工人并不打算作出改进，检查人员就会将该问题提交当局。

如果检查人员对正在进行的施工不满意，并且无法通过商讨解决争议时，该检查人员将通知当局取消初步通知。这将终止检查人员对此施工建设的检查责任，在这种情形下，建设控制服务的职责可能又将归于地方当局，因而当局可能会要求提交图纸，并在必要的时候要求披露施工情况，以使他们能够判断到目前为止的施工是否符合要求、需要哪些改进。

还需要注意的是，一旦初步通知被当局接受，就必须马上开始施工，如果初步通知被拒绝，施工则不能进行。如果该通告并未在被发出的5日内被有效拒绝，那么该通告就将被认为已被接受。

不遵守建设控制程序或者施工不能达到《建筑法规》的要求都将构成对《建筑法规》的违反，地方当局对在其地区实施《建筑法规》负有职责，并将在必要时以非正式的方式履行其职责。如果某人的施工违反《建筑法规》，当局可能在地方法院对其起诉，被告可能因违法而被判处最高5000英镑的罚款，并处违法持续期间每天50英镑的罚金，这种诉讼通常都是对建筑商或主要承包人提起。另外，当局也可对业主施以"执行通告"，要求他改变或者移除违法的部分。如果业主不按此通告进行，当局将有权对其进行改变，并要求业主支付相关费用。

五、建筑安全法律法规

在英国，关于安全的最重要法律是1974年颁发的《工作健康与安全法》(Health and Safety at Work etc. Act)。《工作健康与安全法》是英国国会制定的主要法律之一，几乎所有的有关安全的条例都根据这个法律制定。

依据该法英国政府成立了国家健康、安全委员会，负责审查各行各业职工健康、人身安全。与此配套，还有遍布各行业的健康、安全协会，受政府委托，从事健康、安全监督检查。《工作健康与安全法》明确规定了健康、安全监督工程师的职责和职权，有权收集现场健康、安全信息，有权在现场进行监督检查，有权在现场拍照、取证、取样品，有权检查现场机械设备，有权颁发健康、安全操作指南的书籍、光盘。英国健康、安全监督工程师根据现场检查情况和存在问题的严重程度，可采取灵活多样的工作方法，要求责任单位整改：一是签发存在问题通知，二是签发书面停工通知，三是向法院起诉。对健康、安全监督工程师签发的书面通知，企业必须作出书面答复并落实到责任人整改。

1992年颁布的《工作安全与健康管理条例》，基于《工作健康与安全法》中的第二部分和第三部分，它更详细、明确地提出了雇主所承担的具体的责任和义务。《工作安全与健康管理条例》阐述了雇主和工人应该怎样建立和完善适用的风险评价体系来满足《工作健康与安全法》的各个条款的要求。

第三节 德国建筑法

一、德国建筑法规体系

德国是大陆法系的发源地之一，其一脉相承的法制传统在制定建筑法律法规中也得到了体现，这些建筑法律法规为德国建筑业得以良性发展提供了保障。德国联邦建设法律主要包括《联邦建筑法》、《劳动保护法》等一系列法律法规和条例标准。《联邦建筑法》是国家建筑管理的根本大法，是联邦建筑法规的高度概括和促进城市建设的法律。《工伤事故防止法》和《劳动保护法》对于建筑生产安全事故的预防康复作出了明确规定；《建筑工程承包条例》规定了招标投标的形式和方法，承发包双方的权利和义务，提供了工程技术规范和业主验收的依据。在住宅建设方面，通过制定《住宅建设法》、《住宅现代化促进法》等法律，国家将发展大众化住宅作为产业政策的扶持重点，同时政府提倡并鼓励私人投资的建房活动。与《联邦建筑法》平行的管理建筑活动的法律，还有《联邦平衡法》、《联邦土地法》、《自然保护法》等法律，这些法律共同组成了德国联邦建筑法律体系。

德国是一个联邦制国家，除联邦议会具有立法权外，各州议会也可对本州范围的事项进行立法。所以，除上述联邦的建筑法规以外，各州有权限定符合本州利益和实际情况的建筑法律和规定。各州的建筑法律和规定不得同联邦建筑法规产生冲突。以巴伐利亚州（其德文简写为 BW，之所以以该州为例，是因为该州不论在人数、面积还是其经济总量来说，都是德国最大的州）为例，该州制定有《〈联邦建筑法〉实施细则》、《BW 州建筑程序规定》、《BW 州建筑法实施细则》、《BW 州建筑申请表规定》、《BW 州建筑物安全检查办法》等建筑法律法规。各州的建筑法律法规在德国建筑活动中发挥着至关重要的作用，而且联邦议会建筑委员会和联邦建设部同各州州建筑主管当局有一个强有力的约定，这就是联邦政府充分尊重各州的建筑法规权益，但必要情况下对州建筑法规有补充权和提出讨论权。也就是说，德国的建筑公司首先要遵守其所在州的建筑法律法规的规定，在州的建筑法律法规无权规定的情况下才适用《联邦建筑法》的规定。

由上可知，德国各州的建筑法律的集合，总体构成了州级建筑法律体系。其与联邦建筑法律法规相配合，共同构建起了德国现代建筑法律体系。下面就对德国联邦几个重要的法律作一介绍。

二、德国《联邦建筑法》的内容介绍和相关的主管部门的权限

德国《联邦建筑法》共由四章组成。第一章：城市建设规定。第二章：特别的城市建设规定。第三章：其他规定。第四章：引进规定和最终规定。它们当中重要的内容是：建筑规划准则，建筑的开发条例和一般的条例，建筑仲裁和一般仲裁；土地管理规定（分配、地界规定）；没收；合并；城市建设的维修措施；城市建设的发展措施；维护手段。《联邦建筑法》还包括城市建设施工及城市特别维修的条款，保护复原历史建筑及历史建筑的维修措施，建筑社会福利计划条款，租用和使用权的关系条款，完善城乡规划相结合的条款，地产管理程序、地产计算条款，建设用地的争议及法庭审判程序的条款。

德国联邦建设部统一管理全国的工程建设活动，同时也是联邦政府建设项目的实施部门，主要承担建设项目活动、立项、招标与建设职能，是联邦政府建设项目的执行者。建设部作为联邦政府建设项目执行者，负责国家的大型建设项目和州与州之间连接的国家项目及由德国政府国外投资贷款的建设项目。除此之外，联邦议会授权联邦建设部进行联邦建筑活动法规的编写。对国家级建筑具体的建筑工程质量管理和建筑工程质量法律条文的编写，联邦建设部和联邦议会不予负责，这项工作全部由各州自己完成。涉及国家级大型具体建设项目，由联邦建设部直接委托项目工程管理公司，由这些公司负责具体工作，如

招标、投标、质量管理、项目进度管理、整个工程预算控制。国家级大型建设项目跨越各州时，接受委托的项目工程管理公司，负责协调州与州之间的建筑法律和规定的执行。由他们阐述建设项目各个部分，应采用哪一州的建筑法律和规定完成。对地方建设工作，建设部主要通过制定框架性的规定进行指导，具体实施办法则由各地制定，做到建、管分开。

三、联邦德国的建筑法典

（一）联邦德国建筑法典的立法目标

1986年10月23日，联邦议会将联邦建筑法和城市建筑促进法合并为联邦建筑法典。至此，德国终于有了一部超规模的建筑法律。这部法律没有因为以后东西德国的合并所作的修改而影响它的意义，相反它的立法目标一直是明确而实际的。根据当时的联邦参议院对建筑法典草案的立法文件所作的记录，建筑法典的立法目标是：

1. 将城市建筑的法律原则制定在一个统一的法典中，避免部分修改中产生的问题。如：单一修改城市建筑促进法或修改联邦建筑法，缺乏相互间的综合协调，特别是对土地价格的评价与城市建筑促进的要求之间的关系协调，土地价格越高，城市建筑就应节约土地的使用；如果造了高楼，又影响了环境、能源的供应和城市布局、城市景观等等。同时按照立法权限对法律的修改，对建筑计划的调整都存在着上下之间的矛盾和牵扯，这影响了统一化的现代城市发展的目标要求。

2. 建筑法典是以现代和将来的城市建筑发展为法律的根本任务，所以必须强化环境保护和纪念物（自然的或人文的）保护。城市建筑的正确方向应该是以城市和社区的内部发展为主要任务，按照立法者的要求就是改善和提高城市建筑方案的质量，强调环境保护和土地节约使用。

3. 简化法律和行政管理，减少、废除不是不可撤销的规定，使建筑要求简单化。

建筑法典将过去为数很多的规定加以删除，并以简单化的规定代之。如：没有实际意义的整顿建筑的规定。当然，在建筑许可上没有改变过去的规定要求，在建筑方案许可的程序上反而还扩大了要求。

4. 不仅在建筑指导计划的提出上规定了简单和快速的要求，而且提高了在建筑计划法上对法制要求维护的法律安全感。

这部法典在建筑指导计划及其保障上接受了原联邦建筑法的规定，即：禁止临时变更建筑指导计划、推迟建筑申请、分配建筑许可。同时，还改善了土地使用计划和建房计划之间的关系。

5. 强化了社区计划的权威

立法者不仅要求社区实行自治管理，还提高了社区在计划管理上的权威性。除了在城市建筑规章中要求登记的之外，都必须由社区对土地使用计划上提出的建房计划给予许可。这既不影响法律对建房计划的检查作用，也提高了社区对计划管理的权威。

6. 减除城市建筑领域的混合资助形式

在整顿时期存在的混合资助形式的整顿措施被新的建筑法典给删除了。尽管如此，对于城市和城镇的调整方案中的资助方式还是相当难区分的。

（二）自1990年以来的与建筑法典相关的其他建筑法律法规的制定

1. 建筑法典的附加法——措施法（Massnahmengesetz），它于 1990 年 6 月 1 日起实施。在联邦建筑法典实施后的第 2 年，联邦议会对住宅建筑在计划法和建筑法中的要求给予了简化，同时也改变房屋出租的规定。建筑法典的附加法的主要目标是清理在住宅市场中的过窄通行证的问题，即应该克服住宅建筑许可和住宅建筑中的住宅土地状况和证件的阻碍。

2. 在建筑法典附加法实施不久，1990 年 6 月 20 日，建筑计划和许可法规也生效实施了。这个法规包括了对新的地区（指原东德）的居民点，加快建设的建筑指导计划的规定和建筑方案的许可规定以及建筑整顿的规定。

还有比较重要的变化是 1990 年 9 月 23 日，联邦会议对建筑法典加了第 246 条的规定，这条规定是根据两德统一条约的要求作为过渡使用的条款。

3. 投资简化和住宅建筑土地法于 1993 年 4 月 22 日通过，从 1993 年 5 月 1 日起实施。该法改变了联邦建筑法典的许多内容，也包括了上述它的附加法的措施法的内容。但它主要是服务于东部新的地区，所以它与建筑法典第 246 条是一致的。比较突出的是它接受了在联邦建筑法典中的措施法的发展和内容，以及接受了城市建筑合同法的内容和对西部地区的方案计划及开发计划的内容。投资简化法和住宅建筑土地法还在加快程序方面给予了特殊规定：如按照建筑法典第 36 条第 1 款规定的需要最高行政管理局审查附议的程序被免除了，当然授权州立法者可在一定的建筑外部地区的事件中，仍然可使用这种审查附议。建筑计划通过城市建筑的规章的规定被简化了。许可计划被免除的可能性以及建筑外部地区的方案也被简化了。在建房计划中涉及到服务于公民居住需要的紧急情况可作为公共事务审查，并在 1 个月内给予说明。如果建房计划是满足为公民紧急建房需求或从土地使用计划发展出来的内容，那既不需要许可，也不需要向最高行政管理局呈报。投资简化法和住宅建筑土地法在根据联邦自然保护法第 8 条的规定执行中还存在着明显的法律缺陷，即在社区命令的规定中如何来考虑用确定方式对待建筑指导计划和其他规章中涉及的征用、补偿和赔偿问题。

四、特别的城市建筑法

（一）城市建筑的整顿措施

建筑法典是对城市建筑促进法作了一些变化而加以规定，其中最有意义的是把发展地区的确定条款（原城市建筑促进法第 53 条）给取消了，代之建筑法典第 165 条以下的规定，它只针对已存在的地区为限。建筑法典第 136 条以下的规定以此为界限，只是针对城市建筑中的弊端。如：一般要求只是对健康的、能满足城市建筑功能的住宅提出。建筑领域整顿的最大作用是涉及公民利益，建筑法典第 137 条、138 条规定了房产所有者、租借租赁者、其他相关人员共同参与建筑整顿。这种整顿有两个程序阶段：准备阶段和实施阶段。在准备阶段的核心问题是社区按照建设法典第 142 条规定，制作整顿规章的文件。在整顿以外的土地，可作为替代或补偿的地区来确定。在整顿以内的土地需同建房计划中涉及的所有公私利益进行权衡，这种权衡所需要的前提是社区对未来发展的方案。

确定一个整顿地区的方案，按照建筑法典第 144 条第 1 款规定：有许可的义务对设施的建立，设施的使用、变更或设施的拆除；土地的分配；对住房合同和租赁合同给予 1 年以上的时间解除；土地转让、债务及由此产生的债权合同的许可义务。这种许可义务，必须保证不是在整顿过程中通过事实情况的改变而使整顿复杂化。这种许可义务是独立的，由社区主管。许可的给予原则上有一个法律请求权，当然也可以拒绝。

城市整顿实施的标准，就是在合法的措施以及建筑的措施两方面给予保障。合法的措施是根据建筑法典第147条规定，在改变土地界限，通过社区改变工商用地、企业迁移以及开发设施的建造等方面遵守规则要求，合法措施的主管是社区。建筑措施是根据建筑法典第148条规定，建造者必须保证按照目标要求和符合通风等要求的实施，社区对公共建筑和援助的建筑设施的建筑措施进行主管。建筑法典第148条第2款规定了建筑措施的适用范围是，现有房屋的现代化和维修新的和替代房屋的建造、社会共同需求的设施建造、企业的转移和改造。

在城市整顿措施的实践中经常碰到的是改造费用问题，在所涉及的费用上社区总是第一个承担，接下来是土地所有者承担。在这种整顿措施实施中如果土地地面受到损失或土地价格必须降低，那么社区就要对其进行补偿（建筑法典第153条）。一般来说，在涉及城市建筑整顿措施时，土地所有者都会对他的土地升值估价。如果不是土地所有者投入资金，使土地财产价值上升，按照建筑法典第154条规定，社区可去掉这种超价值估算的费用，土地所有者必须接受这种义务支付的补偿费用。

（二）维护城市建筑的规章

建筑法典第172条授权社区制定，维护建筑区域的城市建筑的原来类型、维护住宅居民在城市建设结构改变时的整体性。这种规章适用于所有的计划决定中的利益权衡要求。但在此社区是被限制用规章规定，只要是涉及建筑法典第173条第1款规定，房屋拆除以及其他措施的许可中，由许可管理局负责。在适用维护规章中，如果提出的措施涉及本地风景或风景区保护内容，涉及影响住宅居民整体性，可拒绝许可给予。在维护城市建筑的规章实施中许可的主管部门是许可管理局，它与社区在默契一致后共同决定许可的发放。

（三）城市建筑的要求

1. 建筑要求（建筑法典第176条）

在建房计划范围内或在没有计划的建房范围内，社区可以强制许可建筑要求，以求没有建房的土地与建房计划的确定和现实的建房结合一致。这种许可只允许原则上确定建房土地，因为这是土地所有者自己考虑的事情。他可以根据建筑法典第30条、34条规定，来决定哪一种建房方案是他想实现的。如果是马上就能按照城市建筑理由提出建房要求，按照建筑法典第176条第2款可以给予许可。比如避免新的建筑土地开发而使用原来建房土地空缺，或如果能改善使用现有的基本设施。

建筑要求不允许对非具体的土地所有者提出，尽管经济上是不苛刻，但只能对具体土地的所有者提出。如果该土地所有者有能力自己建筑，可给予许可，否则可通过要求社区收去土地给予补偿。如果建筑者不是按照建筑要求履行，可通过强制措施和确定强制费用来履行建筑要求。

2. 现代化要求和维修要求

社区可以按照建筑法典第177条规定要求房产的所有者，对他的建筑上的缺陷和不良状况进行清除。不良状况是指在城市建筑的一般要求上，对健康的工作环境要求上是不正常的，缺陷则是指该建筑在使用年限、风雨影响符合规定的情况下对设施的使用或在外部环境上（道路交通）的损害影响。现代化要求和维修要求的费用按照建筑法典第177条第

4款规定，如果所有者从房屋租金中收回的由房产所有者承担，其他情况则由社区补助，须对出租的房屋实施维修，社区可以给予承担者一个替代的房屋作为搬迁使用。

3. 绿化要求（建筑法典第178条）

现代化城市建设要求绿化内容，根据建筑法典第9条第25项规定，这种绿化要求应该作为建房计划实施的内容。在建房计划中绿化计划作为一个独立的部分来规定。社区通过通知的形式来要求房产所有者，在规定的限期内完成建房计划中要求的绿化任务。

4. 拆除要求（建筑法典第179条）

如果在建房计划中有与建房计划有抵触的或不能再行维修的建筑设施，社区可按照建筑法典第179条第1款规定，许可拆除。但拆除有两种情况，按照建筑法典的规定所有者可以不自己拆除，而只是容忍拆除，但如果按照地方建筑法典第65条规定，则自己有义务拆除。如果已经有替代的房子时，可全部拆除，如果没有就不能强制执行拆除。在拆除要求实施中，如果造成财产损害的必须给予赔偿（建筑法典第179条第3款），当事人也可要求给予土地赔偿。但这种赔偿条款的适用，在非计划的建筑土地上是不适用的。

五、联邦德国建筑法中的相邻关系保护

（一）相邻者的概念

按照行政法院判决的说明，相邻者不仅是地方建筑法规第55条规定的相邻者，而且也包括在建筑、使用建筑设施中所涉及的利益相关者（行政法院判决第28号第131页）。在相邻者区域关系上可涉及到排放污染的主要的工业地区的私人住宅，甚至在原子能发电厂可追溯到100km以外的地区的居住者。在法律观点上这种相邻关系的确认，不包括房屋的承租人和建筑设施的租赁人。因为他们是经常被更换，而且在责任承担上只与所有者之间发生关系。但这在法律界有分歧看法，按照行政法院判决（1989年，新法律周刊，第2766页）的观点，承租人只要不是房产而是其他法律客体被损害，特别是健康和身体的损害，按照宪法第2条第2款的观点，同样必须受到保护。

在相邻者关系的划分层次上一般法律观点是这样的：按顺序可以使用法律手段对相邻关系损害提出请求的人是，整幢房产的所有人、一个楼层的房产所有人、一套房产的所有人、一间房产的所有人、在遗产土地上建房的人、用益权的人以及通过不动产登记的购买人和抵押债权人或在用物权上有优先权的人、在该房产进行营业活动的候补人。从一套房产的所有人起，可独立或共同对建筑方案所涉及的违反公法规定的相邻侵害实施抵制权。

（二）相邻者的法律地位的保护前提和建筑法律对相邻关系保护的规定

首先，对相邻者的法律保护前提是只要有违反相邻关系的法律规定，相邻者就可以提出保护要求。如果在建筑许可中存在着一种违法的情况，但这不是相邻关系保护的法律理由，那当事人就不能提出保护的要求。

第二个前提是，这种违反相邻关系保护法的情况是与自己的利益相联系，即这种侵害是具体的。如果这种侵害是涉及整体利益时，与自己的利益没有联系，那也不能提出保护要求。

第三个前提是对相邻者的保护不能只是纯粹针对公共利益要求，它必须涉及宪法规定的对人身或财产利益的保护客体，如果没有涉及这种客体时也不能提出保护要求。

除此以外，在建筑法典中与相邻关系保护要求有关的规定还有：建筑法典第30条至

33条，建筑法典第34条和建筑法典第35条以及建筑法典第29条，关于开发的规定和地方建筑法规对相邻关系的保护规定。

（三）相邻者保护的程序法律规定

在程序法律对相邻者的保护关系上只有两个内容是被考虑的：

1. 公民参与建筑指导计划的制定，如果一个建筑计划中的利益权衡没有经过公民的参与，而制定的建房计划与私人利益又是相关的，相邻者可以提出程序上的相邻关系保护的要求。

2. 相邻者参与许可程序，在此相邻者以不作为的方式参与了建筑许可程序也被包括在内。如果一个应该有许可程序的建筑方案，在没有建筑许可的情况下实施了，相邻者只能自愿地向建筑管理机构提出对此审查的申请，如果其中没有涉及侵害相邻关系的实体利益，就不能作为相邻关系给予保护。

六、德国建筑劳动保护法规介绍

1996年，德国联邦劳动部颁布了新的《劳动保护法》。1998年10月，联邦议会授权联邦劳动部颁布了《建筑工地劳动保护条例》；1999年，又颁布了该条例的说明，该条例共有40个相关的配套细则。截止到2001年，已出台了4个细则，各个州（区、市）政府的劳动局负责该条例的监督管理。而建筑安全技术标准，则由德国建筑行业的外部和内部安全保证法律规定分别作一论述。

就建筑企业外部安全保证制度，德国《劳动保护法》规定，建设方在向当地建筑管理局递交报建申请的同时，还必须将建设项目的情况以书面的形式通知当地劳动局，否则将被处以行政罚款。建设地劳动局将对建设项目建成后涉及使用安全的方面进行重点审查，如果发现其中有不符合该法要求的，就不予以批准项目开建。此外，劳动部门还对施工中涉及个人劳动保护方面，即工人的安全防护情况进行检查。发现违章现象，如工人不戴安全帽，或者每名工人徒手搬运物体的重量超过25kg等，将对该工人和建筑承包商各处以100马克的罚款。同时，按照德国《劳动保护法》第7条的规定，在德国的建筑工业必须加入德国建筑工业联合会。该行业协会在制定行业标准、开展工伤保险和对安全专业人员进行资格认可、进行事故处理等方面发挥着重要的行业管理作用。该法还规定，建筑企业必须按德国建筑工业联合会制定的标准缴纳工伤保险金。可以这样说，德国建筑工业联合会在决定建筑企业市场准入方面扮演着重要的角色。但是，德国是高度发达的市场经济国家，建筑工业联合会不能通过将建筑企业除名，来扼杀企业的建筑业营业资格，而只能对安全事故频繁的建筑企业提高工伤保险金或进行高额罚款（属行业自律行为），使得企业无力继续经营，在竞争中落败，以致破产后自行退出市场。

就建筑企业内部的安全保证制度，德国《劳动保护法》也有具体的规定。该法规定建筑企业有保证员工安全与健康的责任和义务，企业内部必须设立劳动保护委员会。对那些能促进保护建筑业员工安全和健康的技术措施和生产方法，建筑企业应该优先采用。同时，建筑企业内部应有健全有效的对建筑工作岗位危险性的评估机制，并根据建筑工程中岗位危险程度的动态变化，及时调整其危险等级，并给以相应的保护措施。同时，该法用专条规定，建筑企业对新员工和孕妇的劳动保护更应重点关注，并要向劳动局书面报告企业对新员工的劳动保护情况。对孕妇的劳动保护要建档记录，以备劳动局定期检查。如果不建档备案，将被处以 1.5 万马克的罚款。同时，德国的行业协会规定，企业内部还要设立安全专职人员来具体负责安全工作。德国企业安全管理工作的外部动力主要来自两方面：一是企业依照《劳动保护法》缴纳的工伤保险是一种同企业安全业绩直接挂钩的强制性保险，将影响到企业每年的投保金额，如企业安全业绩突出，保险费最多可以少交 50 万马克 1 年。二是重罚机制，基于劳动局、监督局或行业协会对有安全事故发生的企业的罚款，很可能使建筑企业不得翻身。所以在德国，各建筑企业都把安全看得很重，这也是德国建筑低事故率的一个保证。

第二十一章 德意志联邦共和国建筑师法

第一节 联邦建筑师联合会（BAK）

一、性质

联邦建筑师联合会（Bundesarchitekammer 简称 BAK）是 1969 年 6 月 2 日经过各州建筑师联合会协商后决定成立的团体。

BAK 的成员（会员）是联邦德国所有（11 个）州的建筑师联合会。BAK 的 11 个会员，都是根据各州的州法成立并具有法人资格的团体。BAK 是这些法人的联合体，BAK 章程第 1 条（名称和本部）规定，除了叫联邦建筑师联合会之外，还叫"建筑师联合会的联合体"，本部设在波恩。

联邦建筑师联合会虽然是由法人协会组成的团体，但它本身不是按公法成立的。成立时原打算以法人资格成立，后来在 1969 年联邦议会讨论联邦建筑师法时，当时的总统认为该法不符合宪法精神，专门设置了委员会研究该法和宪法不符的地方，同时也研究该法对州的自治权制约的地方。由于有违反联邦宪法之嫌总统拒绝签署，所以该法至今没有成立。

联邦建筑师联合会的主要任务如下：
1. 向会员提供有关建筑、土木建筑方面的情报；
2. 在业务上和政府有关部门进行必要联系；
3. 确立建筑师业务和报酬的基本原则；
4. 制定建筑师权利和义务的标准原则；
5. 制定建筑教育方案，促进补习教育和继续教育；
6. 在建筑、土木建筑专业方面和其他同类单位积极进行交流；
7. 鼓励各州联合会之间的协作和定期的知识交流；
8. 开展国际间的交流和合作。

二、德意志联邦建筑师协会（BDA）

德意志联邦建筑师协会（以下简称"BDA"）是德意志联邦共和国领导下的建筑师职业团体，1903 年成立。

BDA 是 11 个州建筑师协会的联合体，在州协会的自由职业建筑师正式会员大约有 4000 人，另外还有加入州协会，居住在国外的特别会员 450 人。由于 BDA 协会限定只有自由职业建筑师才能成为正式会员，所以规模较小，各州协会是独立的法人，它们结合起来组成了联邦协会。

第二节　各州建筑师法

如前所述，联邦德国有 11 个州。各州制定了本州的建筑法，并据此建立建筑师联合会，进行州建筑师注册活动。联邦德国没有全国统一的建筑师法。

各州的建筑师法，是经过联邦德国建筑师联合会协调制定的，其构成大致相同。因此，我们只介绍北莱茵—威斯特法伦州建筑师法和巴伐利亚州建筑师法。

一、北莱茵—威斯特法伦州（NW 州）建筑师法

北莱茵—威斯特法伦州建筑师法，1969 年 12 月 4 日制定，1974 年 12 月 3 日、1978 年 4 月 25 日、1980 年 3 月 25 日、1982 年 4 月 6 日修订。本法律经州议会通过公布。

二、建筑师注册

居住或工作在 NW 州，并符合下列各条规定中的一项者，可以申请在本专业建筑师名册上注册。

（一）在德国大学或专门单科大学，读完所规定专业之一，合格。此后至少在该专业参加实务活动毕业考试 2 年以上的人。

（二）在德国大学或专门单科大学所规定专业的教师。

（三）具有就任"建筑工程"方面部门的领导或高级建筑技术行政官员资格的人。

三、北莱茵—威斯特法伦州（NW 州）建筑师联合会与建筑师制度

建筑师联合会在 1969 年 12 月 4 日成立，根据第 2 年 4 月 1 日实施的 NW 州建筑师法规定，联合会是公共法人，在联合会建筑师名册上注册的全部建筑师都是联合会会员。

（一）建筑种类

在 NW 州建筑师（Architeke）有以下 3 种：

1. 建筑师（狭义）（Architekt）。
2. 室内设计建筑师（innenarchitekt）。
3. 园林建筑师（庭园、景观建筑师，Garten und Land schaftsarchitekt）。

（二）建筑师的任务

1. 建筑师（狭义）的任务是对建筑物进行外形的、技术的和经济的设计。
2. 室内设计建筑师的任务是对室内进行造型的、技术的和经济的设计。
3. 园林建筑师的任务是对庭园和景观进行造型的、技术的和经济的设计。
4. 在设计和施工的有关方面，同建筑业主协商，提供咨询，代行施工监理，也是建筑师（广义）的任务。
5. 参与城市规划方案、国土规划是建筑师（狭义）和园林建筑师的任务。

（三）建筑师名册

联合会建立建筑师、室内设计建筑师、园林建筑师各自的名册。原则上，名册上只能登记建筑师、室内设计建筑师、园林建筑师的姓名。联合会注册委员会决定注册后，才能

在建筑师名册上注册。

（四）职业原则纲领

建筑师有为公共利益服务的义务，在这个原则下完成雇主或委托人交给的各种任务。

1. 职业要求建筑师贡献出自己的知识、能力和经验，以实现公共性和个人性为目标做出适合人类的建筑设计。

2. 建筑师必须遵守建筑艺术和建筑技术的一般规律以及建筑方面的法规。

3. 建筑师要有自己的风格和特点。

4. 为了完成设计课题，可以和其他专业的特殊专家及其所属者共同合作，这个共同体必须公开。

5. 建筑师可以个人公司（Personengese Llschaft）或法人的形式进行业务活动。

6. 被雇用或担任公务的建筑师在从事业余建筑活动时，必须按法规和合同规定进行。

7. 所有的批评要具体，要接受批评，不允许有轻视其他建筑师人格、工作方法、业务知识和业务能力的表现。

8. 同一个建筑设计委托给两个建筑师的交涉过程中，了解这种情况后，在已有约束没有解除的情况下，两个建筑师除了收取预定过程的报酬外，不能接受建筑业主的委托。建筑业主更换建筑师，后面的建筑师必须确认前一个建筑师的委托关系已经结束，方可接受委托。

9. 建筑师和所有的合作者都必须缔结书面合同。

10. 作为公务员或被雇用者的建筑师在接受委托时，应尽可能给予适合委托时现行的报酬。

（五）禁止建筑师在工作中谋取不正当的利益

1. 建筑师不能要求或追求对业务工作的自由创作可能有影响的利益，也不能接受第三者的馈赠。

2. 建筑师必须使自己的合作者和自己站在同一立场。

3. 不允许建筑师接受按建筑业主提出的报酬和其他利益的约束。

4. 建筑师可以进行获取和建筑设计及建筑施工有关的土地和融资活动。

5. 建筑师被建筑企业雇用或参加企业都必须公开。

（六）建筑师尊重他人的著作权

1. 建筑师可以要求由自己或同其他人合作完成的设计的著作权或共同著作权。一个设计在什么范围内是自己的著作权，哪些是别人的思想、精神的帮助或参加设计必须分清。

2. 在设计图上有意抄袭、不说明出处的建筑师不论在民法上或刑法上有无责任，都是对职业规则的重大违反。

3. 禁止建筑师在不是自己的作品，或不是自己指导下完成的设计图上签名。建筑师要促进公开竞争意识，拒绝参加不按设计竞赛原则和纲领评审的竞赛，不担当其评委或预备评委。

（七）建筑师按取费规定收费

1. 建筑师有关的所有合同业务，都要按取费规定签订合同进行结算。不得违反现行的取费规定，不能为取得不正当的竞争利益而回避规定，完成的工作和要求的报酬必须相当。

2. 作为具有专门知识的市民自由发表意见,建筑师在不是追求个人经济利益的前提下,有权以专业建议的形式,在公共场合无偿使用自己的业务知识。

(八) 对建筑师的职业裁判程序

违反会员职业义务的处理,由"建筑师职业裁判所"进行。它的组成以及裁判程序如下:

1. 职业裁判所的设置。对建筑师进行职业裁判程序的裁判所,第一审是"建筑师职业裁判所"设在杜塞尔多夫的行政法庭,第二审是"建筑师州职业裁判所"设在高等行政法庭。

2. 职业裁判所的组成。建筑师职业裁判所的组成:第一审的建筑师职业裁判所,由担任裁判长的职业法官1名,作为名誉陪审官的建筑师2名组成,进行审理和判决。

陪审官中的1人,必须和被告是同一专业,并有同样活动形式的建筑师。建筑师州职业裁判所的组成:第二审的建筑师州职业裁判所,由包括裁判长在内的3名职业法官和2名作名誉陪审官的建筑师组成,进行裁决。

3. 职业裁判所的职权。职业裁判所对职业上违反行为的联合会会员,进行处罚。公务员会员在违反公务员的义务时不服从职业裁判权。职业裁判所可以给予如下的判决:

(1) 警告;

(2) 严重警告;

(3) 20000马克以下罚金;

(4) 解除联合会的职务;

(5) 5年以内停止会员权;

(6) 注销注册。

其中(2)、(4)、(5)的处分可以和(3)并罚。(5)的处分包括了(4)的处分结果。

4. 法官的任命。职业法官的任命,建筑师职业裁判所的审判长,建筑师州职业裁判所的审判长、职业法官、陪审官以及他们的代理人,由州政府任命,任期4年。

5. 名誉陪审官的任命。建筑师职业裁判所和建筑师州职业裁判所的名誉陪审官以及他们的代理人,由选举委员会选出,任期4年。

6. 程序开始的申请。申请职业裁判开始,可由下列人员向职业裁判所提出:

(1) 联合会。

(2) 行政监督机关。

(3) 被怀疑违反职业义务的联合会会员。被怀疑者,在程序的任何阶段,都可以使用诉讼辅助人。

7. 驳回申请。职业裁判所审判长,对于没有明确理由的申请,可不经判决驳回。申请被驳回时,申请者在接到通知后2周内,可向职业裁判所请求决定开始。

8. 决定程序开始。决定程序开始时,职业裁判所要把记有被怀疑者必须承担的责任以及预审官名字的决定书,送交被怀疑者和申请者双方。当情况非常清楚时,职业裁判所可中止预审程序直接公判,并按判决程序进行判决。

9. 预审程序。询问被怀疑者,被怀疑者在预审程序中要受到询问,因此要接受传讯。

申请者也要参加询问、接受询问。

（1）证人、专家的宣誓。为了防止程序延迟和得到真实的证言，必要时证人和专家要进行宣誓。

（2）证据调查。被怀疑者和申请者都要在证据调查时，接受传讯。询问证人和专家，要被怀疑者在场。如果预审官认为必要，也可在被怀疑者不在时进行询问，这时被怀疑者再出场时，应立即知道询问的结果。

10. 决定程序。简单的案情，职业裁判所可不进行公判，用决定进行判决。决定可给予警告、严重警告、20000马克以下罚金的判决。决定不是宣告无罪判决，决定要连同其理由送交给被怀疑者和申请者双方。对该决定，被怀疑者以及申请者可以申请口头辩论。申请要及时进行，在申请未予撤回时，该决定被视作不予执行。

11. 公判。职业裁判所不能按决定程序作出决定时，或有口头辩论的申请时，由审判长指定公判日期。审判长应使被怀疑者、他的诉讼辅助人、申请者及其他有资格申请者出席公判。审判长认为有必要时，可以让证人和专家出席。

（1）公判开始。公判时，当依法受到传讯的被怀疑者无故缺席时，审判即缺席进行。公判时，审判长或审判长任命的报告者要宣读报告的重要部分。

（2）证据调查。在被怀疑者出庭的场合下，首先听取被怀疑者陈述，然后听取证人和专家的陈述。这时刑事诉讼法有关的规定可以适用，必要时让证人宣誓。证据调查结束后，先听取申请者或其他申请资格者申诉，其次听取被怀疑者以及他的诉讼辅助人的申诉。

12. 判决。判决的对象，在程序开始决定及其补充中，记载的违反职业义务行为者，才是判决的对象。判决必须以成为公判对象的事实和证据为根据。职业裁判所认定职业上违反义务的行为已被证明时，按法律规定的条款中一项或数项进行裁决。除此之外先无罪判决。宣告判决，要宣读判决书，报告主要判决理由。

13. 上诉审理。对建筑师职业裁判所的判决，被怀疑者或一审过程中申请资格者可以上诉。有申请资格者为了被怀疑者的利益也可上诉。被怀疑者上诉，或有申请资格者为了被怀疑者的利益上诉时，判决不得变为对被怀疑者不利。审理上诉时，当NW州建筑师法没有其他的规定时，建筑师州职业裁判所的审理程序可援用建筑师职业裁判所的程序。

上诉如果超过了上诉期限或因其他理由不予受理时，州职业裁判所可予以驳回。对此决定，上诉人在接到决定后1个月内可以申请口头辩论。当该申请在依法进行时，相应的决定看作是不予执行。

14. 手续费的负担。被判为有罪的被怀疑者支付由法庭根据其违反行为情况和其他考虑确定的手续费（500~10000马克）。因被怀疑者产生的必要支出，在无罪判决时由被怀疑者承担。

15. 费用的补偿。职业裁判活动的人与物所需的经费，在各年度结束时，由联合会拨付。手续费、罚款等收入，作为州的收入。这个收入超出了必须交给州的金额时，其超出部分，作为下年度州联合会收入。联合会把这部分收入拨给NW州建的建筑师联合会福利机构。

第三节　巴伐利亚州建筑师联合会与建筑师制度

一、巴伐利亚州概述

巴伐利亚州人口仅次于 NW 州，是全国第二位（1096 万人）。面积在各州中最大（7055km^2），和奥地利国境接壤，从德国最高峰楚格施皮茨峰的南阿尔卑斯山岳地带，越过多瑙河一直到莱茵河这一广阔地带。

全州是水利资源丰富的农业地带，同时，世界一些知名的企业，如电气工业的西门子、AEG、汽车工业的 BMW 等都在本州。本州有世界最大的科学技术博物馆，还有设备先进的博物馆和美术馆。举办 1972 年国际奥林匹克运动会而闻名世界的慕尼黑市，是它的州府，人口 1338000 人，是仅次于柏林、汉堡的德国第三大城市。

二、联合会性质

巴伐利亚州建筑师联合会，是根据巴伐利亚建筑师法于 1970 年 7 月 31 日成立的团体法人。联合会建筑师名册上注册的全体建筑师，是其会员。

三、联合会任务

联合会主要任务如下：
1. 保护会员的职业利益；
2. 监督会员履行职业义务；
3. 建立建筑师名册；
4. 力图维持建筑师职业的连续；
5. 发展建筑技术；
6. 协助开展建筑设计竞赛；
7. 对建筑进行鉴定，发表意见，用提出建议及其他方法向行政部门提供帮助；
8. 调解会员之间，或会员同第三者之间关于建筑的纠纷。

四、建筑师注册程序

（一）建筑师的种类

在巴伐利亚州建筑师分以下三种：
1. 建筑师；
2. 室内设计建筑师；
3. 造园建筑师。

（二）建筑师的任务

各种建筑师的任务有下列几方面：
1. 建筑师（狭义）的任务是对建筑物和城市规划进行造型的、技术的和经济的设计。
2. 室内设计建筑师的任务是对室内进行造型的、技术的和经济的设计。
3. 造园建筑师的任务是对室外设施进行造型的、技术的、经济的以及生态学的设计，包括园林设计以及城市规划中该专业部分的设计。

4. 在计划立项、工程监理等方面，向委托人提供咨询或作为代理人，也属于建筑师、室内设计建筑师、造园建筑师的任务。

（三）建筑师名册

建筑师联合会制作建筑师、室内设计建筑师、造园建筑师各自的建筑师名册。原则上在建筑师名册上注册的人，只能是建筑师、室内设计建筑师、造园建筑师。在建筑师名册上注册，必须在联合会注册委员会决定同意的情况下才能进行。

（四）申请注册的资格

申请建筑师注册要满足下列条件：

1. 其住所、营业所、主要活动场所在巴伐利亚州，而且在德国的大学、德国公立或国家承认的技术学校或其他教育机构，学习建筑工程、建筑学、室内设计、造园等建筑师业务的专业，毕业后至少有3年的实务工作经验。在国外同等大学或其他教育机构毕业的人，也可以视为上述的毕业生。

2. 在注册建筑师的指导下，在建筑工程、建筑学、室内设计、造园等专业部门从事实务活动或同等工作10年以上，也可以申请注册。上述事项按德国基本法第116条规定，其前提必须是德国人。除欧共体加盟国的人和与德国有互惠关系国家的人以外都不能申请注册。

（五）申请注册

具备注册条件的人，向州建筑师联合注册委员会提出申请。申请时，要按说明书的要求填写申请书，附以必要的证明。其中证明参加建筑实务活动的证明书，要由雇主按所要求事项填写，然后署名、盖章。申请者在申请前，必须缴纳联合会规定的注册费用，金额如下：

1. 按州建筑师法第4条申请注册的注册费是300马克。

2. 按州建筑师第4条第3项申请，须进行考试的人，要追加费用800马克。

（六）审查申请书

注册委员会受理申请后，由委员长和6名委员组成注册委员会（狭义），审查申请书，决定可否注册：

1. 不同意注册。注册委员遇到申请者有以下情况时，不予注册：

（1）根据刑法（第45条）失去就任公职和被选举权，或被剥夺其选举权时；

（2）按刑法第70条被禁止经营事业或按刑事诉讼法（第132条）被禁止进行建筑师活动时；

（3）根据营业规则，被禁止从事职业时；

（4）受到法律判决，从判决依据的事实看，不适合做建筑师时；

（5）被宣告暂时接受监护，或已任命财产处置管理人时。

2. 考试的实施。申请者不属于州建筑师法第4条第1项规定的德国大学或其他教育机构，也不是在同等的外国大学或其他教育机构毕业，注册委员会为了检验申请者是否具有和受过上述教育的人具有同等的能力，要进行考试。考试由三部分组成。第一部分主要是和建筑法规有关的笔试；第二部分主要是检验设计能力的考试；第一部分和第二部分考试合格者，进行第三部分考试。第三部分考试是面试，面试时，一方面要参照第一和第二部分考试的分数，一方面按考卷分析出申请者的弱点，并对申请者是如何分析考虑、提出对策进行重点提问、讨论，判断申请者是否具有必要的能力。

（七）建筑师注册

注册委员会同意注册后，在申请者所属的专业建筑师名册上注册其姓名、住址、从事职业的种类（自由业、被雇用、公务员等）。在建筑师名册上注册后，发给注册者注册证明书。在注册的同时，就有了使用专业职称（建筑师、室内设计建筑师、造园建筑师）的权利。同时，也要承担职业上的义务。

五、建筑师的权利与义务

（一）建筑师的权利

注册建筑师在注册的同时，就成为建筑师联合会的会员，具有了建筑师的权利和联合会会员的权利。主要的权利有以下几方面：

1. 有按自己注册种类使用职业名称（建筑师、室内设计建筑师、造园建筑师）的权利。无权使用的人，如果使用这些名称或其结合语、类似语，将处以10000马克以下罚款。

2. 对必须由建筑行政监督机关发给许可证的建筑物有设计权。巴伐利亚州建筑法规定，建筑物的建设、改建变更用途、拆除等，原则上必须有建筑行政监督机关的许可。为了申请许可，要向建筑行政监督机关提交申请书和建筑设计计划书。而建筑设计计划书，必须是由有建筑设计资格的人做出，并在上面签字。

按州建筑师法，有权使用建筑师职业名称的人，才有资格进行建筑设计。因而建筑师对建筑物等在相当大的范围内具有排他性地进行建筑设计的权利。

3. 有权享受联合会提供的各种服务。建筑师作为联合会会员，能够享受联合会提供的各种服务，主要的如下：

（1）和非会员的第三者发生职业纠纷时，可以委托调解；

（2）可以参加设计竞赛；

（3）可以参加接受继续教育学院；

（4）可以接受福利机构的补助。

（二）建筑师的义务

建筑师在完成其职业任务时，还要承担作为联合会会员必须履行的义务，其中主要的如下：

1. 必须遵守职务规则的义务。会员必须遵守联合会制定的职务规则（职业道德纲领）。违反时要受到建筑师职业裁判所的裁判。

2. 和会员之间发生职业上的纠纷时，有接受调解委员会调解的义务。联合会会员间发生的职业纠纷，必须依靠联合会调解委员会调解。

3. 住所等变更时，有通知联合会的义务。会员的住所、事务所的一切变更，以及从事工作种类的变更（做被雇用者、公务员、自由职业建筑师、从事建筑业等种类变更）必须立即通知联合会。

4. 当被选任为联合会工作人员时，有接受和完成任务的义务。会员被选为联合会机构以及各种委员会的成员时，或被任命为建筑师职业裁判所陪审法官时，除非有重要理由，自己申请暂时或永久免职外，就有接受这些职务、完成这些任务的义务。

六、建筑师守则的维护

（一）建筑师职业上的义务

联合会会员担负州建筑师法第1条规定的职业任务。怎样具体完成这些任务，以同法第13条第1项3款为基础，由联合会代表大会制定巴伐利亚州建筑师联合会职务规则，该规则得到作为行政监督机关的内务部认可。

各建筑师在完成职业任务时，有遵守这个职务规则的义务。违反这个规则时，程度比较轻的，给予惩戒处分；违反程度重时，交付职业裁判所或处以罚款或注销注册。

（二）联合会代表大会制定的"巴伐利亚州建筑师联合会职务规则"

选择建筑师职业和完成职务的全部动机中，最优先的动机是普遍关心、充分理解环境对人类的价值。建筑师在工作中，必须考虑社会和个人的生活需要，建筑师解决的课题常常对社会的很大部分，在秩序上具有影响。作为各种职业种类的建筑师（自由职业、公务员、被雇用者、建筑业经营者等）都有义务注意以下的基本原则。

1. 对建筑师的活动必须给予尊重和信任。建筑师必须控制有损于职业声誉的行为。

2. 建筑师要致力于自己专业的发展，为了寻求合理、经济的方法，充分发挥自己的学术知识和实际经验。

3. 在指导设计任务时，建筑师要遵守和技术有关的一般原则和规律。

4. 建筑师在解决业主和上级委托的课题时，要奉献自己的经验和力量。建筑师要一心一意，用最优的知识完成课题。

5. 接受委托时，建筑师必须和委托人签订明确的合同。

6. 当条件不妥当，或没有实行的前提时建筑师不能接受委托。

7. 接受委托的建筑师，要向委托人讲明与自己协作专家的课题领域，并调整其活动。

8. 建筑师对于和建筑有关的人保护委托人的利益，在职业范围内以公正、合适、诚实和信任的原则代表委托人。

9. 建筑师不能为了个人利益，把职业上和经营上的秘密告知第三者。

10. 建筑师违反著作权是与职务不相称的行为。

11. 建筑师只能在自己完成的，或由自己指导和负责完成的图纸上签字盖章。和原设计有关的参与者，建筑师有义务在刊物上说明。

12. 被雇用的或者任公务员的建筑师，作为自由业者从事活动时，必须按法律上的副业规定进行。自由地接受委托时，从事公务员或被雇用的建筑师，不管委托人是否要求都必须说清楚活动的可能性和界限。和公务有关系的活动，不能是自由职业建筑师的活动。

13. 建筑师有义务把自己的住所、专业、学校、从事活动的种类，以及活动的结束，及时向建筑师联合会报告。

14. 建筑师以合伙人的形式活动时，在印刷品、印章等一切方面，必须列举出所有的合伙人。

（三）不能进行的业务组合

1. 禁止建筑师进行和其设计活动无关的营业上的建筑融资，不准建筑师从事不动产经纪人的活动，或协助不动产经纪人的业务活动。

2. 建筑师不能介入以自己受委托方式进行的土地交易。

（四）活动形态的识别性

1. 按巴伐利亚州建筑法第 2 条规定，使用职业名称的建筑师，必须能够辨别巴伐利亚建筑师法第 1 条规定的职业任务和其他业务的区别。因此，建筑师必须放弃有可能限制自己专业决定而又和专业有关的活动。

2. 建筑师在业务活动中以及与委托人接触中，必须能够辨别自己的行为是否超越了巴伐利亚州建筑师法第 1 条规定的职业领域，是否符合第 1 条第 4 项的限制。

3. 这些规定无论是直接的，还是间接的（例如有其他人介入）都不能回避。

（五）建筑师之间和对从业人员的态度

1. 建筑师相互之间或对其他人，必须以诚相待。对于其他从业人员和建筑师要尽到社会义务，建筑师向他们介绍自己的经验，在职业上帮助他们找到适合自己能力和条件、通向成就的道路。

2. 严禁建筑师直接或间接加害同事。建筑师要客观地对待同行的作品和业绩，以同样的精神，公正地看待自己的作品。

3. 建筑师尊重他人的著作权（知识产权），只有自己或在自己指导下，或自己帮助别人完成的业绩，可以要求著作权或部分著作权。

4. 建筑师对其他建筑师与委托人既存的业务关系，不能施加不利的影响。建筑师在接受委托人已和其他建筑师开始了的业务关系时，在和委托人签订合同关系之前，必须用书面通知其他建筑师。

5. 建筑师在设计竞赛中违反 GRW（建筑、城市规划设计竞赛原则和指南）所规定的正规设计竞赛方式时，是对其他设计竞赛参加者的不友好行为。

（六）完成职务的物质基础

1. 建筑师在完成职业任务时，有权要求正当的报酬，建筑师的报酬按取费规定计算。

2. 提供了其他服务，而且同时完成了建筑师的业务，也必须计算报酬。

3. 按设计竞赛规定进行的设计竞赛，适用于特殊规定。

4. 不能要求和接受手续费，或其他不正当的费用。

（七）设计竞赛

各种设计竞赛规定适用于参赛的建筑师，也适用于协助竞赛担当评委、预备评委的建筑师。

（八）建筑师的惩处

联合会理事会，如前所述，可以在一定情况下对违反职业义务的建筑师给予处分。

1. 处分的范围。理事会对会员能够行使处分的情况，是当会员违反职业义务的程度达不到可由建筑师职业裁判所审理的时候。当职业裁判所开始审理时，理事会对该会员的处分权立即消失。

2. 处分程序。理事会处分前，必须听取会员本人的陈述。处分的决定书上，必须附有理由，并说明对处理不服时的申诉方法。决定书的副本必须送交行政监督机关的州内务部，对处分决定不服时，要在接到处分后两周之内向理事会提出申诉。

该申诉由理事会处理。如果申述被驳回，申述人在收到驳回通知书 1 个月之内，可以向建筑师职业裁判所申请职业裁判程序开始。

（九）建筑师职业裁判程序

1. 裁判对象。为了维护建筑师职业的威信，违反会员义务的人员，是建筑师职业裁判所审理的对象。政治的、宗教的、学术或艺术上的见解和行为，不是裁判对象。公务员建筑师职务上的行为，也不是裁判对象。

2. 裁判的处分。建筑师职业裁判程序，可进行如下判决：

（1）警告。

（2）20000马克以下罚款。

（3）剥夺联合会机关的成员资格。

第二十二章　法国建筑师法

第一节　建 筑 师 法

法国是欧洲最早设立建筑人才培养机构的国家,所以,它的建筑教育与欧洲各国相比很不一样。

一、建筑教育的历史

17世纪,路易十四时期国家作为艺术家的经济后盾,采取了保护和支持艺术家的政策,创建了"皇家科学院",为会员提供终身养老金,保障会员的工作要求和社会荣誉。

1671年,创建了皇家科学分院——建筑科学院,及时开设了附属学院。这是欧洲最早培养建筑师的教育机构。这种学校只讲授书本知识,建筑实习在校外各建筑师的工作室中,用学徒的方式进行。这种"工作室教育体系",一直沿袭到20世纪中期,是法国建筑教育最显著的特点。

法国大革命后,建设的重点从原来的宫殿和公共建筑转为公共事业。土建工程技术迅速发展,本来没有太大区别的建筑和土建工程逐渐分离,建筑教育向美术教育倾斜。

二、建筑师职业法规

建筑是文化的一种表现。建筑创作、建筑的质量、建筑物与周围环境的协调、尊重自然和城市景观以及历史古迹等,与公共的利益密切相关。主管建筑许可和房屋买卖审批权的政府机关,通过对申请者的指导作用,保障该利益受到尊重。

(一) 建筑师的参与

1. 任何准备实施已批准的工程者,申请建筑许可时必须有建筑师参与完成的建筑设计。建筑师以个人、团体或其他形式参加设计,在需要建筑师协助的大范围业务方面,这一要求也适用。

建筑设计是用图纸和说明书表现建筑位置、构造、结构、数量并说明选定的色彩。建筑师不亲自担任工程监理时,业主要按照规定授予建筑师确定建筑工程是否符合设计要求的权力,如有不符,建筑师应通知业主。

2. 建筑增加面积其初步方案符合参议院法令规定的小规模建筑物要求,而且是为了自己使用的建筑时,改建申请人可以免除建筑师的参与。上述的方案因建筑的用途而异。

业主在申请建筑许可之前,必须和预建地区的建筑、城市规划、环境委员会协商,把委员会意见附在申请书内。

当建筑工程仅是建筑物内部空间改造、外部橱窗修建,而且建筑物外部形象没有明显改变时,可以免除建筑师的参与。

3. 可以反复使用的工业或非工业标准建筑和标准图,不论由何种用户使用,在出售以前全部由建筑师制作完成。为了使建筑物能与周围环境协调，在申请建筑许可之前，必须与建筑所在地的建筑、城市规划，环境委员会协商。

（二）建筑、城市规划、环境委员会

1. 各省按参议院法令规定的标准条款设置名为"建筑、城规、环境委员会"的联合机构，标准条款规定政府、地方自治体和有关企业的代表，和地方团体活动中有影响的专家互相联合的条件。

建筑、城市规划、环境委员会的委员长从政府代表和与之人数相同或更多的地方自治体代表中选出。

2. 建筑、城市规划、环境委员会在建筑、城市规划、环境各方面向群众提供信息，进行启蒙教育，培养参与意识。委员会直接或间接参与对业主、企业界以及建筑领域有关的政府和自治体职员的培养和教育。

委员会为了保障建筑物的建筑质量，保障建筑与周围城市和农村环境相互协调，向要求建筑的人提供信息和指导，并给予恰当的建议。但委员会自身不能作为业主。

委员会为自治体和行政部门咨询有关建筑、城市规划、环境的一切问题；委员会向省级城市规划委员会和建筑许可常务会议派送代表。

第二节 建筑师的业务活动

一、提出申请并可在地方建筑师名册上注册的人，必须是享有公民权，有必要的道德保证，具有法国国籍或欧共体成员国国籍的自然人。同时还要满足下列条件中一项：

1. 具有国家承认的建筑教育课程或职业训练课程文凭、结业证或其他证明书；
2. 按参议院法令规定的条件，按其实际业绩，文化部长认可其资格者。

二、具有非欧共体国家国籍的自然人，根据国家互惠条约或协定，如果具有和法国公民同等的建筑教育文凭、结业证或其他证明书，享有公民权，能提出道德保证，也可以在建筑师名册上注册登记

不满足以上条件时，可按政令规定的程序从事建筑师的业务活动。该政令规定了未在地方名册上注册的外国建筑师在法国进行一定的设计时，需具备的条件。

三、为了业务上的合作经营，建筑师和建筑师之间，建筑师和其他自然人可以共同结成建筑法人

四、建筑法人建立股份公司或有限公司时，必须满足以下条件：

1. 公司的股票必须为记名式股票。
2. 建筑师持有半数以上股票。
3. 新入股者必须由总会三分之二以上人员事先同意。
4. 任何职员不得持有半数以上股票。

这项规定不得适用于个人私立有限公司。董事长、经理、专务董事、常务董事和监察委员的半数以上，以及董事会、监事会成员的半数以上必须是建筑师。建筑师资格由团体协约承认，任公职时要有资格证书。

作为共同经营者或被雇用的建筑师，不经合作者或雇用者的明确同意，不得以其他形式从事活动。建筑师在从事业务活动时，必须向顾客表明自己的资格，建筑师所选择的一种或几种营业形式要在建筑师名册上登记，有变动时要在名册上订正。

政府的公务员和公共机关的被雇用者有必要从事其资格以外的活动，为其他公关机关或私人设计，完成业主的委托时，必须按参议院法令规定的条件和范围进行。

5. 所有的建筑设计文件，都要有参与工作的全部建筑师签名。

6. 因职业行为或其使用者行为而有可能被追究责任的所有建筑师，不论是法人还是自然人都必须有保险作保障。

建筑师作为公务员，要对其业务行为负单独民事责任，并加入保障其行为结果的保险。

不管何种场合，施工单位和建筑师，有时和建筑师的雇主签订合同时，合同上都必须附有保险证明书。无论法人的形式如何，所有建筑法人要为建筑师进行的工作负连带责任。

当建筑师是能够颁发建筑师资格证明的法国学校教师，作为自己的职责和学校教育计划的一部分，完成建筑设计，实施某项委托时，学校要对他为学校进行的工作负单独的民事责任并加入保障其行为结果的保险。

7. 无论营业形式如何，所有建筑师必须按照法令规定的方式和条件呈报自己接受的建筑设计。

8. 所有业务合同签订之前，建筑师和以建筑直接和间接获利为目的而营业的自然人或法人之间的个人以及业务上的利害关系，必须向所辖地方委员会申报。一切业务合同签订之前，建筑师必须把这些关系告知所有顾客和雇主。

9. 经过和建筑师协会全国委员会的讨论，并和建筑师工会的协商，由参议院令公布的业务上的义务法，明确规定了本职一般规则和各种营业形式的特殊规则，根据这些规则和本法可规定，为私人完成任务时有关付给建筑师报酬的规则。

10. 法院有权判处违法建筑师3年以内或终身禁止营业。

五、惩处的实施

停职处分期间和注销注册后，要停止建筑设计业务。受到停职和注销注册处分的人不能称作建筑师。

被注销注册的建筑师经过3年可以重新向宣布注销资格的司法机关申请注册。

当受停职和注销注册处分的建筑师是个人营业时，地方委员会要采取必要措施使他所承担的业务得到最好的管理和清算。

第三节 建筑师职业道德条例

一、建筑师的任务

建筑师的使命是参与一切和建筑行为及空间装备有关的事务。一般建筑师完成业主的任务，除进行建筑设计之外，建筑师还参与下列的任务。

1. 城市装备和规划，包括绘成图纸；
2. 出售；
3. 日程安排；
4. 企业咨询，企业合同准备，工程调整及监理，其他一切事前调查、实现设计所必须的准备；
5. 支援业主；
6. 指导和审定；
7. 教育。

二、建筑师的义务

1. 对于工程承包人的估算、投资者和承包人以及和制造商有关的合同，建筑师必须以客观公正的态度对待；评价企业的能力、资格和业务水平时也必须客观、公正。

2. 建筑师要保持和不断提高自己的业务水平。为此要学习和接受培训，并进行研究活动，特别是要参加和支持建筑师协会组织的活动。

3. 未参加设计的建筑师任何情况下都不许在设计上签字，也不许要求报酬。禁止互相通融的签名。

实际参加设计的所有建筑师，其名字和职务经当事者同意后明确记载在参加部分中。

4. 所有建筑师必须参加对建筑设计有共同利益的活动。在签订合同之前，建筑师要确认其中没有违反职业道德和被迫的条款。

5. 建筑师从事多种不同业务活动时，必须对其完全清楚、独立、公开。禁止暧昧地导致误认和欺瞒。禁止利用雇客和雇主的无知为建筑师获得物质利益和不让他们了解业务职责的活动，禁止建筑师和他人进行非法合谋。

6. 建筑师必须回避对自己的裁定。在现行法规条件下，建筑师在同一任务中不得同时进行建筑设计、业主的活动及检查以及业务查定。

7. 建筑师必须具有能在协会名册上注册的根据，诸如法国或外国的文凭、证明书或与资格相称的其他明确记载其资格和职务的执照、证明书。

三、对雇客的义务

1. 建筑师业务上的所有合同，必须规定其任务或参与的内容、范围及报酬方式，并在签名后交换协议。这个协议须遵守本政令的规定，明确规定建筑和雇主间关系的基本规则。

2. 建筑师要全面、公正廉洁地完成任务，尽职尽责。避免违背业务职责，出现使人对廉洁怀疑和一切会失掉职业信誉的情况和态度，在整个合同期间建筑师要向雇客和雇主提供自己的知识和经验。

3. 建筑师必须避免自己应得的利益可能比雇客和雇主利益优越的情况，同时也必须避免产生可能对雇客和雇主有损信誉的一切情况。

4. 建筑师在业务上负有保守秘密的义务时，一切对义务的违背都构成过失。

5. 建筑师法中有关建筑师义务第3条规定，建筑设计至少包含以下项目规定的图表和说明书：

（1）占地、地段的协调，气候的适应；
（2）建筑红线，建筑物间的最小间距，地形利用和房屋位置；
（3）建筑物的构成，表明建筑物相互关系的总图；
（4）建筑物的构造，表明房间布置、功能、形状、尺寸的平面图和立面图；
（5）建筑物的空间，表明各种形态要素及内部空间组合的剖面图；
（6）选用的材料和色彩。

四、对同行的义务

1. 建筑师要维护相互间的友谊，互相给予精神支援和帮助。
2. 同行间的竞争必须是靠能力和对雇客提供的服务。

特别禁止下列不道德的竞争行为：
（1）试图掩盖设计和服务中的不足来获取雇客或强拉雇客；
（2）用中伤和一切手段夺取同行已接受的委托。

3. 不说和不做有失同行信誉的言论和行为。禁止使用妨害业主自由选择或者影响其决定的各种手段和压力。
4. 建筑师不准参加违反本政令规定的竞争和协议。
5. 临时由 2 名或数名建筑师共同完成一个任务时，协议要明确各自的职务和报酬分配，协议中要写明因协议而产生的所有问题，在向裁判机关诉讼之前，建筑师应委托建筑协会通过和议解决。
6. 在合同实施当中被要求代替同业者的建筑师，必须把此事通知同业者，保证不做违反友谊的活动。而且只有业主支付前任的报酬得到调停之后，才能接受任务。同时必须通知所属的协会地方委员会。接替死亡建筑师的工作时，建筑师必须保障接替前业务权利所有者的利益。
7. 建筑师在评价同行和同行的工作时，必须在了解情况的基础上公正发表意见。当担任包含检查、建议和判断的任务时，必须排除一切不负责任的态度。所有的意见、决定和判断必须明确表明，并有充分理由，不许掺杂个人成见。
8. 禁止剽窃。
9. 执行业务中，建筑师之间发生的一切纠纷，在向所辖的裁判机关诉讼之前，必须委托协会地方委员会进行和议。提讼的建筑师必须提交预审所需的全部材料。

本条规定不适用于担任公务员从事公共事业的建筑师。

10. 建筑师的宣传活动只能基于自己的业绩和设计，宣传不得牵连其他建筑师和第三者，宣传费由本人承担。

五、不同营业形式的特殊规则

1. 建筑师被委托的任务，由本人或在本人管理下完成。建筑师接受任务的数量和范围必须符合自己的能力、知识、个人参与的可能性、可能需要的手段以及由任务的规模和施工现场所要求的特殊条件。必要时，可请外部的专家帮助。
2. 做雇主的建筑师必须确认助手的能力，不论助手是否是建筑师，雇主建筑师要给每个协助者安排与水平相适应的职务,力求使每个人都胜任分担的任务和责任,并支付相应的报酬。

3. 建筑师要注意对自己的资格水平和具有手段有一个正确无误的评价。

4. 当建筑师对雇客在所设计工程中的流动资金不够清楚时,建筑师必须向雇客了解。除了提意见和建议之外,建筑师还必须使雇客理解建筑师提供的服务,并对其价值进行必要的说明。建筑师应按雇客的要求报告自己的业务完成情况,提供有关资料。建筑师尽可能不要作出会增加预算费用和未得到业主事先同意的费用的决定和命令。

5. 建筑师向外转包其他业务时,必须事先得到业主对承包者和转包合同中支付条件的承认。另外,向外转包的建筑师必须在转包后发出的全部文件上载明承包者的姓名和承包者所完成的业务内容。

6. 建筑师宣告废除合同,除非是雇客表示已丧失信任;或者是第13条所说建筑师的利害受到抵触,建筑师的独立遭到侵害;雇客违反了建筑师和雇客所定合同中的1个或数个条款以及其他正当理由,否则将会构成职务上的过失。

7. 建筑师担当工程监理时,要确认工程是否按自己确定的设计图纸和任务书以及施工手段进行。这时建筑师要把企业的计算书、估算书以及支出说明等文件经过确认后交给雇客。随着工程进展,按照签署的合同向雇客提出支付预付款和最后决算的方案。

8. 建筑师向雇客交接工程时,要在完成的报告上签字。

9. 按建筑师法第12条规定,所有建筑法人要在建筑师协会地方委员会建筑师名册上注册。固定资产、共同经营人员名单等的一切变动都必须呈报给地方委员会。属于不同地方的建筑师组合为同一个法人的情况,地方委员会如有要求,必须把共同经营的名单报告给相应的地方委员会,但建筑法人只在本部所属的地方名册上注册。

六、被雇用者

1. 被雇用的建筑师和雇主之间的合同要写明下列内容:
(1) 合同当事者的姓名和资格;
(2) 建筑师承担的义务,所给津贴及可供利用的手段;
(3) 提供服务的报酬条件;
(4) 对业务工作中产生责任担保的保险条件;
(5) 工作中的会计和职业规则。

2. 被雇用的建筑师不能按本政令规定条件进行工作时,要向雇主和所属协会地方委员会报告。

3. 被雇用的建筑师可以利用保证其身份的雇主发的证明书,证明书明确记载建筑师在参与业务活动中被雇用承担建筑师的工作。

七、有关报酬的规则

1. 建筑师的报酬,根据承担的业务计算。建筑师的报酬以现实的费用为基础进行计算,合同当事者同意时,可以采用包干法。这时,在业务开始前用绝对金额规定报酬。一次决定的金额,如因日程和业务规模变更等需要变更时,须经合同当事者共同协商同意。另外,当事者同意时,可根据公共的指数,用原来规定的办法重新评价。

2. 签订合同之前，建筑师要把规则和报酬方式告诉自己的雇客。这些规则和方式写在合同中，双方必须遵守。

3. 依据建筑法适用于私人的条款，承担强制业务的建筑师报酬，要参照政令"由私法上的供应者完成公共团体的任务时，给技师和建筑工作报酬条件"附件的费用表，根据业务难度、设计建筑物的成本和复杂性来决定。

对于新型工程的合同，要有准确完整的日程表，并在合同中增设一条：原来议定的成本估计过大或过小，超过允许范围时，可以减少当初预定的报酬。

第四节 建筑师守则

建筑师法把建筑作为文化的一种表现，从建筑创造活动、建筑物的质量、建筑物与周围环境的协调等和公共利益密切相关的方面出发，规定了建筑师的资格，并予以保护。作为代价，同时规定了建筑师在业务活动中必须承担的义务（建筑师法第 19 条），并以维持对建筑师的纪律约束为目的设立了惩戒建筑师法院。

建筑师法第 19 条，是由建筑师协会全国委员会提出，经与建筑师团体协商，并由政令公布的建筑师业务方面的义务规则。据此，1980 年制定了政令"建筑师职业道德纲领"（以下简称道德纲领）。

同法第 27 条和 29 条还规定各地设立惩戒建筑师地方法院，并设立它的上级法院——惩戒建筑师全国法院。建筑师违反建筑师法，道德纲领和其他法令，有重大过失，有不诚实和不体面的行为时，都必须经过法院审理，受到惩处。

一、建筑师的义务

在阐述建筑师必须遵守的义务之前，先介绍一下建筑师业务方面的法规。

（一）建筑师的业务

1. 建筑设计。建筑师法第 3 条规定"任何人申请建筑许可，经营建筑工程时，必须有建筑师协助完成建筑设计"。即申请建筑许可的建筑设计必须有建筑师参与完成。

如果申请建筑许可的工程按规定是属于小规模的建筑物，是个人自用建筑的新建、扩建或改建内部空间、外部厨窗或整个建筑外观没有明显变化的修缮时，可以无须建筑师介入。小规模建筑按政令规定是 $170m^2$ 以内的建筑。

2. 其他。建筑设计之所以必须由建筑师参与，因为这是建筑师独有的业务。此外建筑师还可以和下面所列的业务有关。这些业务一般认为是建筑师完成业主安排的任务。

（1）土地开发及城市规划。

（2）土地规划。

（3）制定施工计划。

（4）施工准备：承包公司调查和承包公司签订合同的准备、工程的调整和监理。

（5）对业主的协助。

（6）咨询和检查。

（7）教育。

（二）建筑师的业务形式

建筑师可以以下列任意一种或同时几种形式进行业务活动。

（1）用个人资格的自由职业形式。

（2）作建筑法人的共同经营者。

（3）作公务员或公共机关的职员。

（4）作政府或地方自治体所属的土地开发或城市规划研究机构的雇用人员。

（5）作个人建筑师或建筑设计事务所的雇用人员。

（6）作自然人和民法上法人的共同经营者或被雇用人员，为自己建造专用的建筑物，但不能从事不动产设计、融资、建筑、修缮、买卖、租赁、土地与建筑材料的买卖等业务活动。

（7）作农村建筑农业共同利益法人的被雇用人员。但作为共同经营者或被雇用人员从事业务工作的建筑师，在未得到共同经营者或雇用者的同意前，不能进行其他形式的业务活动。

建筑师选定的一个或同时几个形式的业务要在地方委员会的建筑师名册上登记。

（三）建筑师的义务

1. 参加保险的义务。由于自己或雇用者对经营活动有一定的责任，所以建筑师和建筑法人必须参加保险。当建筑师是公共机关的职员或是自然人和法人的被雇用人员，或是和建筑法人的共同经营者时，雇用该建筑师的人和共同经营的法人，在民法上对建筑师的业务行为负有单独责任，所以要参加保障行为结果的保险。

任何情况下业主和建筑师之间签订的合同上要附有保险证明书。

2. 按政令规定完成建筑设计的义务。无论以何种形式营业的建筑师，都要按政令规定的方式和条件完成委托给本人的建筑设计。

3. 向地方委员会呈报的义务。所有的业务合同签订之前，建筑师从事直接或间接从建筑业获得利益的营业，作为自然人的或法人的个人或业务上的利害关系，都必须向所辖地方委员会呈报。

同样，建筑师也必须把这些关系告诉所有的雇主和顾客。

4. 遵守法令的义务。

（四）违反义务的处罚规则

违反上述建筑师的义务者，罚款2000~20万法郎。违反第4项时，由惩戒建筑师法院裁决，给予惩处。

二、建筑师的惩处

建筑师违反法令，有重大过失或有不诚实、不体面的行为时，要受到处罚。

（一）惩戒建筑师地方法院

1. 组成。惩戒建筑师地方法院是建筑师协会的一个机构，按地方设置，它的组成如下：

行政法庭审判长1名（审判长）

行政法庭审判员1名

检察院审判员1名

建筑师协会地方委员会委员2名

地方委员会委员长不允许参加建筑师法院，裁判长由惩戒建筑师法院所在地方的行政法庭庭长担任。行政法庭审判员1名由庭长任命。检察院的审判员1名由建筑师地方委员会所在区域的检察长任命。以上2名审判员任期2年。

2. 职能。惩戒建筑师地方法院对被控的建筑师和建筑法人进行审理和判决。但对担任公务员和公共机关职员的建筑师不能审理。

3. 起诉。起诉是由地方委员会或政府代理人按自身的职权或当事人的请求提出起诉。政府代理人指地方长官、地方委员会中的政府委员及地方委员会所在地的检察院检察长。

4. 审判程序。当起诉成立以后，审判长从记录开始15日内通知被指控的建筑师。审判长送给被指控建筑师一份起诉全文，同时审判长从法院审判员指定一名预审员，预审员询问被指控建筑师，收集一切有关证言，对真实情况进行全面的调查。

预审员在预审结束后向审判长提交自己的预审报告。公审前至少1个月要把附有传讯理由的传票送给被指控建筑师、原告、进行起诉的地方委员会或政府代理人，必要时也要送给证人。被指控建筑师及其律师须确认预审员的预审报告，提出起诉的地方委员会或政府代表及原告也要确认预审报告。

5. 判决。惩戒建筑师地方法院可以对建筑师作出下列判决：

（1）警告；

（2）3个月以上3年以内的停职；

（3）注销注册。

判决要在15日内通知下述人员：

（1）被起诉的建筑师；

（2）原告；

（3）建筑师协会全国委员会委员长；

（4）被起诉建筑师所属地方委员会委员长；

（5）地方委员会的政府委员；

（6）起诉的政府代表。

停职和注销注册的最终判决，要通知所有的地方委员会委员长。对地方法院的判决，主管当局和被起诉者有权向惩戒建筑师全国法院上诉。

（二）惩戒建筑师全国法院

1. 组成。作为惩戒建筑师地方法院的上诉机构，在巴黎设置惩戒建筑师全国法院。它的组成如下：

参议院议员1名（审判长）

巴黎检察院法庭检察长1名

会计检查院参事1名

建筑师协会全国委员会委员2名

担当裁判长的参议员由参议院副议长任命，巴黎检察院法庭检察长由检察院首席检察长任命。

2. 审理开始。对惩戒建筑师地方法院判决不服的有关当局或被判处的当事人进行上诉时审理开始。

3. 审理程序。惩戒建筑师全国法院审理对惩戒建筑师地方法院判决的上诉。上诉应在判决后1个月内向审判长提出。审判长受理上诉后,在通告当事人的同时,要和一审的地方法院审判长联系,将该案卷转送上来。

在公判前至少1个月,向被指控建筑师、原告、提出起诉的地方委员会或政府代表,必要时还向证人发出附有说明理由的传票。被控建筑师和其辩护人要对预审员提出的案卷予以确认。原告和主管机关代表也要对预审员提出的案卷予以确认。

4. 判决。判决应附理由,并记载出席委员的姓名。如果处分是停职和注销注册,要通知所有的地方委员会委员长。对惩戒建筑师全国法院的判决,可向参议院上诉(参议院是行政最高法庭)。

(三)惩处的实施

1. 惩处和实施。惩戒法院判决后直接执行,停职处分期间注销注册时,停止建筑师的业务活动。受停职处分和注销注册的人失去建筑师资格。被注销注册的建筑师,3年后可以向宣判处分的法院重新申请注册。

2. 受处分建筑师所承担业务的清理。受停职和注销注册处分的建筑师,所承担业务的代管或清算的条件,按政令规定执行。受停职和注销注册处分的建筑师是以个人形式营业时,为了使该建筑师所承担的业务以最好的条件进行代管和清算,地方委员会要采取必要的措施。

地方委员会必须指定建筑师,对受停职和注销注册处分而不能履行业务合同的建筑师事务所实行业务代管和清算。地方委员会指定建筑师时,要和该业务的业主、受处分的建筑师达成协议。当找不到承担代管和清算的建筑师,地方委员会的处分不能直接执行时,地方委员会必须尽快将此情况通知政府委员和检察院的总检察长。

第二十三章　美国建筑师法

美国没有统一的建筑师法。各州（共50个）和华盛顿特区、关岛、波多黎各、维尔京群岛共54个地区的公共团体分别制定了建筑师法，各地根据自己的建筑师法制定建筑师制度。

54个地区根据各自的建筑师法建立了建筑证书（注册）委员会。这些委员会组成了全美建筑注册委员会协议会（NCARB）推进各部分的统一。目前在美国，有采用专业证书的州，有单纯搞注册制度的州，有由独立的行政委员会管理建筑师制度的州，以及由行政机关统一管理建筑师制度的州。各地还存在着一些基本的不同点。

第一节　全美建筑注册委员会协议会（NCARB）

全美建筑注册委员会协议会（National Council of Architectural Registration Boards，以下简称NCARB），最初是1919年由代表14个州的15名建筑师为研究已有建筑师证书法或建筑师注册法而集合，随后各州的考试委员会为组成一个团体而成立了筹备委员会。筹备委员会的目的是建立统一考试办法、互相承认注册、开发和实施更高的考试标准等。

作为这个筹备委员会活动的结果，1920年5月在华盛顿特区召开的会议上，决定成立协议会。同年末，采用现在的名称"NCARB"。NCARB为了达到自己的目的，和下列组织保持密切联系：

1. 美国建筑师学会（AIA）
2. 美国建筑学课程审定委员会（NAAB）
3. 大学建筑系协会（NCSA）
4. 美国建筑师学会学生分会（ASC/AIA）
5. 全国工程师考试委员会协议会（NCEE）
6. 全国景观建筑注册委员会协议会（CLARB）
7. 职业注册协议会（ICOR）

一、会员

NCARB为非营利法人，由50个州和华盛顿特区、关岛、波多黎各、维尔京群岛的各建筑注册委员会共54个会员组成。

二、目的

NCARB与各会员协力，为保障公众的安全、卫生和福利，帮助会员完成自己的职务，把开展下列各项事业作为自己的目的：

1. 制定和建议建筑师注册标准；
2. 促进制定建筑师业务规则；
3. 制定把有资格注册的建筑师认定为会员的手续；
4. 对公共机关或其他方面代表会员利益。

第二节　加利福尼亚州建筑师执照制度

加利福尼亚州，根据州法规定采取建筑师执照制度。由州政府负责人和其他人组成加利福尼亚州建筑考试委员会，管理有关建筑师的执照、注销、惩处和其他有关问题。加利福尼亚州建筑考试委员会（以下简称CA委员会），是设立在州政府消费管理局的一个行政委员会。

一、建筑师的业务

建筑业务是建筑物、构筑物和建筑设备方面的设计前期工作、场地设计、建筑设计等业务，是需要科学、艺术和专业技术应用所必要的业务。这个业务包含咨询、调查、鉴定、规划、设计、绘图、说明书和其他准备工作，以及习惯上由建筑师承担的一些工程管理。但这里不包括独立式的私人用的小型木结构住宅。有些专业工程师，在一定范围内，也有权进行和建筑有关的业务。另外，根据有关法令建立的建筑法人，可以从事建筑业务。

（一）权利。建筑师的主要权利如下：
1. 只有建筑师可以从事上述的建筑业务和使用"建筑师"职业名称。
2. 建筑师可以和不是建筑师的人组成合作体共同完成业务，还可以担当建筑法人。

（二）义务。建筑师的主要义务如下：
1. 按州法规定诚实地完成业务，是建筑师必须承担的义务。
2. 建筑师必须在完成的设计图纸、说明书或其他文件上署名，并记入执照编号。

二、建筑师的执照制度

（一）申请执照的资格

申请建筑师执照的人，必须不具有州法规定不许发给执照的行为和犯罪行为。并且有8年以上和建筑业务有关的实务训练和能够提出学历证明。这是最基本条件。作为前提条件，还必须经CA委员会规定基本条件中的8年实务训练中，至少有1年是在有执照建筑师直接指导下工作。

（二）考试

具有州法规定资格的人都可以参加取得建筑业务执照的考试，具体的CA委员会规则中有如下规定：
1. 建筑师执照考试（Architect Licensing Examination）。
2. 修完美国建筑学课程审定委员会（NAAB）认定的三年制、五年制和六年制的建筑学课程。
3. 和五年以上学制有同等学历。同等学历指下列情况：

（1）学完建筑学课程，但其中有一定的学分是其他专业的学分；

（2）在执照建筑师的直接指导下取得实务经验。

4. 审定资格的面试（Qualification Appraisal Interview）。通过了 CA 委员会规定的考试，并具有 7 年半以上的学历和实务经验的人，方可参加面试。

（三）考试申请

申请参加考试时，填写 CA 委员会所发的申请书、宣誓，提出需要的证明、陈述书以及其他文件，缴纳规定的手续费。

考试申请书分三种：一种供居住在加利福尼亚州的人使用，另一种给在其他州已取得执照（或注册）的人用，还有一种是给在外国已取得执照（或注册）的人使用。

第三节 纽约州建筑师执照制度

纽约州建筑师制度受理事会（Board of Regents）指导监督，教育局（Department of Education）相当于理事会的事务局。建筑委员会（State Board for Architecture 以下简称"NY 委员会"）是属于教育局的一个职业委员会。NY 委员会不像加利福尼亚州建筑委员会，CA 委员会是独立性很强的行政委员会，NY 委员会是具有咨询委员会性质的辅助机构。

从制度本身的大纲来看，NY 委员会是 NCARB 的有力成员之一，和其他州的组织很类似，但在细节上有所不同。纽约州建筑师的执照如果不被注销，在持有者的一生中都有效，要开业必须注册。一次注册，经过 3 年就自动无效，要不断地重新注册等，是纽约州建筑师制度的特点。

一、建筑师的业务

（一）业务

建筑师的任务，是对保障大众生命、健康、财产和公共福利的建筑物、建筑群、它们的构成要素、附属设施和周围环境进行设计和建筑的艺术，是以科学、美学的应用提供必要的服务和建议。其中包括咨询、审定、计划、预先调查、初步设计、准备施工文件、工程监理，以及建筑承包合同的管理等。

（二）权利（排他权利）

只有取得建筑师执照者，进行注册获得权限后，才能从事建筑业务，有使用建筑师名称的排他权利。

（三）义务

建筑师必须正当完成其业务，服从州教育法对业务上违反行为规定的审理程序和惩罚。建筑师还承担如下义务：

1. 姓名和邮寄地址变更时，必须在 30 天内报知教育局。

2. 可以备有刻入注册建筑师字样和姓名，以及编号的图章，并取得 NY 委员会的承认。自己完成或在其监督下雇用职员完成的图纸、说明书上都必须盖此图章。在把图纸和说明书提交给有关行政机关时，在原本上必须签上自己的名字。

二、建筑师的执照与注册制度

（一）申请执照的资格

能够申请建筑师执照者，原则上必须满足下列条件：

1. 学历：教育局专员规则规定，需获得建筑方面学士以上学位。
2. 实务经验：有NY委员会承认的建筑实务经验，大学学习的年数和实务经验的年数，合计8年以上。
3. 考试：NY委员会承认的成绩，按教育局专员规则进行的考试合格。
4. 年龄：21岁以上。
5. 公民权：不要求必须是美国的公民。
6. 品德：有教育局承认的良好道德品质。

（二）实务教育和实务经验的年限

1. 在教育局注册过的大学或建筑学校毕业者，而且具有NY委员会承认的实务经验，其教育年限和实务经验年限合计在8年以上。一般情况是在NAAB（美国建筑学课程审定委员会）承认的学校取得学士或硕士学位后，再有3年以上良好的实务经验。如果有学士和硕士两个学位，有2年实务经验即可。

2. 代替上述条件，有NY委员会承认水平的实务经验，年限在12年以上，或者学历和实务经验的年限合计在12年以上者，也有受试的资格。

另外下列几种，也可以申请建筑师执照。

1. 1982年以前，在其他州职业考试合格，取得了建筑师执照。又有2年以上NY委员会承认的实务经验，参加NY委员会组织的实务考试（Practical examination）合格者。

2. 在其他州，笔试全部科目合格，而且考试形式、科目和水平，和当时纽约的考试相当者。

3. 在其他州，作为建筑师事务所的开设者，有10年以上合法的实务经验。在NY委员会组织的实务考试上，提供3项实际完成的工程项目，进行答辩。NY委员会认为其实务经验达到满意程度者。

（三）考试

纽约州有两种考试：

1. 笔试：纽约州实施的建筑师考试，采用NCARB的全国统一的建筑师考试。这种考试每年6月全国统一进行，连续4天。

2. 实务考试（口试）。实务考试是纽约州独自进行的考试。在其他州开设建筑师事务所，具有10年以上的实务经验者，可以参加考试。

（四）参加执照考试的申请

为了参加上述考试，必须按NY委员会规定要求，填写申请书，交纳申请费，向州教育局提出申请。该申请书是建筑师注册考试的申请书，同时也兼作建筑师执照的申请书。

（五）发放执照、有效期限、注册

在纽约州，建筑师为了从事业务工作，必须取得由考试局颁发的执照。执照只要不被理事会注销、宣布无效或停止，在持有者的一生中都有效。但是，持有者为了在纽约州从事业务活动，必须向教育局进行执照注册。第一次注册的有效期限是3年，以后还必须重新注册。

（六）对纽约州以外，其他州和外国建筑师的执照

纽约州以外，其他州的建筑师，要取得纽约州建筑师执照，有以下两种方法。当建筑师所通过的考试，在形式、内容和水平上，和当时纽约州的考试是同等水平时，该建筑师可以申请纽约州的建筑师执照。另外，当建筑师包括外国建筑师，本人开设建筑事务所有10年以上实务经验时，可以参加NY委员会主持的实务考试，实务考试合格后，即可申请纽约州的建筑师执照。

三、建筑师的惩处

对纽约州的建筑师执照持有者，根据州教育法规定，认为有违反行为时，除了给予警告、停止执照、注销执照等处分之外，对每一个违反行为还处以10000美元以下的罚款。对被处分者，还可为之开设教育训练课程。

（一）业务上的违反行为

州教育法把下列行为定义为"业务上的违反行为"。因其中某项被判定有罪的执照持有者，都是该法所定处罚规则的对象：

1. 以不正当手段取得执照。
2. 在职业业务方面没有能力，无谋略，超出业务权限的活动。
3. 因酒精、麻醉剂、精神疾病等原因，常对业务活动有影响。
4. 经常饮酒或服用麻醉剂，以及与此有同样效果的药品。
5. 因下列法律规定的犯罪行为，受到有罪判决：
（1）纽约州法；
（2）联邦法；
（3）在纽约州内违反其他州或外国的法律，纽约州法律规定了人为构成犯罪。
6. 在纽约州构成了纽约州法律规定的业务违反行为，被其他州合法的职业惩处机关承认的职业违反行为。
7. 保健局官员认定违反公众卫生法第23条。
8. 因人种、信仰、肤色或生理上的原因，拒绝提供业务服务。
9. 允许和协助无执照者从事需要执照的业务活动。
10. 在执照停止期间，从事业务活动。
11. 改变姓名或地址，有意不通知教育局。
12. 从事理事会或教育局专员规定并得到理事会承认的非职业行为。

（二）对业务上违反行为的处罚

理事会判定在业务上有违反行为时，对该执照持有者给予的处罚有下列几种：

1. 警告；
2. 6个月内全面暂停执照；
3. 理事会指示要进行再训练的部分业务，暂停到训练结束后；
4. 理事会指示的治疗终了前暂停执照；
5. 注销执照；

6. 执照和注册无效；
7. 限制执照的注册和发放；
8. 每个诉因罚款 10000 美元以下；
9. 当事的执照持有者，接受教育训练课程；
10. 当事的执照持有者从事 100 小时的公共事务。

理事会有权全面或部分延期处罚，缓期执行，让注销的执照恢复。

第二十四章 英国建筑师（注册）法

第一节 概　　要

英国皇家建筑师学会（RIBA），是英国建筑师注册审议会（ARCUK）的支持者，拥有 150 年历史的英国最大的建筑师职业团体。

一、关于 ARCUK

（一）ARCUK 是随同 1931 年建筑师（注册）法的制定而设立的公共法人。其主要职能是：

1. 建筑师的认定注册；
2. 注销有违法行为者的注册（维护建筑师的纪律）；
3. 注销滞纳维持费者等的注册；
4. 制定有关规划。

（二）建筑师注册申请资格

只要符合下列条件之一者，均有建筑师注册申请资格。

1. 坐落在英国及其他地方的共 48 所建筑学校进行的认定考试合格者（为该考试合格，最少需要 5 年的学习和 2 年的实务训练）；
2. 曾被注册，后来被取消，据正当理由再度申请者；
3. 拥有全美建筑注册委员会协议会颁发的证明书者；
4. 在英国以外的国家建筑考试合格，该考试从其程度、范围上看，被确认同 ARCUK 的认定考试等同者。

（三）纪律的维护

建筑师违反 ARCUK 制定的行为准则时，要对其采取如下措施：

由惩戒委员会询问本人，如判断为有罪时则通知审议会将其姓名从注册簿中注销。当本人提出申诉时，要由审议会直接询问本人，如认为判断得当，将其姓名从注册簿中注销，对此处理不服者，可以向法院起诉。

（四）注册者纪律的维护

当建筑师不履行注册者的其他义务时，亦要将其姓名从注册簿中注销：

1. 不向审议会通知住址变更；
2. 滞纳注册维护费。

二、关于 RIBA

（一）RIBA 属于 1834 年敕许成立的英国最早、最大的建筑师职业团体，是 ARCUK 最强有力的支持者。

它的职能繁多,主要有:
1. 入会认定考试制度的维护与改善;
2. 会员职业纲纪的维护;
3. 会员职业能力的维护与提高;
4. 设研究基金用以奖励研究;
5. 协助会员就业;
6. 开展出版、宣传活动;
7. 经营建筑图书馆;
8. 向顾客提供建议性服务。

(二) 严把注册建筑师资格申请与审查关

英国建筑师(注册)法对于成为建筑师后的能力作出了规定。为保证建筑师应当具备的业务能力,严格履行建筑师注册程序是至关重要的。如审议会及其各委员会必须保持以民主方式构成,各学校及其认定考试水准要保持一致,对注册申请资格申请的审查与认定要严格把关,同时要积极维护建筑师职业行为的严肃性。

三、建筑法规与城市规划法

(一) 建筑法规

英国现行的建筑法规有4种体系。

1. 伦敦内部体系。本体系据伦敦建筑法的规定而形成,由地区调查官负责实施。
2. 英格兰与威尔士的其他地区体系。体系按1932年、1936年、1961年公共卫生法制定的建筑法规而形成,由DOE和威尔士政府进行全国性管理,由地区审议会实施。
3. 苏格兰体系。据1959年、1970年苏格兰建筑法制定的建筑标准法而形成,由SDD管理,由自治区和地区审议会实施。
4. 北爱尔兰体系。本体系据北爱尔兰建筑法规的规定而形成,由北爱尔兰开发部实施。

1930～1939年,伦敦建筑法所规定条款的管理方法,不同于英国国内其他地区建筑法规的管理。伦敦建筑法,对于地区审议会和建筑物调查官拥有更多权限的地区调查官,授予相当多的裁判权。地区调查官,由资格考试合格的建筑师、结构设计师或房屋调查师担任。1948年成立了由28个地区的地区调查官组成的地区调查官协会,在提高调查官的业务效率、推进法规的统一化、提供情报等方面开展了工作。

(二) 城市规划法

最初的城市规划法是于1909年制定的,现行的城市规划法体系则诞生于1940年。1947年的城市(市和州)规划法,将城市规划确定为地方政府的义务,规定了城市规划的基本结构。城市规划的基本结构,现由DOE、威尔士政府和SDD掌管。地方政府对于取得土地和土地开发拥有很大的权力。尽管有些例外,但几乎全部的土地开发项目都必须经地方政府同意。不能获得同意时,当事者有提出上诉的权利。

四、建筑关联业务

在英国并不存在建筑物所有者必须雇用建筑师或房屋调查师的义务,且对于按照建筑法规和城市规划法提出建筑设计图纸的人员资格，亦没有特殊的规定。但是，除极其简单的建筑物外，由于要求正确的结构计算等原因，建筑物所有者通常要得到技术、专门人员的帮助。

小规模工程设计文件的制定，由绘图师和房屋调查师担任。相当大的重要工程，有必要雇用建筑师。在新建工程和改建工程中，有很多部分要按建筑法规或开发法规画出图纸，这一部分亦要借助于建筑师的帮助，或根据情况，从编制设计图纸文件至交涉合同、施工监理的全过程均委托建筑师完成。

对于公共工程的建设，几乎都要由建筑师参与。有时，建筑师被政府当局聘任为顾问，从事建筑师的业务工作。

1931年建筑师（注册）法（以及1938年、1969年修正法），建立了对于具有承担建筑师业务资格者进行注册的制度。该法对于为获得注册资格而进行的考试的认定、专业职业训练、为建筑学专业学生设置的奖学金和补助金、建筑教育与研究的振兴以及研究教育的普及等方面，均作出了规定。同时规定不具备注册资格而故意自称为建筑师者，要从法律上予以制裁。

建筑师（注册）法由英国建筑师注册审议会（ARCUK）施行，审议会由有关政府机构和职业团体指定的人员构成。

ARCUK的注册管理员主持保存和每年发行建筑师注册名簿的工作。注册法的目的是保护"建筑师"称号，使国民能够得到受过充分教育、具备专业能力并恪守职业道德的建筑师的服务。

无资格者擅自使用包含"建筑师"称号的名字、标志或称号，属于刑事犯罪，可据建筑师（注册）法予以起诉。另外，自1968年开始，亦可根据商业标记法予以起诉。商业标记法规定，凡是违法事实的标记和宣传，均构成犯罪。该法还保护国民揭露伪装为专家集团的人员，例如假冒"特许技术人员"（CEng）的人。

国籍不是注册的必要条件。持有全美建筑注册委员会协议会（NCARB）颁发的证书者，一旦通过关于专门业务的认定考试，即可获得注册。

在注册名簿中注册的建筑师约有2.8万名（1984年）。多数建筑师都是RIBA的会员。RIBA已拥有约2.8万名会员，其中0.5万人为在国外任职的会员。RIBA成立于1834年，以建筑的普及、建筑相关艺术及科学的推进与学习为目的。通过在名字的末尾附注RIBA的方式，表明该建筑师为RIBA的会员。通常必须是以应有的成绩修完建筑专业认定学校的全部课程，且具有一定的实务经验的人员，才准许加入RIBA。

RIBA系建筑专业人员的上层团体。约有50%的会员在民间部门任首脑或职员，约有40%的会员在国家、地方公共团体等公共部门中工作。RIBA为讨论如何保证建筑教育质量，讨论哪些因素会影响建筑、建筑技术及建筑环境提供场所。与此同时，通过附属图书馆收藏世界上最为完整的建筑图书，并将大部分图书供读者阅览。RIBA通过制定会员必须遵守的专门职业道德纲领，规范建筑师的尊严和责任，规定建筑承包合同标准格式；通过消费者协会，向国民无偿提供有关建筑师服务状况的情报，谋求建筑师注册制度在民间部门中得到维护。

RIBA是以地区为基础组建的，包括苏格兰皇家建筑师学会（RIAS）和威尔士皇家建筑师学会（RSUA）。许多国外同类协会同RIBA结成联盟，爱尔兰皇家建筑师学会

（RIRI）就是其中一例。

除依法进行建筑师注册、通过 RIBA 等特许学会进行监督以及商业标记法中的规定外，国家对专家团体或专门职业没有任何限制。

在建设过程中对于建筑物的建筑部分，建筑师与估量师要保持密切关系。这种估量师现在被称之为建筑顾问，向委托人和建筑师双方提出关于费用、合同手续等方面的建议，还要与建筑业者交涉最终价格。估量师是 RICS 的会员。

五、建筑教育

（一）为获得建筑师注册资格和 RIBA 入会资格必须学习的课程

在英国，除法令上规定的极个别的例外情况外，只要自己的名字没有记载于依法注册的建筑师注册簿上，就不能使用含有"建筑师"一词的称号。注册簿上的登记工作，由英国建筑师注册审议会负责进行。审议会是 1931 年据议会制定的法律而设置的独立机构。英国皇家建筑师学会是重要的职业团体，该学会亦是独立的团体，于 1837 年由皇室设立。英国约有 80% 的注册建筑师，是英国皇家建筑师学会的会员。英国皇家建筑师学会的入会资格和建筑师的注册资格，大部分是相同的。

（二）为获得在法律上承认的注册资格、RIBA 的入会资格，必须经过至少 7 年的高等教育与实务训练。

通常的做法，是 5 年的学习和 2 年的实务训练，实务训练要在建筑师指导下进行，但对其中的部分训练，允许以协助其他职业组织的成员或同一建筑事务组织的成员身份参加。在这 7 年中，至少 4 年的时间必须在被认定的学习机构度过，而其余的时间则必须用于认定的实务训练。头一年的实务训练时间，必须和学习的最后时间相衔接。

上述 7 年结束时，要求加入职业团体的候补人员，便获得参加 RIBA 的专业业务和实务经验考试的应考资格，考试合格者即可申请加入 RIBA 和注册。

几乎所有的认定学校，在三年级结束时均授予某种中间资格或称号，但它不能算是专门资格。对于 RIBA 进行的全部考试合格者，亦可给予注册资格。

（三）对于认定学校最低资格标准的掌握，是通过在各学校任命校外考试委员和 ARCUK 亦参加的 RIBA 视察委员会的视察得到保证。视察委员会每隔 5 年视察各认定学校一次，分析评价其教育水平和学生的成绩状况。

（四）无论 RIBA 或 ARCUK，不论对哪种课程的大纲都不是强行布置，只是以各种各样的途径与方法进行引导。

负责这类工作的各种访问委员会小组均由建筑师组成，其中一半来自教育界，一半来自实务界。各访问小组由 4 人组成，由 14 名建筑师组成的评估委员会成员中选出，这个评估委员会是从教育界和实务界双方以对等人数选出。

这种方式完全独立于政府，是政府授权，由依法建立的团体在专业教育和实务训练有关标准方面全面负责，乃是所谓"英国方式（U. K. System）"一个组成部分。

（五）毕业于英国以外的认定学校或取得这些学校的学位者，如果能证实自己所合格的考试的水平范围，与英国的认定考试的水平及范围等同时，便具有加入 RIBA 和建筑师的注册资格。

通过这种方式，既能使很多外国建筑师作为英国建筑师获得注册，又能使 RIBA 或

ARCUK 收集到有关外国学校的大量情报,能够准确评价外国人必备的入会与注册资格。

1. 实务训练与实务及其经验的考试

RIBA 认为实务训练是极其重要的,在各个学校配备了非专职的协调员,巡视学校的实务训练,同时又建立了讨论问题并向担任实务训练的教职员提出建议的事务所。每个学生必须接受至少 2 年的实务训练,并将各种实务训练的内容,记录于实务经验记录本上,该记录本将由 RIBA 保存,在实务训练的最终考试(Part 3)时,面试官将审查这个记录本的内容,并进行提问。对于判断为训练不足的学生,将提出在应考之前要进一步接受训练的要求。外国学生如希望在英国作为建筑师获得注册且成为 RIBA 的会员,则必须接受这种考试。实务训练记录本和有关 Part 3 考试的指导书,均可从 RIBA 获得。

英国设有综合维持补助金制度,适用于学习高等教育课程的所有学生。这个制度对建筑学专业而言,适用于 5 年的全过程。补助金发给家庭收入低的学生,因此几乎不存在纯粹因经济原因中断学业的学生。

2. 专门职业的继续提高

(1) RIBA 很早以前就认为,建筑教育并不因注册而完成,而是要延续于建筑师的一生。将建筑师作为终身职业的人,必须学习新技术,不断地把握科学、技术和法律上的发展变化。因此,对于专业继续教育(CPD)必要性的认识要进一步提高。虽然至今尚未出现将 CPD 作为建筑师重要义务的条款,但这种呼声一年比一年高。

(2) RIBA 现在处于 CPD 网络的建设阶段。RIBA 总部作为 CPD 的策划者、推进者;RIBA 的地方总部及地方分部和各建筑学校,则作为准备者,而各事务所和个人,则作为参加者参与这个活动。RIBA 的 13 个地方总部,已全部任命 CPD 运动的地方级的策划、调节与综合等方面的负责人。

3. 城市的规划与维护

为授予建筑师资格而设置的课程,多半属于极其有限的专业范围。最近认识到有必要为毕业生开设学习更高水平专业知识与技术的课程。RIBA 采纳了增设城市规划与维护二个方面的课程的倡议。这些课程相当于全日制 1 年的课程,修完者授予 RIBA 城市规划学位〔Dip UD (RIBA)〕。

4. 建筑技术者(Architectural Technicians)

RIBA 对建筑协同技术者协会(Society of Architectural and Associate Technicians)的成立起了主导作用。该协会由从事建筑业的建筑技术人员和有关技术人员组成。为建筑技术人员设置的课程,采用部分时间制授课方式,要连续 4 年。

即便是按规定修完了这些课程,但如果不能通过与建筑专业学生合格考试相同的考试,就不能成为建筑师。在建筑师事务所,这些建筑技术人员所从事的业务内容与所起的作用是多样的,且在不断地发展变化。

5. 英联邦建筑师协会(Commonwealth Association of Architects)

(1) 英联邦建筑师协会(CAA),将属于英联邦各国有关建筑的研究所、协会、教育机构以及其他部门作为会员。RIBA 是英联邦建筑师协会的会员。现在 CAA 拥有 26 个会员和 3 个准会员,通过这些会员来代表 4.5 万名建筑师。CAA 在教育领域热心开展活动,设置了英联邦建筑教育委员会(Commonwealth Board of Architectural Education),对接受建筑教育的学生不断地给予鼓励与勇气，为培养优秀的学生而努力，同时管理在英联邦各国之间相互认定资格所必要的手续。

（2）英联邦建筑教育委员会（CBAE），是会员的教育机构，对学校的认定只能提出建议，无权强行决定。CBAE 建议认定的学校名单，由 RIBA 公布。由国立会员机构负责设立的地方视察委员会中，要有 CAA 代表参加，CBAE 通过任命这个代表，评价、分析建议认定的学校。因此，外国建筑师有时参加英国学校的视察，而英国建筑师有时参加澳大利亚、加纳、中国香港、印度以及新西兰的视察委员会。RIBA 认定的学校大多数亦记载于 CBAE 学校名单中。所以，他们规定的课程被英联邦内的多数国立教育机构所认定。

第二节 英国皇家建筑师学会（RIBA）

一、RIBA 的历史

RIBA（Royal Institute of British Architects）于 1843 年以英国建筑师学会的形式创建，此后经过 50 年的时间，奠定了现在的 RIBA 主要活动基础。

最初 10 年中，开始为寻找工作的建筑师们制作注册簿，发行最初的图书馆图书目录，设置了最初的竞争委员会，1837 年由威廉四世授予了最初的敕许书。

以后的 30 年中，设置了专业实务委员会，敕许了皇家金奖制度，提高了建筑师的地位，开始了合理化作为目标的各种活动。最初的考试委员会设立于 1862 年，最初的自由参加的建筑考试于 1863 年举行。1860 年，还公开出版了最初的建筑师建筑承包合同条款标准。此后，于 1866 年聘用了最初的专职秘书，由维多利亚女王授与学会以"皇家"的称号。1887 年补加的敕令，将建筑考试规定为准会员的义务，制定了剥夺与暂时保留会员资格的规则。于 1990 年公开出版了最初的职业行为道德纲领。

20 世纪初期学会的主要发展是，统一了专业职能与关系规则，1905 年该规则被 RIBA 审议采纳。这是对于 RIBA 不关心制定规则的运动持不满意见的 RIBA 会员，于 1884 年组成的建筑师协会（Society of Architects），强有力运动的成果。1909 年的敕许书，对于积累丰富经验的建筑师因考试而未获得资格者，承认他们为协会的会员，开始实行有资格者的等级制度。1925 年补加敕许书，将 RIBA 与建筑师协会合为一体，最初的建筑师注册制度亦于 1925 年予以公布。

不顾广泛的反对与多次的修订（取消有关 RIBA 管理注册簿的规定等），建筑师（注册）法于 1932 年 1 月 1 日获得实施。1945 年以后，扩大了专业职能，贯彻了社会公共设施的大规模战后处理规划。结果，大大扩大了只要会员或民众提出要求 RIBA 就必须承担的职务范围。20 世纪 60 年代学会的发展，反映了这种被扩大了的责任。

国王的敕许书，本来是确定学会是法人组织的手段，规定会员权利与责任的方法。附加（byelaws）只要会员同意可作适当修订，但这种修订必须同时得到枢密院同意。然而，补加敕许书却成了主要依据，凡是对学会的基本结构会带来变更的合理的修订，都补加新的敕许书。对学会的基本结构从所有的观点进行修订后制定的 1971 年补加敕许书，废除了以前的全部敕许书。

二、RIBA 的目的

RIBA 创建 3 年后于 1837 年发布的敕许书中，明确记载了 RIBA 的目的是"推进（abvancement）民间的建筑技术（architecture）"，"推进与此相关的种种艺术和有关科学知识的获得，并使之普及，就是说它是一切启蒙国家中，增加一般市民的利益，为城市的改良、美化作出巨大贡献的组织。"这种基本目的，作为特别引人注目的原则，现在仍然继续存在。

RIBA，作为便利学习的学会，通过办杂志，将定期会议计划、教育政策、图书馆以及收藏图纸，带给从事建筑实务的知识团体。

RIBA 利用入会资格标准、职业行为道德纲领、建筑师的命名及其他印刷品，为确保会员的尊严与能力水平而努力。

踏入上述发展阶段后，RIBA 为支持战后呐喊应保持的权限和责任，发挥了 RIBA 独立作用。特别重要的是，建筑师给予被雇用的环境以影响的必要性在增强。施行承包制也罢，施行工资制也罢，改善环境，提出无私的建议，才能繁荣建筑艺术。其次，由于建筑业的需求量不断波动，要保证优良设计、提高建筑物的质量相当困难，RIBA 为了正常发挥建筑专业职能与建筑艺术的功效，对于政府关于建筑业需求的处理方面，行使了影响力。

第三节　建筑师纲纪的维护

审议会根据《建筑法》第 7 条第 1 款的规定，当建筑师犯罪且受到有罪的判决时，将其姓名从注册簿中注销，还制定了建筑师履行其业务时应遵守的《建筑师行为准则》，并对职业行为被指责为"不体面行为"的建筑师或其职业行为虽非"不体面行为"，但被指责为"不当行为"的建筑师，作为惩戒委员会或职业目的委员会的调查对象进行调查，在受到这些委员会的报告与建议后，审议会在认为合适的期间内，将这些建筑师的姓名从注册簿中注销，或采取审议会认为必要的措施，以谋求建筑师纲纪的维护。

一、建筑师的行为准则

作为建筑师从事业务活动时应当遵守的道德纲领，审议会制定了《建筑师行为准则》，同时发出了该准则的《管理通告》与《忠告》。

（一）建筑师行为准则

在从事发挥其作为建筑师能力的业务时，要保持业务对方或共事者对自身的尊敬与信任的被注册者。

1. 要亲自确认在执行业务过程中所提供的情报，无论其实质或形式均属事实，是合乎时宜的，既不能令人误解，又不是不公正的。同时，也没有排斥其他建筑师的企图。

2. 无论是雇用形式的合同或提供商品形式的合同，在从事专业活动时，为了让合理的疑问点达到没有的程度，事先要对下列各点明确定义：

（1）提供服务的范围；

（2）责任的分担与限度；

(3) 报酬的计算方法；

(4) 有关完成任务的规定。

3. 事先要向所从事事业的当事者宣布，要恰当地关心与自己专门业务有关系的所有人，忠实履行建筑合同，既不违反良心公正的行为，又不破坏事先宣布的业务上的利害关系。

4. 无论何时，一旦与专门职业有关的事情或个人的事情，对保持自己的尊严产生妨碍和利害关系时，要立即向有关人员转告，在继续进行业务的意见不能一致时，即从该项业务退出。

(二) 管理通告

审议会据法第7条规定对建筑师调查结果，认为建筑师在能力方面有不体面的行为时，有权将其姓名从注册簿中注销。

1. 凡有不符合《建筑师行为准则》行为的被注册者，要受到传讯，说明有关事实。其调查资料，为了供建筑师、审议会的惩戒委员会以及一般国民参考，要公开刊出。

2. 建筑师的活动场所、雇用形式，无论属单独行为或团体或者通过他人所为，在一切情况下均要经常保持其尊严性。

3. 对本行为准则的任一条款有异议者，无论是谁均可向注册管理员提出意见。注册管理员有必要时可照会审议会的职业目的委员会，或通过该委员会照会审议会。接受的意见属于审议会的惩戒权。

对不体面行为有申诉权，审议会的惩戒委员会应当考虑被申诉者在构成申诉目标的行为以前，是否已被提出过上述意见。惩戒委员会的决定，要经职业目的委员会研究，登载于年度报告书予以公开。

(三) 对建筑师的忠告

随着以《建筑师行为准则》替代以前的《职业行为纲领》，根据职业目的委员会的建议，审议会同意下列《给建筑师的忠告》：

1. 本准则不禁止使用广告，但是对使用广告的方法则作出了规定。

2. 申报、同意及宣告，必须一律采用文书形式使其得到证明。这是因为当不能遵守这些规定时，可能对其尊严性产生疑问，削弱建筑师的地位。

3. 同时提供另一种业务或与商品合为一体的业务的建筑师，必须事先向有关当事者明确，自己的责任在哪一点上与提供单独的业务完全不同。

4. 同建筑材料、家具及建筑设备的制造或供应有关的建筑师，在制定附加利益明细书阶段，必须要注意有可能出现的利益冲突。

5. 法第7条系有关个人的规定，而法第17条（利用建筑师的称号从事业务）则承认法人、公司或合资者利用建筑师称号从事其业务。但是，无论其所属组织的形态如何，建筑师必须遵守法第17条第1款、第2款规定的条件，从事其业务活动。当作为这些组织的职员从事其业务活动时，同样亦要遵守该条款规定。

6. 本准则的制定，不使建筑师及其所属团体之间的关系产生任何变化。该建筑师一如既往仍要服从未被本准则所包含，但系其所属团体对其成员施加的制约。注册建筑师属于多个团体时，要服从多个团体的规定。

对于成为外国团体的会员或获得其注册，本准则具有与上述内容同样的效果。在欧共体中，当申诉的原因同成为该申诉对象的建筑师未获注册的国家有关时，该申诉要参照该国的规定予以处理。

二、建筑师的惩戒规则

（一）对作出"不体面行为"建筑师的处理

建筑师的职业行为从建筑师的能力的观点看认为有相当于不体面行为时，无论何人均可利用宣誓口述书向审议会提出申诉，要求对该建筑师进行询问，将其姓名从注册簿中注销（惩戒规则7）。对这种申诉的处理如下：

（1）收到申诉后，认为有必要时，审议会要指示惩戒委员会进行询问（法第7条）。

（2）惩戒委员会将记有询问的举行日期、时间及场所等内容的询问通知书，要在49日以前送交当事者（同上规则9）。该通知书中要记载在接受询问时可有律师陪同的事宜。

（3）惩戒委员会对当事者进行询问（同上规则14~18）。

（4）惩戒委员会向审议会提出由事实的认定和建议构成的报告书（同上规则18）。

（5）审议会根据报告书，对是否应将注册者的姓名从注册簿中注销作出决议（同上规则19）。

（6）审议会作出注销的决议时，将记有该内容的通知书送交该被注册者（法第7条第5款）。

（7）该被注册者在收到该通知后3个月内，可向审议会提出申诉（法第7条第5款及同上规则20）。

（8）审议会对上一项申诉进行询问后，或没有申诉时不必经这种询问，认为合适要作出将被注册者的姓名从注册簿中注销或有关被注销期间的决议，并命令注册管理员实施。

（9）受到注销姓名处分的被注册者，为谋求取消该处分可向高等法院上诉（法第9条）。高等法院对该案的判决，系最终判决。

（二）惩戒规则

本规则称为1976年建筑师（惩戒程序）规则。

1. 注册科必须通知法附属第1规程中规定的、具有指定委员会委员资格的团体，要求指定该团体出任的具体的委员人选，该团体要以正当途径指定拟出任人选，且将其姓名以公文形式提交注册科。

2. 该被指定者，自接到注册科发出的被指定为委员的通知时起，至根据本规则18制定的委员会的报告书送达审议会以前，可认为是委员会的委员。

3. 该被指定者的任命，必须在该指定公文送达注册科后召开的最近的审议会议上获得确认。委员会的法定人数为3人，其中至少有1人必须由法律协会会长指定。

4. 委员会的委员长与副委员长，是在审议年会后最近的委员会会议上，根据出席委员超过半数的决议任命，其任期至下次审议会年会结束之日。

5. 当委员会的委员长死亡或辞职时，在下次委员会议上，根据出席委员超过半数的决议任命其继任者，该继任者的任期为前任者的剩余任期。

6. 委员会的会议由委员长主持，或当委员长缺席时由副委员长主持会议。当委员长与副委员长均缺席时，则出席该会议的委员必须根据超过半数的决议，任命该次会议的主持者。

（三）询问

1. 当事者不参加询问时，委员会在确认询问通知书已送达该当事者之后，可在该当事者缺席状况下进行询问，且作出决议。

2. 无论该证据是否已被法院受理，委员会对其认为与询问的目的有关的口头、书面以及其他形式提供的证据，均可受理。但是，对于被认为法院可能不予受理的证据，只要委员长考虑到获得法院受理该证据的难度及所需经费，从受理这种证据是正义的观点出发，可以受理。

3. 当修正或追加的内容超出原来的宣誓口述范围时，委员会可提出将其追加宣誓口述书中的主张予以具体化的要求。但是，该修正或追加给予被注册者以损害时，委员会必须停止该询问。

4. 委员会除非审议会另有指示，所有询问都要公开进行。

5. 询问结束后，委员会要作出报告书提交审议会，该报告书由与该案有关的已认定事实的记述和有关从注册簿中注销姓名及注销期间的建议构成。

6. 审议会要在审议报告书中对是否应将注册者的姓名从注册簿中注销作出决议。

7. 据法第7条第5款的申诉，要采用书面形式，由被注册者或其律师签名，要记载要求审议会解决的事项，并送交注册科，注册科收到申诉后，要决定对该申诉进行询问的日期、时间及场所，而且必须在询问预定日21日以前通知被注册者。

8. 对据法第7条第5款的主张进行审议后，或当没有该主张时，审议会就是否将被注册者的姓名从注册簿中注销和应注销时的注销期间作出决议。

（四）对作出"不当行为"建筑师的处理

1. 处理的概要。对建筑师的职业行为，从建筑师能力的观点看，虽非"不体面行为"，但至少相当于"不当行为"时，无论何人均可利用宣誓口述书以外的任何形式，向审议会提出申诉（审议会规则附则2对不轨职业行为的申诉程序）。

对这种申诉的处理程序其概要如下：

（1）根据审议会的指示，职业目的委员会对该案件进行初步调查。

（2）职业目的委员会经必要的调查后，向审议会提出建议，就应采取的手段提出意见。

（3）职业目的委员会在调查阶段，将该案件判断为有关"不体面行为"的案件时，必须立即停止调查，并采取必要的措施，如通过注册科建议该申诉人，应使用宣誓口述书向审议会提出申诉等。

2. 对于上述程序的详细内容，审议会制定了《对不轨职业行为的申诉程序》。

附录：法律、法规、规章

附录 A 中华人民共和国建筑法

中华人民共和国主席令 第 91 号

《中华人民共和国建筑法》已由中华人民共和国第八届全国人民代表大会常务委员会第二十八次会议于 1997 年 11 月 1 日通过，现予公布，自 1998 年 3 月 1 日起施行。

中华人民共和国主席 江泽民
1997 年 11 月 1 日

第一章 总 则

第一条 为了加强对建筑活动的监督管理，维护建筑市场秩序，保证建筑工程的质量和安全，促进建筑业健康发展，制定本法。

第二条 在中华人民共和国境内从事建筑活动，实施对建筑活动的监督管理，应当遵守本法。本法所称建筑活动，是指各类房屋建筑及其附属设施的建造和与其配套的线路、管道、设备的安装活动。

第三条 建筑活动应当确保建筑工程质量和安全，符合国家的建筑工程安全标准。

第四条 国家扶持建筑业的发展，支持建筑科学技术研究，提高房屋建筑设计水平，鼓励节约能源和保护环境，提倡采用先进技术、先进设备、先进工艺、新型建筑材料和现代管理方式。

第五条 从事建筑活动应当遵守法律、法规，不得损害社会公共利益和他人的合法权益。任何单位和个人都不得妨碍和阻挠依法进行的建筑活动。

第六条 国务院建设行政主管部门对全国的建筑活动实施统一监督管理。

第二章 建 筑 许 可

第一节 建筑工程施工许可

第七条 建筑工程开工前，建设单位应当按照国家有关规定向工程所在地县级以上人民政府建设行政主管部门申请领取施工许可证；但是，国务院建设行政主管部门确定的限额以下的小型工程除外。按照国务院规定的权限和程序批准开工报告的建筑工程，不再领取施工许可证。

第八条 申请领取施工许可证，应当具备下列条件：

（一）已经办理该建筑工程用地批准手续；

（二）在城市规划区的建筑工程，已经取得规划许可证；

（三）需要拆迁的，其拆迁进度符合施工要求；
（四）已经确定建筑施工企业；
（五）有满足施工需要的施工图纸及技术资料；
（六）有保证工程质量和安全的具体措施；
（七）建设资金已经落实；
（八）法律、行政法规规定的其他条件。

建设行政主管部门应当自收到申请之日起十五日内，对符合条件的申请颁发施工许可证。

第九条 建设单位应当自领取施工许可证之日起三个月内开工。因故不能按期开工的，应当向发证机关申请延期；延期以两次为限，每次不超过三个月。既不开工又不申请延期或者超过延期时限的，施工许可证自行废止。

第十条 在建的建筑工程因故中止施工的，建设单位应当自中止施工之日起一个月内，向发证机关报告，并按照规定做好建筑工程的维护管理工作。建筑工程恢复施工时，应当向发证机关报告；中止施工满一年的工程恢复施工前，建设单位应当报发证机关核验施工许可证。

第十一条 按照国务院有关规定批准开工报告的建筑工程，因故不能按期开工或者中止施工的，应当及时向批准机关报告情况。因故不能按期开工超过六个月的，应当重新办理开工报告的批准手续。

第二节 从业资格

第十二条 从事建筑活动的建筑施工企业、勘察单位、设计单位和工程监理单位，应当具备下列条件：
（一）有符合国家规定的注册资本；
（二）有与其从事的建筑活动相适应的具有法定执业资格的专业技术人员；
（三）有从事相关建筑活动所应有的技术装备；
（四）法律、行政法规规定的其他条件。

第十三条 从事建筑活动的建筑施工企业、勘察单位、设计单位和工程监理单位，按照其拥有的注册资本、专业技术人员、技术装备和已完成的建筑工程业绩等资质条件，划分为不同的资质等级，经资质审查合格，取得相应等级的资质证书后，方可在其资质等级许可的范围内从事建筑活动。

第十四条 从事建筑活动的专业技术人员，应当依法取得相应的执业资格证书，并在执业资格证书许可的范围内从事建筑活动。

第三章 建筑工程发包与承包

第一节 一般规定

第十五条 建筑工程的发包单位与承包单位应当依法订立书面合同，明确双方的权利和义务。发包单位和承包单位应当全面履行合同约定的义务。不按照合同约定履行义务的，依法承担违约责任。

第十六条 建筑工程发包与承包的招标投标活动，应当遵循公开、公正、平等竞争的原则，择优选择承包单位。建筑工程的招标投标，本法没有规定的，适用有关招标投标法律的规定。

第十七条 发包单位及其工作人员在建筑工程发包中不得收受贿赂、回扣或者索取其他好处。承包单位及其工作人员不得利用向发包单位及其工作人员行贿、提供回扣或者给予其他好处等不正当手段承揽工程。

第十八条 建筑工程造价应当按照国家有关规定，由发包单位与承包单位在合同中约定。公开招标发包的，其造价的约定，须遵守招标投标法律的规定。发包单位应当按照合同的约定，及时拨付工程款项。

第二节 发 包

第十九条 建筑工程依法实行招标发包，对不适于招标发包的可以直接发包。

第二十条 建筑工程实行公开招标的，发包单位应当依照法定程序和方式，发布招标公告，提供载有招标工程的主要技术要求、主要的合同条款、评标的标准和方法以及开标、评标、定标的程序等内容的招标文件。开标应当在招标文件规定的时间、地点公开进行。开标后应当按照招标文件规定的评标标准和程序对标书进行评价、比较，在具备相应资质条件的投标者中，择优选定中标者。

第二十一条 建筑工程招标的开标、评标、定标由建设单位依法组织实施，并接受有关行政主管部门的监督。

第二十二条 建筑工程实行招标发包的，发包单位应当将建筑工程发包给依法中标的承包单位。建筑工程实行直接发包的，发包单位应当将建筑工程发包给具有相应资质条件的承包单位。

第二十三条 政府及其所属部门不得滥用行政权力，限定发包单位将招标发包的建筑工程发包给指定的承包单位。

第二十四条 提倡对建筑工程实行总承包，禁止将建筑工程肢解发包。建筑工程的发包单位可以将建筑工程的勘察、设计、施工、设备采购一并发包给一个工程总承包单位，也可以将建筑工程勘察、设计、施工、设备采购的一项或者多项发包给一个工程总承包单位；但是，不得将应当由一个承包单位完成的建筑工程肢解成若干部分发包给几个承包单位。

第二十五条 按照合同约定，建筑材料、建筑构配件和设备由工程承包单位采购的，发包单位不得指定承包单位购入用于工程的建筑材料、建筑构配件和设备或者指定生产厂、供应商。

第三节 承 包

第二十六条 承包建筑工程的单位应当持有依法取得的资质证书，并在其资质等级许可的业务范围内承揽工程。禁止建筑施工企业超越本企业资质等级许可的业务范围或者以任何形式用其他建筑施工企业的名义承揽工程。禁止建筑施工企业以任何形式允许其他单位或者个人使用本企业的资质证书、营业执照，以本企业的名义承揽工程。

第二十七条 大型建筑工程或者结构复杂的建筑工程，可以由两个以上的承包单位联合共同承包。共同承包的各方对承包合同的履行承担连带责任。两个以上不同资质等级的单位实行联合共同承包的，应当按照资质等级低的单位的业务许可范围承揽工程。

第二十八条 禁止承包单位将其承包的全部建筑工程转包给他人，禁止承包单位将其承包的全部建筑工程肢解以后以分包的名义分别转包给他人。

第二十九条 建筑工程总承包单位可以将承包工程中的部分工程发包给具有相应资质条件的分包单位；但是，除总承包合同中约定的分包外，必须经建设单位认可。施工总承包的，建筑工程主体结构的施工必须由总承包单位自行完成。建筑工程总承包单位按照总承包合同的约定对建设单位负责；分包单位按照分包合同的约定对总承包单位负责。总承包单位和分包单位就分包工程对建设单位承担连带责任。禁止总承包单位将工程分包给不具备相应资质条件的单位。禁止分包单位将其承包的工程再分包。

第四章 建筑工程监理

第三十条 国家推行建筑工程监理制度。

国务院可以规定实行强制监理的建筑工程的范围。

第三十一条 实行监理的建筑工程，由建设单位委托具有相应资质条件的工程监理单位监理。建设单位与其委托的工程监理单位应当订立书面委托监理合同。

第三十二条 建筑工程监理应当依照法律、行政法规及有关的技术标准、设计文件和建筑工程承包合同，对承包单位在施工质量、建设工期和建设资金使用等方面，代表建设单位实施监督。工程监理人员认为工程施工不符合工程设计要求、施工技术标准和合同约定的，有权要求建筑施工企业改正。工程监理人员发现工程设计不符合建筑工程质量标准或者合同约定的质量要求的，应当报告建设单位要求设计单位改正。

第三十三条 实施建筑工程监理前，建设单位应当将委托的工程监理单位、监理的内容及监理权限，书面通知被监理的建筑施工企业。

第三十四条 工程监理单位应当在其资质等级许可的监理范围内，承担工程监理业务。工程监理单位应当根据建设单位的委托，客观、公正地执行监理任务。工程监理单位与被监理工程的承包单位以及建筑材料、建筑构配件和设备供应单位不得有隶属关系或者其他利害关系。工程监理单位不得转让工程监理业务。

第三十五条 工程监理单位不按照委托监理合同的约定履行监理义务，对应当监督检查的项目不检查或者不按照规定检查，给建设单位造成损失的，应当承担相应的赔偿责任。工程监理单位与承包单位串通，为承包单位谋取非法利益，给建设单位造成损失的，应当与承包单位承担连带赔偿责任。

第五章 建筑安全生产管理

第三十六条 建筑工程安全生产管理必须坚持安全第一、预防为主的方针，建立健全安全生产的责任制度和群防群治制度。

第三十七条 建筑工程设计应当符合按照国家规定制定的建筑安全规程和技术规范，保证工程的安全性能。

第三十八条 建筑施工企业在编制施工组织设计时，应当根据建筑工程的特点制定相应的安全技术措施；对专业性较强的工程项目，应当编制专项安全施工组织设计，并采取安全技术措施。

第三十九条 建筑施工企业应当在施工现场采取维护安全、防范危险、预防火灾等措施；有条件的，应当对施工现场实行封闭管理。施工现场对毗邻的建筑物、构筑物和特殊作业环境可能造成损害的，建筑施工企业应当采取安全防护措施。

第四十条 建设单位应当向建筑施工企业提供与施工现场相关的地下管线资料，建筑施工企业应当采取措施加以保护。

第四十一条 建筑施工企业应当遵守有关环境保护和安全生产的法律、法规的规定，采取控制和处理施工现场的各种粉尘、废气、废水、固体废物以及噪声、振动对环境的污染和危害的措施。

第四十二条 有下列情形之一的，建设单位应当按照国家有关规定办理申请批准手续：

（一）需要临时占用规划批准范围以外场地的；

（二）可能损坏道路、管线、电力、邮电通讯等公共设施的；

（三）需要临时停水、停电、中断道路交通的；

（四）需要进行爆破作业的；

（五）法律、法规规定需要办理报批手续的其他情形。

第四十三条 建设行政主管部门负责建筑安全生产的管理，并依法接受劳动行政主管部门对建筑安全生产的指导和监督。

第四十四条 建筑施工企业必须依法加强对建筑安全生产的管理，执行安全生产责任制度，采取有效措施，防止伤亡和其他安全生产事故的发生。建筑施工企业的法定代表人对本企业的安全生产负责。

第四十五条 施工现场安全由建筑施工企业负责。实行施工总承包的，由总承包单位负责。分包单位向总承包单位负责，服从总承包单位对施工现场的安全生产管理。

第四十六条 建筑施工企业应当建立健全劳动安全生产教育培训制度，加强对职工安全生产的教育培训；未经安全生产教育培训的人员，不得上岗作业。

第四十七条 建筑施工企业和作业人员在施工过程中，应当遵守有关安全生产的法律、法规和建筑行业安全规章、规程，不得违章指挥或者违章作业。作业人员有权对影响人身健康的作业程序和作业条件提出改进意见，有权获得安全生产所需的防护用品。作业人员对危及生命安全和人身健康的行为有权提出批评、检举和控告。

第四十八条 建筑施工企业必须为从事危险作业的职工办理意外伤害保险，支付保险费。

第四十九条 涉及建筑主体和承重结构变动的装修工程，建设单位应当在施工前委托原设计单位或者具有相应资质条件的设计单位提出设计方案；没有设计方案的，不得施工。

第五十条 房屋拆除应当由具备保证安全条件的建筑施工单位承包，由建筑施工单位负责人对安全负责。

第五十一条 施工中发生事故时，建筑施工企业应当采取紧急措施减少人员伤亡和事故损失，并按照国家有关规定及时向有关部门报告。

第六章 建筑工程质量管理

第五十二条 建筑工程勘察、设计、施工的质量必须符合国家有关建筑工程安全标准的要求,具体管理办法由国务院规定。有关建筑工程安全的国家标准不能适应确保建筑安全的要求时,应当及时修订。

第五十三条 国家对从事建筑活动的单位推行质量体系认证制度。从事建筑活动的单位根据自愿原则可以向国务院产品质量监督管理部门或者国务院产品质量监督管理部门授权的部门认可的认证机构申请质量体系认证。经认证合格的,由认证机构颁发质量体系认证证书。

第五十四条 建设单位不得以任何理由,要求建筑设计单位或者建筑施工企业在工程设计或者施工作业中,违反法律、行政法规和建筑工程质量、安全标准,降低工程质量。建筑设计单位和建筑施工企业对建设单位违反前款规定提出的降低工程质量的要求,应当予以拒绝。

第五十五条 建筑工程实行总承包的,工程质量由工程总承包单位负责,总承包单位将建筑工程分包给其他单位的,应当对分包工程的质量与分包单位承担连带责任。分包单位应当接受总承包单位的质量管理。

第五十六条 建筑工程的勘察、设计单位必须对其勘察、设计的质量负责。勘察、设计文件应当符合有关法律、行政法规的规定和建筑工程质量、安全标准、建筑工程勘察、设计技术规范以及合同的约定。设计文件选用的建筑材料、建筑构配件和设备,应当注明其规格、型号、性能等技术指标,其质量要求必须符合国家规定的标准。

第五十七条 建筑设计单位对设计文件选用的建筑材料、建筑构配件和设备,不得指定生产厂、供应商。

第五十八条 建筑施工企业对工程的施工质量负责。建筑施工企业必须按照工程设计图纸和施工技术标准施工,不得偷工减料。工程设计的修改由原设计单位负责,建筑施工企业不得擅自修改工程设计。

第五十九条 筑施工企业必须按照工程设计要求、施工技术标准和合同的约定,对建筑材料、建筑构配件和设备进行检验,不合格的不得使用。

第六十条 建筑物在合理使用寿命内,必须确保地基基础工程和主体结构的质量。建筑工程竣工时,屋顶、墙面不得留有渗漏、开裂等质量缺陷;对已发现的质量缺陷,建筑施工企业应当修复。

第六十一条 交付竣工验收的建筑工程,必须符合规定的建筑工程质量标准,有完整的工程技术经济资料和经签署的工程保修书,并具备国家规定的其他竣工条件。建筑工程竣工经验收合格后,方可交付使用;未经验收或者验收不合格的,不得交付使用。

第六十二条 建筑工程实行质量保修制度。建筑工程的保修范围应当包括地基基础工程、主体结构工程、屋面防水工程和其他土建工程,以及电气管线、上下水管线的安装工程,供热、供冷系统工程等项目;保修的期限应当按照保证建筑物合理寿命年限内正常使用,维护使用者合法权益的原则确定。具体的保修范围和最低保修期限由国务院规定。

第六十三条 任何单位和个人对建筑工程的质量事故、质量缺陷都有权向建设行政主管部门或者其他有关部门进行检举、控告、投诉。

第七章 法 律 责 任

第六十四条 违反本法规定,未取得施工许可证或者开工报告未经批准擅自施工的,责令改正，对不符合开工条件的责令停止施工，可以处以罚款。

第六十五条　发包单位将工程发包给不具有相应资质条件的承包单位的，或者违反本法规定将建筑工程肢解发包的，责令改正，处以罚款。超越本单位资质等级承揽工程的，责令停止违法行为，处以罚款，可以责令停业整顿，降低资质等级；情节严重的，吊销资质证书；有违法所得的，予以没收。未取得资质证书承揽工程的，予以取缔，并处罚款；有违法所得的，予以没收。以欺骗手段取得资质证书的，吊销资质证书，处以罚款；构成犯罪的，依法追究刑事责任。

第六十六条　建筑施工企业转让、出借资质证书或者以其他方式允许他人以本企业的名义承揽工程的，责令改正，没收违法所得，并处罚款，可以责令停业整顿，降低资质等级；情节严重的，吊销资质证书。对因该项承揽工程不符合规定的质量标准造成的损失，建筑施工企业与使用本企业名义的单位或者个人承担连带赔偿责任。

第六十七条　承包单位将承包的工程转包的，或者违反本法规定进行分包的，责令改正，没收违法所得，并处罚款，可以责令停业整顿，降低资质等级；情节严重的，吊销资质证书。

承包单位有前款规定的违法行为的，对因转包工程或者违法分包的工程不符合规定的质量标准造成的损失，与接受转包或者分包的单位承担连带赔偿责任。

第六十八条　在工程发包与承包中索贿、受贿、行贿，构成犯罪的，依法追究刑事责任；不构成犯罪的，分别处以罚款，没收贿赂的财物，对直接负责的主管人员和其他直接责任人员给予处分。

对在工程承包中行贿的承包单位，除依照前款规定处罚外，可以责令停业整顿，降低资质等级或者吊销资质证书。

第六十九条　工程监理单位与建设单位或者建筑施工企业串通，弄虚作假、降低工程质量的，责令改正，处以罚款，降低资质等级或者吊销资质证书；有违法所得的，予以没收；造成损失的，承担连带赔偿责任；构成犯罪的，依法追究刑事责任。

工程监理单位转让监理业务的，责令改正，没收违法所得，可以责令停业整顿，降低资质等级；情节严重的，吊销资质证书。

第七十条　违反本法规定，涉及建筑主体或者承重结构变动的装修工程擅自施工的，责令改正，处以罚款；造成损失的，承担赔偿责任；构成犯罪的，依法追究刑事责任。

第七十一条　建筑施工企业违反本法规定，对建筑安全事故隐患不采取措施予以消除的，责令改正，可以处以罚款；情节严重的，责令停业整顿，降低资质等级或者吊销资质证书；构成犯罪的，依法追究刑事责任。

建筑施工企业的管理人员违章指挥、强令职工冒险作业，因而发生重大伤亡事故或者造成其他严重后果的，依法追究刑事责任。

第七十二条　建设单位违反本法规定，要求建筑设计单位或者建筑施工企业违反建筑工程质量、安全标准，降低工程质量的，责令改正，可以处以罚款；构成犯罪的，依法追究刑事责任。

第七十三条　建筑设计单位不按照建筑工程质量、安全标准进行设计的，责令改正，处以罚款；造成工程质量事故的，责令停业整顿，降低资质等级或者吊销资质证书，没收违法所得，并处罚款；造成损失的，承担赔偿责任；构成犯罪的，依法追究刑事责任。

第七十四条 建筑施工企业在施工中偷工减料的，使用不合格的建筑材料、建筑构配件和设备的，或者有其他不按照工程设计图纸或者施工技术标准施工的行为的，责令改正，处以罚款；情节严重的，责令停业整顿，降低资质等级或者吊销资质证书；造成建筑工程质量不符合规定的质量标准的，负责返工、修理，并赔偿因此造成的损失；构成犯罪的，依法追究刑事责任。

第七十五条 建筑施工企业违反本法规定，不履行保修义务或者拖延履行保修义务的，责令改正，可以处以罚款，并对在保修期内因屋顶、墙面渗漏、开裂等质量缺陷造成的损失，承担赔偿责任。

第七十六条 本法规定的责令停业整顿、降低资质等级和吊销资质证书的行政处罚，由颁发资质证书的机关决定；其他行政处罚，由建设行政主管部门或者有关部门依照法律和国务院规定的职权范围决定。依照本法规定被吊销资质证书的，由工商行政管理部门吊销其营业执照。

第七十七条 违反本法规定，对不具备相应资质等级条件的单位颁发该等级资质证书的，由其上级机关责令收回所发的资质证书，对直接负责的主管人员和其他直接人员给予行政处分；构成犯罪的，依法追究刑事责任。

第七十八条 政府及其所属部门的工作人员违反本法规定，限定发包单位将招标发包的工程发包给指定的承包单位的，由上级机关责令改正；构成犯罪的，依法追究刑事责任。

第七十九条 负责颁发建筑工程施工许可证的部门及其工作人员对不符合施工条件的建筑工程颁发施工许可证的，负责工程质量监督检查或者竣工验收的部门及其工作人员对不合格的建筑工程出具质量合格文件或者按合格工程验收的，由上级机关责令改正，对责任人员给予行政处分；构成犯罪的，依法追究刑事责任；造成损失的，由该部门承担相应的赔偿责任。

第八十条 在建筑物的合理使用寿命内，因建筑工程质量不合格受到损害的，有权向责任者要求赔偿。

第八章 附 则

第八十一条 本法关于施工许可、建筑施工企业资质审查和建筑工程发包、承包、禁止转包，以及建筑工程监理、建筑工程安全和质量管理的规定，适用于其他专业建筑工程的建筑活动，具体办法由国务院规定。

第八十二条 建设行政主管部门和其他有关部门在对建筑活动实施监督管理中，除按照国务院有关规定收取费用外，不得收取其他费用。

第八十三条 省、自治区、直辖市人民政府确定的小型房屋建筑工程的建筑活动，参照本法执行。

依法核定作为文物保护的纪念建筑物和古建筑等的修缮，依照文物保护的有关法律规定执行。

抢险救灾及其他临时性房屋建筑和农民自建低层住宅的建筑活动，不适用本法。

第八十四条 军用房屋建筑工程建筑活动的具体管理办法，由国务院、中央军事委员会依据本法制定。

第八十五条 本法自1998年3月1日起施行。

附录B 中华人民共和国招标投标法

中华人民共和国主席令 第21号

《中华人民共和国招标投标法》已由中华人民共和国第九届全国人民代表大会常务委员会第十一次会议于1999年8月30日通过，现予公布，自2000年1月1日起施行。

中华人民共和国主席 江泽民
1999年8月30日

总　则

第一条　为了规范招标投标活动，保护国家利益、社会公共利益和招标投标活动当事人的合法权益，提高经济效益，保证项目质量，制定本法。

第二条　在中华人民共和国境内进行招标投标活动，适用本法。

第三条　在中华人民共和国境内进行下列工程建设项目包括项目的勘察、设计、施工、监理以及与工程建设有关的重要设备、材料等的采购，必须进行招标：

（一）大型基础设施、公用事业等关系社会公共利益、公众安全的项目；

（二）全部或者部分使用国有资金投资或者国家融资的项目；

（三）使用国际组织或者外国政府贷款、援助资金的项目。

前款所列项目的具体范围和规模标准，由国务院发展计划部门会同国务院有关部门制订，报国务院批准。

法律或者国务院对必须进行招标的其他项目的范围有规定的，依照其规定。

第四条　任何单位和个人不得将依法必须进行招标的项目化整为零或者以其他任何方式规避招标。

第五条　招标投标活动应当遵循公开、公平、公正和诚实信用的原则。

第六条　依法必须进行招标的项目，其招标投标活动不受地区或者部门的限制。任何单位和个人不得违法限制或者排斥本地区、本系统以外的法人或者其他组织参加投标，不得以任何方式非法干涉招标投标活动。

第七条　招标投标活动及其当事人应当接受依法实施的监督。

有关行政监督部门依法对招标投标活动实施监督，依法查处招标投标活动中的违法行为。

对招标投标活动的行政监督及有关部门的具体职权划分，由国务院规定。

招　标

第八条　招标人是依照本法规定提出招标项目、进行招标的法人或者其他组织。

第九条　招标项目按照国家有关规定需要履行项目审批手续的，应当先履行审批手续，取得批准。

招标人应当有进行招标项目的相应资金或者资金来源已经落实，并应当在招标文件中如实载明。

第十条 招标分为公开招标和邀请招标。

公开招标，是指招标人以招标公告的方式邀请不特定的法人或者其他组织投标。

邀请招标，是指招标人以投标邀请书的方式邀请特定的法人或者其他组织投标。

第十一条 国务院发展计划部门确定的国家重点项目和省、自治区、直辖市人民政府确定的地方重点项目不适宜公开招标的，经国务院发展计划部门或者省、自治区、直辖市人民政府批准，可以进行邀请招标。

第十二条 招标人有权自行选择招标代理机构，委托其办理招标事宜。任何单位和个人不得以任何方式为招标人指定招标代理机构。

招标人具有编制招标文件和组织评标能力的，可以自行办理招标事宜。任何单位和个人不得强制其委托招标代理机构办理招标事宜。

依法必须进行招标的项目，招标人自行办理招标事宜的，应当向有关行政监督部门备案。

第十三条 招标代理机构是依法设立、从事招标代理业务并提供相关服务的社会中介组织。

招标代理机构应当具备下列条件：

（一）有从事招标代理业务的营业场所和相应资金；

（二）有能够编制招标文件和组织评标的相应专业力量；

（三）有符合本法第三十七条第三款规定条件、可以作为评标委员会成员人选的技术、经济等方面的专家库。

第十四条 从事工程建设项目招标代理业务的招标代理机构，其资格由国务院或者省、自治区、直辖市人民政府的建设行政主管部门认定。具体办法由国务院建设行政主管部门会同国务院有关部门制定。从事其他招标代理业务的招标代理机构，其资格认定的主管部门由国务院规定。

招标代理机构与行政机关和其他国家机关不得存在隶属关系或者其他利益关系。

第十五条 招标代理机构应当在招标人委托的范围内办理招标事宜，并遵守本法关于招标人的规定。

第十六条 招标人采用公开招标方式的，应当发布招标公告。依法必须进行招标的项目的招标公告，应当通过国家指定的报刊、信息网络或者其他媒介发布。

招标公告应当载明招标人的名称和地址、招标项目的性质、数量、实施地点和时间以及获取招标文件的办法等事项。

第十七条 招标人采用邀请招标方式的，应当向三个以上具备承担招标项目的能力、资信良好的特定的法人或者其他组织发出投标邀请书。

投标邀请书应当载明本法第十六条第二款规定的事项。

第十八条 招标人可以根据招标项目本身的要求，在招标公告或者投标邀请书中，要求潜在投标人提供有关资质证明文件和业绩情况，并对潜在投标人进行资格审查；国家对投标人的资格条件有规定的，依照其规定。

招标人不得以不合理的条件限制或者排斥潜在投标人，不得对潜在投标人实行歧视待遇。

第十九条 招标人应当根据招标项目的特点和需要编制招标文件。招标文件应当包括招标项目的技术要求、对投标人资格审查的标准、投标报价要求和评标标准等所有实质性要求和条件以及拟签订合同的主要条款。

国家对招标项目的技术、标准有规定的，招标人应当按照其规定在招标文件中提出相应要求。

招标项目需要划分标段、确定工期的，招标人应当合理划分标段、确定工期，并在招标文件中载明。

第二十条 招标文件不得要求或者标明特定的生产供应者以及含有倾向或者排斥潜在投标人的其他内容。

第二十一条 招标人根据招标项目的具体情况，可以组织潜在投标人踏勘项目现场。

第二十二条 招标人不得向他人透露已获取招标文件的潜在投标人的名称、数量以及可能影响公平竞争的有关招标投标的其他情况。

招标人设有标底的，标底必须保密。

第二十三条 招标人对已发出的招标文件进行必要的澄清或者修改的，应当在招标文件要求提交投标文件截止时间至少十五日前，以书面形式通知所有招标文件收受人。该澄清或者修改的内容为招标文件的组成部分。

第二十四条 招标人应当确定投标人编制投标文件所需要的合理时间；但是，依法必须进行招标的项目，自招标文件开始发出之日起至投标人提交投标文件截止之日止，最短不得少于二十日。

投　　标

第二十五条 投标人是响应招标、参加投标竞争的法人或者其他组织。

依法招标的科研项目允许个人参加投标的，投标的个人适用本法有关投标人的规定。

第二十六条 投标人应当具备承担招标项目的能力；国家有关规定对投标人资格条件或者招标文件对投标人资格条件有规定的，投标人应当具备规定的资格条件。

第二十七条 投标人应当按照招标文件的要求编制投标文件。投标文件应当对招标文件提出的实质性要求和条件作出响应。

招标项目属于建设施工的，投标文件的内容应当包括拟派出的项目负责人与主要技术人员的简历、业绩和拟用于完成招标项目的机械设备等。

第二十八条 投标人应当在招标文件要求提交投标文件的截止时间前，将投标文件送达投标地点。招标人收到投标文件后，应当签收保存，不得开启。投标人少于三个的，招标人应当依照本法重新招标。

在招标文件要求提交投标文件的截止时间后送达的投标文件，招标人应当拒收。

第二十九条 投标人在招标文件要求提交投标文件的截止时间前，可以补充、修改或者撤回已提交的投标文件，并书面通知招标人。补充、修改的内容为投标文件的组成部分。

第三十条 投标人根据招标文件载明的项目实际情况，拟在中标后将中标项目的部分非主体、非关键性工作进行分包的，应当在投标文件中载明。

第三十一条 两个以上法人或者其他组织可以组成一个联合体，以一个投标人的身份共同投标。

联合体各方均应当具备承担招标项目的相应能力；国家有关规定或者招标文件对投标人资格条件有规定的，联合体各方均应当具备规定的相应资格条件。由同一专业的单位组成的联合体，按照资质等级较低的单位确定资质等级。

联合体各方应当签订共同投标协议，明确约定各方拟承担的工作和责任，并将共同投标协议连同投标文件一并提交招标人。联合体中标的，联合体各方应当共同与招标人签订合同，就中标项目向招标人承担连带责任。

招标人不得强制投标人组成联合体共同投标，不得限制投标人之间的竞争。

第三十二条 投标人不得相互串通投标报价，不得排挤其他投标人的公平竞争，损害招标人或者其他投标人的合法权益。

投标人不得与招标人串通投标，损害国家利益、社会公共利益或者他人的合法权益。

禁止投标人以向招标人或者评标委员会成员行贿的手段谋取中标。

第三十三条 投标人不得以低于成本的报价竞标，也不得以他人名义投标或者以其他方式弄虚作假，骗取中标。

开标、评标和中标

第三十四条 开标应当在招标文件确定的提交投标文件截止时间的同一时间公开进行；开标地点应当为招标文件中预先确定的地点。

第三十五条 开标由招标人主持，邀请所有投标人参加。

第三十六条 开标时，由投标人或者其推选的代表检查投标文件的密封情况，也可以由招标人委托的公证机构检查并公证；经确认无误后，由工作人员当众拆封，宣读投标人名称、投标价格和投标文件的其他主要内容。

招标人在招标文件要求提交投标文件的截止时间前收到的所有投标文件，开标时都应当当众予以拆封、宣读。

开标过程应当记录，并存档备查。

第三十七条 评标由招标人依法组建的评标委员会负责。

依法必须进行招标的项目，其评标委员会由招标人的代表和有关技术、经济等方面的专家组成，成员人数为五人以上单数，其中技术、经济等方面的专家不得少于成员总数的三分之二。

前款专家应当从事相关领域工作满八年并具有高级职称或者具有同等专业水平，由招标人从国务院有关部门或者省、自治区、直辖市人民政府有关部门提供的专家名册或者招标代理机构的专家库内的相关专业的专家名单中确定；一般招标项目可以采取随机抽取方式，特殊招标项目可以由招标人直接确定。

与投标人有利害关系的人不得进入相关项目的评标委员会；已经进入的应当更换。

评标委员会成员的名单在中标结果确定前应当保密。

第三十八条 招标人应当采取必要的措施，保证评标在严格保密的情况下进行。

任何单位和个人不得非法干预、影响评标的过程和结果。

第三十九条 评标委员会可以要求投标人对投标文件中含义不明确的内容作必要的澄清或者说明，但是澄清或者说明不得超出投标文件的范围或者改变投标文件的实质性内容。

第四十条 评标委员会应当按照招标文件确定的评标标准和方法，对投标文件进行评审和比较；设有标底的，应当参考标底。评标委员会完成评标后，应当向招标人提出书面评标报告，并推荐合格的中标候选人。

招标人根据评标委员会提出的书面评标报告和推荐的中标候选人确定中标人。招标人也可以授权评标委员会直接确定中标人。

国务院对特定招标项目的评标有特别规定的，从其规定。

第四十一条 中标人的投标应当符合下列条件之一：

（一）能够最大限度地满足招标文件中规定的各项综合评价标准；

（二）能够满足招标文件的实质性要求，并且经评审的投标价格最低；但是投标价格低于成本的除外。

第四十二条 评标委员会经评审，认为所有投标都不符合招标文件要求的，可以否决所有投标。

依法必须进行招标的项目的所有投标被否决的，招标人应当依照本法重新招标。

第四十三条 在确定中标人前，招标人不得与投标人就投标价格、投标方案等实质性内容进行谈判。

第四十四条 评标委员会成员应当客观、公正地履行职务，遵守职业道德，对所提出的评审意见承担个人责任。

评标委员会成员不得私下接触投标人，不得收受投标人的财物或者其他好处。

评标委员会成员和参与评标的有关工作人员不得透露对投标文件的评审和比较、中标候选人的推荐情况以及与评标有关的其他情况。

第四十五条 中标人确定后，招标人应当向中标人发出中标通知书，并同时将中标结果通知所有未中标的投标人。

中标通知书对招标人和中标人具有法律效力。中标通知书发出后，招标人改变中标结果的，或者中标人放弃中标项目的，应当依法承担法律责任。

第四十六条 招标人和中标人应当自中标通知书发出之日起三十日内，按照招标文件和中标人的投标文件订立书面合同。招标人和中标人不得再行订立背离合同实质性内容的其他协议。

招标文件要求中标人提交履约保证金的，中标人应当提交。

第四十七条 依法必须进行招标的项目，招标人应当自确定中标人之日起十五日内，向有关行政监督部门提交招标投标情况的书面报告。

第四十八条 中标人应当按照合同约定履行义务，完成中标项目。中标人不得向他人转让中标项目，也不得将中标项目肢解后分别向他人转让。

中标人按照合同约定或者经招标人同意，可以将中标项目的部分非主体、非关键性工作分包给他人完成。接受分包的人应当具备相应的资格条件，并不得再次分包。

中标人应当就分包项目向招标人负责，接受分包的人就分包项目承担连带责任。

法 律 责 任

第四十九条 违反本法规定，必须进行招标的项目而不招标的，将必须进行招标的项目化整为零或者以其他任何方式规避招标的，责令限期改正，可以处项目合同金额千分之五以上千分之十以下的罚款；对全部或者部分使用国有资金的项目，可以暂停项目执行或者暂停资金拨付；对单位直接负责的主管人员和其他直接责任人员依法给予处分。

第五十条 招标代理机构违反本法规定，泄露应当保密的与招标投标活动有关的情况和资料的，或者与招标人、投标人串通损害国家利益、社会公共利益或者他人合法权益的，处五万元以上二十五万元以下的罚款，对单位直接负责的主管人员和其他直接责任人员处单位罚款数额百分之五以上百分之十以下的罚款；有违法所得的，并处没收违法所得；情节严重的，暂停直至取消招标代理资格；构成犯罪的，依法追究刑事责任。给他人造成损失的，依法承担赔偿责任。

前款所列行为影响中标结果的，中标无效。

第五十一条 招标人以不合理的条件限制或者排斥潜在投标人的，对潜在投标人实行歧视待遇的，强制要求投标人组成联合体共同投标的，或者限制投标人之间竞争的，责令改正，可以处一万元以上五万元以下的罚款。

第五十二条 依法必须进行招标的项目的招标人向他人透露已获取招标文件的潜在投标人的名称、数量或者可能影响公平竞争的有关招标投标的其他情况的，或者泄露标底的，给予警告，可以并处一万元以上十万元以下的罚款；对单位直接负责的主管人员和其他直接责任人员依法给予处分；构成犯罪的，依法追究刑事责任。

前款所列行为影响中标结果的，中标无效。

第五十三条 投标人相互串通投标或者与招标人串通投标的，投标人以向招标人或者评标委员会成员行贿的手段谋取中标的，中标无效，处中标项目金额千分之五以上千分之十以下的罚款，对单位直接负责的主管人员以及其他直接责任人员处单位罚款数额百分之五以上百分之十以下的罚款；有违法所得的，并处没收违法所得；情节严重的，取消其一年至二年内参加依法必须进行招标的项目的投标资格并予以公告，直至由工商行政管理机关吊销营业执照；构成犯罪的，应依法追究刑事责任。给他人造成损失的，依法承担赔偿责任。

第五十四条 投标人以他人名义投标或者以其他方式弄虚作假，骗取中标的，中标无效，给招标人造成损失的，依法承担赔偿责任；构成犯罪的，依法追究刑事责任。

依法必须进行招标的项目的投标人有前款所列行为尚未构成犯罪的，处中标项目金额千分之五以上千分之十以下的罚款，对单位直接负责的主管人员和其他直接责任人员处单位罚款数额百分之五以上百分之十以下的罚款；有违法所得的，并处没收违法所得；情节严重的，取消其一年至三年内参加依法必须进行招标的项目的投标资格并予以公告，直至由工商行政管理机关吊销营业执照。

第五十五条 依法必须进行招标的项目，招标人违反本法规定，与投标人就投标价格、投标方案等实质性内容进行谈判的，给予警告，对单位直接负责的主管人员和其他直接责任人员依法给予处分。

前款所列行为影响中标结果的，中标无效。

第五十六条 评标委员会成员收受投标人的财物或者其他好处的，评标委员会成员或者参加评标的有关工作人员向他人透露对投标文件的评审和比较、中标候选人的推荐以及与评标有关的其他情况的，给予警告，没收收受的财物，可以并处三千元以上五万元以下的罚款，对有所列违法行为的评标委员会成员取消担任评标委员会成员的资格，不得再参加任何依法必须进行招标的项目的评标；构成犯罪的，依法追究刑事责任。

第五十七条 招标人在评标委员会依法推荐的中标候选人以外确定中标人的，依法必须进行招标的项目在所有投标被评标委员会否决后自行确定中标人的，中标无效。责令改正，可以处中标项目金额千分之五以上千分之十以下的罚款；对单位直接负责的主管人员和其他直接责任人员依法给予处分。

第五十八条 中标人将中标项目转让给他人的，将中标项目肢解后分别转让给他人的，违反本法规定将中标项目的部分主体、关键性工作分包给他人的，或者分包人再次分包的，转让、分包无效，处转让、分包项目金额千分之五以上千分之十以下的罚款；有违法所得的，并处没收违法所得；可以责令停业整顿；情节严重的，由工商行政管理机关吊销营业执照。

第五十九条 招标人与中标人不按照招标文件和中标人的投标文件订立合同的，或者招标人、中标人订立背离合同实质性内容的协议的，责令改正；可以处中标项目金额千分之五以上千分之十以下的罚款。

第六十条 中标人不履行与招标人订立的合同的，履约保证金不予退还，给招标人造成的损失超过履约保证金数额的，还应当对超过部分予以赔偿；没有提交履约保证金的，应当对招标人的损失承担赔偿责任。

中标人不按照与招标人订立的合同履行义务，情节严重的，取消其二年至五年内参加依法必须进行招标的项目的投标资格并予以公告，直至由工商行政管理机关吊销营业执照。

因不可抗力不能履行合同的，不适用前两款规定。

第六十一条 本章规定的行政处罚，由国务院规定的有关行政监督部门决定。本法已对实施行政处罚的机关作出规定的除外。

第六十二条 任何单位违反本法规定，限制或者排斥本地区、本系统以外的法人或者其他组织参加投标的，为招标人指定招标代理机构的，强制招标人委托招标代理机构办理招标事宜的，或者以其他方式干涉招标投标活动的，责令改正；对单位直接负责的主管人员和其他直接责任人员依法给予警告、记过、记大过的处分，情节较重的，依法给予降级、撤职、开除的处分。

个人利用职权进行前款违法行为的，依照前款规定追究责任。

第六十三条 对招标投标活动依法负有行政监督职责的国家机关工作人员徇私舞弊、滥用职权或者玩忽职守，构成犯罪的，依法追究刑事责任；不构成犯罪的，依法给予行政处分。

第六十四条 依法必须进行招标的项目违反本法规定，中标无效的，应当依照本法规定的中标条件从其余投标人中重新确定中标人或者依照本法重新进行招标。

附 则

第六十五条 投标人和其他利害关系人认为招标投标活动不符合本法有关规定的，有权向招标人提出异议或者依法向有关行政监督部门投诉。

第六十六条 涉及国家安全、国家秘密、抢险救灾或者属于利用扶贫资金实行以工代赈、需要使用农民工等特殊情况，不适宜进行招标的项目，按照国家有关规定可以不进行招标。

第六十七条 使用国际组织或者外国政府贷款、援助资金的项目进行招标，贷款方、资金提供方对招标投标的具体条件和程序有不同规定的，可以适用其规定。但违背中华人民共和国的社会公共利益的除外。

第六十八条 本法自 2000 年 1 月 1 日起施行。

附录 C 中华人民共和国合同法（第 16 章）

中华人民共和国主席令 第 15 号

《中华人民共和国合同法》已由中华人民共和国第九届全国人民代表大会第二次会议于 1999 年 3 月 15 日通过，现予公布，自 1999 年 10 月 1 日起施行。

中华人民共和国主席 江泽民
1999 年 3 月 15 日

第十六章 建 设 工 程 合 同

第二百六十九条 建设工程合同是承包人进行工程建设，发包人支付价款的合同。建设工程合同包括工程勘察、设计、施工合同。

第二百七十条 建设工程合同应当采用书面形式。

第二百七十一条 建设工程的招标投标活动，应当依照有关法律的规定公开、公平、公正进行。

第二百七十二条 发包人可以与总承包人订立建设工程合同，也可以分别与勘察人、设计人、施工人订立勘察、设计、施工承包合同。发包人不得将应当由一个承包人完成的建设工程肢解成若干部分发包给几个承包人。总承包人或者勘察、设计、施工承包人经发包人同意，可以将自己承包的部分工作交由第三人完成。第三人就其完成的工作成果与总承包人或者勘察、设计、施工承包人向发包人承担连带责任。承包人不得将其承包的全部建设工程转包给第三人或者将其承包的全部建设工程肢解以后以分包的名义分别转包给第三人。禁止承包人将工程分包给不具备相应资质条件的单位。禁止分包单位将其承包的工程再分包。建设工程主体结构的施工必须由承包人自行完成。

第二百七十三条 国家重大建设工程合同，应当按照国家规定的程序和国家批准的投资计划、可行性研究报告等文件订立。

第二百七十四条 勘察、设计合同的内容包括提交有关基础资料和文件（包括概预算）的期限、质量要求、费用以及其他协作条件等条款。

第二百七十五条 施工合同的内容包括工程范围、建设工期、中间交工工程的开工和竣工时间、工程质量、工程造价、技术资料交付时间、材料和设备供应责任、拨款和结算、竣工验收、质量保修范围和质量保证期、双方相互协作等条款。

第二百七十六条 建设工程实行监理的，发包人应当与监理人采用书面形式订立委托监理合同。发包人与监理人的权利和义务以及法律责任，应当依照本法委托合同以及其他有关法律、行政法规的规定。

第二百七十七条 发包人在不妨碍承包人正常作业的情况下，可以随时对作业进度、质量进行检查。

第二百七十八条 隐蔽工程在隐蔽以前，承包人应当通知发包人检查。发包人没有及时检查的，承包人可以顺延工程日期，并有权要求赔偿停工、窝工等损失。

第二百七十九条 建设工程竣工后，发包人应当根据施工图纸及说明书、国家颁发的施工验收规范和质量检验标准及时进行验收。验收合格的，发包人应当按照约定支付价款，并接收该建设工程。建设工程竣工经验收合格后，方可交付使用；未经验收或者验收不合格的，不得交付使用。

第二百八十条 勘察、设计的质量不符合要求或者未按照期限提交勘察、设计文件拖延工期，造成发包人损失的，勘察人、设计人应当继续完善勘察、设计，减收或者免收勘察、设计费并赔偿损失。

第二百八十一条 因施工人的原因致使建设工程质量不符合约定的，发包人有权要求施工人在合理期限内无偿修理或者返工、改建。经过修理或者返工、改建后，造成逾期交付的，施工人应当承担违约责任。

第二百八十二条 因承包人的原因致使建设工程在合理使用期限内造成人身和财产损害的，承包人应当承担损害赔偿责任。

第二百八十三条 发包人未按照约定的时间和要求提供原材料、设备、场地、资金、技术资料的，承包人可以顺延工程日期，并有权要求赔偿停工、窝工等损失。

第二百八十四条 因发包人的原因致使工程中途停建、缓建的，发包人应当采取措施弥补或者减少损失，赔偿承包人因此造成的停工、窝工、倒运、机械设备调迁、材料和构件积压等损失和实际费用。

第二百八十五条 因发包人变更计划，提供的资料不准确，或者未按照期限提供必需的勘察、设计工作条件而造成勘察、设计的返工、停工或者修改设计，发包人应当按照勘察人、设计人实际消耗的工作量增付费用。

第二百八十六条 发包人未按照约定支付价款的，承包人可以催告发包人在合理期限内支付价款。发包人逾期不支付的，除按照建设工程的性质不宜折价、拍卖的以外，承包人可以与发包人协议将该工程折价，也可以申请人民法院将该工程依法拍卖。建设工程的价款就该工程折价或者拍卖的价款优先受偿。

第二百八十七条 本章没有规定的，适用承揽合同的有关规定。

附录 D 建设工程质量管理条例

中华人民共和国国务院令 第 279 号

《建设工程质量管理条例》已经 2000 年 1 月 10 日国务院第 25 次常务会议通过，现予发布，自发布之日起施行。

总理 朱镕基
2000 年 1 月 30 日

第一章 总 则

第一条 为了加强对建设工程质量的管理，保证建设工程质量，保护人民生命和财产安全，根据《中华人民共和国建筑法》制定本条例。

第二条 凡在中华人民共和国境内从事建设工程质量的新建、扩建、改建等有关活动及实施对建设工程质量监督管理的，必须遵守本条例。

本条例所称建设工程，是指土木工程、建筑工程、线路管道和设备安装工程及装修工程。

第三条 建设单位、勘察单位、设计单位、施工单位、工程监理单位依法对建设工程质量负责。

第四条 县级以上人民政府建设行政主管部门和其他有关部门应当加强对建设工程质量的监督管理。

第五条 从事建设工程活动，必须严格执行基本建设程序，坚持先勘察、后设计、再施工的原则。

县级以上人民政府及其有关部门不得超越权限审批建设项目或者擅自简化基本建设程序。

第六条 国家鼓励采用先进的科学技术和管理方法，提高建设工程质量。

第二章 建设单位的质量责任和义务

第七条 建设单位应当将工程发包给具有相应资质等级的单位。

建设单位不得将建设工程肢解发包。

第八条 建设单位应当依法对工程建设项目的勘察、设计、施工、监理以及与工程建设有关的重要设备、材料等的采购进行招标。

第九条 建设单位必须向有关的勘察、设计、施工、工程监理等单位提供与建设工程有关的原始资料。

原始资料必须真实、准确、齐全。

第十条 建设工程发包单位不得迫使承包方以低于成本的价格竞标，不得任意压缩合理工期。

建设单位不得明示或暗示设计单位或施工单位违反工程建设强制性标准，降低建设工程质量。

第十一条　建设单位应当将施工图设计文件报县级以上人民政府建设行政主管部门或者其他有关部门审查。施工图设计文件审查的具体办法，由国务院建设行政主管部门会同国务院其他有关部门制定。

施工图设计文件未经审查批准的，不得使用。

第十二条　实行监理的建设工程，建设单位应当委托具有相应资质等级的工程监理单位进行监理，也可以委托具有工程监理相应资质等级并与监理工程的施工承包单位没有隶属关系或者其他利害关系的该工程的设计单位进行监理。

下列建设工程必须实行监理：

（一）国家重点建设工程；

（二）大中型公用事业工程；

（三）成片开发建设的住宅小区工程；

（四）利用外国政府或者国际组织贷款、援助资金的工程；

（五）国家规定必须实行监理的其他工程。

第十三条　建设单位在领取施工许可证或者开工报告前，应当按照国家有关规定办理工程质量监督手续。

第十四条　按照合同约定，由建设单位采购建筑材料、建筑构配件和设备的，建设单位应当保证建筑材料、建筑构配件和设备符合设计文件和合同要求。

建设单位不得明示或者暗示施工单位使用不合格的建筑材料、建筑构配件和设备。

第十五条　涉及建筑主体和承重结构变动的装修工程，建设单位应当在施工前委托原设计单位或者具有相应资质等级的设计单位提出设计方案，没有设计方案的，不得施工。

房屋建筑使用在装修过程，不得擅自变动房屋建筑主体和承重结构。

第十六条　建设单位收到建设工程竣工报告后，应当组织设计、施工、工程监理等有关单位进行竣工验收。

建设工程竣工验收应当具备下列条件：

（一）完成建设工程设计和合同约定的各项内容；

（二）完整的技术档案和施工管理资料；

（三）有工程使用的主要建筑材料、建筑构配件和设备的进场试验报告；

（四）有勘察、设计、施工、工程监理等单位分别签署的质量合格文件；

（五）有施工单位签署的工程保修书。

建设工程经验收合格的，方可交付使用。

第十七条　建设单位应当严格按照国家有关档案管理的规定，及时收集、整理建设项目各环节的文件资料，建立、健全建设项目档案，并在建设工程竣工验收后，及时向建设行政主管部门或者其他有关部门移交建设项目档案。

第三章　勘察、设计单位的质量责任和义务

第十八条　从事建设工程勘察、设计的单位应当依法取得相应的等级的资质证书，并在其资质等级许可的范围内承揽工程。

禁止勘察、设计单位超越其资质等级许可范围或者以其他勘察、设计单位的名义承揽工程。禁止勘察、设计单位允许其他单位或者个人以本单位的名义承揽工程。

第十九条 勘察、设计单位必须按照工程建设强制性标准进行勘察、设计,并对勘察、设计的质量负责。

注册建筑师、注册结构工程师等注册执业人员应当在设计文件上签字,对设计文件负责。

第二十条 勘察单位提供的地质、测量、水文等勘察成果必须真实、准确。

第二十一条 设计单位应当根据勘察成果文件进行建设工程设计。

设计文件应当符合国家规定的设计深度要求,注明工程合理使用年限。

第二十二条 设计单位在设计文件中选用的建筑材料、建筑构配件和设备,应当注明规格、型号、性能等技术指标,其质量要求必须符合国家规定的标准。

除有特殊要求的建筑材料、专用设备、工艺生产线等外,设计单位不得指定生产石、供应商。

第二十三条 设计单位应当就审查合格的施工图设计文件向施工单位作出详细说明。

第二十四条 设计单位应当参与建设工程质量事故分析,并对因设计造成的质量事故,提出相应的技术处理方案。

第四章 施工单位的质量责任和义务

第二十五条 施工单位应当依法取得相应等级的资质证书,并在其资质等级许可的范围内承揽工程。

禁止施工单位超越本单位资质等级许可的业务范围或者以其他施工单位的名义承揽工程。禁止施工单位允许其他单位或者个人以本单位名义承揽工程。

施工单位不得转包或者违法分包工程。

第二十六条 施工单位对建设工程的施工质量负责。

施工单位应当建立质量责任制,确定工程项目的项目经理、技术负责人和施工管理负责人。

建设工程实行总承包的,总承包单位应当对全部建设工程质量负责;建设工程勘察、设计、施工、设备采购的一项或者多项实行总承包的,总承包单位应当对其承包的建设工程或者采购的设备的质量负责。

第二十七条 总承包单位依法将建设工程分发给其他单位的,分包单位应当按照合同的约定对其分包工程的质量承担连带责任。

第二十八条 施工单位必须按照工程设计图纸和施工技术标准施工,不得擅自修改工程设计,不得偷工减料。

施工单位在施工过程中发现设计文件和图纸有差错的,应当及时提出意见和建议。

第二十九条 施工单位必须按照工程设计要求、施工技术标准和合同约定的,对建筑材料、建筑构配件、设备和商品混凝土进行检验,检验应当有书面记录和专人签字;未经检验和检验产品不合格的,不得使用。

第三十条 施工单位必须建立、健全施工质量的检验制度,严格工序管理,作好隐蔽工程的质量检查和记录。隐蔽工程在隐蔽前,施工单位应当通知建设单位和建设工程质量监督机构。

第三十一条 施工人员对涉及结构安全的试块、试件以及有关材料,应当在建设单位或者工程监理单位监督下现场取样,并送具有相应资质等级的质量检测单位进行检测。

第三十二条 施工人员对施工出现质量问题的建设工程或者竣工验收不合格的建设工程,应当负责返修。

第三十三条 施工单位应当建立、健全教育培训制度,加强对职工的教育培训;未经教育培训或者考核不合格的人员,不得上岗作业。

第五章 工程监理单位的质量责任和义务

第三十四条 工程监理单位应当依法取得相应等级的资质证书,并在其资质等级许可的范围内承担工程监理业务。

禁止工程监理单位超越本单位资质等级许可的范围或者以其他工程监理单位的名义承担工程监理业务,禁止工程监理单位允许其他单位或者个人以本单位的名义承担工程监理业务。

工程监理单位不得转让工程监理业务。

第三十五条 工程监理单位与被监理工程的施工承包单位以及建筑材料、建筑构配件和设备供应单位有隶属关系或者其他利害关系的,不得承担该项建设工程的监理业务。

第三十六条 工程监理单位应当依照法律、法规以及有关技术标准、设计文件和建设工程承包合同,代表建设单位对施工质量实施监理,并对施工质量承担监理责任。

第三十七条 工程监理单位应当选派具有相应资格的总监理工程师进驻施工现场。

未经监理工程师签字,建筑材料、建筑物配件、设备不得在工程上使用或者安装,施工单位不得进行下一道工序的施工。未经总监理工程师签字,建设单位不得拨付工程款,不得进行竣工验收。

第三十八条 监理工程师应当按照工程监理规范的要求,采取旁站、巡视和平行检验等形式,对建设工程实施监理。

第六章 建设工程质量保修

第三十九条 建设工程实行质量保修制度。

建设工程承包单位在向建设单位提交工程竣工验收报告时,应当向建设单位出具质量保修书。质量保修书应当明确建设工程的保修范围、保修期限和保修责任等。

第四十条 在正常使用条件下,建设工程最低保修期限为:

(一)基础设施工程、房屋建筑的地基基础工程和主体结构工程,为设计文件规定的该工程合理使用年限;

(二)屋面防水工程、有防水要求的卫生间、房间和外墙面的防渗漏,为5年;

(三)供热与供冷系统,为2个采暖期、供冷期;

(四)电气管道、给排水管道、设备安装和装修工程,为2年。

其他项目的保修期限由发包方与承包方约定。

建设工程的保修期,自竣工验收合格之日起计算。

第四十一条 建设工程在各个范围和保修期限内发生质量问题的,施工单位应当履行保修义务,并对造成的损失承担赔偿责任。

第四十二条 建设工程在超过合理使用年限后需要继续使用的,产权所有人应当委托有相应资质等级的勘察、设计单位鉴定，并根据鉴定结果采取加固、维修等措施，重新界定使用期。

第七章 监 督 管 理

第四十三条 国家实行建设工程质量监督管理制度。

国务院建设行政主管部门对全国的建设工程质量实施统一监督管理。国务院铁路、交通、水利等有关部门按照国务院规定的职责分工，负责对全国的有关专业建设工程质量的监督管理。

县级以上地方人民政府建设行政主管部门对本行政区域内的建设工程质量实施监督管理。县级以上地方人民政府交通、水利等有关部门在各自的职责范围内，负责对本行政区域内专业建设工程质量的监督管理。

第四十四条 国务院建设行政主管部门和国务院铁路、交通、水利等有关部门应当加强对有关建设工程质量的法律、法规和强制性标准执行情况的监督管理。

第四十五条 国务院发展计划部门按照国务院规定的职责组织稽察特派员，对国家出资的重大建设项目实施监督检查。

国务院经济贸易主管部门按照国务院规定的职责，对国家重大技术改造项目实施监督检查。

第四十六条 建设工程质量监督管理，可以由建设行政主管部门或者其他有关部门委托的建设工程质量监督机构具体实施。

从事房屋建筑工程和市政基础施工工程质量监督的机构，必须按照国家有关规定经国务院建设行政主管部门或者省、自治区、直辖市人民政府建设行政主管部门考核；从事专业建设工程质量监督的机构，必须按照国家有关规定经国务院有关部门或者省、自治区、直辖市人民政府有关部门考核。经考核合格后，方可实施质量监督。

第四十七条 县级以上地方人民政府建设行政主管部门和其他有关部门应当加强对有关建设工程质量的法律、法规和强制性标准执行情况的监督检查。

第四十八条 县级以上人民政府建设行政主管部门和其他有关部门履行监督检查职责时，有权采取下列措施：

（一）要求被检查的单位提供有关工程质量的文件和资料；

（二）进入被检查的施工现场进行检查；

（三）发现有影响工程质量的问题，责令改正。

第四十九条 建设单位应当自建设工程竣工验收合格之日起 15 日内，将建设工程竣工验收报告和规划、公安消防、环保等部门出具的认可文件或者准许使用文件报建设行政主管部门或者其他有关部门备案。

建设行政主管部门或者其他部门发现建设单位在竣工验收过程中违反国家有关建设工程质量管理规定行为的，责令停止使用，重新组织竣工验收。

第五十条 有关单位和个人对县级以上人民政府建设行政主管部门和其他有关部门进行监督检查应当支持与配合，不得拒绝或者阻碍建设工程质量监督检查人员依法执行职务。

第五十一条 供水、供电、供气、公安消防等部门或者单位不得明示或者暗示建设单位、施工单位购买其指定的生产供应单位的建筑材料、建筑构配件和设备。

第五十二条 建设工程发生质量事故,有关单位应当在 24 小时内向当地建设行政主管部门和其他有关部门报告。对重大质量事故,事故发生地的建设行政主管部门和其他有关部门应当按照事故类别和等级向当地人民政府和上级建设行政主管部门和其他有关部门报告。

特别重大事故的调查程序按照国务院有关规定办理。

第五十三条 任何单位和个人对建设工程质量事故、质量缺陷都有权检举、控告、投诉。

第八章 罚　　则

第五十四条 违反本条例规定,建设单位将建设工程发包给不具有相应资质等级的勘察、设计、施工单位或者委托给不具有相应资质等级的工程监理单位的,责令改正,处 50 万元以上 100 万元以下的罚款。

第五十五条 违反本条例规定,建设单位将建设肢解发包的,责令改正,处工程合同价款 0.5% 以上 1% 以下的罚款;对全部或者部分使用国有资金的项目,并可以暂停项目执行或者暂停资金拨付。

第五十六条 违反本条例规定,建设单位有下列行为之一的,责令改正,处 20 万元以上 50 万元以下的罚款:

(一)迫使承包方以低于成本的价格竞标的;
(二)任意压缩合理工期的;
(三)明示或暗示设计单位或者施工单位违反工程建设强制性标准,降低工程质量的;
(四)施工图设计文件未经审查或者审查不合格,擅自施工的;
(五)建设项目必须实行工程监理而未实行工程监理的;
(六)未按照国家规定办理工程质量监督手续的;
(七)明示或者暗示施工单位使用不合格的建筑材料、建筑构配件和设备;
(八)未按照国家规定将竣工验收报告、有关认可文件或者准许使用文件报送备案的。

第五十七条 违反本规定条例,建设单位未取得施工许可证或者开工报告未经批准,擅自施工的,责令停止施工,限期改正,处工程合同价款 1% 以上 2% 以下的罚款。

第五十八条 违反本条例规定,建设单位有下列行为之一的,责令改正,处工程合同价款 2% 以上 4% 以下的罚款;造成损失的,依法承担赔偿责任:

(一)未组织竣工验收,擅自交付使用的;
(二)验收不合格,擅自交付使用的;
(三)对不合格的建设工程按照合格工程验收的。

第五十九条 违反本条例规定,建设工程竣工验收后,建设单位未向建设行政主管部门或者其他有关部门移交建设项目档案的,责令改正,处 1 万元以上 10 万元以下的罚款。

第六十条 违反本条例规定,勘察、设计、施工、工程监理单位超越本单位资质等级承揽工程的,责令停止违法行为,对勘察、设计单位或者工程监理单位处合同约定的勘察费、设计费或者监理酬金 1 倍以上 2 倍以下的罚款;对施工单位处工程合同价款 2% 以上 4% 以下的罚款,可以责令停业整顿,降低资质等级;情节严重的,吊销资质证书;有违法所得的,予以没收。

以欺骗手段取得资质证书承揽工程的,吊销资质证书,依照本条第一款规定处以罚款,有违法所得的,予以没收。

第六十一条 违反本条例规定,勘察、设计、施工、工程监理允许其他单位或者个人以本单位名义承揽工程的,责令改正,没收违法所得,对勘察、设计单位和工程监理单位处合同勘察费、设计费和监理酬金1倍以上2倍以下的罚款;对施工单位处工程合同价款2%以上4%以下的罚款,可以责令停业整顿,降低资质等级;情节严重的,吊销资质证书;有违法所得的,予以没收。

第六十二条 违反本条例规定,承包单位将承包的工程转包或者违法分包的,责令改正,没收违法所得,对勘察、设计单位和工程监理单位处合同勘察费、设计费25%以上50%以下的罚款;对施工单位处工程合同价款0.5%以上1%以下的罚款,可以责令停业整顿,降低资质等级;情节严重的,吊销资质证书;有违法所得的,予以没收。

工程监理单位转让工程监理业务的,责令改正,没收违法所得,处合同约定的监理酬金25%以上50%以下的罚款;可以责令停业整顿,降低资质等级;情节严重的,吊销资质证书。

第六十三条 违反本条例规定,有下列行为之一的,责令改正,处以10万元以上30万元以下的罚款:

(一)勘察单位未按照工程建设强制性标准进行勘察的;

(二)设计单位未根据勘察成果文件进行工程设计的;

(三)设计单位指定建筑材料人、建筑构配件的生产厂、供应商的;

(四)设计单位未按照工程建设强制性标准进行设计的。

有前款所列行为,造成工程质量事故的,责令停业整顿,降低资质等级;情节严重的,吊销资质证书;造成损失的,依法承担赔偿责任。

第六十四条 违反本条例规定,施工单位在施工中偷工减料的,使用不合格的建筑材料、建筑构配件和设备的,或者有不按照工程设计图纸或者施工技术标准施工的其他行为的,责令改正,处工程合同价款2%以上4%以下的罚款;造成建设工程质量不符合规定的质量标准的,负责返工、修理,并赔偿并因此造成的损失;情节严重的,责令停业整顿,降低资质等级或者吊销资质证书。

第六十五条 违反本条例规定,施工单位未对建筑材料、建筑构配件、设备和商品混凝土进行检验,或者未对涉及结构安全的试块、试件以及有关材料的取样检测的,责令改正,处10万元以上20万元以下的罚款;情节严重的,责令停业整顿,降低资质等级或者吊销资质证书;造成损失的,依法承担赔偿责任。

第六十六条 违反本条例规定,施工单位不履行保修义务或者拖延履行保修义务的,责令改正,处10万元以上20万元以下的罚款,并在保修期内因质量缺陷造成的损失承担赔偿责任。

第六十七条 工程监理单位有下列行为之一的,责令改正,处50万元以上100万元以下的罚款,降低资质等级或者吊销资质证书;有违法所得的,予以没收,造成损失的,承担连带赔偿责任:

(一)与建设单位或者施工单位串通,弄虚作假、降低工程质量的;

（二）将不合格的建设工程、建筑材料、建筑构配件和设备按照合格签字的。

第六十八条 违反本条例规定，工程监理单位与被监理工程的施工承包单位以及建筑材料、建筑构配件和设备供应单位有隶属关系或者其他利害关系承担该项建设工程的监理业务的，责令改正，处5万元以上10万元以下的罚款，降低资质等级或者吊销资质证书的；有违法所得的，予以没收。

第六十九条 违反本条例规定，涉及建筑主体或者承重结构变动的装修工程，没有设计方案擅自施工的，责令改正，处50万元以上100万元以下的罚款，房屋建筑面积在装修过程擅自变动房屋建筑主体和承重结构的，责令改正，处5万元以上10万元以下的罚款。有前款所列行为，造成损失的，依法承担赔偿责任。

第七十条 发生重大工程质量事故隐瞒不报、谎报或者拖延报告期限的，对直接负责的主管人员和其他责任人员依法给予行政处分。

第七十一条 违反本条例规定，供水、供电、供气、公安消防等部门或者单位明示或者暗示建设单位或施工单位购买其指定的生产供应单位的建筑材料、建筑构配件和设备的，责令改正。

第七十二条 违反本条例规定，注册建筑师、注册结构工程师、监理工程师等注册执业人员因过错造成严重事故的，责令停止执业1年，造成重大质量事故的，吊销执业资格证书，5年以内不予注册；情节特别恶劣的，终身不予注册。

第七十三条 依照本条例规定，给予单位罚款处罚的，对单位直接负责的主管人员和其他直接责任人员处单位罚款5%以上10%以下的罚款。

第七十四条 建筑单位、设计单位、施工单位、工程监理单位违反国家规定，降低工程质量标准，造成重大安全事故，构成犯罪的，对直接责任人依法追究刑事责任。

第七十五条 本条例规定的责令停业整顿，降低资质等级和吊销资质证书的行政处罚，由颁发资质证书的机关决定，其他行政处罚，由建设行政主管部门或者其他有关部门依照法定职权决定。

依照本条例规定吊销资质证书的，由工商行政管理部门吊销其营业执照。

第七十六条 国家机关工作人员在建设工程质量监督管理工作中玩忽职守、滥用职权、徇私舞弊，构成犯罪的，依法追究刑事责任；尚不构成犯罪的，依法给予行政处分。

第七十七条 建设、勘察、设计、施工、工程监理单位的工作人员因调动工作、退休等原因离开该单位后，被发现在该单位工作期间违反国家有关建设工程质量管理规定，造成重大质量事故的，仍应当依法追究法律责任。

第九章 附 则

第七十八条 本条例所称肢解发包，是指建设单位将应当由一个承包单位完成的建设工程分解成若干部分发包给不同的承包单位的行为。

本条例所称违法分包，是指下列行为：

（一）总承包单位将建设工程分包给不具备相应资质条件的单位的；

（二）建设工程总承包合同中未有约定，又未经建设单位认可，承包单位将其承包的部分建设工程交由其他单位完成；

（三）施工总承包单位将建设工程主体结构的施工分包给其他单位的；

（四）分包单位将其承包的建设工程再分包的。

本条例所称转包，是指承包单位承包建设工程后，不履行合同约定的责任和义务，将其承包的全部建设工程转给他人或者将其承包的建设工程肢解以后以分包的名义分别转给其他单位承包的行为。

第七十九条 本条例规定的罚款和没收的违法所得，必须全部上缴国库。

第八十条 抢险救灾及其他临时性房屋建筑和农民自建低层住宅的建设活动，不适用本条例。

第八十一条 军事建设工程的管理，按照中央军事委员会的有关规定执行。

第八十二条 本条例自发布之日起施行。

附刑法有关条款

第一百三十七条 建设单位、设计单位、施工单位、工程监理单位违反国家规定，降低工程质量标准，造成重大安全事故的，对直接责任人员处五年以下有期徒刑或者拘役，并处罚金；后果特别严重的，处五年以上十年以下有期徒刑，并处罚金。

附录 E 建设工程安全生产管理条例

中华人民共和国国务院令 第 393 号

《建设工程安全生产管理条例》已经 2003 年 11 月 12 日国务院第 28 次常务会议通过，现予公布，自 2004 年 2 月 1 日起施行。

总理 温家宝
2003 年 11 月 24 日

第一章 总 则

第一条 为了加强建设工程安全生产监督管理，保障人民群众生命和财产安全，根据《中华人民共和国建筑法》、《中华人民共和国安全生产法》，制定本条例。

第二条 在中华人民共和国境内从事建设工程的新建、扩建、改建和拆除等有关活动及实施对建设工程安全生产的监督管理，必须遵守本条例。

本条例所称建设工程，是指土木工程、建筑工程、线路管道和设备安装工程及装修工程。

第三条 建设工程安全生产管理，坚持安全第一、预防为主的方针。

第四条 建设单位、勘察单位、设计单位、施工单位、工程监理单位及其他与建设工程安全生产有关的单位，必须遵守安全生产法律、法规的规定，保证建设工程安全生产，依法承担建设工程安全生产责任。

第五条 国家鼓励建设工程安全生产的科学技术研究和先进技术的推广应用，推进建设工程安全生产的科学管理。

第二章 建设单位的安全责任

第六条 建设单位应当向施工单位提供施工现场及毗邻区域内供水、排水、供电、供气、供热、通信、广播电视等地下管线资料，气象和水文观测资料，相邻建筑物和构筑物、地下工程的有关资料，并保证资料的真实、准确、完整。

建设单位因建设工程需要，向有关部门或者单位查询前款规定的资料时，有关部门或者单位应当及时提供。

第七条 建设单位不得对勘察、设计、施工、工程监理等单位提出不符合建设工程安全生产法律、法规和强制性标准规定的要求，不得压缩合同约定的工期。

第八条 建设单位在编制工程概算时，应当确定建设工程安全作业环境及安全施工措施所需费用。

第九条 建设单位不得明示或者暗示施工单位购买、租赁、使用不符合安全施工要求的安全防护用具、机械设备、施工机具及配件、消防设施和器材。

第十条 建设单位在申请领取施工许可证时，应当提供建设工程有关安全施工措施的资料。

依法批准开工报告的建设工程，建设单位应当自开工报告批准之日起 15 日内，将保证安全施工的措施报送建设工程所在地的县级以上地方人民政府建设行政主管部门或者其他有关部门备案。

第十一条 建设单位应当将拆除工程发包给具有相应资质等级的施工单位。

建设单位应当在拆除工程施工 15 日前，将下列资料报送建设工程所在地的县级以上地方人民政府建设行政主管部门或者其他有关部门备案：

（一）施工单位资质等级证明；

（二）拟拆除建筑物、构筑物及可能危及毗邻建筑的说明；

（三）拆除施工组织方案；

（四）堆放、清除废弃物的措施。

实施爆破作业的，应当遵守国家有关民用爆炸物品管理的规定。

第三章 勘察、设计、工程监理及其他有关单位的安全责任

第十二条 勘察单位应当按照法律、法规和工程建设强制性标准进行勘察，提供的勘察文件应当真实、准确，满足建设工程安全生产的需要。

勘察单位在勘察作业时，应当严格执行操作规程，采取措施保证各类管线、设施和周边建筑物、构筑物的安全。

第十三条 设计单位应当按照法律、法规和工程建设强制性标准进行设计，防止因设计不合理导致生产安全事故的发生。

设计单位应当考虑施工安全操作和防护的需要，对涉及施工安全的重点部位和环节在设计文件中注明，并对防范生产安全事故提出指导意见。

采用新结构、新材料、新工艺的建设工程和特殊结构的建设工程，设计单位应当在设计中提出保障施工作业人员安全和预防生产安全事故的措施建议。

设计单位和注册建筑师等注册执业人员应当对其设计负责。

第十四条 工程监理单位应当审查施工组织设计中的安全技术措施或者专项施工方案是否符合工程建设强制性标准。

工程监理单位在实施监理过程中，发现存在安全事故隐患的，应当要求施工单位整改；情况严重的，应当要求施工单位暂时停止施工，并及时报告建设单位。施工单位拒不整改或者不停止施工的，工程监理单位应当及时向有关主管部门报告。

工程监理单位和监理工程师应当按照法律、法规和工程建设强制性标准实施监理，并对建设工程安全生产承担监理责任。

第十五条 为建设工程提供机械设备和配件的单位，应当按照安全施工的要求配备齐全有效的保险、限位等安全设施和装置。

第十六条 出租的机械设备和施工机具及配件，应当具有生产（制造）许可证、产品合格证。

出租单位应当对出租的机械设备和施工机具及配件的安全性能进行检测，在签订租赁协议时，应当出具检测合格证明。

禁止出租检测不合格的机械设备和施工机具及配件。

第十七条 在施工现场安装、拆卸施工起重机械和整体提升脚手架、模板等自升式架设设施，必须由具有相应资质的单位承担。

安装、拆卸施工起重机械和整体提升脚手架、模板等自升式架设设施，应当编制拆装方案、制定安全施工措施，并由专业技术人员现场监督。

施工起重机械和整体提升脚手架、模板等自升式架设设施安装完毕后，安装单位应当自检，出具自检合格证明，并向施工单位进行安全使用说明，办理验收手续并签字。

第十八条 施工起重机械和整体提升脚手架、模板等自升式架设设施的使用达到国家规定的检验检测期限的，必须经具有专业资质的检验检测机构检测。经检测不合格的，不得继续使用。

第十九条 检验检测机构对检测合格的施工起重机械和整体提升脚手架、模板等自升式架设设施，应当出具安全合格证明文件，并对检测结果负责。

第四章 施工单位的安全责任

第二十条 施工单位从事建设工程的新建、扩建、改建和拆除等活动，应当具备国家规定的注册资本、专业技术人员、技术装备和安全生产等条件，依法取得相应等级的资质证书，并在其资质等级许可的范围内承揽工程。

第二十一条 施工单位主要负责人依法对本单位的安全生产工作全面负责。施工单位应当建立健全安全生产责任制度和安全生产教育培训制度，制定安全生产规章制度和操作规程，保证本单位安全生产条件所需资金的投入，对所承担的建设工程进行定期和专项安全检查，并做好安全检查记录。

施工单位的项目负责人应当由取得相应执业资格的人员担任，对建设工程项目的安全施工负责，落实安全生产责任制度、安全生产规章制度和操作规程，确保安全生产费用的有效使用，并根据工程的特点组织制定安全施工措施，消除安全事故隐患，及时、如实报告生产安全事故。

第二十二条 施工单位对列入建设工程概算的安全作业环境及安全施工措施所需费用，应当用于施工安全防护用具及设施的采购和更新、安全施工措施的落实、安全生产条件的改善，不得挪作他用。

第二十三条 施工单位应当设立安全生产管理机构，配备专职安全生产管理人员。

专职安全生产管理人员负责对安全生产进行现场监督检查。发现安全事故隐患，应当及时向项目负责人和安全生产管理机构报告；对违章指挥、违章操作的，应当立即制止。

专职安全生产管理人员的配备办法由国务院建设行政主管部门会同国务院其他有关部门制定。

第二十四条 建设工程实行施工总承包的，由总承包单位对施工现场的安全生产负总责。

总承包单位应当自行完成建设工程主体结构的施工。

总承包单位依法将建设工程分包给其他单位的，分包合同中应当明确各自的安全生产方面的权利、义务。总承包单位和分包单位对分包工程的安全生产承担连带责任。

分包单位应当服从总承包单位的安全生产管理，分包单位不服从管理导致生产安全事故的，由分包单位承担主要责任。

第二十五条 垂直运输机械作业人员、安装拆卸工、爆破作业人员、起重信号工、登高架设作业人员等特种作业人员，必须按照国家有关规定经过专门的安全作业培训，并取得特种作业操作资格证书后,方可上岗作业。

第二十六条 施工单位应当在施工组织设计中编制安全技术措施和施工现场临时用电方案,对下列达到一定规模的危险性较大的分部分项工程编制专项施工方案,并附具安全验算结果,经施工单位技术负责人、总监理工程师签字后实施,由专职安全生产管理人员进行现场监督:

(一)基坑支护与降水工程;

(二)土方开挖工程;

(三)模板工程;

(四)起重吊装工程;

(五)脚手架工程;

(六)拆除、爆破工程;

(七)国务院建设行政主管部门或者其他有关部门规定的其他危险性较大的工程。

对前款所列工程中涉及深基坑、地下暗挖工程、高大模板工程的专项施工方案,施工单位还应当组织专家进行论证、审查。

本条第一款规定的达到一定规模的危险性较大工程的标准,由国务院建设行政主管部门会同国务院其他有关部门制定。

第二十七条 建设工程施工前,施工单位负责项目管理的技术人员应当对有关安全施工的技术要求向施工作业班组、作业人员作出详细说明,并由双方签字确认。

第二十八条 施工单位应当在施工现场入口处、施工起重机械、临时用电设施、脚手架、出入通道口、楼梯口、电梯井口、孔洞口、桥梁口、隧道口、基坑边沿、爆破物及有害危险气体和液体存放处等危险部位,设置明显的安全警示标志。安全警示标志必须符合国家标准。

施工单位应当根据不同施工阶段和周围环境及季节、气候的变化,在施工现场采取相应的安全施工措施。施工现场暂时停止施工的,施工单位应当做好现场防护,所需费用由责任方承担,或者按照合同约定执行。

第二十九条 施工单位应当将施工现场的办公、生活区与作业区分开设置,并保持安全距离;办公、生活区的选址应当符合安全性要求。职工的膳食、饮水、休息场所等应当符合卫生标准。施工单位不得在尚未竣工的建筑物内设置员工集体宿舍。

施工现场临时搭建的建筑物应当符合安全使用要求。施工现场使用的装配式活动房屋应当具有产品合格证。

第三十条 施工单位对因建设工程施工可能造成损害的毗邻建筑物、构筑物和地下管线等,应当采取专项防护措施。

施工单位应当遵守有关环境保护法律、法规的规定,在施工现场采取措施,防止或者减少粉尘、废气、废水、固体废物、噪声、振动和施工照明对人和环境的危害和污染。

在城市市区内的建设工程,施工单位应当对施工现场实行封闭围挡。

第三十一条 施工单位应当在施工现场建立消防安全责任制度,确定消防安全责任人,制定用火、用电、使用易燃易爆材料等各项消防安全管理制度和操作规程,设置消防通道、消防水源,配备消防设施和灭火器材,并在施工现场入口处设置明显标志。

第三十二条 施工单位应当向作业人员提供安全防护用具和安全防护服装,并书面告知危险岗位的操作规程和违章操作的危害。

作业人员有权对施工现场的作业条件、作业程序和作业方式中存在的安全问题提出批评、检举和控告，有权拒绝违章指挥和强令冒险作业。

在施工中发生危及人身安全的紧急情况时，作业人员有权立即停止作业或者在采取必要的应急措施后撤离危险区域。

第三十三条 作业人员应当遵守安全施工的强制性标准、规章制度和操作规程，正确使用安全防护用具、机械设备等。

第三十四条 施工单位采购、租赁的安全防护用具、机械设备、施工机具及配件，应当具有生产（制造）许可证、产品合格证，并在进入施工现场前进行查验。

施工现场的安全防护用具、机械设备、施工机具及配件必须由专人管理，定期进行检查、维修和保养，建立相应的资料档案，并按照国家有关规定及时报废。

第三十五条 施工单位在使用施工起重机械和整体提升脚手架、模板等自升式架设设施前，应当组织有关单位进行验收，也可以委托具有相应资质的检验检测机构进行验收；使用承租的机械设备和施工机具及配件的，由施工总承包单位、分包单位、出租单位和安装单位共同进行验收。验收合格的方可使用。

《特种设备安全监察条例》规定的施工起重机械，在验收前应当经有相应资质的检验检测机构监督检验合格。

施工单位应当自施工起重机械和整体提升脚手架、模板等自升式架设设施验收合格之日起30日内，向建设行政主管部门或者其他有关部门登记。登记标志应当置于或者附着于该设备的显著位置。

第三十六条 施工单位的主要负责人、项目负责人、专职安全生产管理人员应当经建设行政主管部门或者其他有关部门考核合格后方可任职。

施工单位应当对管理人员和作业人员每年至少进行一次安全生产教育培训，其教育培训情况记入个人工作档案。安全生产教育培训考核不合格的人员，不得上岗。

第三十七条 作业人员进入新的岗位或者新的施工现场前，应当接受安全生产教育培训。未经教育培训或者教育培训考核不合格的人员，不得上岗作业。

施工单位在采用新技术、新工艺、新设备、新材料时，应当对作业人员进行相应的安全生产教育培训。

第三十八条 施工单位应当为施工现场从事危险作业的人员办理意外伤害保险。

意外伤害保险费由施工单位支付。实行施工总承包的，由总承包单位支付意外伤害保险费。意外伤害保险期限自建设工程开工之日起至竣工验收合格止。

第五章 监 督 管 理

第三十九条 国务院负责安全生产监督管理的部门依照《中华人民共和国安全生产法》的规定，对全国建设工程安全生产工作实施综合监督管理。

县级以上地方人民政府负责安全生产监督管理的部门依照《中华人民共和国安全生产法》的规定，对本行政区域内建设工程安全生产工作实施综合监督管理。

第四十条 国务院建设行政主管部门对全国的建设工程安全生产实施监督管理。国务院铁路、交通、水利等有关部门按照国务院规定的职责分工，负责有关专业建设工程安全生产的监督管理。

县级以上地方人民政府建设行政主管部门对本行政区域内的建设工程安全生产实施监督管理。县级以上地方人民政府交通、水利等有关部门在各自的职责范围内，负责本行政区域内的专业建设工程安全生产的监督管理。

第四十一条 建设行政主管部门和其他有关部门应当将本条例第十条、第十一条规定的有关资料的主要内容抄送同级负责安全生产监督管理的部门。

第四十二条 建设行政主管部门在审核发放施工许可证时，应当对建设工程是否有安全施工措施进行审查，对没有安全施工措施的，不得颁发施工许可证。

建设行政主管部门或者其他有关部门对建设工程是否有安全施工措施进行审查时，不得收取费用。

第四十三条 县级以上人民政府负有建设工程安全生产监督管理职责的部门在各自的职责范围内履行安全监督检查职责时，有权采取下列措施：

（一）要求被检查单位提供有关建设工程安全生产的文件和资料；

（二）进入被检查单位施工现场进行检查；

（三）纠正施工中违反安全生产要求的行为；

（四）对检查中发现的安全事故隐患，责令立即排除；重大安全事故隐患排除前或者排除过程中无法保证安全的，责令从危险区域内撤出作业人员或者暂时停止施工。

第四十四条 建设行政主管部门或者其他有关部门可以将施工现场的监督检查委托给建设工程安全监督机构具体实施。

第四十五条 国家对严重危及施工安全的工艺、设备、材料实行淘汰制度。具体目录由国务院建设行政主管部门会同国务院其他有关部门制定并公布。

第四十六条 县级以上人民政府建设行政主管部门和其他有关部门应当及时受理对建设工程生产安全事故及安全事故隐患的检举、控告和投诉。

第六章 生产安全事故的应急救援和调查处理

第四十七条 县级以上地方人民政府建设行政主管部门应当根据本级人民政府的要求，制定本行政区域内建设工程特大生产安全事故应急救援预案。

第四十八条 施工单位应当制定本单位生产安全事故应急救援预案，建立应急救援组织或者配备应急救援人员，配备必要的应急救援器材、设备，并定期组织演练。

第四十九条 施工单位应当根据建设工程施工的特点、范围，对施工现场易发生重大事故的部位、环节进行监控，制定施工现场生产安全事故应急救援预案。实行施工总承包的，由总承包单位统一组织编制建设工程生产安全事故应急救援预案，工程总承包单位和分包单位按照应急救援预案，各自建立应急救援组织或者配备应急救援人员，配备救援器材、设备，并定期组织演练。

第五十条 施工单位发生生产安全事故，应当按照国家有关伤亡事故报告和调查处理的规定，及时、如实地向负责安全生产监督管理的部门、建设行政主管部门或者其他有关部门报告；特种设备发生事故的，还应当同时向特种设备安全监督管理部门报告。接到报告的部门应当按照国家有关规定，如实上报。

实行施工总承包的建设工程，由总承包单位负责上报事故。

第五十一条 发生生产安全事故后，施工单位应当采取措施防止事故扩大，保护事故现场。需要移动现场物品时，应当做出标记和书面记录，妥善保管有关证物。

第五十二条 建设工程生产安全事故的调查、对事故责任单位和责任人的处罚与处理，按照有关法律、法规的规定执行。

第七章 法 律 责 任

第五十三条 违反本条例的规定，县级以上人民政府建设行政主管部门或者其他有关行政管理部门的工作人员，有下列行为之一的，给予降级或者撤职的行政处分；构成犯罪的，依照刑法有关规定追究刑事责任：

（一）对不具备安全生产条件的施工单位颁发资质证书的；

（二）对没有安全施工措施的建设工程颁发施工许可证的；

（三）发现违法行为不予查处的；

（四）不依法履行监督管理职责的其他行为。

第五十四条 违反本条例的规定，建设单位未提供建设工程安全生产作业环境及安全施工措施所需费用的，责令限期改正；逾期未改正的，责令该建设工程停止施工。

建设单位未将保证安全施工的措施或者拆除工程的有关资料报送有关部门备案的，责令限期改正，给予警告。

第五十五条 违反本条例的规定，建设单位有下列行为之一的，责令限期改正，处20万元以上50万元以下的罚款；造成重大安全事故，构成犯罪的，对直接责任人员，依照刑法有关规定追究刑事责任；造成损失的，依法承担赔偿责任：

（一）对勘察、设计、施工、工程监理等单位提出不符合安全生产法律、法规和强制性标准规定的要求的；

（二）要求施工单位压缩合同约定的工期的；

（三）将拆除工程发包给不具有相应资质等级的施工单位的。

第五十六条 违反本条例的规定，勘察单位、设计单位有下列行为之一的，责令限期改正，处10万元以上30万元以下的罚款；情节严重的，责令停业整顿，降低资质等级，直至吊销资质证书；造成重大安全事故，构成犯罪的，对直接责任人员，依照刑法有关规定追究刑事责任；造成损失的，依法承担赔偿责任：

（一）未按照法律、法规和工程建设强制性标准进行勘察、设计的；

（二）采用新结构、新材料、新工艺的建设工程和特殊结构的建设工程，设计单位未在设计中提出保障施工作业人员安全和预防生产安全事故的措施建议的。

第五十七条 违反本条例的规定，工程监理单位有下列行为之一的，责令限期改正；逾期未改正的，责令停业整顿，并处10万元以上30万元以下的罚款；情节严重的，降低资质等级，直至吊销资质证书；造成重大安全事故，构成犯罪的，对直接责任人员，依照刑法有关规定追究刑事责任；造成损失的，依法承担赔偿责任：

（一）未对施工组织设计中的安全技术措施或者专项施工方案进行审查的；

（二）发现安全事故隐患未及时要求施工单位整改或者暂时停止施工的；

（三）施工单位拒不整改或者不停止施工，未及时向有关主管部门报告的；

（四）未依照法律、法规和工程建设强制性标准实施监理的。

第五十八条　注册执业人员未执行法律、法规和工程建设强制性标准的，责令停止执业3个月以上1年以下；情节严重的，吊销执业资格证书，5年内不予注册；造成重大安全事故的，终身不予注册；构成犯罪的，依照刑法有关规定追究刑事责任。

第五十九条　违反本条例的规定，为建设工程提供机械设备和配件的单位，未按照安全施工的要求配备齐全有效的保险、限位等安全设施和装置的，责令限期改正，处合同价款1倍以上3倍以下的罚款；造成损失的，依法承担赔偿责任。

第六十条　违反本条例的规定，出租单位出租未经安全性能检测或者经检测不合格的机械设备和施工机具及配件的，责令停业整顿，并处5万元以上10万元以下的罚款；造成损失的，依法承担赔偿责任。

第六十一条　违反本条例的规定，施工起重机械和整体提升脚手架、模板等自升式架设设施安装、拆卸单位有下列行为之一的，责令限期改正，处5万元以上10万元以下的罚款；情节严重的，责令停业整顿，降低资质等级，直至吊销资质证书；造成损失的，依法承担赔偿责任：

（一）未编制拆装方案、制定安全施工措施的；

（二）未由专业技术人员现场监督的；

（三）未出具自检合格证明或者出具虚假证明的；

（四）未向施工单位进行安全使用说明，办理移交手续的。

施工起重机械和整体提升脚手架、模板等自升式架设设施安装、拆卸单位有前款规定的第（一）项、第（三）项行为，经有关部门或者单位职工提出后，对事故隐患仍不采取措施，因而发生重大伤亡事故或者造成其他严重后果，构成犯罪的，对直接责任人员，依照刑法有关规定追究刑事责任。

第六十二条　违反本条例的规定，施工单位有下列行为之一的，责令限期改正；逾期未改正的，责令停业整顿，依照《中华人民共和国安全生产法》的有关规定处以罚款；造成重大安全事故，构成犯罪的，对直接责任人员，依照刑法有关规定追究刑事责任：

（一）未设立安全生产管理机构、配备专职安全生产管理人员或者分部分项工程施工时无专职安全生产管理人员现场监督的；

（二）施工单位的主要负责人、项目负责人、专职安全生产管理人员、作业人员或者特种作业人员，未经安全教育培训或者经考核不合格即从事相关工作的；

（三）未在施工现场的危险部位设置明显的安全警示标志，或者未按照国家有关规定在施工现场设置消防通道、消防水源、配备消防设施和灭火器材的；

（四）未向作业人员提供安全防护用具和安全防护服装的；

（五）未按照规定在施工起重机械和整体提升脚手架、模板等自升式架设设施验收合格后登记的；

（六）使用国家明令淘汰、禁止使用的危及施工安全的工艺、设备、材料的。

第六十三条　违反本条例的规定，施工单位挪用列入建设工程概算的安全生产作业环境及安全施工措施所需费用的，责令限期改正，处挪用费用20%以上50%以下的罚款；造成损失的，依法承担赔偿责任。

第六十四条　违反本条例的规定，施工单位有下列行为之一的，责令限期改正；逾期未改正的，责令停业整顿，并处5万元以上10万元以下的罚款；造成重大安全事故，构成犯罪的，对直接责任人员，依照刑法有关规定追究刑事责任：

（一）施工前未对有关安全施工的技术要求作出详细说明的；

（二）未根据不同施工阶段和周围环境及季节、气候的变化，在施工现场采取相应的安全施工措施，或者在城市市区内的建设工程的施工现场未实行封闭围挡的；

（三）在尚未竣工的建筑物内设置员工集体宿舍的；

（四）施工现场临时搭建的建筑物不符合安全使用要求的；

（五）未对因建设工程施工可能造成损害的毗邻建筑物、构筑物和地下管线等采取专项防护措施的。

施工单位有前款规定第（四）项、第（五）项行为，造成损失的，依法承担赔偿责任。

第六十五条 违反本条例的规定，施工单位有下列行为之一的，责令限期改正；逾期未改正的，责令停业整顿，并处10万元以上30万元以下的罚款；情节严重的，降低资质等级，直至吊销资质证书；造成重大安全事故，构成犯罪的，对直接责任人员，依照刑法有关规定追究刑事责任；造成损失的，依法承担赔偿责任：

（一）安全防护用具、机械设备、施工机具及配件在进入施工现场前未经查验或者查验不合格即投入使用的；

（二）使用未经验收或者验收不合格的施工起重机械和整体提升脚手架、模板等自升式架设设施的；

（三）委托不具有相应资质的单位承担施工现场安装、拆卸施工起重机械和整体提升脚手架、模板等自升式架设设施的；

（四）在施工组织设计中未编制安全技术措施、施工现场临时用电方案或者专项施工方案的。

第六十六条 违反本条例的规定，施工单位的主要负责人、项目负责人未履行安全生产管理职责的，责令限期改正；逾期未改正的，责令施工单位停业整顿；造成重大安全事故、重大伤亡事故或者其他严重后果，构成犯罪的，依照刑法有关规定追究刑事责任。

作业人员不服管理、违反规章制度和操作规程冒险作业造成重大伤亡事故或者其他严重后果，构成犯罪的，依照刑法有关规定追究刑事责任。

施工单位的主要负责人、项目负责人有前款违法行为，尚不够刑事处罚的，处2万元以上20万元以下的罚款或者按照管理权限给予撤职处分；自刑罚执行完毕或者受处分之日起，5年内不得担任任何施工单位的主要负责人、项目负责人。

第六十七条 施工单位取得资质证书后，降低安全生产条件的，责令限期改正；经整改仍未达到与其资质等级相适应的安全生产条件的，责令停业整顿，降低其资质等级直至吊销资质证书。

第六十八条 本条例规定的行政处罚，由建设行政主管部门或者其他有关部门依照法定职权决定。

违反消防安全管理规定的行为，由公安消防机构依法处罚。

有关法律、行政法规对建设工程安全生产违法行为的行政处罚决定机关另有规定的，从其规定。

第八章 附　则

第六十九条　抢险救灾和农民自建低层住宅的安全生产管理，不适用本条例。

第七十条　军事建设工程的安全生产管理，按照中央军事委员会的有关规定执行。

第七十一条　本条例自 2004 年 2 月 1 日起施行。

附录 F 建设工程勘察设计管理条例

中华人民共和国国务院令 第 293 号

《建设工程勘察设计管理条例》已经 2000 年 9 月 20 日国务院第 31 次常务会议通过，现予公布施行。

总理 朱镕基
2000 年 9 月 25 日

第一章 总 则

第一条 为了加强对建设工程勘察、设计活动的管理，保证建设工程勘察、设计质量，保护人民生命和财产安全，制定本条例。

第二条 从事建设工程勘察、设计活动，必须遵守本条例。

本条例所称建设工程勘察，是指根据建设工程的要求，查明、分析、评价建设场地的地质地理环境特征和岩土工程条件，编制建设工程勘察文件的活动。

本条例所称建设工程设计，是指根据建设工程的要求，对建设工程所需的技术、经济、资源、环境等条件进行综合分析、论证，编制建设工程设计文件的活动。

第三条 建设工程勘察、设计应当与社会、经济发展水平相适应，做到经济效益、社会效益和环境效益相统一。

第四条 从事建设工程勘察、设计活动，应当坚持先勘察、后设计、再施工的原则。

第五条 县级以上人民政府建设行政主管部门和交通、水利等有关部门应当依照本条例的规定，加强对建设工程勘察、设计活动的监督管理。

建设工程勘察、设计单位必须依法进行建设工程勘察、设计，严格执行工程建设强制性标准，并对建设工程勘察、设计的质量负责。

第六条 国家鼓励在建设工程勘察、设计活动中采用先进技术、先进工艺、先进设备、新型材料和现代管理方法。

第二章 资质资格管理

第七条 国家对从事建设工程勘察、设计活动的单位，实行资质管理制度。具体办法由国务院建设行政主管部门商国务院有关部门制定。

第八条 建设工程勘察、设计单位应当在其资质等级许可的范围内承揽建设工程勘察、设计业务。

禁止建设工程勘察、设计单位超越其资质等级许可的范围或者以其他建设工程勘察、设计单位的名义承揽建设工程勘察、设计业务。禁止建设工程勘察、设计单位允许其他单位或者个人以本单位的名义承揽建设工程勘察、设计业务。

第九条 国家对从事建设工程勘察、设计活动的专业技术人员，实行执业资格注册管理制度。

未经注册的建设工程勘察、设计人员，不得以注册执业人员的名义从事建设工程勘察、设计活动。

第十条 建设工程勘察、设计注册执业人员和其他专业技术人员只能受聘于一个建设工程勘察、设计单位；未受聘于建设工程勘察、设计单位的，不得从事建设工程的勘察、设计活动。

第十一条 建设工程勘察、设计单位资质证书和执业人员注册证书，由国务院建设行政主管部门统一制作。

第三章 建设工程勘察设计发包与承包

第十二条 建设工程勘察、设计发包依法实行招标发包或者直接发包。

第十三条 建设工程勘察、设计应当依照《中华人民共和国招标投标法》的规定，实行招标发包。

第十四条 建设工程勘察、设计方案评标，应当以投标人的业绩、信誉和勘察、设计人员的能力以及勘察、设计方案的优劣为依据，进行综合评定。

第十五条 建设工程勘察、设计的招标人应当在评标委员会推荐的候选方案中确定中标方案。但是，建设工程勘察、设计的招标人认为评标委员会推荐的候选方案不能最大限度满足招标文件规定的要求的，应当依法重新招标。

第十六条 下列建设工程的勘察、设计，经有关主管部门批准，可以直接发包：

（一）采用特定的专利或者专有技术的；

（二）建筑艺术造型有特殊要求的；

（三）国务院规定的其他建设工程的勘察、设计。

第十七条 发包方不得将建设工程勘察、设计业务发包给不具有相应勘察、设计资质等级的建设工程勘察、设计单位。

第十八条 发包方可以将整个建设工程的勘察、设计发包给一个勘察、设计单位；也可以将建设工程的勘察、设计分别发包给几个勘察、设计单位。

第十九条 除建设工程主体部分的勘察、设计外，经发包方书面同意，承包方可以将建设工程其他部分的勘察、设计再分包给其他具有相应资质等级的建设工程勘察、设计单位。

第二十条 建设工程勘察、设计单位不得将所承揽的建设工程勘察、设计转包。

第二十一条 承包方必须在建设工程勘察、设计资质证书规定的资质等级和业务范围内承揽建设工程的勘察、设计业务。

第二十二条 建设工程勘察、设计的发包方与承包方，应当执行国家规定的建设工程勘察、设计程序。

第二十三条 建设工程勘察、设计的发包方与承包方应当签订建设工程勘察、设计合同。

第二十四条 建设工程勘察、设计发包方与承包方应当执行国家有关建设工程勘察费、设计费的管理规定。

第四章 建设工程勘察设计文件的编制与实施

第二十五条 编制建设工程勘察、设计文件，应当以下列规定为依据：

（一）项目批准文件；

（二）城市规划；

（三）工程建设强制性标准；

（四）国家规定的建设工程勘察、设计深度要求。

铁路、交通、水利等专业建设工程，还应当以专业规划的要求为依据。

第二十六条 编制建设工程勘察文件，应当真实、准确，满足建设工程规划、选址、设计、岩土治理和施工的需要。

编制方案设计文件，应当满足编制初步设计文件和控制概算的需要。

编制初步设计文件，应当满足编制施工招标文件、主要设备材料订货和编制施工图设计文件的需要。

编制施工图设计文件，应当满足设备材料采购、非标准设备制作和施工的需要，并注明建设工程合理使用年限。

第二十七条 设计文件中选用的材料、构配件、设备，应当注明其规格、型号、性能等技术指标，其质量要求必须符合国家规定的标准。

除有特殊要求的建筑材料、专用设备和工艺生产线等外，设计单位不得指定生产厂、供应商。

第二十八条 建设单位、施工单位、监理单位不得修改建设工程勘察、设计文件；确需修改建设工程勘察、设计文件的，应当由原建设工程勘察、设计单位修改。经原建设工程勘察、设计单位书面同意，建设单位也可以委托其他具有相应资质的建设工程勘察、设计单位修改。修改单位对修改的勘察、设计文件承担相应责任。

施工单位、监理单位发现建设工程勘察、设计文件不符合工程建设强制性标准、合同约定的质量要求的，应当报告建设单位，建设单位有权要求建设工程勘察、设计单位对建设工程勘察、设计文件进行补充、修改。

建设工程勘察、设计文件内容需要作重大修改的，建设单位应当报经原审批机关批准后，方可修改。

第二十九条 建设工程勘察、设计文件中规定采用的新技术、新材料，可能影响建设工程质量和安全，又没有国家技术标准的，应当由国家认可的检测机构进行试验、论证，出具检测报告，并经国务院有关部门或者省、自治区、直辖市人民政府有关部门组织的建设工程技术专家委员会审定后，方可使用。

第三十条 建设工程勘察、设计单位应当在建设工程施工前，向施工单位和监理单位说明建设工程勘察、设计意图，解释建设工程勘察、设计文件。

建设工程勘察、设计单位应当及时解决施工中出现的勘察、设计问题。

第五章 监 督 管 理

第三十一条 国务院建设行政主管部门对全国的建设工程勘察、设计活动实施统一监督管理。国务院铁路、交通、水利等有关部门按照国务院规定的职责分工，负责对全国的有关专业建设工程勘察、设计活动的监督管理。

县级以上地方人民政府建设行政主管部门对本行政区域内的建设工程勘察、设计活动实施监督管理。县级以上地方人民政府交通、水利等有关部门在各自的职责范围内，负责对本行政区域内的有关专业建设工程勘察、设计活动的监督管理。

第三十二条 建设工程勘察、设计单位在建设工程勘察、设计资质证书规定的业务范围内跨部门、跨地区承揽勘察、设计业务的，有关地方人民政府及其所属部门不得设置障碍，不得违反国家规定收取任何费用。

第三十三条 县级以上人民政府建设行政主管部门或者交通、水利等有关部门应当对施工图设计文件中涉及公共利益、公众安全、工程建设强制性标准的内容进行审查。

施工图设计文件未经审查批准的，不得使用。

第三十四条 任何单位和个人对建设工程勘察、设计活动中的违法行为都有权检举、控告、投诉。

第六章 罚 则

第三十五条 违反本条例第八条规定的，责令停止违法行为，处合同约定的勘察费、设计费1倍以上2倍以下的罚款，有违法所得的，予以没收；可以责令停业整顿，降低资质等级；情节严重的，吊销资质证书。

未取得资质证书承揽工程的，予以取缔，依照前款规定处以罚款；有违法所得的，予以没收。

以欺骗手段取得资质证书承揽工程的，吊销资质证书，依照本条第一款规定处以罚款；有违法所得的，予以没收。

第三十六条 违反本条例规定，未经注册，擅自以注册建设工程勘察、设计人员的名义从事建设工程勘察、设计活动的，责令停止违法行为，没收违法所得，处违法所得2倍以上5倍以下罚款；给他人造成损失的，依法承担赔偿责任。

第三十七条 违反本条例规定，建设工程勘察、设计注册执业人员和其他专业技术人员未受聘于一个建设工程勘察、设计单位或者同时受聘于两个以上建设工程勘察、设计单位，从事建设工程勘察、设计活动的，责令停止违法行为，没收违法所得，处违法所得2倍以上5倍以下的罚款；情节严重的，可以责令停止执行业务或者吊销资格证书；给他人造成损失的，依法承担赔偿责任。

第三十八条 违反本条例规定，发包方将建设工程勘察、设计业务发包给不具有相应资质等级的建设工程勘察、设计单位的，责令改正，处50万元以上100万元以下的罚款。

第三十九条 违反本条例规定，建设工程勘察、设计单位将所承揽的建设工程勘察、设计转包的，责令改正，没收违法所得，处合同约定的勘察费、设计费25%以上50%以下的罚款，可以责令停业整顿，降低资质等级；情节严重的，吊销资质证书。

第四十条 违反本条例规定，有下列行为之一的，依照《建设工程质量管理条例》第六十三条的规定给予处罚：

（一）勘察单位未按照工程建设强制性标准进行勘察的；

（二）设计单位未根据勘察成果文件进行工程设计的；

（三）设计单位指定建筑材料、建筑构配件的生产厂、供应商的；

（四）设计单位未按照工程建设强制性标准进行设计的。

第四十一条 本条例规定的责令停业整顿、降低资质等级和吊销资质证书、资格证书的行政处罚，由颁发资质证书、资格证书的机关决定；其他行政处罚，由建设行政主管部门或者其他有关部门依据法定职权范围决定。

依照本条例规定被吊销资质证书的，由工商行政管理部门吊销其营业执照。

第四十二条 国家机关工作人员在建设工程勘察、设计活动的监督管理工作中玩忽职守、滥用职权、徇私舞弊，构成犯罪的，依法追究刑事责任；尚不构成犯罪的，依法给予行政处分。

第七章 附　则

第四十三条 抢险救灾及其他临时性建筑和农民自建两层以下住宅的勘察、设计活动，不适用本条例。

第四十四条 军事建设工程勘察、设计的管理，按照中央军事委员会的有关规定执行。

第四十五条 本条例自公布之日起施行。

附录 G　最高人民法院关于审理建设工程施工合同纠纷案件适用法律问题的解释

(2004年9月29日最高人民法院审判委员会第1327次会议通过)

法释〔2004〕14号

中华人民共和国最高人民法院公告

《最高人民法院关于审理建设工程施工合同纠纷案件适用法律问题的解释》已于2004年9月29日由最高人民法院审判委员会第1327次会议通过，现予公布，自2005年1月1日起施行。

2004年10月25日

根据《中华人民共和国民法通则》、《中华人民共和国合同法》、《中华人民共和国招标投标法》、《中华人民共和国民事诉讼法》等法律规定，结合民事审判实际，就审理建设工程施工合同纠纷案件适用法律的问题，制定本解释。

第一条　建设工程施工合同具有下列情形之一的，应当根据合同法第五十二条第（五）项的规定，认定无效：

（一）承包人未取得建筑施工企业资质或者超越资质等级的；

（二）没有资质的实际施工人借用有资质的建筑施工企业名义的；

（三）建设工程必须进行招标而未招标或者中标无效的。

第二条　建设工程施工合同无效，但建设工程经竣工验收合格，承包人请求参照合同约定支付工程价款的，应予支持。

第三条　建设工程施工合同无效，且建设工程经竣工验收不合格的，按照以下情形分别处理：

（一）修复后的建设工程经竣工验收合格，发包人请求承包人承担修复费用的，应予支持；

（二）修复后的建设工程经竣工验收不合格，承包人请求支付工程价款的，不予支持。

因建设工程不合格造成的损失，发包人有过错的，也应承担相应的民事责任。

第四条　承包人非法转包、违法分包建设工程或者没有资质的实际施工人借用有资质的建筑施工企业名义与他人签订建设工程施工合同的行为无效。人民法院可以根据民法通则第一百三十四条规定，收缴当事人已经取得的非法所得。

第五条　承包人超越资质等级许可的业务范围签订建设工程施工合同，在建设工程竣工前取得相应资质等级，当事人请求按照无效合同处理的，不予支持。

第六条　当事人对垫资和垫资利息有约定，承包人请求按照约定返还垫资及其利息的，应予支持，但是约定的利息计算标准高于中国人民银行发布的同期同类贷款利率的部分除外。

当事人对垫资没有约定的，按照工程欠款处理。

当事人对垫资利息没有约定，承包人请求支付利息的，不予支持。

第七条 具有劳务作业法定资质的承包人与总承包人、分包人签订的劳务分包合同，当事人以转包建设工程违反法律规定为由请求确认无效的，不予支持。

第八条 承包人具有下列情形之一，发包人请求解除建设工程施工合同的，应予支持：

（一）明确表示或者以行为表明不履行合同主要义务的；

（二）合同约定的期限内没有完工，且在发包人催告的合理期限内仍未完工的；

（三）已经完成的建设工程质量不合格，并拒绝修复的；

（四）将承包的建设工程非法转包、违法分包的。

第九条 发包人具有下列情形之一，致使承包人无法施工，且在催告的合理期限内仍未履行相应义务，承包人请求解除建设工程施工合同的，应予支持：

（一）未按约定支付工程价款的；

（二）提供的主要建筑材料、建筑构配件和设备不符合强制性标准的；

（三）不履行合同约定的协助义务的。

第十条 建设工程施工合同解除后，已经完成的建设工程质量合格的，发包人应当按照约定支付相应的工程价款；已经完成的建设工程质量不合格的，参照本解释第三条规定处理。

因一方违约导致合同解除的，违约方应当赔偿因此而给对方造成的损失。

第十一条 因承包人的过错造成建设工程质量不符合约定，承包人拒绝修理、返工或者改建，发包人请求减少支付工程价款的，应予支持。

第十二条 发包人具有下列情形之一，造成建设工程质量缺陷，应当承担过错责任：

（一）提供的设计有缺陷；

（二）提供或者指定购买的建筑材料、建筑构配件、设备不符合强制性标准；

（三）直接指定分包人分包专业工程。

承包人有过错的，也应当承担相应的过错责任。

第十三条 建设工程未经竣工验收，发包人擅自使用后，又以使用部分质量不符合约定为由主张权利的，不予支持；但是承包人应当在建设工程的合理使用寿命内对地基基础工程和主体结构质量承担民事责任。

第十四条 当事人对建设工程实际竣工日期有争议的，按照以下情形分别处理：

（一）建设工程经竣工验收合格的，以竣工验收合格之日为竣工日期；

（二）承包人已经提交竣工验收报告，发包人拖延验收的，以承包人提交验收报告之日为竣工日期；

（三）建设工程未经竣工验收，发包人擅自使用的，以转移占有建设工程之日为竣工日期。

第十五条 建设工程竣工前，当事人对工程质量发生争议，工程质量经鉴定合格的，鉴定期间为顺延工期期间。

第十六条 当事人对建设工程的计价标准或者计价方法有约定的，按照约定结算工程价款。

因设计变更导致建设工程的工程量或者质量标准发生变化，当事人对该部分工程价款不能协商一致的，可以参照签订建设工程施工合同时当地建设行政主管部门发布的计价方法或者计价标准结算工程价款。

建设工程施工合同有效,但建设工程经竣工验收不合格的,工程价款结算参照本解释第三条规定处理。

第十七条 当事人对欠付工程价款利息计付标准有约定的,按照约定处理;没有约定的,按照中国人民银行发布的同期同类贷款利率计息。

第十八条 利息从应付工程价款之日计付。当事人对付款时间没有约定或者约定不明的,下列时间视为应付款时间:

(一)建设工程已实际交付的,为交付之日;

(二)建设工程没有交付的,为提交竣工结算文件之日;

(三)建设工程未交付,工程价款也未结算的,为当事人起诉之日。

第十九条 当事人对工程量有争议的,按照施工过程中形成的签证等书面文件确认。承包人能够证明发包人同意其施工,但未能提供签证文件证明工程量发生的,可以按照当事人提供的其他证据确认实际发生的工程量。

第二十条 当事人约定,发包人收到竣工结算文件后,在约定期限内不予答复,视为认可竣工结算文件的,按照约定处理。承包人请求按照竣工结算文件结算工程价款的,应予支持。

第二十一条 当事人就同一建设工程另行订立的建设工程施工合同与经过备案的中标合同实质性内容不一致的,应当以备案的中标合同作为结算工程价款的根据。

第二十二条 当事人约定按照固定价结算工程价款,一方当事人请求对建设工程造价进行鉴定的,不予支持。

第二十三条 当事人对部分案件事实有争议的,仅对有争议的事实进行鉴定,但争议事实范围不能确定,或者双方当事人请求对全部事实鉴定的除外。

第二十四条 建设工程施工合同纠纷以施工行为地为合同履行地。

第二十五条 因建设工程质量发生争议的,发包人可以以总承包人、分包人和实际施工人为共同被告提起诉讼。

第二十六条 实际施工人以转包人、违法分包人为被告起诉的,人民法院应当依法受理。

实际施工人以发包人为被告主张权利的,人民法院可以追加转包人或者违法分包人为本案当事人。发包人只在欠付工程价款范围内对实际施工人承担责任。

第二十七条 因保修人未及时履行保修义务,导致建筑物毁损或者造成人身、财产损害的,保修人应当承担赔偿责任。

保修人与建筑物所有人或者发包人对建筑物毁损均有过错的,各自承担相应的责任。

第二十八条 本解释自二〇〇五年一月一日起施行。

施行后受理的第一审案件适用本解释。

施行前最高人民法院发布的司法解释与本解释相抵触的,以本解释为准。

附录 H 建设工程价款结算暂行办法

财建 [2004] 369 号

中华人民共和国财政部　中华人民共和国建设部

2004 年 10 月 20 日

第一章　总　　则

第一条　为加强和规范建设工程价款结算，维护建设市场正常秩序，根据《中华人民共和国合同法》、《中华人民共和国建筑法》、《中华人民共和国招标投标法》、《中华人民共和国预算法》、《中华人民共和国政府采购法》、《中华人民共和国预算法实施条例》等有关法律、行政法规制订本办法。

第二条　凡在中华人民共和国境内的建设工程价款结算活动，均适用本办法。国家法律法规另有规定的，从其规定。

第三条　本办法所称建设工程价款结算（以下简称"工程价款结算"），是指对建设工程的发承包合同价款进行约定和依据合同约定进行工程预付款、工程进度款、工程竣工价款结算的活动。

第四条　国务院财政部门、各级地方政府财政部门和国务院建设行政主管部门、各级地方政府建设行政主管部门在各自职责范围内负责工程价款结算的监督管理。

第五条　从事工程价款结算活动，应当遵循合法、平等、诚信的原则，并符合国家有关法律、法规和政策。

第二章　工程合同价款的约定与调整

第六条　招标工程的合同价款应当在规定时间内，依据招标文件、中标人的投标文件，由发包人与承包人（以下简称"发、承包人"）订立书面合同约定。

非招标工程的合同价款依据审定的工程预（概）算书由发、承包人在合同中约定。

合同价款在合同中约定后，任何一方不得擅自改变。

第七条　发包人、承包人应当在合同条款中对涉及工程价款结算的下列事项进行约定：

（一）预付工程款的数额、支付时限及抵扣方式；

（二）工程进度款的支付方式、数额及时限；

（三）工程施工中发生变更时，工程价款的调整方法、索赔方式、时限要求及金额支付方式；

（四）发生工程价款纠纷的解决方法；

（五）约定承担风险的范围及幅度以及超出约定范围和幅度的调整办法；

（六）工程竣工价款的结算与支付方式、数额及时限；

（七）工程质量保证（保修）金的数额、预扣方式及时限；

（八）安全措施和意外伤害保险费用；

（九）工期及工期提前或延后的奖惩办法；

（十）与履行合同、支付价款相关的担保事项。

第八条 发、承包人在签订合同时对于工程价款的约定，可选用下列一种约定方式：

（一）固定总价。合同工期较短且工程合同总价较低的工程，可以采用固定总价合同方式。

（二）固定单价。双方在合同中约定综合单价包含的风险范围和风险费用的计算方法，在约定的风险范围内综合单价不再调整。风险范围以外的综合单价调整方法，应当在合同中约定。

（三）可调价格。可调价格包括可调综合单价和措施费等，双方应在合同中约定综合单价和措施费的调整方法，调整因素包括：

1. 法律、行政法规和国家有关政策变化影响合同价款；
2. 工程造价管理机构的价格调整；
3. 经批准的设计变更；
4. 发包人更改经审定批准的的施工组织设计（修正错误除外）造成费用增加；
5. 双方约定的其他因素。

第九条 承包人应当在合同规定的调整情况发生后 14 天内，将调整原因、金额以书面形式通知发包人，发包人确认调整金额后将其作为追加合同价款，与工程进度款同期支付。发包人收到承包人通知后 14 天内不予确认也不提出修改意见，视为已经同意该项调整。

当合同规定的调整合同价款的调整情况发生后，承包人未在规定时间内通知发包人，或者未在规定时间内提出调整报告，发包人可以根据有关资料，决定是否调整和调整的金额，并书面通知承包人。

第十条 工程设计变更价款调整

（一）施工中发生工程变更，承包人按照经发包人认可的变更设计文件，进行变更施工，其中，政府投资项目重大变更，需按基本建设程序报批后方可施工。

（二）在工程设计变更确定后 14 天内，设计变更涉及工程价款调整的，由承包人向发包人提出，经发包人审核同意后调整合同价款。变更合同价款按下列方法进行：

1. 合同中已有适用于变更工程的价格，按合同已有的价格变更合同价款；
2. 合同中只有类似于变更工程的价格，可以参照类似价格变更合同价款；
3. 合同中没有适用或类似于变更工程的价格，由承包人或发包人提出适当的变更价格，经对方确认后执行。如双方不能达成一致的，双方可提请工程所在地工程造价管理机构进行咨询或按合同约定的争议或纠纷解决程序办理。

（三）工程设计变更确定后 14 天内，如承包人未提出变更工程价款报告，则发包人可根据所掌握的资料决定是否调整合同价款和调整的具体金额。重大工程变更涉及工程价款变更报告和确认的时限由发承包双方协商确定。

收到变更工程价款报告一方，应在收到之日起 14 天内予以确认或提出协商意见，自变更工程价款报告送达之日起 14 天内，对方未确认也未提出协商意见时，视为变更工程价款报告已被确认。

确认增（减）的工程变更价款作为追加（减）合同价款与工程进度款同期支付。

第三章 工程价款结算

第十一条 工程价款结算应按合同约定办理,合同未作约定或约定不明的,发、承包双方应依照下列规定与文件协商处理:

(一)国家有关法律、法规和规章制度;

(二)国务院建设行政主管部门、省、自治区、直辖市或有关部门发布的工程造价计价标准、计价办法等有关规定;

(三)建设项目的合同、补充协议、变更签证和现场签证,以及经发、承包人认可的其他有效文件;

(四)其他可依据的材料。

第十二条 工程预付款结算应符合下列规定:

(一)包工包料工程的预付款按合同约定拨付,原则上预付比例不低于合同金额的10%,不高于合同金额的30%,对重大工程项目,按年度工程计划逐年预付。计价执行《建设工程工程量清单计价规范》(GB 50500—2003)的工程,实体性消耗和非实体性消耗部分应在合同中分别约定预付款比例。

(二)在具备施工条件的前提下,发包人应在双方签订合同后的1个月内或不迟于约定的开工日期前的7天内预付工程款,发包人不按约定预付,承包人应在预付时间到期后10天内向发包人发出要求预付的通知,发包人收到通知后仍不按要求预付,承包人可在发出通知14天后停止施工,发包人应从约定应付之日起向承包人支付应付款的利息(利率按同期银行贷款利率计),并承担违约责任。

(三)预付的工程款必须在合同中约定抵扣方式,并在工程进度款中进行抵扣。

(四)凡是没有签订合同或不具备施工条件的工程,发包人不得预付工程款,不得以预付款为名转移资金。

第十三条 工程进度款结算与支付应当符合下列规定:

(一)工程进度款结算方式

1. 按月结算与支付。即实行按月支付进度款,竣工后清算的办法。合同工期在两个年度以上的工程,在年终进行工程盘点,办理年度结算。

2. 分段结算与支付。即当年开工、当年不能竣工的工程按照工程形象进度,划分不同阶段支付工程进度款。具体划分在合同中明确。

(二)工程量计算

1. 承包人应当按照合同约定的方法和时间,向发包人提交已完工程量的报告。发包人接到报告后14天内核实已完工程量,并在核实前1天通知承包人,承包人应提供条件并派人参加核实,承包人收到通知后不参加核实,以发包人核实的工程量作为工程价款支付的依据。发包人不按约定时间通知承包人,致使承包人未能参加核实,核实结果无效。

2. 发包人收到承包人报告后14天内未核实完工程量,从第15天起,承包人报告的工程量即视为被确认,作为工程价款支付的依据,双方合同另有约定的,按合同执行。

3. 对承包人超出设计图纸(含设计变更)范围和因承包人原因造成返工的工程量,发包人不予计量。

（三）工程进度款支付

1. 根据确定的工程计量结果，承包人向发包人提出支付工程进度款申请，14 天内，发包人应按不低于工程价款的 60%，不高于工程价款的 90% 向承包人支付工程进度款。按约定时间发包人应扣回的预付款，与工程进度款同期结算抵扣。

2. 发包人超过约定的支付时间不支付工程进度款，承包人应及时向发包人发出要求付款的通知，发包人收到承包人通知后仍不能按要求付款，可与承包人协商签订延期付款协议，经承包人同意后可延期支付，协议应明确延期支付的时间和从工程计量结果确认后第 15 天起计算应付款的利息（利率按同期银行贷款利率计）。

3. 发包人不按合同约定支付工程进度款，双方又未达成延期付款协议，导致施工无法进行，承包人可停止施工，由发包人承担违约责任。

第十四条 工程完工后，双方应按照约定的合同价款及合同价款调整内容以及索赔事项，进行工程竣工结算。

（一）工程竣工结算方式

工程竣工结算分为单位工程竣工结算、单项工程竣工结算和建设项目竣工总结算。

（二）工程竣工结算编审

1. 单位工程竣工结算由承包人编制，发包人审查；实行总承包的工程，由具体承包人编制，在总包人审查的基础上，发包人审查。

2. 单项工程竣工结算或建设项目竣工总结算由总（承）包人编制，发包人可直接进行审查，也可以委托具有相应资质的工程造价咨询机构进行审查。政府投资项目，由同级财政部门审查。单项工程竣工结算或建设项目竣工总结算经发、承包人签字盖章后有效。

承包人应在合同约定期限内完成项目竣工结算编制工作，未在规定期限内完成的并且提不出正当理由延期的，责任自负。

（三）工程竣工结算审查期限

单项工程竣工后，承包人应在提交竣工验收报告的同时，向发包人递交竣工结算报告及完整的结算资料，发包人应按表 H-1 规定时限进行核对（审查）并提出审查意见。

表 H-1 工程竣工结算审查期限

	工程竣工结算报告金额	审 查 时 间
1	500 万元以下	从接到竣工结算报告和完整的竣工结算资料之日起 20 天
2	500 万~2000 万元	从接到竣工结算报告和完整的竣工结算资料之日起 30 天
3	2000 万~5000 万元	从接到竣工结算报告和完整的竣工结算资料之日起 45 天
4	5000 万元以上	从接到竣工结算报告和完整的竣工结算资料之日起 60 天

建设项目竣工总结算在最后一个单项工程竣工结算审查确认后 15 天内汇总，送发包人后 30 天内审查完成。

（四）工程竣工价款结算

发包人收到承包人递交的竣工结算报告及完整的结算资料后，应按本办法规定的期限（合同约定有期限的，从其约定）进行核实，给予确认或者提出修改意见。发包人根据确认的竣工结算报告向承包人支付工程竣工结算价款，保留 5% 左右的质量保证（保修）

金，待工程交付使用 1 年质保期到期后清算（合同另有约定的，从其约定），质保期内如有返修，发生费用应在质量保证（保修）金内扣除。

（五）索赔价款结算

发承包人未能按合同约定履行自己的各项义务或发生错误，给另一方造成经济损失的，由受损方按合同约定提出索赔，索赔金额按合同约定支付。

（六）合同以外零星项目工程价款结算

发包人要求承包人完成合同以外零星项目，承包人应在接受发包人要求的 7 天内就用工数量和单价、机械台班数量和单价、使用材料和金额等向发包人提出施工签证，发包人签证后施工，如发包人未签证，承包人施工后发生争议的，责任由承包人自负。

第十五条 发包人和承包人要加强施工现场的造价控制，及时对工程合同外的事项如实纪录并履行书面手续。凡由发、承包双方授权的现场代表签字的现场签证以及发、承包双方协商确定的索赔等费用，应在工程竣工结算中如实办理，不得因发、承包双方现场代表的中途变更改变其有效性。

第十六条 发包人收到竣工结算报告及完整的结算资料后，在本办法规定或合同约定期限内，对结算报告及资料没有提出意见，则视同认可。

承包人如未在规定时间内提供完整的工程竣工结算资料，经发包人催促后 14 天内仍未提供或没有明确答复，发包人有权根据已有资料进行审查，责任由承包人自负。

根据确认的竣工结算报告，承包人向发包人申请支付工程竣工结算款。发包人应在收到申请后 15 天内支付结算款，到期没有支付的应承担违约责任。承包人可以催告发包人支付结算价款，如达成延期支付协议，承包人应按同期银行贷款利率支付拖欠工程价款的利息。如未达成延期支付协议，承包人可以与发包人协商将该工程折价，或申请人民法院将该工程依法拍卖，承包人就该工程折价或者拍卖的价款优先受偿。

第十七条 工程竣工结算以合同工期为准，实际施工工期比合同工期提前或延后，发、承包双方应按合同约定的奖惩办法执行。

第四章　工程价款结算争议处理

第十八条 工程造价咨询机构接受发包人或承包人委托，编审工程竣工结算，应按合同约定和实际履约事项认真办理，出具的竣工结算报告经发、承包双方签字后生效。当事人一方对报告有异议的，可对工程结算中有异议部分，向有关部门申请咨询后协商处理，若不能达成一致的，双方可按合同约定的争议或纠纷解决程序办理。

第十九条 发包人对工程质量有异议，已竣工验收或已竣工未验收但实际投入使用的工程，其质量争议按该工程保修合同执行；已竣工未验收且未实际投入使用的工程以及停工、停建工程的质量争议，应当就有争议部分的竣工结算暂缓办理，双方可就有争议的工程委托有资质的的检测鉴定机构进行检测，根据检测结果确定解决方案，或按工程质量监督机构的处理决定执行，其余部分的竣工结算依照约定办理。

第二十条 当事人对工程造价发生合同纠纷时，可通过下列办法解决：

（一）双方协商确定；

（二）按合同条款约定的办法提请调解；

（三）向有关仲裁机构申请仲裁或向人民法院起诉。

第五章　工程价款结算管理

第二十一条　工程竣工后，发、承包双方应及时办清工程竣工结算，否则，工程不得交付使用，有关部门不予办理权属登记。

第二十二条　发包人与中标的承包人不按照招标文件和中标的承包人的投标文件订立合同的，或者发包人、中标的承包人背离合同实质性内容另行订立协议，造成工程价款结算纠纷的，另行订立的协议无效，由建设行政主管部门责令改正，并按《中华人民共和国招标投标法》第五十九条进行处罚。

第二十三条　接受委托承接有关工程结算咨询业务的工程造价咨询机构应具有工程造价咨询单位资质，其出具的办理拨付工程价款和工程结算的文件，应当由造价工程师签字，并应加盖执业专用章和单位公章。

第六章　附　则

第二十四条　建设工程施工专业分包或劳务分包，总（承）包人与分包人必须依法订立专业分包或劳务分包合同，按照本办法的规定在合同中约定工程价款及其结算办法。

第二十五条　政府投资项目除执行本办法有关规定外，地方政府或地方政府财政部门对政府投资项目合同价款约定与调整、工程价款结算、工程价款结算争议处理等事项，如另有特殊规定的，从其规定。

第二十六条　凡实行监理的工程项目，工程价款结算过程中涉及监理工程师签证事项，应按工程监理合同约定执行。

第二十七条　有关主管部门、地方政府财政部门和地方政府建设行政主管部门可参照本办法，结合本部门、本地区实际情况，另行制订具体办法，并报财政部、建设部备案。

第二十八条　合同示范文本内容如与本办法不一致，以本办法为准。

第二十九条　本办法自公布之日起施行。

参 考 文 献

[1] 国务院法制局,建设部.《中华人民共和国建筑法》释义. 北京:中国建筑工业出版社,1997.
[2] 刘淑强. 建筑法实用问答. 北京:人民法院出版社,1998.
[3] 闫铁流. 建筑法条文释义. 北京:人民法院出版社,1998.
[4] 建设部体改法规司. 工程建设与建筑业法规知识读本. 北京:法律出版社,1994.
[5] 孙镇平. 建筑合同实务. 北京:中国政法大学出版社,1994.
[6] 应松年. 建筑法及建筑业执法实务全书. 北京:中国经济出版社,1997.
[7] 和宏明. 建筑法规全书. 北京:地震出版社,1995.
[8] 史敏、姚兵.《中华人民共和国建筑法》讲话. 北京:经济管理出版社,1998.
[9] 张维能. 台湾建筑法规. 修订版. 台北:詹氏书局,1998(民国八十七年).
[10] 李华. 国际工程承包. 北京:中国建筑工业出版社,1996.
[11] 成虎. 建筑工程合同管理与索赔. 南京:东南大学出版社,1992.
[12] 李祥林. 走向国际市场. 北京:中国青年出版社,1993.
[13] 陈松. 建设工程索赔. 重庆:重庆大学出版社,1995.
[14] 雷胜强. 简明建设工程招标承包工作手册. 北京:中国建筑工业出版社,1997.
[15] 陈立道. 安全监理手册. 上海:上海科学技术出版社,1993.。
[16] 陈立道. 安全工程. 上海:百家出版社,1995.
[17] 陈立道. 建筑项目安全技术指南. 上海:上海科学技术出版社,1998.
[18] 全国监理工程师培训教材编写委员会. 工程建设监理概论. 北京:中国建筑工业出版社,1997.
[19] 全国监理工程师培训教材编写委员会. 工程建设进度控制. 北京:中国建筑工业出版社,1997.
[20] 全国监理工程师培训教材编写委员会. 工程建设质量控制. 北京:中国建筑工业出版社,1997.
[21] 全国监理工程师培训教材编写委员会. 工程建设投资控制. 北京:中国建筑工业出版社,1997.
[22] 黄松有. 最高人民法院建设工程施工合同司法解释的理解与适用. 北京:人民法院出版社,2004.
[23] 智益春等. 国外建筑师法. 北京:中国建筑工业出版社,1992.
[24] 国务院法制办农林资源环保司. 城市房屋拆迁管理条例释义. 北京:知识产权出版社,2001.
[25] 建设部政策法规司等. 建设工程安全生产管理条例释义. 北京:知识产权出版社,2004.
[26] 马虎臣. 建筑工程质量监督与控制. 2版. 北京:中国建筑工业出版社,2001.
[27] 国务院法制办,建设部. 建设工程质量管理条例释义. 北京:中国城市出版社,2000.
[28] 国务院法制办等. 建设工程勘察设计管理条例释义. 北京:中国计划出版社,2001.
[29] 彼得·希伯德. 工程争端替代解决方法与裁决. 北京:中国建筑工业出版社,2004.
[30] 罗格·诺尔斯. 合同争端及解决100例. 北京:中国建筑工业出版社,2004.
[31] 陈浩文. 涉外建筑法律实务. 北京:法律出版社,2004.
[32] 中国机械工业教育协会. 建设工程招投标与合同管理. 北京:机械工业出版社,2006.
[33] 郭家汉. 建设工程设计责任保险实务. 北京:知识产权出版社,2003.
[34] 孙镇平. 建筑工程合同. 北京:人民法院出版社,2000.
[35] 文会平. 建筑工程常用规范·标准问答. 合肥:安徽科学技术出版社,1998.
[36] 人大法制工委经济法室. 招标投标法适用问答. 北京:中国建材工业出版社,1999.